AF312656

60 centimes la livraison.

BUREAU
du
Panorama,
rue Richer,
24.

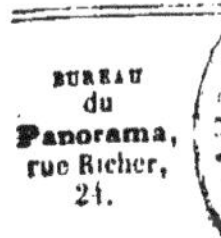

BROCKHAUS
et
AVENARIUS,
rue
Richelieu, 60.

PANORAMA

DE

L'ALLEMAGNE

PAR

UNE SOCIÉTÉ D'HOMMES DE LETTRES ALLEMANDS ET FRANÇAIS.

SOUS LA DIRECTION DE

J. SAVOYE.

Histoire civile, religieuse et militaire, Géographie, Ethnographie, Histoire naturelle, Législation, Mœurs, Traditions et légendes populaires et mythologiques; Littérature, Sciences, Arts et Monumens; Biographie et Portraits des hommes célèbres; Commerce, Industrie, Découvertes, Inventions et Modes.

Le PANORAMA DE L'ALLEMAGNE formera quatre volumes in-4°. Il paraîtra de quinzaine en quinzaine, plus tard tous les huit jours, par livraisons d'une feuille de texte imprimé sur deux colonnes. A chaque livraison seront joints deux dessins, ou gravés sur acier, à la manière anglaise, ou lithographiés, ou bien gravés sur bois. Le style, autant que les dessins, sera pour les auteurs du PANORAMA l'objet d'une constante sollicitude, car, tout en prétendant, par la modicité du prix, à faire un ouvrage populaire, ils veulent néanmoins le maintenir toujours au rang le plus élevé sous le rapport de l'art.

Quant au but du PANORAMA, son titre et le sommaire dont il est suivi l'indiquent clairement. Répondant à l'appel que la France adresse à l'Allemagne dans son ardeur récente d'investigation, nous sommes jaloux de lui faciliter, non plus un aperçu fragmentaire, momentané, superficiel de l'objet de sa recherche, mais une intelligence approfondie de son ensemble et de ses détails.

Qu'est-ce autre chose, après tout, que le panorama d'un pays, si ce n'est son image entière, embrassant dans un même cadre son territoire et ses habitans, ses sites et ses mœurs, son aspect physique et son caractère moral, son histoire écoulée et sa situation actuelle dans toutes les directions où la poussent sa destinée et son génie? De ce vaste plan, la politique quotidienne est seule bannie, précisément parce qu'elle est exclusive, parce qu'elle est un obstacle, dans sa nature irritante, à la fusion qu'on voudrait opérer, sur un terrain commun et neutre, de toutes les forces, de toutes les richesses dont disposent aujourd'hui les partis contraires, afin d'être complet et vrai.

Malgré l'analogie des intentions ou la ressemblance des titres, il importe de ne pas confondre notre œuvre avec des essais antérieurs ou simultanés dont la portée et la valeur sont autres. Pour alimenter la curiosité du public, il a bien été fait des appréciations spéciales qui, sous le titre de *pittoresques*, lui ont offert, au lieu du cadre général, tel ou tel coin partiel de l'immense perspective, tels ou tels paysages et quelques monumens. Mais ces monographies, ces images pour ainsi dire mortes, ne servent qu'à mieux faire ressortir l'ombre dans laquelle est resté leur entourage. A les voir, on éprouve le besoin qu'une baguette magique vienne leur rendre l'animation en les peuplant, en montrant quelles nations, quelles idées se meuvent au sein de ces fraîches vallées de la Thuringe, sur ces montagnes neigeuses du Tyrol, le long du Rhin et du Danube aux rives accidentées, s'agitent autour de ces gigantesques cathédrales ou de ces châteaux menaçans du moyen-âge, planent sur toute cette terre sillonée de champs fertiles ou de noires forêts, hérissée de gothiques ruines et de villes industrieuses. Cette baguette, les écrivains que rallie la rédaction du PANORAMA se la passeront de main en main, chacun la prenant tour à tour pour évoquer, au gré de ses études particulières, les différens acteurs dont l'absence est si regrettable dans les produits du dessin, toujours incomplets sans l'assistance de la parole.

A chacune des divisions principales contenues dans le sommaire ci-dessus se rapportera, avant tout, un article fondamental, procédant par la méthode chronologique. Puis, entre ces espèces de piliers qui serviront de soutiens à l'édifice, viendront se grouper successivement, comme autant d'ornemens accessoires, les notices particulières, les parallèles, les scènes historiques, les tableaux de genre et de mœurs, etc., etc.

A la peinture des coutumes de la vie sociale et de la vie des familles, des croyances et des superstitions, des traditions orales ou écrites, nous joindrons des représentations de costumes, toujours d'après des dessins originaux, la description des fêtes, des jeux, des chants et des danses populaires : traits originaux sans lesquels la physionomie n'atteindrait pas à sa parfaite expression.

Avec le tableau de la philosophie et de la science, de l'industrie, des découvertes et des inventions, avec celui de la langue et de la littérature, de l'art, comprenant, dans son brillant faisceau, le théâtre, la musique, l'architecture, la statuaire et la peinture, nous offrirons à nos lecteurs, comme complément indispensable, des travaux biographiques faits avec le plus grand soin. Nous y arriverons par plusieurs moyens :

D'abord, par le portrait qui est l'affaire du dessinateur. Pour les vivans, il sera toujours exécuté d'après nature, et quant aux morts, d'après les meilleurs tableaux contenus dans les galeries des capitales allemandes.

Ensuite, par un aperçu sur le caractère de la personne même, et sur les divers incidens de sa vie, ce qui est l'affaire du biographe proprement dit.

Par l'examen enfin de ses actes et de ses ouvrages, ce qui est l'affaire du critique.

En ce qui concerne les hommes vivans, on fera mieux encore, puisque l'accès du Panorama sera ouvert à chacun d'eux pour y déposer un témoignage authentique du talent qui le distingue :

Le littérateur, une maxime, une stance écrite de sa main ; le peintre, une esquisse, un dessin, un trait fait par lui ; le compositeur de musique, un morceau tout exprès préparé pour le recueil.

Tous, en outre, des signatures, des autographies qui accompagneront leurs portraits.

Dans le plan de notre entreprise, tel que nous l'avons conçu, rien ne sera omis, même de ce qui pourrait au premier abord paraître trop frivole. Il y aura place pour tout, et l'esprit allemand se montrera, nous l'espérons, dans cette espèce de comédie à mille tiroirs, sous des faces où la critique contemporaine dépistée, n'a pas encore réussi à l'observer : enthousiaste avec l'étudiant des universités, positif avec l'homme d'état des congrès, sublime avec le penseur enseveli dans son cabinet et gracieux avec le poète léger des boudoirs, naïf avec le paysan des campagnes et rude avec le soldat vieilli sous le harnais, austère avec le réformateur du seizième siècle et viveur avec le citadin viennois du dix-neuvième.

Après cela, il ne nous restera plus qu'à jeter de temps en temps un regard de l'autre côté de l'Atlantique, vers les colonies d'émigrés qui se sont établies dans les Etats-Unis, qu'à raconter comment le génie, la vie et les mœurs de l'Allemagne se manifestent sur les rives de l'Ohio et du Mississipi.

Pour remplir la tâche que nous nous proposons, il nous a semblé utile de réunir les ressources des deux pays, l'Allemagne et la France. Une prompte adhésion a répondu de tous les côtés à l'appel que faisait le fondateur du Panorama aux habiles et nombreux collaborateurs qu'ils renferment.

Oubliant l'abus qu'on a pu faire quelquefois des noms au frontispice d'un livre, nous en citerons donc ici plusieurs, autant comme des gages d'une active participation à nos travaux que pour ne pas nous présenter au public sans la garantie des plus solides recommandations :

MM.
ALBIN (Sébastien). — AMPÈRE, professeur au collége de France. — BARBIER (Auguste). — BARCHOU DE PENHOEN. — BARTHELEMY-St-HILAIRE, professeur au Collége de France. — BEUERMANN, de Francfort-sur-Mein. — BOETTIGER, professeur à Erlangen. — BURET (Eugène). — CAHEN, traducteur de la Bible. — CARNOT (Hippolyte). — CAROVE, de Francfort-sur-Mein. — CHASLES (Philarète). — CHÉZY (de), à Bade. — CHRISTIAN. — CROWE. — COUSIN (Victor), pair de France, membre du Conseil royal de l'Instruction publique. — DAHLMANN, ex-professeur à Gœttingue. — DAUMER, l'instituteur de Gaspard-Hausser, à Nuremberg. — DEPPING. — DIEZ, professeur à l'Université de Bonn. — DRIESCH, de Trèves. — DUBOIS, député de la Loire-Inférieure. — DULLER, à Darmstadt. — EICHHOFF, bibliothécaire de la reine des Français. — ENGELMANN, à St-Louis (Etats-Unis). — FAURIEL, professeur à la Sorbonne. — FELSING, professeur et graveur, à Darmstadt. — FICHTE, professeur à l'Université de Bonn. — FORTLAGE, professeur à l'Université de Heidelberg. — GANS (Edouard), professeur à l'Université de Berlin. — GEOFFROY-St-HILAIRE, de l'Académie des Sciences. — GERVINUS, ex-professeur à Gœttingue. — GIRARDIN (Saint-Marc), député, professeur à la Sorbonne, membre du Conseil royal de l'Instruction publique. — GRIMM (Jacob et Wilhelm), ex-professeurs à Gœttingue. — GUHRAUER, de Berlin, éditeur de Leibnitz. — GUILBERT (Aristide). — GUTZKOW (Charles), à Hambourg. — HEINE (Henri). — HELL (Théodore), à Dresde. — HENSCHELL. — K....GK (Louis), du Mecklembourg. — JANIN (Jules). — JULLIEN (Auguste). — KOERNER (Gustave), à Belleville (Etats-Unis). — KUEHNE, à Leipzig. — KUGLER, à Berlin. — LACHMANN, professeur à l'Université de Berlin. — LANOURAIS, avocat à la Cour royale de Paris. — LAUBE (Henri), à Muskau (Silésie). — LEO, professeur à l'Université de Halle. — LERMINIER, professeur au Collége de France. — LEWALD (Auguste), à Stuttgart. — LITTRÉ (Emile). — MAINZER (Joseph). — MANGOLD. — MARKGRAFF (Rodolphe), à Munich. — MENDELSSOHN, professeur à l'Université de Bonn. — MENZEL (Wolfgang), à Stuttgart.

MM.
MERCEY (Frédéric), de la Revue des Deux-Mondes. — MERCIER. — MERRUAU (Charles), professeur d'histoire. — MESNARD. — MEYERBEER. — MICHIELS (Alfred). — MICKIEWICZ. — MUEGGE, de Berlin. — MULLER, de Trèves. — MUNDT (Théodore), de Berlin. — MUNK. — NATORP, à Rome. — NEUKOMM. — OKEN, professeur à l'Université de Zurich. — PANOFKA (Henri). — PANOFKA (Théodore), professeur à l'Université et membre de l'Académie de Berlin. — PERDONNET (Auguste). — PEUCER jeune, de Weimar. — PFIZER (Gustave), à Stuttgart. — POPPE (de), professeur à l'Université de Tubingue. — QUINET (Edgar). — RANKE (Léopold), professeur à l'Université de Berlin. — RAUMER, professeur à l'Université de Berlin. — RECK, à Gœttingue. — REGNIER, professeur au Collége Saint-Louis. — REIFFENBERG (baron de), bibliothécaire du roi des Belges. — RITTER (Charles), à Berlin. — RITTER (Henri), professeur à Gœttingue. — ROSENKRANZ, professeur à l'Université de Kœnigsberg. — ROSSEEUW-SAINT-HILAIRE, professeur d'histoire. — ROTTECK (Charles de), membre de la Chambre des députés badois et professeur à l'Université de Fribourg. — ROYER (Alphonse). — SCHADOW, directeur de l'Académie, à Dusseldorf. — SCHLEGEL (A. W.), professeur à l'Université de Bonn. — SCHOENLEIN, professeur à l'Université de Zurich. — SCHUELER (Frédéric). — SEAMAN (Robert). — SEUFFERT. — SPAZIER. — STAPFER, traducteur des œuvres dramatiques de Goethe. — SCHORN, professeur et conseiller aulique, à Weimar. — SCHWAB (Gustave), à Gohmaringen, près Stuttgart. — SPINDLER (le romancier), à Bade. — STEININGER, professeur à Trèves. — STRAUSS, auteur de la Vie de Jésus, à Stuttgart. — THALBERG (Sigismond). — TIECK (Louis), à Dresde. — TOUSSENEL (Théodore), professeur d'histoire. — VARNHAGEN D'ENSE, à Berlin. — VILAIN XIV (le comte Hippolyte), député belge. — WEBER, à Stuttgart. — WEIL (Charles), à Stuttgart. — WELCKER, membre de la Chambre des députés badois, professeur à Fribourg. — WIEGMANN, à Dusseldorf. — WIHL (Louis). — WOLFF (O.-L.-B.), professeur à l'Université de Iéna. — WITTENBACH, professeur, à Trèves. — ZIMMERMANN, à Stuttgart. — ZSCHOKKE, à Aarau.

Maintenant, un dernier mot sur la partie artistique du Panorama. Le choix était à faire entre des planches déjà existantes, dont l'acquisition aurait été moins dispendieuse, et des gravures exécutées tout exprès avec des frais considérables. Nous n'avons pas hésité à nous prononcer pour le dernier parti, dans la ferme volonté d'assurer à ce recueil le mérite d'être neuf, original, le plus parfait possible en un mot.

Paris, le 1er juin 1838.

SAVOYE.

LE PANORAMA DE L'ALLEMAGNE

SE TROUVE AUSSI :

Chez tous les libraires, éditeurs et marchands d'estampes ; chez tous les dépositaires de publications pittoresques et par livraisons, et dans les principaux cabinets de lecture de Paris et des principales villes de France et de l'étranger.

EN VENTE ÉGALEMENT :

Au bureau du PANORAMA DE L'ALLEMAGNE et chez ses correspondans.

ROME ET LE PAPE,

Tableau historique

Représentant notre Saint-Père allant prendre possession des Églises du monde, à Saint-Jean-de-Latran. Cet ouvrage, avec texte in-folio, dessiné et lithographié avec le plus grand soin par M. CHARLES LEMERCIER, se composera de *dix planches*, demi colombier, qui paraîtront successivement en cinq livraisons, chacune d'elles coûtera, savoir :

En noir.	5 fr.	»
Sur chine..	7	50
Coloriée.	10	»
Coloriée avec luxe. . . .	20	»

Une série de lithographies nouvelles intitulées : *le Passé, le Présent et l'Avenir .— Souvenirs d'un voyage au Havre, ou la mer, ses plaisirs et ses vicissitudes. — L'hiver, ses plaisirs et ses inconvéniens. — Les Omnibus*, scènes publiques et historiques, lithographiées d'après nature.

Le prix de ces lithographies est de 75 centimes en noir, et 1 fr. 25 cent. coloriées avec soin.

SOUS PRESSE :

POUR PARAITRE INCESSAMMENT,

Chez MILLERAND-BOUTY, fils aîné, Libraire,

RUE DU FAUBOURG-POISSONNIÈRE, 19.

ESQUISSE

DE LA VIE ET DES TRAVAUX

DE

JOSEPH MAINZER,

AVEC DES CONSIDÉRATIONS SUR L'ENSEIGNEMENT MUSICAL APPLIQUÉ A L'ÉDUCATION POPULAIRE.

Par ARISTIDE **GUILBERT**. — Un vol. in-8°.

Imprimerie Lange Lévy et Cᵉ, rue du Croissant, 16.

PANORAMA

DE

L'ALLEMAGNE

sous la Direction de

J. Savone.

1ère Livraison.   Prix 60 Cent.

PARIS

au Bureau du **PANORAMA DE L'ALLEMAGNE**,

24, Rue Richer.

BROCKHAUS et AVENARIUS,

60, Rue Richelieu.

1838.

AU PUBLIC.

MODE DE PUBLICATION
Et but du Panorama.

Le Panorama de l'Allemagne formera quatre volumes in-4°. Il paraîtra par livraisons d'une feuille de texte imprimé sur deux colonnes. A chaque livraison seront joints deux dessins, ou gravés sur acier à la manière anglaise, ou lithographiés, ou bien gravés sur bois. Ce n'est pas que, dans la pensée des auteurs, la première place ne doive revenir à la partie littéraire, mais ils ont senti que le dessin pouvait lui être un éclaircissement commode, un agréable complément. L'un aussi bien que l'autre seront donc pour eux l'objet d'une constante sollicitude, car, tout en prétendant, par la modicité du prix, à faire un ouvrage populaire, ils veulent néanmoins le maintenir toujours au rang le plus élevé sous le rapport de l'art.

Quant au but du Panorama, bien que son titre et le sommaire dont il est suivi l'indiquent déjà, il ne sera pas inutile d'entrer ici dans quelques développemens, afin de mieux faire comprendre ce qu'on désire réaliser, ce qu'on s'efforcera d'accomplir.

Les notions que la France possède sur l'Allemagne sontelles suffisamment étendues, suffisamment approfondies? A cette question, la réponse du public confirmera sans doute les paroles d'un homme d'esprit auquel le plan de cet ouvrage était communiqué : « Vraiment, remarquait-il, avec les des»criptions fantastiques de Mme de Staël, avec les aventureux »récits de ses successeurs, si peu nombreux d'ailleurs, l'Alle»magne, située à notre porte, entretenant avec nous des »relations nécessaires et continues, l'Allemagne, dont l'al»liance intime avec la France va se resserrant chaque jour »davantage, nous reste encore, à bien des égards, plus in»connue que plusieurs parties du globe où l'immense majo»rité des Français n'aura jamais aucun accès. » Voilà précisément l'ignorance que nous espérons dissiper, la lacune que nous venons remplir.

Est-il ensuite bien essentiel d'insister sur l'opportunité d'un pareil travail? Graces au ciel, on est déjà loin des jours où fermentaient de part et d'autre des haines nationales aussi aveugles que passionnées : depuis longtemps les victimes qui trouvèrent la mort dans ces combats sont ensevelies : depuis longtemps les larmes dont leur perte fut le signal sont taries

chez tous; et, maintenant que ces blessures d'autrefois sont à jamais cicatrisées, les deux pays ne conservent de leur longue et sanglante rencontre sur les champs de bataille d'autre souvenir qu'un penchant sincère à rendre mutuellement justice à leurs mérites nationaux.

Si la France, en présence de l'Allemagne, songe encore à des conquêtes, ce n'est certes qu'à celles-là qu'elle peut effectuer paisiblement dans les domaines de la civilisation et de la science. Une de ses premières vertus fut toujours son empressement à honorer le mérite partout où elle le reconnut, sa bonne volonté à recevoir des autres nations la lumière qu'elle se plaisait en même temps à répandre autour d'elle avec une magnanime libéralité. Seconder cette noble tendance, chercher à cimenter, par une estime de mieux en mieux justifiée, d'heureux liens de sympathie entre des peuples faits pour s'aimer, n'est-ce pas la mission la plus honorable qu'on puisse se proposer? C'est la nôtre.

Répondant à l'appel que la France adresse à l'Allemagne dans son ardeur récente d'investigation, nous sommes jaloux de lui faciliter, non plus un aperçu fragmentaire, momentané, superficiel, de l'objet de sa recherche, mais une intelligence approfondie de son ensemble et de ses détails.

Qu'est-ce autre chose après tout que le panorama d'un pays, si ce n'est son image entière, embrassant dans un même cadre son territoire et ses habitans, ses sites et ses mœurs, son aspect physique et son caractère moral, son histoire écoulée et sa situation actuelle dans toutes les directions où la poussent sa destinée et son génie? De ce vaste plan la politique quotidienne est seule bannie, précisément parce qu'elle est exclusive, parce qu'elle est un obstacle, dans sa nature irritante, à la fusion qu'on voudrait opérer, sur un terrain commun et neutre, de toutes les forces, de toutes les richesses dont disposent aujourd'hui les partis contraires. A suivre ses inspirations, on risquerait d'omettre ce qu'elle méconnaît, de fausser les traits ou les couleurs de ce qu'elle voit avec des yeux prévenus, danger immense, alors qu'on prétend surtout à être complet et vrai. En cela, effectivement, nous le croyons, résidera le mérite tout-à-fait neuf de notre œuvre.

Car, malgré l'analogie des intentions ou la ressemblance des titres, il importe de ne pas la confondre avec des essais antérieurs ou simultanés dont la portée et la valeur sont autres. Pour alimenter la curiosité du public, il s'est bien rencontré des appréciateurs spéciaux qui lui ont offert provisoirement, au lieu du cadre général auquel sans doute elle aspirait, tel ou tel coin partiel de l'immense perspective qu'il ne leur était pas donné de mesurer dans toute son étendue. Mais ces monographies, tracées avec plus ou moins d'exactitude, plus ou moins de talent, ne servent qu'à mieux faire ressortir l'ombre dans laquelle est resté leur entourage. Ainsi, des publications ont pu paraître, qui, s'annonçant comme pittoresques, reproduisaient de l'Allemagne quelques paysages ou quelques monumens. Eh bien! à voir ces images pour ainsi dire mortes, on éprouve le désir qu'une baguette magique vienne leur rendre l'animation en les peuplant, en montrant quelles nations, quelles idées se meuvent au sein de ces fraîches vallées de la Thuringe, sur ces montagnes neigeuses du Tyrol, le long du Rhin et du Danube aux rives accidentées, s'agitent autour de ces gigantesques cathédrales ou de ces châteaux menaçans du moyen âge, planent sur toute cette terre sillonnée de champs fertiles et de noires forêts, hérissée de gothiques ruines et de villes industrieuses. Cette baguette, les écrivains que rallie la rédaction du Panorama se la passeront de main en main, chacun la prenant tour à tour pour évoquer, au gré de ses études particulières, les différens acteurs dont l'absence est si regrettable dans les produits du dessin, toujours incomplets sans l'assistance de la parole, car on apprécie d'autant mieux le charme d'une vue qu'on peut y attacher plus de souvenirs.

PLAN.

Le caractère propre d'un semblable tableau est de frapper le sens moral de l'intelligence de la même façon qu'un panorama ordinaire arrive à frapper le sens physique de la vue, c'est-à-dire en lui livrant pêle-mêle, bien que pour un effet unique en définitive, mille objets disparates, mille changeantes perspectives dont au premier abord l'unité ne peut être saisie. Il doit en résulter évidemment une apparence de confusion à laquelle contribueront encore, dans le travail que nous entreprenons, non seulement l'obligation, pour obéir à la diversité des goûts chez les lecteurs, de mêler à ses élémens solides des assaisonnemens plus légers, mais aussi, de la part des collaborateurs qui lui apporteront leur tribut, une bigarrure de manières et de style inhérente à la variété même de leurs recherches. Qu'on ne s'y laisse pas tromper néanmoins. Outre qu'en soi cet alliage n'est pas, à proprement parler, un défaut, puisqu'il tend à récréer l'esprit, au lieu de le fatiguer par la monotonie, cet écueil de tout enseignement, on discernera bientôt le fil conducteur qui circulera sans cesse à travers ce dédale, la pensée mère qui, coordonnant toutes les parties les unes avec les autres, les fera converger invariablement vers un même but. D'ailleurs, pour faciliter à chacun leur classement méthodique, on aura soin de multiplier les tables et les renvois de manière qu'en rapprochant les divers articles dépendant de telle ou telle grande division, il deviendra possible de la reformer et de la concevoir dans son ensemble. Alors seulement, en effet, se trouvera accomplie la tâche qu'on aborde aujourd'hui, quand le spectateur, après avoir suivi les principales directions dans lesquelles se dessine la vie d'un peuple ou d'un pays, pourra se dire : « J'ai »sur l'Allemagne des idées claires et complètes : c'est une »contrée que maintenant je connais. »

Quant aux divisions qu'il nous a paru nécessaire d'adopter, les voici telles, du reste, que les indique tout d'abord le sommaire : *Histoire civile, religieuse et militaire; Géographie, Ethnographie, Histoire naturelle; Législation, Mœurs, Traditions et Légendes populaires et mythologiques; Littérature,* *Sciences, Arts et Monumens; Biographie et Portraits des hommes célèbres; Commerce, Industrie, Découvertes, Inventions et Modes.*

A chacune de ces spécialités essentielles se rapportera avant tout un article fondamental, procédant par la méthode chronologique et présentant les faits dans l'ordre où les donne l'histoire. Puis, entre ces espèces de piliers qui serviront de soutiens à l'édifice, viendront se grouper successivement, comme autant d'ornemens accessoires, les notices particulières, les parallèles, les scènes historiques, les tableaux de genre et de mœurs, etc.

Ainsi, pour en venir aux exemples, après la description géographique et ethnographique de l'Allemagne en général, les provinces et les états attireront tour-à-tour notre attention dans leur isolement. Aucune particularité digne de remarque ne sera omise, soit qu'elle concerne le climat ou la topographie d'une simple localité, soit qu'il s'agisse de l'origine ou du caractère de ses habitans. Dans cette direction, tant de choses curieuses, encore inconnues ou mal interprétées, s'offrent à nous que notre unique embarras sera celui du choix.

Comme de raison, l'histoire occupera une place importante dans le Panorama. On n'a pas la prétention toutefois d'y faire parade de savoir, d'y étaler pédantesquement les sources, satisfait qu'on sera d'atteindre à une forme de récit populaire, nette et dramatique, de condenser brièvement le résultat des études les plus consciencieuses, afin d'épargner à chacun de pénibles investigations. Du reste, on s'arrêtera avec prédilection aux époques, aux événemens qui ont exercé au dehors ou qui en ont subi une certaine influence, qui ont plus ou moins marqué dans les fastes générales de l'humanité, plus ou moins contribué à produire sa situation actuelle.

A rendre compte, après cela, des lois et des tribunaux de l'antique Allemagne, on apportera d'autant plus de soin que, non seulement ces institutions ont été léguées depuis à d'autres peuples dont elles font aujourd'hui l'orgueil, mais aussi parce que les principes qui en dérivent servent victorieusement de correctif à nombre d'erreurs accréditées sur la civisation des Germains et sur leur constitution politique. Rien ne nous empêchera d'entrer hardiment dans cette voie, dussions-nous avoir à combattre certaines autorités que la foule s'est habituée à respecter.

A la législation ainsi qu'à l'organisation judiciaire tiennent, par des liens souvent invisibles mais réels, les mœurs et les coutumes de la vie sociale et de la vie de famille, les usages religieux, les croyances et les superstitions, les traditions orales ou écrites, les contes et les légendes populaires. Dans cette série, plus encore peut-être que dans aucune autre, nous avons l'espérance assurée d'ouvrir à la curiosité des lecteurs une mine aussi féconde qu'ignorée. C'est que, même après de nombreuses tentatives pour l'exploiter, depuis les esquisses de Tacite, qui considéra trop les choses à travers son prisme romain, jusqu'aux enjolivemens à la française de Mme de Staël, l'essentiel reste encore à réaliser, à savoir, l'habile combinaison du mérite de l'exactitude avec le charme de l'originalité.

L'existence d'un peuple pris en masse n'offre-t-elle pas le même mélange de phénomènes que la vie de l'individu considérée à part? Tantôt sérieuse, tantôt plaisante, c'est une continuelle alternative d'actes tour-à-tour instinctifs ou calculés, de révélations spontanées ou de combinaisons réfléchies. Aussi, ne nous contenterons-nous pas de montrer les provinces ou les races allemandes dans leurs manifestations pour ainsi dire officielles, soit à la diète ou sur le champ de bataille, soit dans les chancelleries ou dans la chaire : les suivant jusqu'aux recoins les plus secrets de leurs demeures, nous les soumettrons à une minutieuse inspection, pour tout signaler, depuis le ruban joyeux ou le frais bouquet ornant, au gré des usages traditionnels, le sein de la jeune fille ou le chapeau du jeune garçon, jusqu'aux battemens intimes du cœur, mystère individuel qui, se répétant à l'unisson chez tous les membres d'une société, révèle la solidarité nationale de ses sentimens.

A ces observations on joindra des représentations du costume, toujours d'après des dessins originaux. L'habit fait l'homme, remarque le proverbe. Il n'est pas moins vrai de dire que tout costume national est un piquant et fidèle miroir du caractère d'un peuple.

On n'omettra pas non plus la description des fêtes, des jeux, des chants et des danses populaires, traits originaux sans lesquels la physionomie n'atteindrait pas à sa parfaite expression.

Un attrait tout particulier s'attachera aux détails de ce genre que nous rassemblerons sur l'un des plus beaux pays du monde, sur l'Autriche, terre aussi méconnue qu'ignorée, laquelle avec sa nature riante et fertile, avec sa population diversement nuancée, avec ses couleurs et ses caractères à part, mériterait bien à elle seule les frais ou les honneurs d'un Panorama tout entier. Ce qui jusqu'à présent semblait impossible, puiser aux sources authentiques une description de l'Autriche, en emprunter les élémens non plus à l'imagination prévenue, à l'observation superficielle d'un voyageur souvent mal disposé, mais au témoignage immédiat de ses habitans, choisis dans les provinces reculées comme dans la capitale même, voilà ce qu'il nous est donné d'obtenir avec toutes les conséquences qui en découlent. Pour la première fois peut-être, il n'y aura lieu de reprocher à un ouvrage sur cette contrée ni la flatteuse fausseté de son vernis, ni l'injuste partialité de ses préventions. Tout sera vrai, même ce qui paraîtra le plus piquant.

Un mot de la philosophie et de la science. Pendant que l'Allemagne restait ouverte aux armées du nord et du midi, de l'orient et de l'occident de l'Europe, comme un immense champ de bataille, tous ses enfans ne prenaient pas une part égale à ces interminables querelles qui n'étaient pas toujours les siennes. Les cloîtres jadis, plus récemment les universités, lui gardaient, loin du tumulte des combats, des générations d'hommes studieux, patiens, sagaces, qui s'obstinaient d'autant plus opiniâtrement dans leurs travaux que leur isolement du monde devenait plus complet. Grace à eux, la patrie, malgré son morcellement politique, est parvenue à se constituer dans les régions intellectuelles une imposante unité. Le génie philosophique de l'Allemagne a eu une grande part au mouvement imprimé dans les temps modernes à toutes les connaissances de l'humanité, et, cette part, nous la ferons, en suivant soigneusement ses progrès de siècle en siècle, d'école en école, de savant en savant.

L'industrie allemande, aussi, a souvent devancé les autres dans la carrière des inventions, et par là exercé une notable influence sur la civilisation générale ; il sera donc également essentiel d'esquisser un aperçu historique du commerce de l'Allemagne, de ses fabriques, de ses manufactures, etc.

Mais une place plus importante encore revient à la langue et à la littérature. Dans le cours des dernières années, elles ont éveillé en France une active curiosité qui s'irrite davantage de jour en jour, juste bien que tardive représaille des soins avec lesquels depuis long-temps au-delà du Rhin ont été cultivées la langue et la littérature françaises. Du reste cette réciprocité de bienveillance et d'étude, dont on peut espérer les plus heureux fruits, deviendra pour nous un nouveau stimulant à redoubler d'ardeur pour tracer avec précision le tableau de la langue et de la littérature allemandes, pour y faire surtout ressortir les points par lesquels spécialement elles touchent à celles des contrées voisines, et signaler comment, se mêlant quelquefois avec elles, elles s'en détachent souvent aussi par fidélité à leur tendance particulière. Ce sera, nous le pensons, chose tout-à-fait digne de l'Allemagne et de la France que d'en agir, à l'égard de l'une et de l'autre, avec le désir consciencieux et persévérant d'être vrai, en expliquant, par exemple, avec une entière franchise les causes qui ont placé le langage poétique de l'Allemagne au rang le plus élevé, tandis que la prose française est incontestablement supérieure à son émule. Que si nous obéissions aux suggestions d'une vanité mesquine plutôt qu'à la logique des faits, alors les annales entières des deux peuples, leur caractère social et politique, seraient là pour châtier notre mensonge par un enseignement décisif.

A cette partie viendront se rallier des spécialités d'une valeur réelle, telles que

L'histoire des universités allemandes et de l'impulsion qu'elles ont communiquée à la science et à la société ;

L'histoire du mysticisme, celle des sectes et des communautés religieuses ;

L'histoire du magnétisme animal et du somnambulisme, ainsi que de leur branche récente, la *clairvoyance* (Hellseherei).

Après la littérature, l'art, comprenant, dans son brillant faisceau, le théâtre, la musique, l'architecture, la statuaire et la peinture. Cette partie répondra d'autant mieux aux désirs du lecteur que, sur ce sujet, rien de satisfaisant n'a encore été fait, rien qui embrasse à la fois les choses d'autrefois et les choses d'aujourd'hui, qui les éclaircisse les unes par les autres. Pourtant, à notre époque surtout, on aime à pouvoir expliquer le présent par les principes antérieurs d'où il est émané.

Long-temps le théâtre allemand est resté à l'état d'enfance, et, lors même qu'il s'est développé progressivement, il n'est jamais arrivé à répondre comme un écho fidèle aux sentimens et aux goûts populaires. Un tel mérite ne peut appartenir qu'à des productions originales là où, libres, sans entraves et sans coërcition, elles se meuvent à leur aise. En Allemagne, les séparations entre les diverses classes étaient trop tranchées, la hiérarchie trop fortement prononcée, la domination féodale trop puissante pour qu'une comédie nationale et vraie pût s'y faire jour. Néanmoins, l'histoire de son théâtre, ancien et moderne, offre encore beaucoup de particularités intéressantes pour quiconque veut scruter la vie sociale de la nation.

Quant à la musique, aujourd'hui que la France accueille les compositions de l'Allemagne avec un respect également honorable pour l'une et pour l'autre, aujourd'hui que le Conservatoire de Paris célèbre si dignement l'apothéose de Beethoven, de Mozart et de Haydn, il est seulement nécessaire de dire qu'on recueillera avec une religieuse sollicitude tous les élémens, tous les faits qui pourront servir à faciliter l'intelligence du sentiment musical chez les Allemands ou la connaissance des sources où il s'est formé.

Comme l'architecture a reçu de nos jours une impulsion vigoureuse, elle offrira tout de suite à notre examen ses remarquables productions modernes, en même temps que remontant vers les temps les plus reculés, nous entreprendrons de décrire ceux de ses anciens monumens qui restent encore debout ou dont subsistent les ruines pittoresques. Il est facile de concevoir de quel secours sera le dessin pour cette partie de notre tâche.

On peut en dire autant de la statuaire, qui tantôt nous appellera vers le midi, tantôt nous ramènera vers le nord. De même, en effet, qu'en littérature les chants de l'Edda et les belles poésies du danois OEhlenschlaeger appartiennent au trésor commun, de même ici, l'Allemagne ne saurait se refuser l'orgueil de compter Thorwaldsen parmi les siens. Né en Danemark, il est vrai, habitant à Rome, Thorwaldsen n'en a pas moins été élevé, formé, inspiré dans l'atmosphère de l'art germanique. Pourquoi donc ne comprendrait-on pas au nombre de ses ornemens les sublimes ouvrages du patriarche de la sculpture?

Une autre observation sera motivée par l'état actuel de la peinture. Récemment entrée dans une ère nouvelle de régénération et d'activité, elle laisse concevoir, outre les grandes choses dont elle a réalisé déjà l'enfantement, des espérances d'autant mieux fondées que dans plusieurs villes existent des écoles où le zèle pour l'étude est stimulé sans cesse par une heureuse rivalité. Il suffit de citer Munich, Berlin, Dresde, Dusseldorf, Francfort, pour rappeler des noms justement célèbres. Mais où est aujourd'hui le lien entre ces multiples académies? Si l'on réfléchit que, de plus, Paris a maintenant aussi sa colonie d'artistes étrangers, que depuis longtemps Rome a la sienne également, où donc en définitive cherchera-t-on le centre de la peinture allemande ? C'est que précisément un centre lui manque. Nul moyen pour ces écoles détachées de correspondre, soit entre elles en particulier, soit avec leurs amis en général. Elles invoquent pourtant le souffle vivifiant de la publicité, si nécessaire à l'art. Celui qui le cultive aime, alors qu'il vient de terminer son propre travail, à voir ce qu'un autre a de son côté accompli d'analogue ou de distinct, afin de puiser dans cette comparaison de l'émulation, des encouragemens ou de l'instruction. Pour mettre à sa portée les renseignemens qu'il désire en ce genre il faut un organe central commun à tous. Est-ce trop présumer de notre mission que d'assurer que le Panorama deviendra cet utile messager des arts? Il recevra de Rome ou de Munich, de chacune des principales académies en un mot, l'esquisse ou la copie de ses productions, à mesure qu'elles s'achèveront; et, la calquant à des milliers d'exemplaires, il la renverra aussitôt aux autres villes, tenues ainsi constamment au courant des efforts tentés par leurs émules.

Avant d'arriver au terme de cette longue mais nécessaire énumération, disons encore quelle place est réservée à la biographie, car on a sérieusement songé à faire connaître d'une manière fidèle et précise les personnalités saillantes qui se dessinent dans l'histoire du passé, ou percent au milieu des événemens modernes. On y arrivera par plusieurs moyens :

D'abord, par le portrait, qui est l'affaire du dessinateur. Pour les vivans, il sera toujours exécuté d'après nature, et, quant aux morts, d'après les meilleurs tableaux contenus dans les galeries des capitales allemandes ;

Ensuite, par un aperçu sur le caractère de la personne même et sur les divers incidens de sa vie, ce qui est l'affaire du biographe proprement dit ;

Par l'examen, enfin, de ses actes et de ses ouvrages, ce qui est l'affaire du critique.

Son jugement, toutefois, ou le nôtre, ne sera jamais pro-

noncé sans qu'on ne présente à l'appui des extraits choisis dans les meilleurs livres d'un poète, d'un écrivain, etc.

En ce qui concerne les hommes vivans, on fera mieux encore, puisque l'accès du Panorama sera ouvert à chacun pour y déposer un témoignage authentique du talent qui le distingue :

Le littérateur, une maxime, une stance écrite de sa main ;

Le peintre une esquisse, un dessin au trait fait par lui;

Le compositeur de musique, un morceau tout exprès préparé pour le recueil ;

Tous, en outre, des signatures autographiées qui accompagneront leurs portraits.

Après cela, il ne nous restera plus qu'à jeter de temps en temps un regard de l'autre côté de l'Atlantique, vers les colonies d'émigrés qui se sont établies dans les Etats-Unis ; qu'à raconter comment le génie, la vie et les mœurs de l'Allemagne se manifestent sur les rives de l'Ohio et du Mississipi.

Voilà donc ce qui constitue le plan d'une entreprise dans laquelle rien ne sera omis, même ce qui pourrait au premier abord paraître trop frivole. Il y aura place pour tout, et l'esprit allemand se montrera, nous l'espérons, dans cette espèce de comédie à mille tiroirs, sous des faces où la critique contemporaine, dépistée, n'a pas encore réussi à l'observer : enthousiaste avec l'étudiant des universités, et positif avec l'homme d'état des congrès, sublime avec le penseur enseveli dans son cabinet, et gracieux avec le poète léger des boudoirs, naïf avec le paysan des campagnes, et rude avec le soldat vieilli sous le harnais, austère avec le réformateur du seizième siècle, et viveur avec le citadin viennois du dix-neuvième. Il est une de ces qualités surtout que nous nous efforcerons de saisir dans les nuances attrayantes mais délicates qui échappent trop souvent au regard de l'étranger. Produit merveilleusement mélangé de l'imagination à la fois et du cœur, cette qualité n'a pas de nom propre chez les Allemands, bien qu'elle s'allie avec bonheur à leur caractère originel. C'est ce que les Anglais appellent *humour*, verve fantasque dont on retrouve les inspirations chez Lichtenberg aux mordantes saillies, chez Jean Paul, qui fréquemment les étouffe sous sa vaine phraséologie, chez Hoffman à la fantaisie grotesque ou ténébreuse. On ne connaît pas un peuple tant qu'on ne sait pas rire avec lui, et le peuple de l'Allemagne, quoi qu'on en puisse penser, a sa gaîté, gaîté franche, vive, railleuse et spirituelle.

MOYENS D'EXÉCUTION.

Si, en se rappelant la série de promesses qu'on vient de dérouler devant lui, le lecteur demande à qui sera confié le soin de les remplir, nous lui dirons que, pour cette tâche, les ressources des deux pays, l'Allemagne et la France, nous ont semblé utiles à réunir. Aux hommes de la première il appartiendra de rendre compte de certaines choses avec cette scrupuleuse fidélité, avec cette intelligence raisonnée qui peuvent résulter seulement de l'instinct national joint à une longue observation ; quant aux Français, ils répandront sur la peinture d'autres objets le charme piquant de la nouveauté dans la manière de voir et de comprendre. Du reste, la forme, en ce qui concerne le langage et le style, sera, chez les uns comme chez les autres, l'objet d'une constante sollicitude, car nous savons qu'en France on attache avec raison un prix tout particulier à cette clarté, à cette élégance, à ce fini sous lesquels la pensée, dans les œuvres de ses grands écrivains, apparaît si pure et si transparente. Aussi, tout en conservant religieusement le fond substantiel des envois d'outre-Rhin, s'efforcera-t-on de leur prêter l'allure nette et précise des créations de l'esprit français. Ajoutons, ensuite, que, si le concours de collaborateurs habiles et nombreux était chose essentielle à la bonne exécution du Panorama, une prompte adhésion a répondu de tous côtés à l'appel que leur faisait son fondateur.

Pour nous, il y a dans les expressions unanimes de cette sympathie non seulement une source de véritable satisfaction à voir ainsi reconnaître l'opportunité d'un projet favori, mais aussi un motif d'encouragement à être de la sorte entouré de puissans secours. Oubliant l'abus qu'on a pu faire quelquefois des noms au frontispice d'un livre, on en citera donc ici plusieurs, autant comme des gages d'une active participation à nos travaux, que pour ne pas nous présenter au public sans la garantie des plus solides recommandations.

Voici en conséquence une première liste des Collaborateurs du Panorama.

MM.
ALBIN (Sébastien).
AMPÈRE, professeur au collége de France.
BARBIER (Auguste).
BARCHOU DE PENHOEN.
BARTHÉLEMY-St-HILAIRE, professeur au Collége de France.
BEUERMANN, de Francfort-sur-Mein.
BOETTIGER, professeur à Erlangen.
BURET (Eugène).
CAHEN, traducteur de la Bible.
CARNOT (Hippolyte).
CAROVÉ, de Francfort-sur-Mein.
CHASLES (Philarète).
CHÉZY (de), à Bade.
CHRISTIAN.
CROWE.
COUSIN (Victor), pair de France, membre du Conseil royal de l'Instruction publique.
DAHLMANN, ex-professeur à Gœttingue.
DAUMER, l'instituteur de Gaspard-Hausser, à Nuremberg.
DEPPING.
DIEZ, professeur à l'Université de Bonn.
DRIESCH, de Trèves.
DUBOIS, député de la Loire-Inférieure.
DULLER, à Darmstadt.
EICHHOFF, bibliothécaire de la reine des Français.
ENGELMANN, à St-Louis (États-Unis).
FAURIEL, professeur à la Sorbonne.
FELSING, professeur et graveur, à Darmstadt.
FICHTE, professeur à l'Université de Bonn.
FORTLAGE, professeur à l'Université de Heidelberg.

MM.
GANS (Édouard), professeur à l'Université de Berlin.
GEOFFROY-St-HILAIRE, de l'Académie des Sciences.
GERVINUS, ex-professeur à Gœttingue.
GIRARDIN (Saint-Marc), député, professeur à la Sorbonne, membre du Conseil royal de l'Instruction publique.
GRIMM (Jacob et Wilhem), ex-professeurs à Gœttingue.
GUHRAUER, de Berlin, éditeur de Leibnitz.
GUILBERT (Aristide).
GUTZKOW (Charles), à Hambourg.
HEINE (Henri).
HELL (Théodore), à Dresde.
HENSCHELL.
K....GK (Louis), du Mecklembourg.
JANIN (Jules).
JULLIEN (Auguste).
KOERNER (Gustave), à Belleville (États-Unis).
KUEHNE, à Leipzig.
KUGLER, à Berlin.
LACHMANN, professeur à l'Université de Berlin.
LANOURAIS, avocat à la Cour royale de Paris.
LAUBE (Henri), à Muskau (Silésie).
LÉO, professeur à l'Université de Halle.
LERMINIER, professeur au Collége de France.
LEWALD (Auguste), à Stuttgart.
LITTRÉ (Émile).
MAINZER (Joseph).
MANGOLD.
MARKGRAFF (Rodolphe), à Munich.
MENDELSSOHN, professeur à l'Université de Bonn.

MM.
MENZEL (Wolfgang), à Stuttgart.
MERCEY (Frédéric), de la Revue des Deux-Mondes.
MERCIER.
MERRUAU (Charles), professeur d'histoire.
MESNARD.
MEYERBEER.
MICHIELS (Alfred).
MICKIEWICZ.
MUEGGE, de Berlin.
MULLER, de Trèves.
MUNDT (Théodore), de Berlin.
MUNK.
NATORP, à Rome.
NEUKOMM.
OKEN, professeur à l'Université de Zurich.
PANOFKA (Henri).
PANOFKA (Théodore), professeur à l'Université et membre de l'Académie de Berlin.
PERDONNET (Auguste).
PEUCER jeune, de Weimar.
PFIZER (Gustave), à Stuttgart.
POPPE (de), professeur à l'Université de Tubingue.
QUINET (Edgar).
RANKE (Léopold), professeur à l'Université de Berlin.
RAUMER, professeur à l'Université de Berlin.
RECK, à Gœttingue.
REGNIER, professeur au Collége Saint-Louis.
REIFFENBERG (baron de), bibliothécaire du Roi des Belges.
RITTER (Charles), à Berlin.
RITTER (Henri), professeur à Gœttingue.
ROSENKRANZ, professeur à l'Université de Kœnigsberg.
ROSSEÈUW-SAINT-HILAIRE, professeur d'histoire.

MM.
ROTTECK (Charles de), membre de la Chambre des députés badois et professeur à l'Université de Fribourg.
ROYER (Alphonse).
SCHADOW, directeur de l'Académie, à Dusseldorf.
SCHLEGEL (A. W.), professeur à l'Université de Bonn.
SCHOENLEIN, professeur à l'Université de Zurich.
SCHUELER (Frédéric).
SELMAN (Robert).
SEUFFERT.
SPAZIER.
STAPFER, traducteur des œuvres dramatiques de Goethe.
SCHORN, professeur et conseiller aulique, à Weimar.
SCHWAB (Gustave), à Gohmaringen, près Stuttgart.
SPINDLER (le romancier), à Bade.
STEININGER, professeur à Trèves.
STRAUSS, auteur de la *Vie de Jésus*, à Stuttgart.
THALBERG (Sigismond).
TIECK (Louis), à Dresde.
TOUSSENEL (Théodore), professeur d'histoire.
VARNHAGEN D'ENSE, à Berlin.
VILAIN XIV (le comte Hippolyte), député belge.
WEBER, à Stuttgart.
WEIL (Charles), à Stuttgart.
WELCKER, membre de la Chambre des députés badois, professeur à Fribourg.
WICHMANN, à Dusseldorf.
WIRTH (Louis).
WOLFF (O.-L.-B.), professeur à l'Université de Iéna.
WITTENBACH, professeur, à Trèves.
ZIMMERMANN, à Stuttgart.
ZSCHOKKE, à Aarau.

Maintenant un dernier mot sur la partie artistique du Panorama. Le choix était à faire entre des planches déjà existantes, dont l'acquisition aurait été moins dispendieuse, ou des gravures exécutées tout exprès avec des frais considérables. On n'a pas hésité à se prononcer pour le dernier parti, dans la ferme volonté d'assurer à ce recueil le mérite d'être neuf, original, le plus parfait possible, en un mot.

Après avoir ainsi combiné tant d'efforts pour approcher du mieux, pouvons-nous compter sur l'appui bienveillant du public? Nous l'espérons. C'est à ceux que leur position sociale met en mesure de seconder l'essor des bonnes pensées, c'est aux amis de l'alliance bien entendue entre deux peuples qui se recherchent mutuellement aujourd'hui, que nous nous adressons, surtout pour qu'ils nous viennent en aide en facilitant les succès futurs de cette entreprise. Puissions-nous avoir réussi à les convaincre de son utilité!

Paris, 1ᵉʳ *juin* 1838.

PANORAMA DE L'ALLEMAGNE.

L'Allemagne.

I.

L'Allemagne, tant de fois expliquée, est encore une énigme. C'est le grand Sphinx qui, immobile à la porte du temple, embarrasse de ses questions les peuples voyageurs. Cette obscurité ne vient pas seulement de la condition particulière de ce peuple ; elle naît aussi des moyens que l'on a employés pour le connaître, et que d'abord l'antipathie, plus tard l'engouement, ont contribué également à fausser. Ce pays n'a été sérieusement observé que dans ses idées et ses chimères ; et les écrivains ont traité, en quelque sorte, ce peuple comme un peuple sans corps. On a cru le saisir dans ses systèmes de philosophie, dans ses légendes, dans sa poésie ; en suivant cette abstraction, l'on n'a embrassé souvent qu'une forme vide qui se dérobait et fuyait sans retour. Des esprits éminens se sont donné le spectacle de sa philosophie, mais en même temps on a négligé sa géographie, son histoire, sa langue, ses coutumes, son climat, ses monumens et ce concours de faits qui constituent l'organisation extérieure d'un peuple. L'Allemagne n'est pas seulement une ame errante que se disputent dans la solitude les démons du doute et de la science ; ce n'est pas non plus une lyre éolienne qui répète au sein de Jupiter pluvieux les accords du Danube et du Rhin. C'est surtout une grande nation, ou plutôt une société de nations, qui, aujourd'hui, se tourne avec une excessive avidité vers le monde réel et pratique, comme si elle avait à combler de ce côté un vide immense. Sans doute, rien n'est plus louable que l'empressement avec lequel on commença à l'étudier dans les œuvres pures de son intelligence ; mais ce procédé tout seul, déjà incomplet il y a vingt ans, serait faux aujourd'hui et resterait sans résultats.

Voilà pourquoi un ouvrage accompagné de figures, et dans lequel les lieux, les hommes, les choses seraient exactement reproduits, me semble une tentative digne d'être encouragée, et faite, si l'on y réussit, pour concilier de nombreuses sympathies. Les peuples ne se contentent plus de se connaître vaguement ; ils veulent, en quelque sorte, se toucher du doigt les uns les autres.

On peut dire sur l'Allemagne les choses les plus contradictoires, et pourtant ne pas sortir de la vérité. Ce pays est le seul qui soit sincèrement protestant et catholique. Spiritualiste sur la Sprée, il est matérialiste sur le Danube. Aucun n'a plus de science, et peut-être aucun n'a-t-il plus de préjugés. Le cosmopolitisme y est naturel et, d'autre part, les haines nationales y sont invétérées. Celui qui voudra peindre ce pays devra exprimer ces tendances opposées qui se corrigent et souvent se neutralisent l'une l'autre, au point d'imposer à l'état une apparente immobilité.

Malgré les distances infinies qui séparent la France de l'Allemagne, à mesure que l'on étudiera ces peuples, on se convaincra que chaque jour les rapproche davantage. Eprouvés, l'un par une révolution religieuse, l'autre par une révolution politique, tous deux par une guerre acharnée, ils sont parvenus à leur virilité ; ils ont pour ainsi dire le même âge ; et, par des voies diamétralement opposées, ils se rencontrent aujourd'hui sur le seuil des mêmes questions.

Sans le vouloir et sans le savoir, combien n'ont-ils pas déjà influé l'un sur l'autre ! Si le matérialisme du dix-huitième siècle a été tempéré par l'esprit des peuples d'outre-Rhin, n'est-il pas manifeste que l'esprit français, à son tour, s'insinue partout au cœur de l'Allemagne ? Il entre dans ses codes, dans ses chaires, dans ses armées, et s'agite jusque sous la couronne de ses plus ardens adversaires. Or, ce mouvement s'accomplit dans les faits et dans les événemens plus encore que dans les livres et dans les théories. La plupart des savans et des lettrés de profession appartiennent à l'école du passé, et ils fermeraient volontiers l'avenir. En France, la philosophie a devancé toutes les réformes politiques. En Allemagne, la science se résigne au présent, le combat quelquefois, mais ne le devance presque jamais. Nous désirerions sincèrement attirer de plus en plus cette science impassible sur le terrain où les peuples se débattent aujourd'hui ! Qu'elle ne se contente pas de régner solitairement dans l'invisible, mais qu'elle assiste en bonne conseillère à la lutte qui se poursuit entre le droit et la violence. C'est là assurément la mission qui lui reste à remplir.

Je voudrais, par dessus tout, que l'on fît justice de ce fantôme ridicule que plusieurs esprits présentent encore à l'Allemagne comme l'image de la France. N'est-on pas las de rancune et de haine ? et n'est-ce pas un fratricide d'alimenter la colère des peuples les uns contre les autres ? Quand finira cette guerre intestine, si les écrivains, qui sont de leur nature les pacificateurs des ames, l'entretiennent sans relâche ? Passions fausses et artificielles, qui, si elles étaient vraies, seraient la condamnation de notre temps et le fondement légitime de la servitude.

En admettant même que les peuples doivent demeurer sous les armes, je n'ajouterai qu'un mot. Pendant que la Russie grandit à vue d'œil au bout de l'horizon, l'Allemagne reste assise et immobile sur son trône gothique. Pour qui se lèvera-t-elle à la fin ? Appartient-elle à l'avenir des Slaves, ou entrera-t-elle avec nous franchement dans le chemin de la civilisation pratique et des améliorations sociales ? C'est là pour elle toute la question. C'est à elle d'y songer.

ÉD. QUINET.

II.

LE FRONTISPICE.

En tête de l'ouvrage où l'on annonce l'intention d'offrir une image complète de l'Allemagne, où les arts doivent apporter leur tribut en aide à la littérature, une figure allégorique de cette contrée se trouve naturellement à sa place.

Le dessin principal en est emprunté à Philippe Veit, l'un des artistes les plus distingués de la nouvelle école allemande de peinture, et directeur de l'institut Staedel, établi à Francfort-sur-Mein, pour l'étude des arts.

C'est à Rome que Philippe Veit, de même que la plupart des maîtres de son pays, s'est formé dans la compagnie des

Overbeck , des Cornelius , des Schadow , avec lesquels long-temps il vécut et travailla. Les fresques de la salle Bartoldi , son *Triomphe de la religion* dans la grande galerie du Vatican , les scènes de la *Divine comédie* peintes pour la villa Massimi , le tableau de l'*Assomption de la Vierge* dans l'église de la Trinité-du-Mont , plusieurs ouvrages terminés à son retour en Allemagne , entre autres *le Christ au Mont des Oliviers* actuellement à Naumbourg , et la *Judith* qui fait l'ornement d'une collection particulière à Dresde , tels sont les travaux qui lui ont assuré un rang éminent parmi ses contemporains.

Depuis que Veit habite Francfort , il s'est principalement occupé de dessins dont la destination est l'embellissement des salles de son institut. Au nombre de ces cartons, on remarque, outre un *Bouclier d'Achille* profondément étudié, *l'Influence de la religion chrétienne sur les arts*, composition dans laquelle ceux-ci sont allégoriquement personnifiés. Aux deux côtés du tableau principal deux pendentifs sont adaptés, représentant l'Italie et l'Allemagne. C'est cette dernière figure, *Germania*, que la lithographie a reproduite ici.

Cornelius a dit à la louange de Veit que , dans ses œuvres, il montrait de l'ame , de la grandeur et un sentiment profond. Ce jugement sera ratifié certainement par tous ceux qui pourront avoir l'occasion d'admirer l'original de sa *Germania*. Quant à la copie que nous avons tentée , n'en donnât-elle qu'une idée affaiblie , elle aurait atteint son but , qui est d'exprimer par une sorte de symbole le caractère général de l'Allemagne.

Drapée dans un manteau du moyen-âge, une couronne de chêne sur ses cheveux qui retombent sans art le long de ses épaules , la *Germania* est assise au pied d'un arbre robuste contre lequel rêveusement elle s'appuie. Un livre repose sur ses genoux. D'une main , elle y suit le texte de la loi , tandis que l'autre presse la poignée d'un glaive. Dans le lointain , on aperçoit des montagnes, le cours du Rhin et les ruines d'un gothique édifice.

Le chêne national et la couronne tressée de ses feuilles , la pose de la figure et son chaste costume , ne sont-ce pas les emblèmes de la fidélité aux vieilles traditions , d'un sentiment vigoureux de patriotisme , de la simplicité des mœurs , de la paix et de la pureté de l'ame.

Elle est armée , mais la manière dont elle tient son glaive laisse deviner qu'elle s'en sert pour la défensive, qu'elle saura bien , avec cette arme, protéger sa liberté, son bien , mais non porter atteinte à la liberté, au bien de l'étranger. Un ferme attachement à sa propre indépendance , sans aucun mélange d'esprit de conquête , l'ardente volonté de tout faire pour la préserver d'usurpations extérieures, voilà, en effet, quel est le principal trait du caractère allemand. Que son *Palladium* soit respecté , alors la *Germania* reportera toutes les forces de son intelligence vers la science et l'art. On le voit par les attributs qui gisent épars à ses pieds. Quant au livre de la loi, il indique sa religion consciencieuse du droit.

Voyez l'expression du visage. Il porte l'empreinte d'une poétique méditation. Sans dénoter une passion actuelle et agissante, le regard , plein toutefois d'une aspiration mélancolique vers l'avenir, se dirige au loin, comme si là se dessinait l'idéal des vœux, le but des efforts que concentre en elle l'Allemagne. Comment mieux interpréter les tendances de sa poésie et de sa philosophie?

C'était chose impossible de soutenir à ces hauteurs de l'abstraction toute une complète description de l'Allemagne. Aussi à la représentation idéale de la nation a-t-on joint l'image des scènes principales de sa vie de tous les jours, se mêlant, comme dans une chaîne d'anneaux inséparables, aux élémens de sa puissance intellectuelle.

Au milieu des divinités fluviales qui nous reportent au monde fantastique des aulnes et des ondines , des mythes et des légendes , apparaît la Science cherchant, dans les livres et les écrits des hommes , à découvrir les causes finales des choses que Dieu a faites. Plongée dans ses investigations, absorbée par sa contemplation de l'infini , elle ne s'aperçoit pas qu'à côté d'elle veille le *malin* qui la guette , au nom de l'instinct matériel toujours prêt à détruire ce que le sentiment divin a créé. Point de lumière sans ombre , point de Faust sans Méphistophélès. La nature humaine est un frêle esquif sans cesse ballotté , dans sa course périlleuse , entre la vertu et le péché, entre la chute et la béatitude. « Heureux ceux qui ne paient pas le savoir au prix des douleurs de l'ame. »

En face des personnifications de la chasse et du duel se présentent la poésie et la musique, comme des correctifs ou des contrastes. Si , d'une part, on ne voit qu'attachement à la terre et à ses biens, si ces chevaliers brutaux sont prêts toujours à donner leur sang et leur vie pour les grossières jouissances du moment ; de l'autre côté, les arts, par la voie de leurs interprètes, offrent à l'homme , en dédommagement de ses peines d'ici-bas, des plaisirs plus nobles et plus purs. Voilà tout le moyen-âge allemand que viennent encore compléter, ici, l'homme d'armes bardé de fer, là, un couple de danseurs aux pieds légers. Sans cesse dans la vie une riante et folâtre gaîté alterne, pour l'adoucir, avec ce qu'elle a de grave et de sérieux. La misère et la peine auraient beau s'étendre sur la terre que la joie y conserverait encore un asile assuré. Par quelles raisons psychologiques expliquera-t-on sa tendance à se manifester, chez tous les peuples également, par la danse, son symbole le plus antique et le plus expressif?

Comme de raison , dans la couronne où se tressent l'un à l'autre les épisodes de la vie allemande, on a réservé une place à la bouteille. Depuis les assemblées populaires au sein des forêts décrites par Tacite, depuis les campemens tumultueux des chevaliers et les défis poétiques des Minnesaenger, depuis les festins des couvens et les banquets des diètes , depuis le moyen-âge jusqu'à nos jours, depuis le caveau d'Auerbach, dont Goethe dans son *Faust* nous donne une si joyeuse image , jusqu'à la taverne des étudians , la bouteille a toujours joué en Allemagne un rôle important. Aussi avec quelle visible prédilection l'artiste a tracé là haut les figures de ses buveurs, exprimé leur fraternelle bonne humeur, qui peut dégénérer en querelle , il est vrai, mais sans danger, car ensuite la réconciliation n'en sera certes que plus cordiale.

Le pendant de la bouteille c'est le baiser ; de l'ivresse, l'amour. C'est Schiller qui l'a chanté dans son dithyrambe :

> Nimmer, das glaubt mir,
> Erscheinen die Götter,
> Nimmer allein.
> Kaum dass ich Bacchus,
> Den lustigen, habe,
> Kommt auch schon Amor,
> Der laechelnde Knabe.

« Jamais, croyez-moi , seuls jamais les dieux ne se montrent. A peine Bacchus , le joyeux, m'est-il apparu qu'avec lui je vois l'Amour, l'enfant au doux sourire. »

Puis , au dessus de tous plane le génie de l'Allemagne , étendant sur ceux qu'il protége ses vastes ailes. A ses côtés deux figures se tiennent qui couronnent dignement l'image de la vie allemande, la Foi pieuse à droite, à gauche la patiente Étude. Ce sont elles que l'ange-gardien désigne à tous comme pour leur dire solennellement :

« Qu'importe où le tourbillon de la vie, où l'entraînement
» du moment vous conduit, si vous savez les conserver pour
» compagnes, pour amies, pour guides. Même des limites les
» plus reculées de l'erreur, revenez avec confiance vers elles
» qui seules vous préserveront de l'ennemi le plus irrécon-
» ciliable de l'homme, des remords vengeurs qu'il porte en
» lui-même. »

SAVOYE.

MUSIQUE.

Le mot *musique* a une grande signification pour l'Allemand. La musique, pour lui, embrasse tout ce qu'il y a de beau, de grand, d'élevé ; tout, dans son domaine, est jouissance, jouissance pure, innocente, sans regrets. Elle apporte la joie au milieu des fêtes, le bonheur au sein des familles, la consolation à ceux qui souffrent : c'est le côté poétique de la vie.

Combien, sous ce rapport, la nation allemande se distingue des autres nations ! Il faut avoir voyagé, avoir visité des pays divers, avoir trouvé des termes de comparaison, pour apprécier entièrement cette heureuse spécialité de l'Allemagne. Peu sensible à celui qui, n'ayant pas quitté sa patrie, s'y est accoutumé dès l'enfance, elle apparaît, à travers le prisme enchanteur des souvenirs, d'autant plus brillante à l'exilé qu'autour de lui rien ne peut en rivaliser l'éclat.

Dans aucune autre contrée, en effet, la musique ne s'est associée aussi intimement à la vie du peuple. Là, elle le suit dans tous ses actes, l'inspire dans tous ses sentimens, modifiant au gré des circonstances l'allure et la forme de ses airs. Chez certaines nations, la musique reste continuellement la même, bien que sa destination soit multiple : ce sont des romances et des ariettes qui passent du salon à la rue, du théâtre au concert, du foyer domestique aux fêtes populaires, sans jamais changer de caractère ; ariettes et romances qu'on retrouve encore à l'école, à l'église et sur le champ des parades militaires. L'Allemagne, au contraire, a, pour chaque position, chaque événement, une musique à part. Dans les salons vous entendez les *Lieder*, dont les productions de Schubert, si différentes de la romance, peuvent donner l'idée la plus juste. Entrez dans les écoles : on y exécute des chants qui n'ont ailleurs ni modèles, ni imitateurs. C'est que les plus grands poètes, les plus grands musiciens n'ont pas dédaigné d'écrire pour la jeunesse. L'Italie seule, dans ses beaux jours, a produit des œuvres religieuses comparables, pour le style et pour le nombre, à celle que possède l'Allemagne. Viennent ensuite les chants populaires, les chants des colléges, ceux des étudians, les chants guerriers, si nombreux qu'il serait impossible de les énumérer. Enfin, la musique militaire, surtout en Prusse et en Autriche, a été portée au plus haut degré de perfection.

Dans cette influence, dans cet exercice de tous les instans, est le secret de l'incontestable supériorité que l'Allemand s'est acquise. Comment n'excellerait-il pas dans un art qui fait ainsi partie essentielle de son existence ? Dès son entrée à l'école, il lui procure d'innocentes jouissances ; à l'église, les sons majestueux de l'orgue élèvent son ame ; dans les ateliers, ou le soir, à la veillée, de gaies mélodies animent le travail des ouvriers ou des fileuses ; au camp, dans les universités, au sein des mines profondes, partout la musique répand son charme mystérieux. Il est donc vrai de dire qu'en Allemagne elle accompagne l'homme depuis son berceau jusqu'à son lit de mort, depuis les jeux folâtres de son enfance jusqu'aux rudes mêlées de la bataille.

Que si ensuite on pénètre dans le sanctuaire où se sont élaborées tant d'œuvres admirables, on verra le compositeur allemand menant, entouré de sa famille, une vie toute uniforme et toute patriarchale, une vie entièrement consacrée au culte fervent de la musique, la chose pour lui la plus sainte et la plus vénérée. Rien, si ce ne sont les moines de l'Italie et les couvens de l'Espagne, ne peut servir à faire comprendre ce qu'étaient les grands musiciens, les grands organistes de l'Allemagne. Les premiers ne connaissaient du monde que leur monastère : leurs excursions n'allaient pas au-delà des murailles qui entouraient le cloître ; leur vue était éternellement bornée à l'horizon d'une vallée, d'un lac, au vague lointain de la mer étendue sous leurs pieds. Quant aux seconds, n'ayant pas vu souvent d'autre lieu que celui de leur naissance, ils avaient pour toute science la musique, l'exercice de cet art chéri pour unique bonheur, l'orgue de la paroisse pour toute perspective d'ambition.

Ces hommes, toutefois, si simples et si éminemment artistes en même temps, n'appartiennent pas seulement aux siècles passés, et l'Allemagne offre encore à l'observation quelques-uns de ces caractères antiques. Nous raconterons leur vie, telle monotone, telle naïve qu'elle puisse paraître, car elle mérite d'être offerte en exemple.

Souvent, il nous sera donné de la décrire d'après le témoignage direct de leurs élèves, de leurs amis, auxquels nous nous adresserons comme à des légataires privilégiés, comme aux dépositaires des secrets du génie. Ainsi, Neukomm doit nous communiquer, avec le véritable portrait de Haydn, des renseignemens curieux sur sa vie; Seyffried, le digne disciple de Mozart, nous a transmis de touchans détails sur ce grand maître ; Meyerbeer a promis une page intéressante, un souvenir de jeunesse, qui concerne à la fois le grand abbé Vogler, son maître, et Carl Marie de Weber, son compagnon d'études ; Ferdinand Ries, dont les symphonies et les œuvres dramatiques décèlent l'école qu'il a suivie, nous a laissé des notes sur Beethoven dont il reçut les leçons.

Du reste, ce sera pour nous une tâche agréable, une tâche que depuis bien des années nous désirions remplir, que celle de faire connaître à l'étranger tous les trésors que renferme notre patrie, où la musique est, sous tant de rapports, si digne d'attention. Nous chercherons à ne rien oublier, ni les hommes, ni les choses, ni les institutions, ni leurs résultats, ni les inspirations populaires, ni les perfectionnemens artistiques, rien, en un mot, de ce qui offre intérêt, de ce qui, par la comparaison, pourrait exercer une influence progressive, soit en Allemagne même, soit dans les autres pays. Faut-il l'avouer, c'est avec orgueil que nous entreprenons ce travail, heureux de pouvoir faire apprécier notre première patrie par la France, notre patrie adoptive.

JOSEPH MAINZER.

LETTRE DE M. MEYERBEER,

A M. Savoye, directeur du Panorama de l'Allemagne.

Monsieur,

C'est avec le plus vif intérêt que j'ai lu la lettre où se trouvent exposés l'objet et le plan du Panorama de l'Allemagne, que vous avez conçu, permettez-moi de vous le dire, d'une manière tout-à-fait neuve et satisfaisante. Je ne puis, en ma qualité d'allemand, que me féliciter de voir mettre à exécution une entreprise qui promet enfin de faire connaître à la France notre patrie sous son véritable aspect, et je ne doute pas que nos compatriotes ne mettent un grand empressement à vous seconder dans cette œuvre toute nationale. Pour ma part, puisque vous avez bien voulu m'appeler à y concourir, je prends très volontiers l'engagement de le faire autant que le comporte ma vocation spéciale.

Ainsi, pour compléter votre galerie des grands maîtres de la musique allemande, il me sera donné d'ajouter aux détails sur Haydn, Mozart et Beethoven, que doivent vous fournir leurs élèves Neukomm, Seyffried et Ries, des détails qui me sont personnels sur l'abbé Vogler et Carl Marie de Weber, car au premier rang des souvenirs les plus chers de ma jeunesse se trouve le temps passé auprès d'eux à Darmstadt, où l'auteur du *Freyschütz* fut mon condisciple et l'abbé Vogler notre maître à tous deux.

C'est encore une idée heureuse que celle de compléter la biographie et l'appréciation critique des musiciens vivans par quelque morceau composé tout exprès pour votre recueil et propre à caractériser leur talent. Il faut vous remercier de leur avoir ménagé ce moyen, le seul qui leur convint, d'exprimer avec liberté leurs pensées et leurs sentimens. Aussi pouvez-vous espérer que, rendant justice à vos intentions, ils n'hésiteront pas à vous apporter le tribut que vous réclamez de chacun.

Le mien, quelque faible qu'il soit, vous est assuré, Monsieur, et je ne négligerai aucune occasion de vous prouver mon désir de contribuer à l'accomplissement d'une œuvre que tout Allemand accompagnera, certainement, comme moi, des vœux les plus sincères et de la plus cordiale sympathie.

Je suis, Monsieur, avec les sentimens d'une haute estime,

Votre dévoué,

MEYERBEER.

SITES PITTORESQUES. — TRADITIONS POPULAIRES.

RHEINSTEIN. — LE RHIN.

I.

Une vieille tradition raconte qu'à Bingen le Rhin s'abîme dans le sol, pour reparaître sept lieues plus loin seulement, à Saint-Goar, où se termine sa course souterraine. C'est une image heureuse pour exprimer l'aspect qu'en un temps reculé le grand fleuve a dû présenter sur ce point. On peut, du reste, se l'expliquer encore par la vue des lieux tels qu'ils sont aujourd'hui.

Au dessous de Mayence, la vieille ville de Gutenberg, se déroule dans sa majestueuse largeur le Rhin, borné sur ses deux rives par de fécondes et riantes campagnes, et baignant de ses eaux une foule d'îles aux contours gracieux. La terre forme, à gauche, une berge légèrement inclinée vers le fleuve et qui s'étend ainsi jusqu'aux environs de Bingen. Mais, sur la droite, les collines accidentées et couvertes de vignes se rapprochent bientôt du Rhin pour lui offrir en tribut une riche succession d'endroits florissans dont les noms sont chers au voyageur comme au gourmet. Voici Bieberich, la coquette résidence des ducs de Nassau ; Nieder-Walluf, où s'ouvre le Rheingau, région célèbre et bénie, dont les hauteurs, dorées par le soleil, sont abritées par le Taunus qui dresse derrière elles sa tête ombragée de forêts ; Eltvil (*Alta Villa*), avec ses ravissantes perspectives et son vin, le Graevenberger, si digne de recommandation ; l'orgueilleux Johannisberg, qui prête son nom au roi des vins et que de bizarres vicissitudes ont fait passer des mains de riches moines à celles d'un maréchal de France, pour enfin, après les courtes jouissances du duc de Valmy, l'adjuger en dotation politique au prince de Metternich ; voici encore Geisenheim, la jolie, et Rudesheim, fier du nectar de ses montagnes et des ruines de ses quatre châteaux. Mais là, de même qu'à l'antique ville de Bingen sur l'autre rivage, s'annoncent déjà, par des signes remarquables, les prochaines limites du Rheingau.

Depuis Mayence jusqu'à ces deux endroits, règnent les temps et la civilisation modernes. Si le passé, avec ses reliques pittoresques, s'y montre quelquefois, c'est comme un piquant et passager contraste, réveillant bien de poétiques souvenirs, mais ne réussissant jamais à produire d'illusion complète.

Au-delà de Rudesheim et de Bingen, au contraire, la nature revêt un nouveau caractère. Les versans abruptes des montagnes se resserrent étroitement ; la plaine cesse, après s'être laissé apercevoir une dernière fois à l'embouchure de la Nahe, le long de laquelle elle se développe aux regards comme à travers une longue-vue magique ; le Rhin lui-même change d'aspect. Jusqu'alors magnifique et tranquille, car rien ne le troublait dans son cours assuré, il s'irrite, en quelque sorte, contre les obstacles qui rétrécissent sa route, et frappe en grondant les digues infranchissables qui semblent le braver.

Si, partant de Rudesheim, on examine son lit, ce sont, à droite et à gauche, des masses saillantes de rochers qui descendent au fond du fleuve et l'occupent dans toute sa largeur, perçant encore çà et là au dessus des eaux, comme pour attester que leur continuité n'est nulle part interrompue. Bientôt le Rhin se détourne de l'ouest vers le nord, et découpe, en se repliant ainsi, une espèce de langue de terre dont l'intervention au milieu du paysage produit un singulier effet d'optique. Les deux rives se confondent tout-à-coup et la chaîne séculaire qui les borde s'avance de telle sorte qu'elle empêche l'œil de rien découvrir au-delà de ce point d'arrêt. Puis, les continuels mugissemens du torrent, les flots d'écume qui s'agitent à sa surface, tout se réunit pour témoigner de la lutte acharnée qu'il soutient contre la montagne où il va se creuser un passage. On croit le voir se précipiter avec fureur au devant d'un gouffre ténébreux.

C'est là précisément le terrain où nous attend la tradition. Devant nous, au milieu du Rhin, se trouve le *Bingen Loch* (le trou de Bingen), tourbillon qui fut jadis la terreur des bateliers, mais qui, nécessitant à peine aujourd'hui quelques mesures de précaution, mêle seulement, aux autres plaisirs du voyage sur le fleuve, l'agréable assaisonnement d'un danger à éviter. A côté, s'élève la fameuse Tour des Souris (*Mausthurm*), où, comme l'apprend la légende populaire, l'indigne archevêque Hatto de Mayence fut, en punition de son avarice, dévoré vivant *par les souris*. A droite enfin, sur la pointe même qui forme le promontoire, gisent les ruines du vieux château d'Ehrenfels. Elles servent de borne au Rheingau et marquent le commencement d'une autre contrée, d'une autre époque. C'est que le moyen âge cesse de se manifester uniquement par des amas de pierres, informes débris des monumens d'autrefois, et que, dès ce moment, il se présente dans toute sa vivante réalité du treizième et du quatorzième siècle.

En face des ruines d'Ehrenfels et d'Asmannshausen, si recherché des voyageurs, trône, au sommet d'un roc escarpé, un château qui captive invinciblement les regards du passant. Il lui apparaît si imposant avec ses hautes murailles et ses créneaux dentelés, avec ses lourds ponts-levis et ses poternes mystérieuses, avec tout son attirail de tourelles et de meurtrières, intact comme s'il venait d'être construit la veille! Que ce château soit habité, on ne peut en douter, d'ailleurs, car des cheminées sort une épaisse fumée qui tournoie dans l'air, et, sur une des tours, veille un gardien dont le cor, pour signaler l'approche de l'étranger, donne quelques sons aigus que redisent cent et cent fois les profonds échos des montagnes voisines.

Rheinstein, voilà le nom que porte ce château. Jadis, il appartenait à de redoutés chevaliers, brigands de profession, qui, en ce temps où le droit du plus fort faisait la loi, s'embusquaient sur la route du Rhin pour imposer aux voyageurs force contributions à leur profit. Mais, au treizième siècle, assiégée par les troupes de la ligue rhénane et prise, après une sanglante résistance, par Rodolphe de Habsbourg, la forteresse fut en partie détruite et ses possesseurs, nobles ou non, livrés au supplice que depuis long-temps ils avaient mérité, c'est-à-dire à la corde. En vain de puissans amis s'adressèrent à l'empereur pour obtenir de lui qu'il commuât, en faveur des brigands de noble extraction, la peine corporelle en une amende d'argent, leurs instances ne furent pas écoutées et la rigoureuse sentence s'exécuta. La chronique a conservé, comme un éclatant témoignage de son amour pour la justice, les paroles qu'en cette circonstance prononça Rodolphe :
« Ne troublez pas le cours de la justice, répondit-il. Laissez
» les voleurs subir leur sort. Car ce ne sont pas des chevaliers,
» ce sont les plus vils des scélérats, ceux-là qui pillent le
» pauvre à main armée, qui brisent violemment la paix et qui
» foulent aux pieds les lois les plus sacrées de l'empire. La
» vraie noblesse est celle qui reste fidèle à sa foi jusqu'à
» la mort, et qui n'a dans ses rangs ni voleurs ni brigands.
» Cessez donc, vous qui voulez être tenus pour nobles, de
» m'implorer en faveur de misérables qui, fussent-ils comtes
» ou ducs, n'échapperaient pas, aussi vrai que je suis juge,
» à la peine de mort qu'ils ont tous encourue. »

La bannière du fort fut arrachée de ses créneaux et remplacée par les couleurs impériales, soit pour indiquer la victoire remportée sur ces opiniâtres champions du brigandage féodal, soit pour préserver les bâtimens d'une entière destruction.

Depuis long-temps, néanmoins, la bannière de l'empire avait disparu à son tour des murs de Rheinstein, lorsque son possesseur actuel, le prince Frédéric, neveu du roi de Prusse aujourd'hui régnant, tira, pour ainsi dire, l'antique château de ses ruines, le fit rebâtir avec libéralité dans le style du moyen âge, et arbora le drapeau noir et blanc sur ses tours ressuscitées.

Dans cette demeure toute chevaleresque, le prince a donné de brillantes fêtes, où tous les invités parurent avec le costume du siècle des Franz de Sickingen et des Goetz de Berlichingen. Lors d'une visite que je fis à Rheinstein, il y a quelques années, je pus juger par moi-même du charme particulier que durent avoir ces solennités dont l'ordonnateur aurait pu, sans anachronisme, reculer la date de quelques cents ans.

Un chemin, aussi commode que la pente difficile de la montagne a pu permettre de le faire, conduit jusqu'à l'entrée du château. Là, devant le visiteur qui demande à être introduit, s'abaisse le pont-levis, au bout duquel le portier ouvre, en souhaitant amicalement la bien-venue, une porte lourde et étroite. C'est à cet instant qu'il faut dire adieu au monde moderne pour se donner tout entier à la chevalerie dont chaque pas en avant laisse découvrir une manifestation nouvelle.

Les armes et la guerre, voilà son élément. On s'en convainc facilement dès la première galerie qui forme l'entrée du premier étage et dont les murailles n'ont d'autres ornemens que des armures bruissantes de soldats. Plusieurs d'entre elles ont été trouvées dans les fouilles faites à Rheinstein même.

La salle des chevaliers achève cette espèce d'initiation au moyen âge militaire. Des matériaux gothiques en ornent le plafond et les parois. Sur le devant d'une vieille cheminée est sculptée une représentation naïve des principaux faits de la guerre de Troie; les meubles et les croisées sont embellis d'habiles ciselures sur bois; et, quant aux étoffes, elles sont couvertes de broderies figurant le plus souvent les armoiries de nombre de familles princières ou nobles, connues jadis. Outre les peintures sur verre, qui décorent les fenêtres, et les monumens précieux qu'on a tirés des ruines du château et qu'on garde dans un bahut à part, il faut encore citer, comme dignes d'intérêt, des armures de chevaliers appendues à l'entour de cette vaste pièce, ainsi que des armes de tout genre, remontant à la même époque, et quelques antiquités romaines, entre autres une épée déterrée à Xanten, sur les bords du Rhin.

Au milieu de ces témoins éloquens d'un passé que l'imagination se plaît à embellir avec d'autant plus d'amour qu'il est maintenant plus éloigné, on aperçoit subitement des armes françaises du temps de l'empire. A leur aspect, le concierge ne manque jamais de s'écrier avec toute l'emphase d'un enthousiasme de commande : « Cette cuirasse et ce casque, tels » que vous les voyez, ont été recueillis, par Son Altesse Royale » le seigneur de ce château en personne, sur le champ de bataille de Châlons-sur-Marne. » Jusque-là on ne s'était pas douté certainement que les sires de Rheinstein eussent jamais eu l'occasion de se rencontrer avec des cuirassiers français dans les plaines de la Champagne. A quoi bon cette surprise brutale qui tombe comme de la glace au travers des plus poétiques rêveries? A quoi bon cet intempestif anachronisme qui dérange l'harmonie d'un monument où se reconnaît partout ailleurs le goût délicat de son créateur?

Il n'est pas une des pièces du château qui ne soit disposée et meublée dans le style du moyen âge. Ce sont ici des armoires antiques avec de minutieuses ciselures; là, de vieilles pendules aux figures de verre; tantôt des vases en terre grossièrement travaillés, tantôt des coupes d'argent d'un fini précieux.

Au second étage, ce qui attira surtout mon attention, ce fut, dans la chambre à coucher des maîtres du château, le bois de lit sculpté de la princesse, qu'on montre à tous comme un rare objet de curiosité, de même qu'en Saxe on a fait long-temps parade de la couche attribuée au comte de Gleichen et à ses deux épouses. Puisse le premier être préservé du sort de la relique saxonne, jetée naguère, un lendemain de bataille sans doute, dans un feu de cheminée bien prosaïque, par des troupiers tourangeaux ou gascons en goguette!

Avant de quitter ces riches appartemens, disons que, dans celui du prince, est un tableau de Lucas Cranach, représentant Frédéric-le-Sage de Saxe et sa mère, à côté d'un portrait de Franz de Sickingen, peint dans sa jeunesse. Ce dernier a été transporté d'Ebernbourg, près Kreuznach, à Rheinstein. On dit qu'arrivé à un âge plus avancé, Franz avait coutume, pour se désennuyer, de tirer à l'arbalète sur sa propre figure, et l'on montre encore aujourd'hui les traces que ses flèches ont laissées sur la toile.

Une particularité contribue à rehausser la valeur intrinsèque de ce magnifique ameublement, qui, du reste, se compose en partie d'objets réellement anciens, en partie d'imitations exécutées avec un art parfait : c'est que la plupart sont des cadeaux offerts par des personnages ou des familles de haute distinction.

Est-on, enfin, parvenu au faîte de l'édifice, alors le site le plus romantique s'étale, avec ses mille incidens variés, sous les regards du spectateur. Mais, en présence de cette nature sauvage et puissante qui semble défier l'imagination par le nombre et la bizarrerie de ses caprices, en présence de cette contrée, où, rocher contre rocher, montagne contre montagne, château contre château se pressent fantasquement groupés le long du Rhin, gigantesque serpent qui les enlace tous de ses replis, on ne peut se défendre d'un désir intime au fond de l'ame : ne fût-ce que pour un court instant, on voudrait retourner en arrière, vers ces temps chevaleresques dont, du sommet de chaque colline, quelque souvenir nous appelle ; on voudrait revivre avec les générations de ce passé lointain, ou du moins, entendre un écho fidèle des sentimens, des joies, des peines, des soucis, des passions qui les agitèrent.

Ce désir, c'est à la tradition populaire qu'il appartient d'y répondre : les bords du Rhin sont un de ses gîtes favoris ; elle n'a pas fait défaut à Rheinstein. Heureux celui qui, comme moi, a pu, assis au sommet de ses tours, entendre réciter sa légende !...

II.

Vers le commencement du treizième siècle, un chevalier habitait ce château, Sifrid de Rheinstein, aussi fameux par sa richesse et sa puissance que redouté pour ses brigandages et ses méfaits.

Un jour qu'il revenait d'une de ses expéditions sur les grandes routes, il remonta la montagne avec un lourd butin, et, de plus, avec une femme merveilleusement belle. Cette femme, il l'avait enlevée en Franconie ; mais, après en avoir triomphé comme vainqueur, il rentrait dans le château de ses pères subjugué par elle.

Ce fut le signal d'un surprenant changement dans les habitudes du chevalier et dans l'aspect de sa forteresse, que l'arrivée à Rheinstein de la noble Jutta. Plus de violences, plus de brigandages. Le marchand passa tranquillement avec sa pacotille devant le terrible château, et les mariniers oublièrent les craintes que depuis longues années leur inspirait la vue de ses murailles. Tant la jeune femme avait de ses mains si douces caressé l'heureux Sifrid, tant elle l'avait supplié avec une voix si tendre de renoncer à sa manière de vivre, qu'il n'avait pu lui refuser satisfaction à cet égard. L'amour n'est-il pas tout-puissant ?

D'un bruyant repaire de bandits qu'il était naguère, Rheinstein devint un séjour de calme et de bonheur. Peu à peu ses hôtes farouches l'abandonnèrent, les hommes d'armes allant chercher ailleurs la licence et la fortune qu'ils ne trouvaient plus au service de Sifrid. Voilà ce qu'avait voulu Jutta pour goûter en paix les pures jouissances de son ménage.

Ce bonheur pourtant ne devait pas durer. A peine une année s'était-elle écoulée, que dame Jutta donna une fille à son époux, mais, en la mettant au monde, elle expira dans les bras de Sifrid. Qu'on juge du désespoir de celui-ci ! A sa joie d'un instant succéda une tristesse indicible qui dégénéra avec le temps en noire misanthropie. Une chose seulement rattachait à la vie le chevalier, c'était la sollicitude que réclamait de lui l'éducation de son enfant dont chaque trait, chaque mouvement lui rappelait, hélas ! le précieux souvenir de sa Jutta toujours pleurée.

En grandissant, Gerda, c'est ainsi qu'on avait nommé la jeune fille, Gerda acquérait tous les talens qui sont l'apanage d'une noble demoiselle. Comme une fleur délicate, elle s'épanouissait dans sa retraite au gré des soins pleins d'amour de son père.

Quelque retiré du monde, cependant, que vécût Sifrid, il ne pouvait refuser l'hospitalité aux voyageurs fatigués, aux pieux pélerins qui s'arrêtaient au pied de la montagne. C'est ainsi que la nouvelle du trésor caché dans son château se répandit au loin dans le Rheingau et dans les pays d'alentour. Bientôt on vit affluer chez lui une foule de seigneurs, de chevaliers, tous désireux de conclure un mariage qui leur promettait un double profit, les charmes ravissans de la fille avec les grandes richesses du père. Pour échapper à des sollicitations aussi multipliées, le vieux maître de Rheinstein ne vit plus à la fin d'autre parti à prendre que de convoquer les prétendans à Mayence, la ville voisine, où devait se tenir un tournoi, auquel il promit d'assister avec Gerda, annonçant que la main de sa belle héritière serait le prix du champion le plus brave et le plus renommé.

Grand fut le nombre des combattans qui se présentèrent pour prendre part à ces jeux. Chacun cherchait à l'emporter sur les autres par la magnificence de sa suite, l'éclat de ses armes et le raffinement de ses manières ; car, dès son apparition au tournoi, Gerda, sans que l'arrêt trouvât de contradicteurs, avait été proclamée la plus belle. « Heureux, disait-on de toutes parts, celui à qui sera donné le droit de l'emmener comme sa fiancée ; heureux qui pourra passer ses jours à s'enivrer de ses regards ! »

Dans la foule des chevaliers accourus à Mayence, deux surtout se faisaient remarquer, Kurt d'Ehrenfels, le possesseur du château dont il portait le nom, et Kuno de Reichenstein, dont la résidence était voisine de Rheinstein et se trouve souvent indiquée dans les chroniques comme appartenant aux mêmes seigneurs que ce dernier. L'un et l'autre portaient une épée déjà célèbre par maints exploits de guerre ou de tournoi ; mais, si, plus gracieux et moins âgé, Kuno avait pour lui les avantages d'un esprit cultivé et d'une brillante jeunesse, Kurt, rude soldat, qu'on avait aussi surnommé le **Méchant**, l'emportait, à son tour, par l'étendue de ses biens. Faut-il ajouter que, dès long-temps, Gerda se sentait portée par un tendre penchant vers son voisin de Reichenstein, tandis que Sifrid accordait involontairement la préférence au riche seigneur d'Ehrenfels ? Ce fut toutefois pour Kurt que le destin, par un de ses bizarres caprices, se prononça, en dépit des prières ferventes que dans l'intimité du cœur la jeune fille adressait au ciel.

Après avoir éloigné du champ clos tous ses autres rivaux, après avoir couché sur le sable plus d'un prétendant qui se rêvait déjà l'heureux époux de sa Gerda, le sire de Reichenstein dut finalement céder la victoire à la force supérieure du chevalier d'Ehrenfels. Avec la couronne il vit s'évanouir tout espoir d'obtenir la main de la dame qu'il s'était choisie pour l'adorer.

Vint le jour fatal fixé pour les noces. Les prières de Gerda n'avaient pu vaincre la décision de son père ni détourner d'elle le sort qu'elle redoutait. Les joues pâlies par la souffrance, les yeux brûlés par les larmes, elle apparut d'abord avec sa brillante parure et ses joyaux précieux, non comme l'heureuse fiancée qu'on attendait, mais comme une victime vouée au sacrifice. Tout-à-coup son attitude changea. Avant de se laisser traîner à l'autel, une fois encore elle voulut recourir à sa patronne et s'agenouiller, pour l'implorer, dans la chapelle du château. Elle y vola. « Sans toi, sans ton se- » cours, ô Marie, pleine de graces, il me faudra mourir de » douleur. Oh! protége-moi et garde ton enfant d'une misère » pareille! » Combien en son ardente dévotion resta-t-elle ainsi recueillie devant l'image de la Vierge céleste? On ne sait. Mais, lorsque l'impatient Ehrenfels accourut pour la relever avec colère, elle marcha vers lui d'un air plein d'assurance : « Partons, » dit-elle, en jetant un dernier regard du côté où, sur le faîte des tours de Reichenstein, Kuno, morne et désolé, se tenait les yeux tournés vers le château témoin de son malheur.

Gerda demanda que, pour la route à faire jusqu'à l'église, on lui sellât la blanche haquenée qu'en des temps plus heureux le sire de Reichenstein lui avait offerte le jour même où elle atteignait sa dix-huitième année. On fit ainsi qu'elle désirait. Puis le pompeux cortège descendit la montagne au pied de laquelle s'élevait alors la chapelle de Saint-Clément, dont les restes, situés à distance égale entre les deux antiques manoirs, sont également restaurés aujourd'hui.

Indécis, ne sachant pas encore s'il devait chercher vengeance de son rival ou bien s'ensevelir à jamais dans un cloître, Kuno restait plongé dans son chagrin, quand un spectacle extraordinaire l'arracha tout-à-coup à ses accablantes préoccupations.

Au moment où le cortége arrivé près de la chapelle se disposait pour la cérémonie, le cheval de Gerda, jusqu'alors paisible, se redressa violemment, renversant autour de lui tout ce qui l'approchait et prenant à bonds précipités un furieux essor. Aussitôt les cavaliers en foule de le suivre. D'abord il parut diriger sa course vers le Rhin, où Gerda, loin d'obéir aux cris de Kurt, l'excitait de la main à se précipiter, préférant la mort dans les fraîches eaux du torrent à la couche d'un époux détesté. Sur le bord même, toutefois, le fidèle animal se détourna et, plus prompt qu'une flèche, franchit soudainement le roc escarpé au sommet duquel surplombait Reichenstein avec ses bâtimens ; à peine Kuno eut-il assez de temps pour faire baisser le pont-levis et recevoir dans ses bras la bien-aimée que le destin lui rendait.

Puis, ayant donné cours aux vives émotions de sa joie, il ordonna qu'on fermât les portes, qu'on armât les meurtrières, qu'on se préparât, en un mot, à la défense la plus désespérée. Peine inutile ! Le ciel avait prononcé son arrêt tout entier. Peu de minutes plus tard, Sifrid de Rheinstein, porté sur un brancard, était aux portes du château, grièvement blessé d'une chute de cheval ; il demanda qu'on l'admît en ami, et, de son propre mouvement, bénit une union que le doigt de Dieu semblait désormais lui prescrire de former.

Quant à Kurt, on apprit son sort en voyant, encore tout paré pour la fête, le canot qui l'avait amené triomphant à Rheinstein regagner Ehrenfels avec un cadavre. Emporté par sa fougue sauvage sur les traces de Gerda, le malheureux était venu se briser aux rochers de la côte.....

« O Vierge sainte ! Jamais tu n'abandonnes les amans fi- » dèles et pieux. ..»

III.

Voilà tout ce qui parvint à mon oreille de la moralité que le narrateur jugeait utile d'accoler à son récit. Le reste fut emporté par le vent ou plutôt perdu dans le joyeux tumulte qui soudainement s'éleva vers nous du fond du la vallée. C'était le bateau à vapeur de Mayence à Cologne. Il fendait avec une victorieuse audace les eaux récalcitrantes du vieux Rhin, image grandiose de la supériorité de nos arts modernes sur les arts des anciens. A la vue de Rheinstein, une foule nombreuse pressée sur le pont jetait à l'écho ses cris d'allégresse, lançait en l'air bonnets et chapeaux, faisant flotter au dessus de tous le pavillon du bâtiment. Près de nous, la garde postée sur la tour répondit de son mieux à l'appel. Ce fut comme un salut poétique, échangé entre le moyen âge et le dix-neuvième siècle.

Quel contraste, me disais-je alors, entre l'aspect qu'offre aujourd'hui le Rhin et l'aspect qu'il a dû présenter dans les temps antérieurs. Aux moyens actuels de navigation, si commodes et si puissans, je comparais en pensée les légers esquifs (*naves lusoriæ*), avec lesquels jadis les Romains, sans doute les premiers, essayèrent de se glisser péniblement à travers les rochers ; je me rappelais les grands bateaux de garde qui, vers 1347, stationnaient près d'Ehrenfels pour surveiller le paiement des péages : je me les rappelais avec « leurs croisées en verre et leurs revêtemens de bardeaux, » œuvre de luxe pour l'époque et qui avait coûté 5 livres de liards (à peu près 130 francs), et je leur opposais *la ville de Mayence* ou le *Frédéric-Guillaume*, ces magnifiques steamers que je venais de voir en action et dont le bois d'une seule roue coûte au-delà de cette somme ! Quelle différence entre cette merveilleuse industrie qu'aucun obstacle ne peut plus arrêter, et la pratique d'une époque, le quatorzième siècle, où tous les bâtimens un peu considérables faisaient halte à Bacharach ou Lorch, d'un côté, à Bingen ou Rudesheim, de l'autre, pour décharger leur cargaison qu'on transportait plus loin par voie de terre !

De là, je fus conduit à réfléchir aux transformations que le fleuve a pu subir lui-même. Évidemment, le Rhin n'a pas toujours coulé dans le lit qu'il baigne aujourd'hui, fait dont il est facile de se convaincre par la simple inspection, sur les deux rives, des montagnes, des rochers qui ont dû s'enchaîner les uns aux autres, former un tout que rien primitivement ne séparait.

C'est une des plus tristes folies des derniers temps que la prétention de vouloir à toute force tracer une ligne de démarcation entre les pays d'en deçà et d'au-delà du Rhin, de considérer ses eaux comme la frontière essentielle que Dieu même a placée entre eux pour les disjoindre. Les gens qui ont pu se livrer à de semblables rêves n'avaient certes jamais examiné de haut la configuration des lieux. Où donc voient-ils le fleuve intervenir comme barrière naturelle au travers du territoire qu'il parcourt ?

Voici, d'abord, près de Rheinstein et d'Ehrenfels, un exemple irrécusable pris dans la portion en quelque sorte montagneuse de son cours. Au temps où le Rhin ne s'était pas encore percé un lit au milieu de la paroi de rochers qui commence à Bingen, assurément il n'existait là aucune séparation. Aujourd'hui encore, les saillies du roc s'avancent de droite et de gauche les unes vers les autres, comme des amis qui se tendraient la main. Pendant que l'œil les contemple, l'esprit se plaît à les rapprocher et à les réunir. On serait tenté de jeter avec force une pierre ramassée sur une rive à la rive opposée, afin de voir si elle ne s'incrusterait pas aussitôt dans ces couches de même formation qui semblent l'inviter à y prendre sa place.

Alors que Charlemagne plantait les côteaux d'Ingelheim et de Rudesheim avec des ceps de vigne apportés d'Orléans, alors que, naviguant sur le fleuve qui s'étendait jusque vers la première de ces villes, c'est-à-dire bien au-delà de ses bornes modernes, il séjournait tantôt sur la rive gauche, tantôt sur la rive droite, où donc, je le demande, était la frontière marquée par le Rhin ?

Remontons maintenant au dessus de Strasbourg, pour reconnaître si, de ce côté, l'examen des circonstances locales prêtera meilleur appui au système invoqué.

Au sommet des belles montagnes qui, sur la rive gauche du fleuve, s'étendent de Colmar à Sélestadt, précisément derrière Ribeauviller, l'antique et hospitalière cité, le regard découvre avec ravissement un vaste panorama dont il aime à énumérer les incidens.

A droite, sont les glaciers de l'Oberland bernois, portant au sein des nuages leurs cimes rosées et livrant à l'action incessante du soleil une neige qui lui résiste éternellement.

A l'extrémité de l'horizon, voilà, juste en face du spectateur, la Forêt-Noire, dont les sombres et pittoresques découpures varient de forme ou de nuance avec chaque heure du jour, chaque caprice de la lumière.

A gauche, se dresse, au milieu de la plaine, le clocher de la cathédrale de Strasbourg, gigantesque colonne miliaire qui plane sur la contrée.

Puis, au dessous immédiatement, s'étale une surface immense, qui, partant des hautes galeries de la Suisse, court jusqu'au Rheingau, et, s'appuyant ici à la Forêt-Noire et à la Berg-Strasse, côtoie là les Vosges et la chaîne du Haardt, terre promise que sa fertilité, sa magnificence et sa diversité semblent désigner comme un jardin du créateur.

Au milieu serpente un ruisseau, frêle ruban d'argent dont les méandres se dessinent gracieusement sur le fond terreux du paysage. Tout petit qu'il paraisse, ce ruisseau fait du bien à l'œil : il repose ; il lui permet de mesurer sa perspective ; il anime la plaine dont il est l'ornement essentiel. Supposez qu'on l'en retranche, la vallée cesse d'être possible.

Mais, pendant que ce large cadre est devant vous, quelqu'un s'approche. «Ce ruisseau, dit-il, c'est le Rhin, qui tranche » la contrée en deux parts, en deux pays, en deux peuples » distincts. » Il se trompe.

« Non, faut-il lui répondre, à circuler de la sorte entre » deux tribus qui parlent une seule et même langue, qui se » vantent d'une seule et même origine, qui ont mêmes » mœurs, même culture, mêmes besoins, mêmes relations, » qui s'estiment et se recherchent mutuellement, le Rhin » n'est autre chose que la veine apportant au milieu du » bras, sans le scinder nulle part, le sang généreux qui l'avive » en tous sens. Pour ces peuples, le fleuve doit être, non pas » une ligne de séparation, mais un lien chéri. C'est Dieu lui-» même qui le jeta entre eux afin de les unir.... »

SAVOYE.

SOUVENIRS DE WEIMAR.

JEUNESSE DE GOETHE. — LERSE. — MERK. — ARRIVÉE DE GOETHE A WEIMAR. — LENZ LE FOU. — JUGEMENS SUR GOETHE, SCHILLER ET WIELAND.

Le père de Goethe était un conseiller de la ville de Francfort, fort empesé, fort raide et fort cérémonieux. Tout ce qu'il y avait dans le caractère du poète d'anguleux, de forcé, de guindé, de diplomatique en quelque sorte, lui venait de son père, qui du reste était un homme fort instruit, et s'était lui-même occupé de l'éducation de son fils dans sa première jeunesse. Quant à la souplesse, à l'originalité de l'esprit, Goethe les devait plutôt à sa mère, ce qui a fait remarquer à Jean-Paul que généralement les hommes distingués tenaient leurs bonnes qualités du côté maternel. Wieland en est d'ailleurs un autre exemple. Étant enfant, Goethe se montrait très sérieux, et se fâchait quand ses camarades de jeu, qu'il régentait souvent, venaient à commettre quelque polissonnerie. Ainsi, dans une leçon de dessin, il se distinguait par son assiduité au travail. Houschen au contraire, qui depuis a été bien connu à Francfort comme amateur des arts, était remarqué pour sa paresse, et passait le temps à manger des gâteaux. Il fallait alors entendre Goethe s'écrier sans cesse : «Voyez donc Houschen qui mange des gâteaux !» C'est lui également qui, lorsque les autres enfans en venaient, dans leurs querelles, à se tirer par leurs perruques, car c'était encore la mode d'en porter, servait habituellement d'arbitre entre eux.

A Strasbourg, où Goethe se rendit pour prendre ses degrés à la faculté de droit, il vécut avec Lerse dans l'intimité la plus étroite. Sa première dissertation ne trouva point grace devant la censure du doyen : elle avait pour but de prouver que les dix commandemens ne constituaient pas, à proprement parler, la loi fondamentale des Israélites. Goethe se mit à en écrire une seconde encore plus entachée d'hérésie. Son antagoniste était Lerse, qui, en lui répondant, affecta de prendre vigoureusement parti en faveur de l'orthodoxie. Son argumentation devint si pressante, que son ami s'écria tout-à-coup en allemand : « Je crois vraiment, frère, que tu veux faire tout » de bon le héros contre moi. » Mais, voyant que la plaisanterie devenait trop forte pour le doyen, Lerse mit fin à l'affaire par un compliment habilement tourné en l'honneur du récipiendaire.

Ils étaient à cette époque inséparables : souvent ils montaient ensemble au sommet du fameux clocher et y restaient assis durant des heures entières. C'est là que prit naissance *Erwin*, le premier écrit que Goethe ait fait imprimer. Ils remontaient quelquefois le courant du Rhin, se promenaient la nuit dans la Ruprechtsau, où ils lisaient, à la lueur d'une lanterne, Homère et Ossian ; ils couchaient dans le même lit, mais sans dormir, Goethe se laissant aller, dans son exaltation, à de prophétiques déclamations. Lerse craignait alors qu'il ne devînt fou. Goethe avait, du reste, en son ami une confiance illimitée, et, six semaines après son départ de Strasbourg, il lui envoya *Gœtz de Berlichingen* tout terminé, quoique bien certainement il n'y eût pas travaillé auparavant.

Dans sa jeunesse et dans ses temps de triomphe, Goethe fut recherché des jeunes filles et des femmes pour sa remarquable beauté. Étant encore à Francfort, il se rendait souvent à pied jusqu'à Darmstadt. Dans ces occasions, les plus jolies personnes lui faisaient la conduite, pour ainsi parler, jusqu'à la sortie de la ville ; puis, arrivé à Darmstadt, il se plaçait devant la maison de son ami Merk, où, près de la porte d'entrée et au dessus d'un perron en pierre, se trouvaient établis des bancs. C'est là qu'il donnait aux jeunes filles son génie en spectacle durant une heure et plus.

Merk, dont il est ici question, suivit plus tard Goethe à Weimar, aux temps de ses brillans succès, mais il avait été bien long-temps auparavant son compagnon de plaisir, quoique de six ans plus âgé que lui. Un jour, il surprit sa femme avec un amant, circonstance qui le fit douter de la légitimité de ses enfans. Ainsi convaincu pour sa part d'être bien et dûment trompé, il soupçonna dès lors la fidélité du sexe entier, et sema, partout où il rencontra le bonheur conjugal, le germe de la discorde. Il prenait, en général, un plaisir diabolique à montrer aux gens qui se croyaient heureux le revers de la médaille et à troubler par là leur calme intérieur. On comprend qu'il servit de modèle pour le Méphistophelès de Goethe, qui lui-même n'est autre que Faust. Plusieurs scènes du drame célèbre où ces personnages se trouvent mis en jeu sont des allusions à des aventures communes aux deux amis, telles que la scène dans le caveau d'Auerbach et la chanson de la puce. Wieland, de qui l'on tint ces détails en 1796, ajoutait: « C'est seulement chose fâcheuse que ce » Faust, tel que nous l'avons dans ses œuvres, soit un amal- « game mal rapiécé de morceaux composés à des époques » très diverses (comme le *Wilhelm-Meister* d'ailleurs), et » que les plus intéressans encore aient été supprimés, tels » que la scène de la prison où Faust s'exalte dans sa rage au » point d'effrayer Méphistophelès lui-même. »

Lorsque le duc de Weimar se rendit, en 1775, à Darmstadt pour y célébrer ses fiançailles, le comte Goertz invita Goethe à déjeuner avec le prince, à la Maison-Rouge, auberge bien connue à Francfort. Déjà le duc de Weimar avait lu *Goetz de Berlichingen*, dont le style rude et chevaleresque lui plaisait; aussi était-il curieux de connaître personnellement le créateur de cette œuvre toute allemande. La conversation de Goethe fut infiniment goûtée. On l'engagea à venir à Weimar, et M. de Kalb, depuis président de la chambre, alors gentilhomme à la suite du duc, reçut l'ordre d'emmener avec lui le poète francfortois dans le carrosse d'apparat qu'on attendait de Bruxelles.

Voilà donc Goethe arrivant comme en triomphe à Weimar. En attendant qu'il pût se loger convenablement, M. de Kalb le reçut chez son père, qui était à cette époque président de la chambre, et, devinant que le poète deviendrait bientôt le favori tout-puissant d'un prince de dix-huit ans, il lui fit les honneurs de sa résidence avec toute l'hospitalité, toute la complaisance possibles: c'est au point qu'il ne trouva rien à objecter au manége de galanterie que Goethe entama auprès de sa sœur, depuis madame de Seckendorf, alors non mariée. Mais le vieux M. de Kalb sauva la jeune personne en lui disant : «Ma fille, prends garde!...» A cet amour succéda chez Goethe sa passion sentimentale pour la toute jeune et toute ravissante Kotzebue (depuis Gildemeister) en l'honneur de laquelle il composa cette jolie petite pièce : *Frère et Sœur* (die Geschwister), où il s'est mis lui-même en scène avec sa bien-aimée. Les relations avec madame de Stein vinrent plus tard.

A mesure que la position de Goethe, à Weimar, devenait plus brillante, ses lettres à ses amis d'autrefois, à Lerse, entre autres, lettres pleines d'intérêt, commencèrent à être plus rares. A ceux qui essayaient de s'en plaindre, il aurait pu répondre avec cette raison péremptoire qu'à sa mère elle-même il n'écrivait que par la main d'un domestique, et qu'elle pourtant ne le trouvait pas mauvais. Du reste, bientôt ses amis furent réunis à Weimar, autour de leur heureux camarade ,

comme autant de satellites autour d'un astre dominateur.

Parmi eux, se faisait surtout remarquer un certain Lenz, de Reval, que l'on appelait aussi Mendoza ou Lenz-le-fou. Par les plus grandes chaleurs de l'été, il portait un habit de velours bleu ; mais, en hiver, étant en diligence, il se mettait pieds-nus, prétendant qu'il étouffait alors que les autres voyageurs grelottaient de froid.

Lenz avait étudié à Koenigsberg. Deux gentilshommes de cette ville, nommés de Kleist, devaient se rendre en France pour y prendre du service. Aucun des deux ne comprenait un mot de français, ni ne savait bien lire ou écrire. Ils persuadèrent Lenz de les accompagner en qualité d'interprète, et arrivèrent avec lui à Strasbourg. Là, le pauvre Lenz se trouva bientôt dans le plus grand embarras, car les deux Kleist, après avoir fait des connaissances dans leurs régimens et avoir mangé le montant de leurs lettres de change, se le renvoyaient l'un à l'autre, sans qu'il pût rien tirer d'eux. Pour vivre, il fut réduit à donner des leçons, et c'est dans cette situation que Goethe et Lerse le rencontrèrent.

Lorsque plus tard Lenz apprit l'arrivée de Goethe à Weimar et la bonne fortune qui était échue à son ancien camarade, il se mit en route pour se rapprocher du soleil. Un jour donc, le voilà qui descend, misérable et déguenillé, à l'auberge du Prince-Héréditaire, à Weimar, et qui expédie immédiatement un billet à Goethe, en ce moment occupé à entretenir le duc, lequel était indisposé. Le poète de rire, à la lecture de cette missive, ainsi conçue : « La grue boîteuse » est arrivée et cherche où poser son pied....... — Lenz. » Le prince, auquel il la transmit, donna l'ordre d'aller chercher aussitôt le voyageur. Son aspect était des plus originaux, avec sa petite figure ramassée sur elle-même, mais pleine de présomption et d'effronterie.

Dès le lendemain, du reste, il donna un échantillon de sa manière d'être. Il y avait bal masqué à la cour, et c'était encore, quoi qu'en pût avoir le duc, le cérémonieux comte Goertz qui avait la haute main en pareille circonstance. Lenz apprend à son hôtel que la fête a lieu, et se fait en conséquence apporter un domino rouge. Ainsi accoutré, il se rend au palais et pénètre, sans y être introduit, dans les salons où les nobles seuls avaient droit d'entrer et de danser. Puis, avant même qu'on ait le temps de se demander qui il est, il prend la main d'une demoiselle de Lasberg, la même qui plus tard se noya dans l'Ilm, un exemplaire de Werther dans sa poche, parce que son amant, un Livonien, l'avait abandonnée. Pendant que Lenz dansait à cœur-joie, le bruit se répand qu'un loup roturier s'est glissé au milieu du noble troupeau. Jugez de l'alarme générale ! Le bal de la cour en est complètement désorganisé ; le chambellan d'Einsiedel accourt hors d'haleine auprès du duc, lui raconte l'affaire, et, sur son ordre, mande le coupable, qui en fut quitte pour une verte réprimande.

Lenz n'en fut pas moins habillé de pied en cape par les soins du prince ; et, dès-lors, il servit, comme une espèce de fou de cour, de point de mire à toutes les plaisanteries, vivant d'ailleurs aux dépens de la cassette grand-ducale. Mais, convaincu un jour de commérage entre la vieille duchesse et la maîtresse favorite, Mme de Stein, il fut tout-à-coup congédié, avec quelques louis d'or que le président de Kalb lui compta pour subvenir aux frais de son voyage.

Dans la suite, des symptômes de folie furieuse se manifestèrent chez lui avec tant d'évidence qu'on fut obligé de l'enchaîner. Il employa alors ses momens lucides à donner des leçons de tactique à ceux qui voulaient bien se confier à lui comme élèves, et il finit par devenir instituteur des cadets à Pétersbourg.

On vient de voir que l'étiquette régnait à la petite cour de Weimar, où, comme le prouve l'anecdote suivante, elle donnait aussi lieu quelquefois aux plus graves consultations.

Il s'agissait de faire en sorte que Goethe pût être admis au jeu de la duchesse régnante. Pour cela, c'est M. de Kalb qui se plaisait à raconter ces ingénieux expédiens, le poète se rendit d'abord à Meiningen, où il joua publiquement au whist avec les princes et les princesses. Le premier pas une ois fait, il revint à Weimar où les choses furent arrangées de telle façon, qu'un soir, le grand écuyer de Stein, pendant qu'il faisait le jeu de la duchesse, se trouva subitement appelé pour affaires de service et dut prier Goethe, qui était là tout près, de s'asseoir à sa place. La glace était brisée, et, à dater de ce jour, le poète put sans inconvénient tenir les cartes en face de son altesse.

Goethe n'avait pas le courage de repousser certaines impressions extérieures. Il évitait ou fuyait beaucoup de gens, par exemple, uniquement parce qu'ils fumaient. Près de sa maison demeurait un tisserand. Le tic-tac produit par le métier qu'employait cet homme pour son travail était odieux au poète, qui mit tout en œuvre pour se débarrasser de cet importun démon. Enfin, plutôt que d'entendre plus long-temps ce bruit, il se résigna à aller occuper, aux portes de la ville, un pavillon de plaisance auquel il avait renoncé depuis bien des années, à cause des souvenirs désagréables qui s'y rattachaient. Souvent aussi, pour la même raison, il se réfugia pendant des semaines à Iéna, qui d'ailleurs, comme on sait, était en quelque sorte la tente où l'Achille de Weimar se retirait quand il boudait les habitans ou les maîtres de sa résidence habituelle. Peut-être ne sera-t-il pas sans intérêt pour les physiologistes d'apprendre qu'en ces circonstances Goethe restait dans sa retraite sans se donner beaucoup de mouvement, buvant de la bière en quantité, mais ne faisant aucun usage du café.

Voici comment Iffland s'exprimait sur le compte de Goethe: « Il y a dans tout son être quelque chose d'inquiet et de méfiant, d'où résulte que personne ne peut se trouver à l'aise en sa présence. Il me semble impossible, quant à moi, de rester en repos sur une des chaises de son appartement. Pour ce qui est du dehors, c'est l'homme le plus heureux, car il a esprit, renommée, fortune, jouissance des arts ; et pourtant, malgré tout, je ne voudrais pas être en son lieu et place, dussé-je y gagner 3,000 rixdales de revenu..... »

En 1804, une année avant la mort de Schiller, Falk, l'ami et le confident de Goethe, parlait sur l'un et l'autre de ces grands poètes de la manière suivante : « Il n'est pas vraisemblable qu'ils puissent toujours s'accorder et se rechercher de cœur l'un l'autre ; aussi ne verra-t-on pas se renouveler la scène qui eut lieu durant la dernière répétition de *Guillaume-Tell*, alors qu'assis amicalement tous les deux dans la loge grand-ducale, ils portèrent mutuellement un toast à leur *génie*, laissant, du reste, les pauvres acteurs se morfondre de faim et de soif pendant six heures. Goethe est un poète vrai, naïf, objectif pour ainsi parler ; ses créations ont des formes saisissantes et bien arrêtées ; elles vivent de la vie la plus poétique. Schiller, au contraire, se laisse prendre aux feux follets de l'idéal ; dans ses tragédies, aucun personnage n'a une tenue naturelle ni une individualité précise ; s'il plaît, c'est par ce coloris à l'éclat trompeur qui en a fait l'idole du jour. La con-

ception de Jeanne-d'Arc est la seule qui lui ait réussi, parce qu'en effet Jeanne d'Arc fut plutôt une fiction qu'une réalité. En général, Goethe est doué d'une nature beaucoup plus puissante que son émule. Bercé et nourri dans l'abondance, il céda seulement de bonne heure à l'influence de la cour. »

» Schiller travaillait de préférence la nuit. Aussi rencontre-t-on dans ses pièces nombre de situations nocturnes. C'est le soir, quand il revient du théâtre, qu'il se met à l'ouvrage. Il faut qu'il y ait deux bouteilles de vin sur sa table de nuit. Il ne se couche guère qu'à quatre heures du matin, e souvent ne se lève qu'après midi. »

Goethe composait d'abord ses poèmes dans sa tête, où il les gravait en quelque façon d'une manière durable, les portant avec lui partout où il allait, mais ne les communiquant pas au dehors, contrairement à l'usage de Schiller, qui aimait à faire part de ses idées aux autres, et surtout à Goethe. Quant à ce dernier, lorsqu'il avait élaboré mentalement son œuvre, il la faisait écrire, et, une fois écrite, passait bien encore huit jours à la limer et à la perfectionner ; mais ensuite il lui devenait impossible d'y revenir. Wieland procédait tout différemment, comme on peut le remarquer en lisant ses écrits, entre autres *Amadis* et *Oberon*.

Une différence essentielle entre Goethe et Wieland tenait à leur organisation physique. Chez Wieland, les sens étaient débiles, le sens de la vue surtout : de là vient que toute sa poésie est comme un jeu de la fantaisie, comme un continuel feu d'artifice de l'imagination, comme une vision interne en un mot, sans jamais revêtir de formes extérieures, précises et arrêtées. Quant à Goethe, il avait des sens très actifs ; et de plus il apprit de bonne heure à dessiner et à peindre, bien que, dans ses dessins, le trait ait toujours été non seulement ferme, mais dur ; aussi réussit-il à saisir les objets visibles avec une puissance et une vérité irrésistibles. Cette particularité explique encore la clarté si lucide de son expression, la construction nette, précise, vigoureuse et symétrique de sa phrase, son penchant pour la poésie purement épique, alors que Wieland n'a écrit que des épopées romantiques.

Les jugemens qui sont ici exprimés, appartiennent à plusieurs contemporains de Goethe, Schiller, Wieland et Herder. On les a extraits d'un livre récemment publié à Leipzig, chez Brockhaus, sous le titre de : *Anecdotes littéraires et contemporaines* (*Literarische Zustænde und Zeitgenossen*) d'après les papiers laissés par Carl Auguste Boettiger, (lequel Boettiger vivait à Weimar à la même époque que ces hommes illustres). Il s'y trouve beaucoup de choses curieuses et même scandaleuses sur la courte mais brillante période qui fit la gloire de l'Athènes allemande. On peut même considérer un recueil pareil comme une innovation, comme un essai de mémoires tels que l'Allemagne n'en a eu que rarement jusqu'ici. Il n'en a pas moins excité quelques rumeurs de la part de la critique, bien que le juge impartial ne puisse, ce nous semble, lui refuser un certain mérite historique, en ce sens qu'il présente à l'observateur, sous un jour nouveau, c'est-à-dire dépouillée de sa trop monotone auréole, une époque intéressante avec les choses et les hommes réels qui la constituent.

Nous nous proposons de lui faire plus tard d'autres emprunts, de même qu'il est en général dans nos intentions de ne passer sous silence aucune publication littéraire nouvelle de quelque importance, laissant aux auteurs, aux artistes et aux éditeurs le soin de nous mettre à même de remplir cette partie de notre tâche par l'envoi prompt et opportun des ouvrages qu'ils auront intérêt à faire connaître.

HISTOIRE D'ALLEMAGNE.

INTRODUCTION.

Si la France s'occupait des livres les plus utiles et les plus sérieux de l'Allemagne, autant que celle-ci de nos livres inutiles et de nos vaudevilles, il y a long-temps que l'histoire des Allemands aurait cessé d'avoir pour nous le mérite et le charme de la nouveauté. Ce que nous avons à dire pour justifier sur ce point notre ignorance, je ne puis le deviner. Il nous est bien difficile de comprendre notre passé, sans regarder celui de nos voisins. Que les Slaves et les Germains, quoique ramenés par la science à une commune origine, ne se soient jamais reconnus ni traités comme fils du même lit, on le conçoit ; leur parenté remonte si haut, qu'elle est à peine écrite dans l'histoire. Mais l'Allemagne et la France sont bien filles de Charlemagne, et se devraient traiter comme sœurs ; car leur fraternité n'est pas si vieille qu'elle se puisse renier. La Germanie (les Austrasiens), aux septième et huitième siècles, versa dans les Gaules le plus pur et le meilleur de son sang, et c'est parce que cette invasion prolongée retrempa dans une barbarie féconde la population gauloise usée par l'empire romain, que la France naquit, au milieu du neuvième siècle, plus forte que l'Allemagne elle-même.

Par la position des races germaniques entre les Slaves et les peuples d'origine ou de civilisation latine, l'histoire d'Allemagne est à la fois universelle et spéciale. Comme universelle, nous l'avons étudiée malgré nous ; comme spéciale, elle nous est à peu près inconnue. Par la ruine de l'empire romain, par la fondation de l'empire carlovingien, par les grandes luttes du sacerdoce et de l'empire, des Guelfes et des Gibelins, par la réforme et la guerre de trente ans, par Luther, Charles-Quint, Wallenstein et Gustave-Adolphe, par la guerre de sept ans, par Frédéric le Grand et par Napoléon, aujourd'hui par son calme entre la France et la Russie, l'Allemagne entre profondément dans l'histoire de tous les peuples européens, et n'en peut être séparée. C'est le champ de bataille de toutes les idées qui bouleversent l'Europe ou la mettent au repos, de toutes les ambitions qui bouleversent les royaumes ou les esprits. Mais au point de vue de l'histoire spéciale, la variété des dynasties impériales, tour à tour, saxonnes, franconiennes, souabes, bavaroises, autrichiennes, la faiblesse et la mobilité d'une couronne qui demeure élective, à côté des duchés héréditaires qui se transforment en monarchies, et qui suivent seuls la loi du progrès : la diversité de mœurs, de lois et de dialectes entre les différentes peuplades allemandes, toutes ces causes de faiblesse, tous ces motifs de guerres intestines qu'on peut à peine appeler des guerres civiles, voilà ce que nous connaissons le moins de ces menus détails de l'histoire locale, voilà ce que nous n'avons guère étudié dans l'histoire des Allemands, et ce qu'il faut pourtant connaître à fond pour la bien comprendre à son point de vue universel. Mais où pouvions-nous l'étudier ? Où sont les matériaux de cette longue étude ? Comptons un peu : la grosse compilation du P. Barre ; deux volumes de Pfeffel, qui reposent dans nos bibliothèques publiques, et dont personne ne secoue la poussière ; une traduction peu connue de l'histoire de Schmidt ; les *Annales de l'Empire*, par M. de Voltaire, précédées de vers techniques en style de complainte :

Charlemagne en huit cent renouvelle l'empire,
Fait couronner son fils, en quatorze il expire.

Louis, en trente-trois, par des prêtres jugé,
D'un sac de pénitent dans Soissons est chargé.
Rétabli, toujours faible, il expire en quarante.
Lothaire est moine à Prum cinq ans après cinquante ;
On perd, après vingt ans, le second des Louis :
Le Chauve lui succède et meurt au mont Cenis.
Le Bègue, fils du Chauve, a l'empire une année.
Le Gros, soumis au pape, ô dure destinée !
En l'an quatre-vingt-sept dans Tribur déposé,
Cède au bâtard Arnoud son trône méprisé.
Arnoud, sacré dans Rome ainsi qu'en Lombardie,
Finit avec le siècle en quittant l'Italie.

N'oublions pas dans cette liste les *Elémens de l'histoire d'Allemagne*, publiés en 1807, par l'abbé Millot de l'Académie Française ; en 1807, l'année des batailles d'Eylau et de Friedland ! Nous y verrons comment on apprenait alors à notre jeunesse l'histoire d'un peuple qu'elle allait combattre. Mœurs des Germains d'après Tacite : « Les filles, élevées sous les yeux de leurs mères, conservaient leur innocence, se formaient aux soins du ménage, et apprenaient en silence à remplir un jour les devoirs d'épouses. » Le style est coulant, si la couleur n'est pas locale. On ne saurait parler avec plus d'égards des demoiselles de la Germanie. Plus loin : « L'habillement des femmes ne fut d'abord qu'une *indécente* casaque. » Dans le règne mémorable de Henri l'Oiseleur, nous lisons : « Il institue les duels *ou combats d'homme à homme ;* le plaisir, l'honneur et la *publicité qu'il y attache,* les transforment bientôt en spectacles, excitent l'émulation ; et la jeunesse avide de gloire, jalouse de remporter une victoire à laquelle elle attribue autant de prix qu'à la défaite d'une armée ennemie, accourt dans l'arène *où tout en se divertissant* elle acquiert l'habileté et l'habitude des évolutions régulières. *Le monarque ne dédaignait point* de combattre lui-même dans ces jeux… Cette institution, comme le rapporte très bien M. Schmidt, dans son histoire des Allemands, influa beaucoup sur l'éducation nationale. Le *gentilhomme*, à peine sorti du berceau, connaissait sa destination : à peine faisait-il usage de *ses jeunes membres*, qu'il montait à cheval jusqu'à ce qu'il fût en âge de porter les armes, et d'imiter en grand ce qu'il avait appris en petit. Le moindre avantage de cet exercice continuel était de le rendre fort robuste, de lui inspirer de l'honneur et du courage, qualités toujours préférables à une politesse efféminée et souvent vicieuse. » A-t-on jamais rien lu de plus ridicule que la politesse efféminée et toujours vicieuse du style de l'abbé Millot ? Peut-on reconnaître, dans ce monarque qui ne dédaigne pas de se mêler aux jeux de son armée, la haute et noble figure de Henri l'Oiseleur, le véritable fondateur de l'empire germanique, le héros de son siècle, et le premier aux tournois comme à la chasse ? Dans ce gentilhomme qui fait usage de ses jeunes membres, l'Allemand rude et grossier qui vivait du brigandage de la guerre privée entre les comtes et les évêques, et que l'empereur mena contre les Hongrois et les Slaves ? A propos de l'élection du fils de Henri l'Oiseleur, Othon le Grand, qui ne fut pas si grand que son père, le même abbé confond de la façon la plus bizarre les classes, les mœurs et les époques.

« Des paysans réfugiés dans les villes, dit-il, méconnurent leur origine ; fiers du titre de bourgeois, ils rougirent d'être confondus avec leurs aïeux, et s'élevant au dessus de leurs semblables, le peuple cessa d'être peuple, en même temps que les chevaliers se distinguèrent de la bourgeoisie qu'ils regardèrent avec autant de dédain qu'elle en montrait elle-même à ses égaux. La vanité ravit donc au simple peuple le droit de choisir son maître, et, parmi les bourgeois, il n'y eut même bientôt qu'une classe supérieure (car la vanité classifia encore les bourgeois) qui s'empara du suffrage des subalternes, du pouvoir de représenter la nation dans les assemblées et dans les élections, pouvoir que la naissance du collège électoral enleva encore à son orgueil, au moins quant aux élections. » L'abbé Millot, qui nous montre l'orgueil et le jeu des partis dans les villes allemandes, oublie qu'elles venaient de naître. Son pédantisme académique ne peut rien comprendre à l'organisation naturelle et nécessaire d'une société naissante, et la vanité, l'orgueil, les faiblesses du cœur ou de l'esprit humain, les préjugés, les égaremens de la raison, sont les grands moyens et les grands mots qu'il emploie d'ordinaire pour expliquer tout ce qu'il ne comprend pas. Son livre est si plein de mauvaise philosophie qu'il n'y reste pas de place pour une seule page de bonne histoire. C'est encore à propos d'Othon le Grand qu'il nous dit que les *désordres*, intimidés de son vivant, *osèrent lever leur tête audacieuse* après sa mort, et il croit faire une personnification neuve et saisissante. Son histoire est assurément la plus mauvaise que je connaisse, et, par métier, j'en connais beaucoup qui ne valent rien.

Il serait facile de prouver que l'abbé Millot écrivit ses *Elémens de l'Histoire d'Allemagne* dans une langue à part et qui n'est d'aucun pays connu.

Nous avons trouvé plus de savoir, plus de bon sens, un meilleur style, mais la même ignorance du génie et des mœurs barbares, dans une histoire d'Allemagne en huit volumes, publiés à Paris en 1771, sans nom d'auteur. La supériorité de cette histoire anonyme nous étonne d'autant plus, qu'elle est antérieure à Schmidt, si souvent cité et si mal compris par l'académicien de l'empire. L'écrivain du dernier siècle est remonté jusqu'aux sources, et cite à chaque page ses autorités, tandis qu'évidemment la philosophie superbe de l'abbé Millot se croyait dispensée de lire les écrivains originaux. Le premier nous fait présumer la longueur de son travail par une de ses erreurs les plus grossières. En parlant d'*Arnolphe*, duc de Bavière, sous Conrad 1ᵉʳ (912), il dit : « C'est de lui que descend l'auguste maison de Bavière, assise aujourd'hui sur le trône impérial dans la personne de Charles-Albert, électeur de Bavière. » Cette généalogie est aussi fausse que celle qui ferait descendre Louis-Philippe de Clovis ou de Charlemagne ; mais elle prouve du moins que l'auteur mit plus de vingt ans à composer son histoire, puisqu'elle ne fut publiée qu'en 1771, et que l'empereur Charles VII, auquel l'historien fait allusion, mourut en 1746.

Du reste, l'anonyme traduit aussi Tacite dans le goût de l'abbé Millot. Il écrit que chez les Germains on ne se hâtait pas d'*établir* les filles. Après une introduction fort courte, il commence son histoire à Charlemagne et ne comprend pas plus que ses contemporains, pas plus que Schmidt lui-même, tout ce que MM. Guizot et Thierry ont si bien compris et raconté à l'honneur de la science française. Dans le récit des guerres et du démembrement qui suivirent la mort de Charlemagne, il n'indique point les résistances naturelles des peuples germains à l'unité factice que leur imposaient les rois francs ; il ne soupçonne pas les nécessités fatales qui soulevaient les fils de Louis le Débonnaire contre leur père, parce qu'ils étaient les chefs de diverses nations, et parce que ces nations trop tôt soumises à la même discipline, tendaient à se séparer et à se développer dans les limites précises de leurs langues et de leurs races.

L'histoire d'Allemagne fut-elle mieux enseignée sous la restauration que sous l'empire? Nous ne le croyons pas, et nous refusons de prendre au sérieux un résumé de l'histoire d'Allemagne, né comme tant d'autres de la réaction libérale de 1815. La société des résumés faisait, comme on sait, de l'histoire de chaque peuple un article de journal, c'est-à-dire une œuvre dépourvue de science et d'impartialité.

Si l'histoire d'Allemagne nous resta si long-temps inconnue, ce n'est pourtant pas de notre part, il faut en convenir, indifférence ridicule, ni négligence coupable. La France, vaincue en 1815, réclama d'abord pour elle-même l'ardeur généreuse de ses enfans qui continuaient sa gloire par la science et se consolaient de ses défaites présentes en étudiant son passé. Ses générations nouvelles recherchèrent au fond de ses annales ses titres à la suprématie européenne que l'Europe osait nier. Sa révolution, qui semblait arrêtée, remonta le cours des siècles en jetant sur eux sa vive et soudaine lumière. On trouva tout-à-coup à de vieux problèmes des solutions nouvelles. Nous n'avons pas à dire ici le rôle que jouèrent dans cette rénovation historique nos plus célèbres historiens, Guizot, Thierry, Sismondi, Michelet. Nous ne voulons qu'expliquer et justifier en quelque sorte l'ignorance que nous reprochent les Allemands sur toutes les époques de leur histoire. Il nous suffira d'ajouter que chez nous cette révolution-là du moins fut complète, et qu'aujourd'hui pas un homme de trente ans, d'une instruction médiocre, ne pense comme les hommes de soixante ans sur les principales époques et les plus hautes questions de notre histoire. Un peuple qui avait si bien senti sa force et son unité en face de l'ennemi, apprit vite et sous d'excellens maîtres à juger d'où lui venait de si loin cette force unitaire et compacte. Des vérités déjà triviales sur les commencemens de l'histoire de France, sur l'action salutaire de notre vieille royauté, et sur les progrès communs du peuple et du pouvoir monarchique, ont à peine vingt ans de date.

En Allemagne aussi, la révolution française fut le point de départ des conquêtes et des découvertes de la science historique. On se tromperait singulièrement, si l'on croyait que les Allemands, après avoir si long-temps combattu la révolution française, ne l'ont pas enfin comprise, et qu'ils ont pu se mêler à nos luttes domestiques, assister aux sanglans débats de la révolution et de l'empire, voir de si près notre liberté tour à tour farouche et paisible, guerrière ou raisonneuse, sans acquérir une intelligence plus nette et plus hardie de la destinée politique et sociale des peuples modernes, et sans être tentés de mêler enfin la pratique à la théorie. A coup sûr, les Allemands, insultés et vaincus dans la vieille constitution de leur empire, et peut-être insultés et vaincus à cause d'elle, en ont mieux étudié l'impuissant et lourd mécanisme. Sans doute, on ne voit point dans les plus modernes historiens de l'Allemagne, Menzel, Luden et Pfister, comparés aux historiens du siècle dernier, Mascow et Schmidt, le progrès frappant de MM. Thierry et Guizot sur le père Daniel, Velly et Anquetil : mais ce progrès existe, et d'ailleurs Anquetil, Velly et Daniel ne valaient pas Mascow et Schmidt. De nos jours, les historiens allemands, comme les nôtres, se sont hâtés d'appliquer à leur histoire ce que la révolution française venait de leur apprendre. Une expérience de quelques années venait de résumer brusquement et d'agrandir celle des siècles. Voilà pourquoi les deux peuples sont encore peu connus l'un de l'autre, au moins dans leur passé. Mais il faut avouer qu'en fait d'histoires étrangères, les Allemands sont moins ignorans que nous.

Une bonne histoire d'Allemagne est encore plus difficile

qu'une bonne histoire de France , et l'on attend ce chef-d'œuvre là bas avec plus d'impatience que chez nous. Nous pouvons en compter les principales difficultés : La diversité des races germaniques , et l'hostilité de leurs caractères et de leurs intérêts qui commence de si bonne heure et ne finit pas ; le schisme religieux qui vient accroître et consacrer leurs divisions politiques ; la partialité nécessaire et presque inévitable de l'historien qui sera Prussien, Autrichien, Bavarois, Wurtembergeois , plutôt qu'Allemand , catholique ou protestant plutôt que philosophe ; à côté des peuples germains si divisés , les peuplades slaves dont l'histoire à peine commencée se cacha si long-temps dans son antipathie profonde pour les Allemands ; la fréquence des guerres civiles qui détruisirent les documens et les archives locales ; l'absence d'un centre ou d'une capitale où viennent aboutir et se serrer tous les liens de l'histoire flottans dans les provinces, d'une bibliothèque principale où se rassemblent tous les monumens historiques, et s'ouvrent généreusement aux historiens ; la variété des dynasties impériales qui ne résident ni dans la même ville, ni dans le même peuple, avant l'établissement définitif de la maison d'Autriche ; le règne des jurisconsultes qui succédèrent aux moines et aux chroniqueurs, et qui s'arrogèrent le droit d'écrire l'histoire et de la défigurer ; enfin la manie du système et des étymologies, particulière aux Allemands, et qui profita de toutes les difficultés que nous venons d'énumérer comme d'une matière inépuisable de jouissances et de triomphes. Si l'historien de l'Allemagne a l'expérience du monde et la connaissance des affaires réelles de la vie, aura-t-il pu comme le savant de profession, par une critique longue et laborieuse qui suppose une retraite absolue , remonter jusqu'aux sources , débrouiller le chaos des origines, et dégager l'édifice des constructions accessoires qui le surchargent, pour creuser jusqu'à ses fondemens ? Si l'historien est un savant de profession , enfermé dans sa petite ville et dans les illusions de la science-spéculative , loin des affaires et de la froide réalité , à quoi lui servira le travail que l'homme du monde n'a pu faire ? Sa science demeure impuissante, ou du moins incomplète. Dans le premier cas , il n'a pu commencer ; dans le second il n'achève pas. Et, si par hasard à la profondeur philosophique, aux connaissances les plus variées, il joint la pratique des cabinets et l'expérience de la vie publique, si rare en Allemagne, saura-t-il s'affranchir de toutes les sectes religieuses, politiques et scientifiques qui divisent son pays ?

L'unité, qui n'est pas dans son sujet, sera-t-elle dans sa tête ?

Il est certain nombre d'erreurs involontaires qu'un peuple impose à ses écrivains ; nous n'en citerons qu'un seul exemple, et dans les limites de notre sujet.

A l'époque où Schmidt écrivait (1780), l'empereur d'Allemagne n'était pas encore devenu l'empereur d'Autriche , et les ducs n'étaient pas encore devenus rois : aussi l'historien , sujet de Joseph II , fait-il d'incroyables efforts pour nous prouver qu'au dixième siècle les ducs étaient humblement soumis à l'omnipotence des empereurs qui faisaient et défaisaient de leur pleine autorité les ducs et les évêques. Schmidt voulait donner d'utiles antécédens à la puissance impériale : précaution tardive. Mais aujourd'hui que les ducs ont fait fortune et sont passés rois, les historiens, M. Pfister entre autres, gardent moins de ménagemens pour un titre qui n'existe plus , et nous montrent les ducs dans toute leur primitive indépendance. Ils racontent la lutte des ducs contre les empereurs avec une hardiesse de jugement qu'il ne faut pas demander à Schmidt ; et même , dans la situation actuelle de l'Allemagne , je crains l'excès de cette hardiesse.

La plus grave difficulté , selon nous, c'est que la morale politique , la base des jugemens historiques, n'est pas la même pour les historiens de France et d'Allemagne. Chez nous, la science moderne nous fait contempler avec joie, dans le drame savant et régulier de notre histoire, la chute de la noblesse et l'ascension du pouvoir monarchique, c'est-à-dire nos progrès vers la centralisation et l'unité qui nous donneront un jour tant de force et d'ascendant sur l'Europe. La science historique est faite sur ce point, et pour ainsi dire , achevée. Les sciences exactes n'ont pas de démonstration plus rigoureuse, ni de vérité plus évidente. Dans l'histoire d'Allemagne , au contraire , les attaques systématiques du pouvoir impérial contre la haute noblesse féodale, s'appellent souvent injustice et tyrannie : c'est la puissance des ducs , leur résistance, et enfin leur triomphe, qui semble, à beaucoup d'historiens comme à beaucoup de lecteurs , la justice et le progrès. Il est vrai qu'en France les rois ont vaincu la noblesse, et qu'en Allemagne la noblesse a vaincu les empereurs ; mais comme le succès ne peut être accepté , au moins dans le domaine de la science, comme la base de la morale politique , nous devons chercher ailleurs la cause d'une divergence d'opinions si générale ; nous l'aurons bientôt trouvée. A la différence de la Germanie, les Gaules furent conquises par les Romains et par les Francs. Les Mérovingiens, dont l'autorité royale ne fut d'abord qu'un commandement militaire , plus tard fortifié dans leurs mains et prolongé pour les besoins de la conquête , se partagèrent les provinces soumises, où long-temps avant eux les Romains avaient abattu les chefs nationaux. Fils de rois ou leudes régnèrent par droit de conquête sur des pays qui conservèrent la tradition, même en quelques endroits la pratique d'une administration et d'une législation uniformes. Ils profitèrent des guerres faites par les Romains au patriotisme local des peuplades gauloises. En France, les rois furent antérieurs aux ducs, comtes et marquis ; et ceux-ci même, en se partageant les dépouilles des Mérovingiens et des Carlovingiens, prétendaient remonter soit à Clovis, soit à Charlemagne , au moins par les femmes, au besoin par une descendance illégitime. En Allemagne, les ducs, les chefs provinciaux étaient plus vieux que les empereurs , plus légitimes , et plus librement élus. Un moment suspendus par Charlemagne, ils reparaissent bien vite à la tête de chaque peuple allemand contre les peuples envahisseurs ; ils font les empereurs au nom de chaque peuple, et bientôt en leur propre nom ; ils mêlent aux querelles de leur ambition la querelle des races ; ils cessent de bonne heure d'être les officiers royaux, comme sous les premiers rois carlovingiens ; ils deviennent les chefs et les représentans d'un peuple dans les assemblées nationales qui manquent long-temps à notre histoire, et ne sont jamais interrompues en Allemagne ; ils sont favorisés dans leur ambition par les nationalités provinciales, moins violentes , mais plus durables et plus résistantes que celles même de l'Espagne ; ils sont soutenus par leurs peuples contre les Slaves dont la soumission agrandit leur territoire , et contre les empereurs dont la faiblesse augmente leur force ; ils résistent , par l'antique légitimité de leur possession et par l'antipathie des races diverses , à trois ou quatre dynasties impériales, qui tentent d'établir la monarchie héréditaire, de mêler les princes et les peuples, en faisant passer la couronne ducale d'une famille à l'autre comme celle des empereurs, ou d'unir toutes les races princières en une seule famille régnante.

Si l'on remonte aux premiers temps de l'histoire d'Allemagne, on retrouve toujours ses peuples ainsi divisés, et chérissant leur division comme une garantie de leur liberté. Chaque individu veut rester libre et distinct au sein de la peuplade, celle-ci au sein de la confédération, plus tard, dans l'empire. On ne voit point chez eux la soumission du fils au père, cette base du despotisme oriental, mais plutôt l'égalité des frères entre eux : point de trône solidement fondé comme en Asie sur l'esclavage commun, ou comme en France sur la science du gouvernement et sur les traditions sévères de l'unité romaine, mais toujours une confédération sans lien solide, et trop souvent la faiblesse qui résulte d'une commune et jalouse indépendance. Pascal a dit : « La multitude qui ne se réduit pas à l'unité est confusion, et l'unité qui ne comprend pas la multitude est tyrannie. » L'Allemagne fut en tout temps plutôt confuse qu'opprimée. C'est le devoir de l'historien d'examiner si plus tard la culture intellectuelle, également répandue sur toute la surface de l'Allemagne et trouvant parmi ces différens princes autant de protecteurs qu'elle avait d'adversaires, fut une compensation réelle aux désastres des guerres civiles, éternisées par ses divisions, et consacrées par la constitution même des peuples germains. Il n'en est pas moins vrai que leur ennemi, Auguste, Louis XIV ou Napoléon, a toujours armé contre les Allemands une partie de l'Allemagne. Il n'est pas moins constant que si chez nous c'est l'union qui devient à chaque siècle plus forte et plus sainte, c'est la division qui s'accroît et se légitime chez nos voisins : que cette division se retrouve dans leur caractère national et dans leur constitution primitive : que les puissances locales et féodales, qui chez nous furent abattues, mais non sans peines ni sans gloire pour nos rois, avaient de profondes racines dans le cœur et dans le sol des peuples germains, et ne furent pas même ébranlées par l'empire héréditaire. Quand la France n'a plus que des provinces ou des départemens, l'Allemagne se divise encore en peuples. Nous avons donc le droit d'affirmer que la morale pollitique n'a pas été et ne devait pas être la même pour les historiens des deux pays, et nous pouvons donner pour preuve à cette assertion toute l'histoire d'Allemagne.

Nous autres lecteurs français, si nous ne sommes pas avertis de cette différence fondamentale des deux histoires, nous serons étrangement surpris, en lisant le règne de Charles-Quint par exemple, de voir les princes allemands qui lui font la guerre préconisés comme les champions des vieilles libertés de l'Allemagne. Habitués par les plus modernes et par les meilleurs de nos historiens à juger plus sévèrement la noblesse, nous demanderons tout de suite si ces princes combattaient pour les droits de leurs sujets, ou pour leur propre indépendance, et nous serons très volontiers de l'avis de Leibnitz qui vint dire à son siècle que l'empereur n'était pas trop puissant, mais trop faible, ou de l'avis de Wallstein qui ne voulait point d'électeurs, mais un seul peuple, un seul maître. Nous ne pouvons pourtant exiger sans injustice ou sans ignorance que les Allemands pensent là dessus comme nous, et qu'ils appliquent à leur histoire la loi de développement et la méthode de jugement qui conviennent à la nôtre. Chaque histoire a sa direction qu'il faut reconnaître, chaque peuple a ses voies de civilisation, et grandira long-temps encore dans l'enveloppe mystérieuse de sa nationalité, avant d'aller se perdre dans l'unité absolue que nous proclamons aujourd'hui comme la loi de l'avenir. Les races germaines, avec leur division obstinée et naturelle, avec leur dévoûment naïf pour leurs nombreuses dynasties, que notre ignorance

appelle servilité, n'ont-ils pas découvert autant d'arts utiles, et déposé dans le sillon des siècles les plus féconds autant d'idées généreuses pour la vie morale de l'humanité, que les Français dont l'unité fut le produit d'un art si long et si laborieux ? Aucun livre ne répond encore à cette question ; et pourtant, avant de renverser la vieille constitution des Allemands, il serait bon de la connaître ; avant d'imposer en politique notre jugement à nos voisins, comme un décret irrévocable de la civilisation, dont nous croyons être les plus dignes représentans, il faudrait étudier leur passé, leur tempérament et leur génie.

Les distinctions qui précèdent et qui nous semblent nécessaires pour l'intelligence des deux histoires, ne se rencontrent pas toujours chez les historiens allemands, et c'est pourquoi nous leur avons donné place dans cette introduction.

On n'a songé que rarement, des deux côtés du Rhin, à caractériser les deux pays par leurs contrastes. On ne nous supposera pas d'ailleurs la prétention de connaître l'histoire d'Allemagne mieux que les Allemands, puisqu'il s'agit ici de recueillir, de résumer, avec plus de patience et de méthode que de talent et d'invention, les résultats de leurs recherches historiques, et principalement ceux qui sont reconnus pour vrais et d'une utilité pratique et positive. Nous ne voulons que présenter un aperçu clair d'un ensemble si vaste et si confus, et dessiner les traits principaux d'un tableau si changeant et si varié. Un jour viendra sans doute où par l'effet du rapprochement des deux peuples et leurs communications faciles et fraternelles, nous saurons de la science des Allemands même ce qui n'a point une valeur essentielle et pratique ; les détails minutieux, les ouvrages spéciaux sur chaque pays, les commentaires sans nombre sur chaque point de leur histoire nationale ; mais c'est là le luxe de la science, et nous manquons aujourd'hui du nécessaire. Nos pères allèrent donner de la tête contre le vieil empire germanique, sans trop comprendre d'où lui venait tantôt sa faiblesse, et tantôt sa force de résistance ; et nous, dans nos journaux, nous ne savons guère mieux ce qui convient aux Allemands de nos institutions et de nos réformes.

Ici donc point de longues discussions sur l'origine obscure des tribus et des confédérations germaniques, point de commentaires inutiles sur la géographie du champ de bataille de Varus et d'Arminius ni d'interprétations aventureuses sur les écrits des anciens, ni d'hypothèses, ni d'étymologies qui défigurent l'histoire en voulant l'éclairer. Si la composition d'une histoire d'Allemagne exige les connaissances les plus vastes, s'il faut à cette œuvre une intelligence forte et patiente, qui domine un sujet si riche, si varié, quelquefois si confus, et qui fasse marcher avec précision tant de faits dont on n'aperçoit pas aisément le lien et le rapport ; si le morcellement du pays en un grand nombre d'états divers, exige une impartialité peu commune et un talent non moins rare pour encadrer dans une seule histoire tant d'histoires diverses, et conserver à l'ensemble l'intérêt d'une histoire nationale ; s'il faut enfin consacrer à cette entreprise trente ans d'une vie laborieuse, comme celle des Allemands, qui donc oserait, chez nous et à ces conditions, recommencer une pareille œuvre ? Nous consulterons avec respect, et quelquefois nous traduirons humblement, ceux qui eurent, à différens degrés, cette impartialité, cette intelligence et ce courage.

Nous donnerons donc l'histoire générale et politique adoptée par le bon sens de la nation allemande et contrô-

ANASTASIUS GRÜN

ALEXANDRE Comte D'AUERSPERG

Panthéon de
l'Allemagne

Feuillet Dumas
Éditeur

ée par la critique opiniâtre des savans, complète et serrée dans son cadre modeste, populaire dans sa forme, aussi claire, aussi hardie que les travaux de plusieurs siècles et la situation actuelle de l'Allemagne ont permis de nos jours aux nationaux de l'écrire et de la comprendre. Nous exposerons, sans les développer, les événemens mémorables qui font époque et révolution ; nous nous tiendrons à distance égale des compilations immenses et des abrégés superficiels, de l'histoire qui ne dit presque rien, et de l'histoire qui veut tout dire ; de celle qui ne fait pas grace des plus petits faits, mais les expose, les détaille et les raconte avec proxilité, et de l'autre où les faits qui peuvent intéresser, sont tronqués, mutilés, et à peine indiqués. Mais nous savons que pour supprimer la critique il faut la connaître.

Après ces observations préliminaires, nous nous proposons de jeter un coup d'œil rapide sur l'histoire d'Allemagne, et d'indiquer les questions capitales et l'intérêt de chaque époque.   T. TOUSSENEL.

GALERIE DES CONTEMPORAINS.

ANASTASIUS GRUN.

Parmi les jeunes poètes de l'Allemagne, aucun n'a vu mûrir sa gloire plus rapidement qu'Anastasius Grün, aucun non plus n'a vu ses œuvres accueillies partout avec plus de bienveillante sympathie. C'est qu'il réunit en lui tout ce qui contribue à donner à l'écrivain un renom comme un caractère populaires, la noblesse des sentimens jointe à la distinction du talent, l'honnêteté des principes, l'élévation de la tendance avec les dons précieux de l'imagination qui colore et du langage qui la reflète, un cœur prompt à sentir les peines et les joies de l'humanité avec un esprit infatigable dans ses efforts pour atteindre à la perfection. Puis, afin que rien ne manque à cet ensemble de richesses, le nom même du poète et son origine sont entourés de ce mystérieux clair-obscur dont la fortune se plait souvent à voiler ses plus chers favoris, comme pour frapper plus vivement l'admiration superstitieuse du peuple, en lui dérobant à moitié l'objet de son culte.

Voici, du reste, en quels termes un critique allemand juge Anastasius Grün : « En lui sont concentrées les plus rares, » les plus exquises qualités du poète appelé à s'élever au » faîte de la gloire : c'est une chaleur de sentiment qui ne » peut émaner que d'une ame où s'épanche une source in- » tarissable d'amour; c'est a richesse d'une fantaisie prête à » se manifester par les images les plus ardemment colorées, » mais guidée dans ses transports par une douce et calme rai- » son ; c'est une grace ravissante de langage, avec l'énergie » la plus puissante, sous des formes qui trahissent la main » du maître accompli ; c'est enfin tout ce qu'un bon et favo- » rable génie peut confier au berceau d'un fils de la » terre que dès sa naissance il entend vouer à la poésie. » Quant au dépositaire de tant de dons, il s'est efforcé de » les cultiver avec le zèle le plus consciencieux, avec la con- » stance la plus laborieuse ; aussi l'Allemagne actuelle a-t-elle » complètement raison de reconnaître et de saluer en lui l'un » de ses premiers poètes lyriques. »

Ce qu'est Anastasius Grün et ce qu'il vaut, chacun le sait en Allemagne.

Qui il est, au contraire, fut pendant long-temps un mystère et le reste encore, du moins quant à la publicité officielle.

La voix générale le désigne comme Autrichien. Parmi des centaines de lecteurs français, à peine en serait-il un cependant qui conclurait de l'esprit et de la tendance de ses poésies que l'Autriche est sa patrie, tant est fausse, tant est trompeuse l'idée qu'ordinairement on se forme de cet heureux pays. Vis-à-vis de l'étranger, Anastasius Grün peut être produit comme un représentant attrayant et sincère de l'Autriche ainsi méconnue ; et, pour cette raison peut-être, tiendra-t-on compte au *Panorama* de l'avoir placé en tête de la galerie des poètes vivans de l'Allemagne.

Jusqu'à présent, il a écrit et livré au public :

1° Feuilles d'amour (*Blaetter der Liebe*), 1830.

2° Le dernier des chevaliers (*der letzte Ritter*), 1830.

3° Les Promenades d'un poète viennois (*Spaziergaenge eines Wiener Poeten*), 1831.

4° Ruines (*Schutt*), 1835.

5° Recueil de Poésies (*Gesammelte Gedichte*), 1837.

Outre un grand nombre de morceaux détachés. La plupart de ces ouvrages ont obtenu plusieurs éditions. A part les *Promenades d'un poète viennois*, qui ont paru sans nom d'auteur mais qu'on s'accorde à lui attribuer, ils portent tous le nom d'Anastasius Grün.

Comme leur titre l'indique suffisamment, les *Feuilles d'a- mour* sont les épanchemens d'un jeune cœur qui ressent les premières et merveilleuses émotions d'un sentiment encore mal apprécié par lui. A leur vif et gracieux coloris, on devine déjà l'ame du poète, mais sans attacher à ces tâtonnemens de sa lyre l'importance d'une œuvre d'art véritable. Ils ont, du reste, trouvé en lui un juge aussi impartial que modeste. Nous n'essaierons pas après cela d'élever des doutes sur l'équité de l'arrêt qu'il a prononcé contre cette production de sa jeunesse, circonstance qui donne lieu à un rapprochement flatteur entre A. Grün et Schiller, dont on connaît également la sévérité à l'égard de plusieurs de ses premiers essais.

Dans le *Dernier des Chevaliers* se trouve l'idéalisation poétique de Maximilien Ier, de cet aventureux empereur qui déroule sa vie accidentée sur les limites du moyen âge et de l'époque moderne, et qui apparaît à l'auteur comme le dernier représentant de l'esprit des temps passés. La matière brute que livre à l'épopée la figure historique de Maximilien, notre poète l'a façonnée avec tout le feu, tout l'entraînement de sa propre nature si chevaleresque aussi ; et pour embellir sa création, il a déployé une telle abondance de ressources dans son style, il a fait preuve de tant de souplesse et de grace dans son langage, que ses contemporains surpris l'ont proclamé le digne successeur, le rival même des auteurs célèbres des *Nibelungen*, l'épopée nationale, et de la riche versification qu'on y admire.

Si l'attention avait été attirée déjà sur le jeune écrivain pas ses premières productions, elle le fut encore avec bien plus de force et de raison, lorsqu'en 1831 parurent les *Promenades d'un poète viennois*, qui dévoilèrent en Autriche une direction d'idées jusqu'alors sans interprète littéraire. Un violent apôtre de la liberté, des droits populaires, de la presse libre, des garanties constitutionnelles, un tribun, en un mot, aurait bien, il est vrai, excité de l'étonnement dans ce pays, même de l'intérêt et de la curiosité, si l'on considère dans quel milieu il devait apparaître ; mais, pour se concilier une sympathie sincère, un assentiment véritable à l'intérieur, il fallait un homme qui marchât avec une sage fermeté sur ce terrain dangereux, qui prêchât son évangile avec le calme de la modération, avec l'éloquence de la douceur, qui, au lieu de prétendre imposer l'objet de ses vœux par la force et la contrainte, se bornât à suivre les voies du droit et de la persuasion, qui enfin, manifestant un égal intérêt pour le bien de tous, trouvât la source unique de ses opinions dans une enthousiaste affection pour sa belle patrie. Tel est, en effet, le caractère d'un ouvrage dont l'impression frappa le peuple comme d'une chaude et vivifiante lumière, sans laisser néanmoins dans l'esprit de ceux qui ne l'applaudissaient point aucun ferment de haine, car ils ne pouvaient voir dans son auteur qu'un adversaire et jamais un ennemi. Le poète viennois parcourt sa délicieuse Autriche, fier de sa beauté, fier de son ciel riant, de ses villes, de ses fleuves, fier des mille dons de la nature qui la distinguent des autres contrées. Seulement à cette sensation de bonheur se mêle, malgré lui, une pensée triste. La richesse intellectuelle du pays est-elle bien partout au niveau de sa matérielle grandeur ? La terre est florissante, il est vrai, mais, au milieu de ses magnifiques splendeurs, l'homme jouit-il pleinement de la liberté nécessaire pour se développer entièrement? Voilà les questions que le poète adresse, en paroles plaintives, au maître qu'il supplie de ne pas refuser à son peuple fidèle un bienfait nécessaire à sa prospérité, qu'il invite à orner son diadème d'un nouveau joyau, plus précieux que tous les autres, la reconnaissance éternelle des siens.

Dans cette esquisse des *Promenades*, il est impossible de reproduire quelque reflet, même le plus affaibli, du charme des expressions, de la nouveauté des images, de la variété des formes, dont le poète se plaît à parer avec une verve toujours inépuisable ses nobles et bienveillantes pensées. Essayons pourtant de présenter un exemple de la manière toute originale avec laquelle un poète populaire autrichien parle ou plutôt fait parler la nation qu'il représente à ses chefs les plus haut placés; pour cela, choisissons deux passages de genre opposé, l'un dont l'aimable enjoûment ne dédaigne aucune des coquetteries de l'art, l'autre où le style est constamment monté au ton de la plainte grave et mélancolique. L'Allemagne entière les connaît et les répète dès long-temps.

Dans le palais du prince Metternich il y a grande assemblée, brillante réception. Tous les regards sont dirigés sur cet homme qui, la poitrine couverte d'ordres étincelans, se glisse à travers la foule, conservant toujours sur ses traits que maîtrise la volonté une même expression de calme impénétrable, « soit qu'il cueille la rose à demi-ouverte sur le » sein d'une femme, soit qu'il déchire les royaumes comme » des fleurs flétries; » sur cet homme dont la parole est également douce et affable, « soit qu'il adresse un compliment » à de soyeuses boucles d'or, soit qu'il arrache la couronne » d'une tête sacrée. »

Au milieu du cercle où se peint la vie des classes titrées, un hôte se présente qu'on n'avait point engagé, un porteur de supplique que le poète introduit et fait parler ainsi au prince :

« Homme de l'état, homme du conseil, puisque ton humeur le permet, puisqu'à cette heure tu es gracieux pour tous, vois, devant ta porte attend un pauvre client qui brûle d'être béatifié des signes de ta faveur.

» Tu ne dois pas t'en effrayer; il est sage et poli, et sous ses simples vêtemens ne se cache aucun poignard : c'est le peuple d'Autriche, honnête, loyal, civil aussi, et bien élevé. Vois, il demande dans sa prière toute polie : *Pourrais-je donc prendre la liberté d'avoir la liberté?* (*Dürft' ich wohl so frei sein, frei zu sein.*) »

On n'a pas jugé à propos de donner la réponse du ministre

à cette pétition empreinte également de malice et d'humilité, et dont la traduction française ne rend qu'imparfaitement le charme.

Une autre fois, le même suppliant se fait jour jusqu'à l'empereur lui-même et dépose à ses pieds sa prière respectueuse. Sur le trône antique et glorieux des Habsbourg est assis le monarque aux cheveux argentés, raffermi dans la possession de ses états, et délivré, après des années de souffrance et d'abaissement, de l'ennemi qui l'opprimait. Durant le combat, son peuple l'a soutenu avec une fidélité, un dévoûment inaltérables ; seulement, lorsqu'il a conquis par tant d'efforts le repos et la paix, ils vient demander au souverain la récompense qui lui fut une fois promise. Nous nous bornons à la citation de quelques strophes de ce remarquable morceau.

» Tout est beau, grand, généreux et admirable dans ton pays, dit le peuple suppliant au prince, excepté l'homme qui manque de son bien le plus précieux, la liberté. Regarde autour de toi : les montagnes et la plaine te rappellent les combats sanglans livrés pour sauver ton trône et ton honneur : comment se fait-il que tu refuses à tes enfans la promesse que tu leur as faite? Nos cœurs ont saigné pour toi ; comment nos esprits s'armeraient-ils jamais contre toi?

» Seigneur, il fut un temps où tu étais inquiet et triste, où ton cœur se brisait : alors, ardens et secourables, s'ouvrirent à toi nos cœurs ! Tu dois permettre volontiers qu'on te rappelle à jamais cette grande tempête, puisqu'elle fit éclore dans son éclat l'arc-en-ciel de notre amour pour toi !

» Seigneur, tu étais dépouillé de ton bouclier, sans arme et sans défense, mais le peuple se leva dans sa force, homme contre homme, glaive contre glaive! Tout autour de toi, tu le vis en cercle, rangé comme un champ plein de gerbes, que le jeune printemps renouvelait, alors qu'à l'automne tu l'avais laissé moissonner !

» Seigneur, tu fus pauvre et nécessiteux, et joyeusement vinrent les pères t'offrir l'héritage de leurs enfans, les filles l'or de leurs parures, tout, le peuple te donna tout avec bonheur, ne gardant que le joyau où se reflètent ses montagnes, que le joyau qui germe dans son cœur !

» Maintenant nous sommes appauvris et nécessiteux, sans défense et courbés par la douleur! Oh ! ouvre aujourd'hui, toi, au peuple ton cœur chaud et aimant! donne-lui des armes brillantes, bien trempées : parole et plumes libres! donne-lui de l'or solide, pur : liberté et justice !...

» Libre soit la parole, libre soit la pensée! Ce sont vraiment d'entreprenans navigateurs : si le soleil ne se montre pas au dessus des mers, ils feront voile à sa rencontre. Alors, bientôt brillera devant eux l'aurore, et à sa lueur retentiront à travers tout le pays, comme d'éclatantes statues de Memnon au son plein et puissant ! »

Voici la dernière strophe:

» Ainsi dit la chanson, la libre chanson: Père François, ne t'irrite pas de ce que, sans prévenir, sans être appelée, elle vienne à toi pour te parler. Vois, c'est l'hirondelle du printemps qui frappe à ta fenêtre, et, sans qu'on le lui ait demandé non plus, t'avertit combien la liberté rend heureux. »

On connaît maintenant l'esprit qui anime les poétiques inspirations d'Anastasius Grün. Il préside également à ses publications ultérieures, se revêtant tantôt d'une forme délicate et légère, comme dans le recueil de ses poésies mêlées, prenant tantôt un essor plus élevé comme dans les *Ruines*. Ces dernières forment une suite d'allégories et de prophéties

EST EST EST

où se déroule le monde tel que le conçoit le poëte. Dans les plaines de l'Italie, sur les débris de Rome, il porte son regard vers un passé riche d'événemens et de grandeurs pour y découvrir, au milieu des sillons tracés par le temps, les germes qui préparent à l'humanité un avenir dont il salue joyeusement l'arrivée. Quant à l'autre côté du tableau, ceux-là même dont l'opinion diffère de la sienne, et qui ne voient pas dans l'Amérique du Nord l'idéal du bonheur sur la terre, ne pourront se défendre du charme attaché à sa manière de rendre ses idées. Certes, jamais la cause de l'humanité, la cause de ses droits, n'a été présentée avec plus de dignité simple et touchante, jamais sa défense n'a rencontré d'organe moins suspect et plus affectueux.

Grand fut l'effet que produisirent ces ouvrages, et en particulier les *Promenades*, sur la population de Vienne, de l'Autriche et de toute l'Allemagne. Même ceux qui occupent les positions élevées de la société s'en laissèrent plus ou moins émouvoir. On raconte que l'empereur François se fit lire un jour la scène de salon où figure le portrait du prince de Metternich et que la fidélité de la peinture obtint toute son approbation ; on ajoute même qu'après avoir entendu la touchante prière apportée par son peuple aux pieds du trône, il devint profondément pensif. Pourquoi cela ne serait-il pas? Qui oserait nier l'influence de sentimens aussi nobles, aussi purs, sur le cœur du monarque? Ensuite, l'émotion ressentie par François tenait-elle uniquement au sens du morceau qui lui avait été lu, ou plutôt ne provenait-elle pas en partie d'un retour de pensée à la personne, à l'origine et au rang de l'auteur? On conçoit que le hardi langage d'un seigneur de haute noblesse ait pu avoir pour l'esprit du souverain une autre et plus grave signification que la plainte obscure échappée au membre inconnu des classes plébéiennes. Quel est donc Anastasius Grün? Il est temps de le dire, du moins ce que la voix publique insinue avec un accord de plus en plus unanime.

Sous le pseudonyme devenu si célèbre se cache Antoine-Alexandre comte d'Auersperg, né dans le château de ses aïeux, à Thurn-am-Hart, en Carniole, où il habite également. La date de sa naissance remonte à l'année 1806. Sa jeunesse s'écoula au temps où la domination française s'étendait sur les provinces de la côte illyrienne. Si le comte, son père, eût obéi alors aux intentions du général Marmont, le jeune Alexandre eût été envoyé à Paris et eût reçu une éducation française au lieu de celle qui fut son partage. Mais l'offre du lieutenant de Napoléon fut repoussée et l'enfant conduit aussitôt à Vienne, où il passa des mains d'ecclésiastiques tour à tour aux mains d'instituteurs militaires et civils.

Personne n'échappe à sa destinée! Pour se nourrir des principes qu'il manifeste actuellement, il ne fallait pas au *poëte viennois* l'influence de la France révolutionnaire, ni d'alors, ni d'aujourd'hui, car il est peut-être essentiel d'ajouter que, dès l'été de 1830, la plupart de ses pièces les plus significatives étaient déjà terminées. D'ailleurs, Auersperg n'a point quitté l'Autriche durant toute la période de son développement intellectuel.

Qui devinerait maintenant à ses délicieuses poésies que le chef de l'institut ecclésiastique où le jeune Auersperg avait été placé, vint un jour déclarer au père que, s'il ne retirait pas de son propre gré *l'incorrigible vaurien*, il avait alors neuf ans, on serait contraint de le chasser honteusement de l'établissement.

En 1818, après la mort de son père, le comte Alexandre hérita de ses biens et de ses propriétés dont il n'entra pour-

tant en complète jouissance qu'à l'époque de sa majorité.

Sa naissance, sa fortune, ses priviléges nobiliaires l'appelaient à jouer un rôle brillant dans la politique et dans le monde ; mais il préféra vivre au milieu de ses terres, où, du haut de la colline héréditaire dans sa famille, il aime à voir sous ses pieds la riante vallée qu'arrose en se jouant la Sav, et où d'ailleurs il n'a d'autre maître à écouter que sa muse aux libres inspirations. S'il n'est décoré d'aucun des ordres qui sont l'apanage ordinaire de sa caste, il a reçu de sa patrie allemande, pleine d'admiration pour son talent et son caractère, une glorieuse couronne qui ceint noblement les tempes du poëte national.

Un instant le comte d'Auersperg fut inquiété par la police autrichienne à l'occasion des poésies d'Anastasius Grün. Il demanda des preuves à l'appui de l'identité que l'on disait exister entre les deux personnages : on lui montra en tête d'un recueil de poésies un mauvais portrait dont on alléguait la ressemblance. Puis, l'enquête en resta là.

On appréciera la prudence que nous avons mise de notre côté à nous exprimer sur le compte de l'auteur des *Promenades* et des *Ruines*. Ce que nous avons hasardé d'en dire reste sous notre propre responsabilité, car nous n'avons trouvé personne qui pût constater qu'Anastasius Grün et le comte d'Auersperg fussent une seule et même personne. Quant au portrait joint à cette notice, il nous est permis d'affirmer combien il rend avec fidélité les traits et la physionomie du comte, la question principale étant d'ailleurs livrée au public qui la résoudra bien sans avoir besoin de notre initiative à cet égard.

LE COMTE PAUL DE DOHNA.

LA BOUTEILLE FANTASTIQUE.

En France, la chanson à boire est vive, légère, badine, plus ingénieuse que poétique, plus rieuse qu'enthousiaste : elle est française. Sa malice est fine comme le bouquet du Bordeaux, son refrain est piquant comme la mousse du Champagne. Sur les côteaux du Rhin, le vin est plus énergique, plus grave en quelque sorte que sur les rives élégantes de la Loire. Aussi la poésie qu'il inspire a-t-elle un caractère d'exaltation, de force, de ferveur qui briserait bien vite, si l'on tentait de l'y introduire, les coupes déliées où se verse l'Aï. La strophe la plus menue qui s'échappe du cerveau d'un Allemand a quelque chose de corsé qui serait mal à l'aise dans nos couplets frivoles. La philosophie d'Horace et de Chapelle leur suffit, avec ses allures débraillées, ses gracieuses moqueries et ses sentences sans façon. Au convive d'au-delà du Rhin il faut mieux et plus que cela ; sa préoccupation spiritualiste se mêle à ses plaisirs les plus matériels ; dans la morale de ses chansons et dans la lie de ses bouteilles on retrouve toujours un résidu de philosophie à la manière de Kant ou de Schelling.

C'est un sujet à traiter plus amplement. Pour aujourd'hui on se borne à offrir au lecteur un seul exemple à l'appui de cet essai de rapprochement. Il est fourni à la fois par un dessinateur et par un poëte.

L'artiste s'appelle Schroedter. Il est né, en 1803, à Schwedt sur l'Oder, qui s'enorgueillit à bon droit de lui avoir donné naissance. Son père était peintre, graveur, sculpteur, chimiste, en un mot un artiste de petite ville, tel qu'on en rencontre là où la masse des consommateurs n'est pas encore assez considérable pour avoir fait inventer la division du travail. Ce Michel-Ange ignoré tint nécessairement à voir se perpétuer dans sa famille les talens qu'il avait cultivés avec des succès divers dans le cours de sa vie vagabonde; et, lorsque son fils eut atteint l'âge de quatorze ans, il l'envoya à Berlin auprès de Schadow l'aîné, sculpteur célèbre et directeur de l'Académie. Plus tard, le jeune Schroedter s'attacha au graveur Buchhorn près duquel il passa sept années. Mais, comme il le dit lui-même, ce fut sans beaucoup de succès qu'il étudia l'art enseigné par ce nouveau professeur, son goût l'entraînant sans cesse vers la peinture. Cependant, il dut à ses travaux en lithographie d'acquérir enfin la somme nécessaire pour un voyage à Dusseldorf, où l'attirait la réputation de Schadow le jeune et de son école. Le maître distingué l'accueillit, ainsi que ses élèves, avec amitié lorsqu'il arriva près d'eux en 1829. Depuis, il s'est fait connaître par des productions qui ont placé son nom, bien que jeune encore, parmi ceux des artistes dont s'honore actuellement l'école allemande régénérée. L'*humour* est un des traits remarquables de son talent, comme on en peut juger par la copie que nous donnons ici de sa bouteille fantastique.

Elle contient, cette curieuse bouteille qui semble enserrer le monde, des figures tour-à-tour pleines de grace, de finesse et d'originalité. Au sommet, où sans doute commence seulement l'ivresse, ce sont des têtes riantes de femmes ou d'enfans, baignées légèrement dans la liqueur sur laquelle toutes elles surnagent entrelacées de fleurs et de caresses. Plus bas, leurs mouvemens deviennent plus vifs, plus prononcés. C'est la transition nécessaire pour arriver à ces grotesques satires, à ces corps avinés dont les gestes et les grimaces annoncent déjà les premières atteintes de la folie. Descendez encore : elle est à son apogée. Celui-ci balaie un tonneau sans fond d'où l'insultent des faces moqueuses; celui-là s'efforce inutilement, à travers ses vastes lunettes, de déchiffrer le grimoire où il espère retrouver sa raison. Monté sur un bouc diabolique, un troisième perce de sa lance les bulles de savon que lui livre la pipe d'un enfant. Ici, c'est un énergumène qui joue du violon avec une fourchette pour archet, et, là, un dramaturge qui perce dans ses transports un gant de son poignard tragique. De l'autre côté, deux ivrognes dansent sur le sol où les retient le poids de la liqueur, un chenapan fait des armes contre une chimère, et la déesse au bonnet phrygien offre une couronne à un vieux moine. Tous subissent l'empire du vin, qui semble leur prodiguer jeunesse, amour, force, science, talent, liberté, tous, tant qu'à l'exemple du gros homme tombé à la base même de cette échelle de l'ivresse, ils ne s'endorment pas du sommeil profond dont elle finit par accabler ses adeptes.

Le poëte l'a dit : la bouteille fantastique renferme les passions, les folies humaines. Mais qu'il prenne lui-même la parole pour expliquer, avec cette philosophie un peu nébuleuse de sa patrie, le sens mystérieux des autres personnages qui tirent en haut le bouchon avec ardeur et qui le retiennent par en bas pour rétablir l'équilibre. Le poëte, c'est Immermann, l'un des célèbres émules de Henri Heine, d'Anastasius Grün, de Gustave Schwab. En voyant le charmant dessin de Schroedter, en approfondissant l'allégorie cachée sous cette création bizarre, il a pris la plume et écrit la pièce dont voici quelques strophes tant bien que mal traduites.

LE RÊVE DE LA BOUTEILLE.

« Sortant des caves de Heidelberg, je m'avançai sous le bosquet parfumé. Devant moi s'élevait la montagne aux verdoyans noyers et sur ma tête bleuissaient les grappes aux raisins mûrissans. J'avais bu, ce me semble. Sachez-le bien,

amis, cet événement avait pour cause la raison la mieux fondée, car, d'après les témoignages les plus sages, Dieu ne nous a pas pour rien ouvert la bouche. Et je louais le Seigneur, me couronnant de pampre; et je pensais, je pensais, m'endormant à force de penser.

« Puis, semant les pavots sur ses pas, portant avec lui mille folles fantaisies, le rêve vint à moi, furtif et gris. Me voilà donc assis dans une bouteille de verre, prisonnier dans l'espace vaporeux, plein de fleurs, plein de vin, plein d'écume mousseuse. Ce n'était ni une chopine, ni un quart, ni un litre, ni une mesure à quinze petits verres, croyez-en ma parole. Cette bouteille était singulière vraiment, grande tout juste comme le monde entier.

« Oh! malheur à moi, m'écriai-je, car je suis renfermé pour avoir joyeusement vécu. Alors je remarquai que la bouteille était bourrée jusqu'au bord, jusqu'au bouchon, de compagnie variée, qui sautillait, bondissait, trépignait, par en haut, par en bas. Je vis des figures bien connues et des têtes étrangères, le pauvre et le riche, le maître et le valet, les amans, les voleurs, les juges, la canaille, les sages et les sots, les honnêtes et les méchans. Ils étaient tellement affairés, tellement remuans que je m'assis : je crus que j'étouffais..... »

Suit la description que j'ai tentée précédemment à ma manière des êtres bizarres que renferme le vase.

« .... La tourbe d'en bas se pressait traîtreusement vers le goulot, et, de l'intérieur comme du dehors, une troupe infernale s'acharnait au bouchon. Jamais telle frayeur je n'éprouvai. « Malheur à nous! nous sommes tous perdus si le bou- « chon saute! misérables, misérables, songez aux suites : là « dehors, il n'y a rien à espérer, rien pour jouir. » En vain ils poussent, ils tirent avec puissance. La terreur me prend, et... là.... je me réveille.

« Pourtant, j'ai beau depuis frotter incessamment ma paupière avec mes doigts, je me vois toujours assis dans la bouteille et le rêve de l'ivresse me poursuit tout éveillé, avec une seule et faible consolation, il est vrai. C'est qu'au bouchon se trouvaient suspendus un tailleur, un cordonnier, associés pour la plus noble tâche, et que, par leur poids, ces deux braves maintenaient un durable équilibre. En vain, les autres s'efforçaient de tirer. La ténacité du bottier, du tailleur, nous préservait de leurs fureurs.

« Protége le cordonnier et son confrère, le tailleur, et leurs garçons, ô Dieu. Les Philistins (bourgeois) seuls retiennent sur la grande bouteille le bouchon qui la ferme, et dans leur nid les oiseaux malfaisans qu'elle contient.... »

J'ai demandé à mes amis allemands de m'expliquer plus clairement la pensée d'Immermann. Ils ont souri en m'alléguant qu'il y avait peut-être là-dessous un peu de politique contre-révolutionnaire, qu'en pareille circonstance il valait mieux se taire, de crainte des perfides allusions, et je me tais.

Quant aux deux figures qui s'épanouissent aux deux flancs du dessin, il est plus aisé de les interpréter. Schroedter l'a déclaré lui-même : l'une représente le roi de Thule que Goethe a dans une ravissante ballade à jamais immortalisé; l'autre, ce Fugger qui mourut sur un tonneau, pour avoir trop fêté le vin de Montefiascone qu'il baptisa de ce nom célèbre : *Est*. On sait la tradition. Sans doute, si le premier est l'emblème de cette noble ivresse qui exalte au-delà de leurs bornes ordinaires les facultés de l'homme, le second signifie l'ivresse plus commune qui dispose à la joviale gaîté. Avais-je raison de dire que, chez nos voisins, la métaphysique se glissait même dans la bouteille ? AUGUSTE JULLIEN.

INTRODUCTION À L'HISTOIRE D'ALLEMAGNE.

Première époque. — GERMANIE PAÏENNE.

I

L'histoire doit-elle interroger sérieusement sur l'origine des peuples germains l'ancienne tradition de l'Inde, qui raconte que Buddha, le plus ancien des douze Ditis, fut vaincu par les dieux indiens après une lutte qui dura mille ans, et *chassé vers le nord*? Doit-elle, sur la foi de ce confus souvenir de l'Orient, montrer dans les peuples germains les castes guerrières qui secouèrent le joug des prêtres, et reconnaître dans les sectateurs d'Odin (Wodan) ceux de Buddha? Se fiera-t-elle davantage à la tradition grecque, qui raconte aussi que Saturne et les douze Titans ou premiers nés des dieux, vaincus et foudroyés par Jupiter, se réfugièrent dans le nord, vers le Caucase, vers ce sommet où Vulcain enchaîna Prométhée, le premier né des Titans? Étaient-ils bien les fils des Titans, comme le disaient les Grecs, ces Senones, qui, partis du centre de la Germanie au troisième siècle avant Jésus-Christ, passèrent le Danube pour entrer en Grèce et en Italie? Ces deux traditions rapprochées ont-elles la valeur d'un témoignage historique? N'est-ce là qu'une vague malédiction des prêtres de l'Inde et de la Grèce sur les peuples du nord qu'ils ne connaissaient pas? Ou bien est-ce en effet l'histoire première de ces mêmes peuples que leurs ancêtres avaient connus et combattus?

Faut-il encore rapprocher de la tradition grecque de Deucalion celle que Tacite avait apprise des peuples du Rhin, la tradition de Thuisko, le père des Germains, né de la terre; celle que racontaient les anciens Saxons, la tradition de leur premier roi Ascan (Asenchan), sorti du rocher du Harz; celle des Scandinaves, la tradition de Buri, le père des Ases, sorti d'un rocher de sel que léchait la vache divine Audhumla? Faut-il, en commençant une histoire d'Allemagne, rappeler que, d'après les plus anciens monumens écrits de l'Islande, de la Norwège et de la Suède, ce même Buri habitait *Asgard*, au-delà du Don, près de la mer Noire, dans la contrée où l'on trouve aujourd'hui *Asow*, et que les anciens appelaient *Asie* dans un sens d'abord fort restreint; que le plus jeune des trois fils de Buri, proscrit par les dieux du pays, émigra vers le nord, d'abord dans le Gardarik (Russie), puis en Saxe et de là en Suède? Nous sera-t-il permis de dire encore que la grande plaine où combattaient les dieux devant Asgard s'appelait Ida, comme la montagne voisine de Troie, sur laquelle les dieux venaient prendre part aux combats des hommes, et qu'enfin le fils d'Énée, Ascanius, ressemble fort au premier roi saxon, Ascan? Nous avons bien peur que toutes ces conjectures, arrangées avec une symétrie si parfaite de noms et de lieux, n'aboutissent après tout qu'à faire de la science historique une illusion ingénieuse et régulière. Aussi ne voulions-nous qu'indiquer ces hardies conjectures de la science germanique, et nous n'en parlerons plus.

La comparaison sera du moins plus naturelle et bien autrement possible entre les croyances des Germains, si vaguement indiquées par les Romains, et la mythologie scandinave de l'Edda. Toutefois les historiens allemands ne sont pas d'accord sur ce point. Les uns n'attendent rien pour l'histoire d'une mythologie rédigée après le christianisme, altérée par ses inspirations, et sciemment défigurée peut-être par deux poètes chrétiens, Sœmund et Snorri Sturleson. Les autres, moins dédaigneux des richesses sacrées de la poésie scandinave, interrogent l'Edda comme un vénérable monument d'histoire nationale. Dans l'isolement de l'Islande, disent-ils, le caractère germanique s'est conservé mieux qu'ailleurs et plus long-temps. C'est là qu'il faut étudier la vieille langue, la vieille poésie, la vieille théologie et les vieilles traditions. La civilisation romaine n'envoya que de faibles rayons à cette île cachée près du pôle, qui ne souffrait point la culture méridionale, et qui donna droit d'asile dans sa poésie, à la langue, à la constitution et aux mœurs germaniques, aux hommes libres chassés de la Scandinavie, comme aux dieux bannis de la religion. Les deux rives de la mer Baltique furent habitées par la même race et parlaient la même langue. La Scandinavie et la Germanie furent unies par leurs îles sacrées, comme la Gaule et la Grande-Bretagne.

La seconde de ces opinions est la nôtre. Les hellénistes qui voudraient fermer aux orientalistes l'immense passé que leur science ouvre derrière nous, nous défendront-ils aussi de dépasser les Grecs et les Romains, dans l'histoire du nord de l'Europe? Mais les Romains en fait d'histoire et de croyances religieuses, n'étaient pas si timides. Un dieu germain dont ils connaissaient à peine le culte et les attributs, ils se hâtaient de l'appeler Mercure. Nous placerons la mythologie scandinave en tête d'une histoire d'Allemagne : en cela nous serons moins hardis que les Romains et plus près de la vérité. Le frêne Ygdrasil de la théogonie islandaise, symbole de l'univers, le frêne et l'aulne qui furent les premiers noms des hommes sont bien de la même famille que les arbres sacrés choisis par la piété des Germains dans leurs forêts immenses. C'est le chêne du dieu Thor qu'abattait saint Boniface au huitième siècle, au milieu de la Germanie. Les Romains trouvèrent la Gaule couverte de villes, et la Germanie de forêts. Ils nomment dans l'une les vastes cités, dans l'autre la forêt hercynienne qui la traversait toute entière, la forêt de Teutoburg, longue de plusieurs journées de marche. C'est dans ces forêts, à l'ombre des arbres sacrés de chaque peuplade, que les Germains apprenaient ces vertus et ces mœurs de famille qui semblent particulières à leur race, et que leurs descendans ont portées jusqu'en Amérique; cet amour de la nature et du merveilleux qui surprit les Romains, ce pieux respect des vierges et des femmes qui n'attendit pas les enseignemens du christianisme; mais aussi ces haines et ces guerres de famille qui sont l'inépuisable sujet de la poésie scandinave, et le premier fond de l'histoire d'Allemagne.

Il faut bien résister, dans le plan de notre publication, à la tentation si puissante aujourd'hui, grace aux progrès des études philologiques, de rattacher les peuples germains à tel peuple d'orient par une filiation visible, de raconter l'histoire précise de leur migration, depuis la sainte montagne de Meru, et de marquer *à la craie* leurs étapes, du Caucase aux bords de la mer Noire et le long du Danube. A d'autres la tâche sublime de suivre le développement moral de l'humanité, pour n'y trouver qu'une idée, et son développement physique pour n'y trouver qu'un peuple, de lier entre elles les populations comme les idées, et de marquer entre les nations la parenté de la chair comme celle de l'esprit. Qu'il nous suffise sans produire ici tous les travaux de la science germanique relatifs aux premiers temps de la Germanie, de croire à l'origine asiatique des peuples allemands, sur la foi des plus savans philologues de notre époque. Sans fatiguer nos lecteurs de conjectures anté-historiques sur les trois migrations successives qui paraissent avoir anciennement peuplé l'Europe, les Celtes, les Germains et les Slaves; qu'il nous suffise de tracer la marche de la seconde dans ses fractionnemens et ses retours, et d'indiquer son rôle dans la rénovation morale de l'Europe. La tâche est assez longue, puisque les Germains ont partout recouvert les Celtes, et contenu les Slaves. Sans ramener tant de races diverses à leur unité primitive, qu'il nous suffise de comparer entre eux et dans leurs premiers rapports avec la civilisation romaine, les Celtes, les Germains et les Slaves, trois peuples qui vécurent en communication directe, et en continuel échange de sang et d'idées. La tâche est assez difficile, puisque l'attention la plus scrupuleuse ne parvient pas toujours à trouver une différence marquée dans ce que les anciens nous ont dit de ces trois peuples, de leurs traits, de leur teint et de leurs usages. Qu'il nous suffise, en un mot, d'admettre ce résultat de la science la plus avancée : que la parenté des peuples germains et des peuples de la Perse et de l'Inde se révèle plus clairement dans leurs langues que dans leurs mythes. Au plan d'une publication qui veut rester populaire quoique sérieuse, il faut plus de conclusions que de raisonnemens, et plus de découvertes que de recherches.

GALERIE DES HOMMES CÉLÈBRES.

HAYDN.

C'est à Haydn que commença cette grande trilogie de la musique moderne que Mozart et Beethoven ont continuée si glorieusement. C'est Haydn qui donna à la musique instrumentale cet élan, cette indépendance que n'avaient pas su lui communiquer les grands maîtres de l'Italie ni ceux de l'Allemagne, et, s'il n'est pas le créateur de la *symphonie*, on peut dire qu'il l'a prise à son enfance et l'a poussée par degrés jusqu'à son plus haut développement. Aujourd'hui encore, les symphonies de Haydn, par la grace, la naïveté, l'*humour* et leur caractère animé, piquant et original, peuvent soutenir le parallèle avec celles de ses successeurs Mozart et Beethoven, quoique ceux-ci aient de beaucoup élargi la base de ce genre de musique.

Les *quatuors* de Haydn sont encore à présent regardés comme l'œuvre d'un grand génie. Plusieurs d'entre eux sont aussi frais, aussi neufs qu'au jour de leur première apparition et ils rivalisent heureusement avec les compositions des autres maîtres, quoique plus de cinquante ans se soient écoulés depuis leur création, quoique deux générations aient surgi ayant à leur tête, l'une un Mozart, l'autre un Beethoven, qui tous deux se sont efforcés de le surpasser et de le faire oublier.

Dans son oratorio *la Création*, il a prouvé que personne avant lui n'avait su réunir avec le même talent la partie vocale à la partie instrumentale, tout en maintenant à chacune son entière indépendance. Cet ouvrage, à quelque taches près, que l'imitation de la nature matérielle y a jetées, est un chef-d'œuvre de grace, d'élégance et d'énergie ; traduit dans toutes les langues, il a excité l'admiration de tous les peuples.

Les Quatre saisons, les Sept paroles du Sauveur sur la croix ont, chacun dans son genre, atteint une supériorité incontestable et méritent aussi d'être placés en première ligne.

C'est un de ces astres dont on se plaît à contempler la splendeur, dont on aime à rechercher l'origine. Pour trouver l'aube matinale de Haydn, pour saluer ce nouveau messie à sa naissance, il faut l'aller chercher, sinon dans une étable, du moins dans une habitation à peine plus relevée, dans la chaumière enfumée d'un pauvre charron.

François-Joseph Haydn vit le jour à Rohrau, à sept lieues de Vienne, le 31 mars 1732. Il était l'aîné d'une nombreuse famille; son père Mattias Haydn, s'étant marié deux fois, avait eu vingt enfans de ses deux femmes. Outre son métier de charron, Mattias exerçait les fonctions de juge du lieu et de sacristain de l'église paroissiale ; il possédait une belle voix de ténor, et, en voyageant en Allemagne, il avait appris à jouer un peu de la harpe. Les jours de fête il se plaisait à faire de la musique et à chanter avec sa femme.

Dans sa septième année, Joseph Haydn révéla son instinct musical en accompagnant la voix de sa mère avec deux morceaux de bois qu'il tenait en guise de violon. Le hasard voulut qu'un cousin de Haydn, nommé Frank, qui était maître d'école à Haimbourg et bon professeur de musique, assistât à un de ces trios, et il fut frappé de la précision avec laquelle l'enfant battait la mesure et conduisait son archet simulé. Il pensa que ses dispositions méritaient d'être cultivées et il offrit de se charger du petit Joseph. A peine arrivé dans la maison de son cousin, l'enfant découvrit deux timbales et bientôt, à force de s'exercer à les battre, il parvint à jouer une espèce de mélodie avec un instrument qui ne possède que deux tons. En peu de temps, il apprit chez Frank à jouer de plusieurs instrumens et bientôt sa belle voix le fit remarquer au lutrin.

C'est là que Reuter le distingua et qu'il conçut aussitôt la pensée de l'emmener avec lui pour chanter à la chapelle de Saint-Étienne à Vienne.

Il resta plusieurs années sous la direction de Reuter et c'est à l'âge de dix ans qu'il composa des sonates à trois instrumens, qui furent dans la suite imprimées à Londres. Deux ans après, le jeune maëstro, sans guide et sans préceptes, eut l'ambition d'écrire une messe à quatre voix et seize parties d'orchestre, qu'il porta tout orgueilleux à son maître. Reuter lui fit observer, en se moquant de lui, que ne sachant pas même écrire pour deux voix, il avait fait un travail qui ne valait rien, ce dont Haydn acquit la triste preuve en le comparant avec les partitions d'autres compositeurs.

Il sentit alors la nécessité de recevoir des leçons de contrepoint, mais il ne possédait pas un sou, et aucun maître à Vienne ne s'offrit à lui donner des leçons gratuitement. Haydn tâcha d'y suppléer en copiant nuit et jour les livres de théorie de Mattheson, de Fux, d'Emmanuel Bach. Quand il ne comprenait pas le sens d'une règle, il n'osait pas le demander à son maître ni à ses condisciples, et il se remettait à l'étude jusqu'à ce qu'il crût l'avoir compris. Haydn trouvait tant de plaisir à ces laborieuses études, que, pauvre comme il l'était alors, glacé de froid, accablé de sommeil devant son vieux clavecin, il se trouvait l'homme le plus heureux du monde, et quand, plus tard, sa condition devint plus brillante, il disait encore n'avoir jamais eu dans sa vie de plus grande et de plus complète félicité.

Le célèbre Porpora ayant accompagné à Vienne l'ambassadeur vénitien, Haydn, dévoré du désir de recevoir les conseils du grand compositeur, fit tant qu'il parvint à s'insinuer dans la maison de l'ambassadeur, qui l'emmena aux bains de Manensdorf. Là, pour se mettre dans les bonnes graces de Porpora, il se levait de bon matin, brossait les habits, nettoyait les souliers du maëstro napolitain, arrangeait sa vieille perruque, enfin lui tenait lieu du plus zélé domestique. D'abord Porpora ne se montra pas fort sensible à ces attentions, mais, ayant fini par remarquer les brillantes dispositions du jeune Haydn, il lui donna des conseils, puis lui faisait accompagner ses compositions, qui, par les difficultés qu'elles renfermaient et leurs savantes modulations, devinrent

Jos: Haydn

D'après le Buste sculpté par le célèbre Grassi de Vienne,
et tiré du Cabinet de M.' le Chevalier Neukomm.

des exercices très instructifs pour Haydn. L'amour de la science lui fit supporter avec patience les humiliations et finit par lui faire obtenir de l'ambassadeur un traitement de six sequins par mois et la table. Le courageux jeune homme, pour se tirer tout-à-fait de la misère, employait ses matinées à augmenter son petit revenu. De grand matin, il se rendait à l'église des pères de la Miséricorde pour faire la partie de second violon ; ensuite il allait jouer de l'orgue dans la chapelle du comte Haugwitz et de là il allait chanter à l'église Saint-Étienne.

Malgré son aptitude et sa persistance au travail, qui supposent un esprit capable de prendre les choses de la vie et de l'art au sérieux, Haydn avait un grand fonds de gaîté, qui se manifestait par les saillies les plus originales et souvent il s'amusait aux dépens de ses condisciples. Il se permit un jour de couper la queue à l'un d'eux, plaisanterie qui lui attira son expulsion de la chapelle Saint-Étienne, à laquelle il était attaché depuis onze années.

Cette espiéglerie de jeune homme l'aurait replongé dans la situation précaire dont il avait eu tant de peine à se tirer, s'il n'eût rencontré un perruquier nommé Keller qui, en l'entendant chanter à la cathédrale, s'était pris de passion pour lui, à cause de sa belle voix et de sa bonne méthode. Non seulement il le logea, lui offrit sa table, mais il voulut encore que sa femme soignât le linge de son protégé, bref, il le traita comme s'il eût été son fils. Pendant son séjour chez Keller, Haydn se livra avec plus d'ardeur que jamais à l'étude. Il composa d'abord pour ses élèves quelques petites sonates pour le piano, dont il retira peu d'argent ; il écrivit des *airs de valses*, des *allemandes* pour les bals de société, enfin il composa une sérénade, à trois instrumens, que lui et ses amis exécutaient le soir dans les rues de Vienne.

Le directeur du théâtre de la porte de *Carinthie*, nommé *Bernardone Curtz*, avait une fort jolie femme ; Haydn et ses amis ne manquèrent pas de se rendre sous ses fenêtres et d'y jouer la sérénade. Bernardone, en entendant cette musique si gracieuse, voulut en connaître l'auteur ; il descendit dans la rue et demanda qui avait composé ce morceau : — Moi, répondit Haydn. — Toi ? — Oui, moi. — Si jeune ? — Il faut bien commencer une fois, j'ai voulu éprouver mes forces. — C'est à merveille ! veux-tu me composer la musique d'un opéra ? — Pourquoi pas... mais je n'en ai jamais fait. — Je t'apprendrai. — Eh bien, j'essaierai. — Suis-moi. Haydn monte avec lui et revient bientôt avec une brochure intitulée *le Diable boiteux*.

L'anecdote qui précède est extraite textuellement de la biographie de Haydn, publiée par Joseph Carpani, qui en recueillit les détails de la bouche même d'Haydn, avec lequel il fut lié. Nous laisserons encore parler cet auteur, ou plutôt Haydn, sur la manière dont Bernardone l'aida à composer son premier opéra.

« Haydn me disait avoir éprouvé plus de peine à dépeindre l'agitation des flots dans le fort d'une tempête, qui se trouve dans cet opéra, qu'à composer par la suite des *fugues à double sujet*, car, bien qu'il fût difficile de contenter *Bernardone*, homme de génie et de goût, ce n'était pourtant pas la plus grande difficulté. Loin d'avoir été témoins d'une tempête, aucun des deux n'avait même vu la mer : — Vois-tu, disait *Bernardone*, qui avait retroussé ses manches et sautait dans la chambre autour du compositeur assis au piano, il faut te figurer une montagne qui s'élève bien haut, bien haut, et qui se change tout-à-coup en une vallée qui descend bien bas, bien bas ; puis la vallée devient montagne, et la montagne devient vallée, et les montagnes et les vallées

se poursuivent et offrent l'aspect des Alpes et des abîmes qui se succèdent avec une effrayante rapidité : le tonnerre, la foudre et les vents déchaînés se mêlent à ce jeu et font un fracas d'enfer ; voyons, fais-moi un bon fracas d'enfer, mais surtout marque-moi bien ce haut et ce bas des vagues agitées.

» Haydn promenait à droite et à gauche ses mains sur le clavier, le parcourait par demi-tons, prodiguait les septièmes à foison, sautait des notes basses aux plus élevées, et de celles-ci à celles-là, semblable à un chat qui prend des souris. Cependant *Bernardone* n'était pas encore satisfait. Enfin, ne sachant qu'imaginer, Haydn retourne ses mains, serre les doigts, et s'en servant comme de deux balais, il les fait courir sur les touches en sens contraire, avec l'étonnante rapidité de celui qui fait des roulades. *Bernardone*, ravi d'étonnement et de plaisir, s'écrie : — Bien, très bien, à merveille ! — Il saute au cou de son *maestrino*, le presse sur son cœur, l'embrasse, le serre et l'embrasse de nouveau, en lui disant : — C'est cela, c'est bien cela ! — Eh bien ! soit, répondit Haydn, mais, de grace, ne m'étrangle pas et laisse-moi écrire. — La tempête réussit le mieux du monde et aussi bien qu'on pouvait le désirer. Haydn, dans un âge avancé, étant allé deux fois en Angleterre, et chaque fois ayant traversé le détroit de Calais sur une mer orageuse, racontait qu'il avait ri au lieu de vomir, en se rappelant la tempête de Bernardone. »

Il avait dix-neuf ans quand il écrivit un opéra qui eut le plus heureux succès ; il lui fut payé vingt-quatre sequins. Haydn, encouragé par ses premiers essais, continua à s'occuper de composition. L'apparition de ses six premiers *trios* fit sensation dans le monde musical.

L'année suivante, il quitta Keller pour aller demeurer chez un M. Martinez, aux filles duquel il donna des leçons de chant et de piano. C'est là qu'il fit la connaissance de Métastase, qui, étant très lié avec son hôte, logeait aussi dans cette maison. Mais leur condition était bien différente. Le premier poète du siècle, entouré de tout ce qui rend la vie agréable, pouvait se livrer sans inquiétude à ses inspirations, tandis que le premier symphoniste de son temps, n'ayant pas le moyen d'acheter du bois, était souvent obligé de quitter son piano, au milieu de ses plus belles pensées, pour tâcher de réchauffer dans son lit son corps engourdi de froid. Ce fut en causant avec le grand poète que Haydn apprit la langue italienne. Il lui dut aussi des encouragemens et de bons avis sur ses compositions.

À vingt-six ans, Haydn avait déjà acquis par sa science un commencement de réputation. Le comte de Mortzin se l'attacha. Ce fut après avoir entendu chez le comte la symphonie en *re* de Haydn que le prince Antonio Esterhazy obtint du comte qu'il lui cédât le jeune musicien. Haydn fut charmé de ce changement. Ce prince était amateur éclairé et passionné de la musique, il entretenait un orchestre nombreux et choisi. Sous un tel patronage, Haydn ne pouvait manquer d'être à même de développer ses talens et de les voir apprécier. Cependant plusieurs mois s'écoulèrent sans qu'il fût question de son entrée chez le prince. La manière dont elle eut lieu mérite d'être rapportée et nous en emprunterons encore le récit à l'ouvrage de M. Carpani.

« Le *maestro Friedberg*, ami et admirateur de Haydn, logeait chez le prince. Affligé autant que son ami de ce retard, il l'engagea à composer une belle symphonie digne d'être exécutée à *Eisenstadt* le jour où l'on célèbrerait l'anniversaire de la naissance de S. A. Haydn adopta cette idée. Le jour de l'exécution arrive : le prince, selon sa coutume, s'assied sur un fauteuil au milieu de sa cour et Friedberg distribue les parties de la symphonie en question. A peine les musiciens ont-ils exécuté la moitié du premier *allegro* que le prince les interrompt pour demander l'auteur d'une musique si belle : Friedberg fait sortir de l'angle du salon, où il se tenait caché, le pauvre Haydn tout tremblant. En le voyant paraître, le prince s'écria : —Comment! ce maure! (Le teint de Haydn n'avait pas certainement la blancheur du lis.) Eh bien! maure, tu seras dorénavant à mon service. Comment t'appelles-tu? — *Joseph Haydn.* — Mais, tu es déjà un des miens, dit le prince, et d'où vient donc que je ne t'ai jamais vu ici? — La timidité du jeune compositeur l'empêcha de répondre, mais le prince vint le tirer lui-même de son embarras en ajoutant : — Va, et prends des habits conformes à ton rang : je ne veux plus te voir en cet équipage ; tu es trop petit, tu as l'air misérable : non, non, tu dois avoir un habit neuf, une perruque avec des boucles, le collet et les talons rouges ; mais surtout, je veux que les talons soient bien élevés, afin que la hauteur de ta taille soit en harmonie avec ta science. Tu me comprends? Va, et on te donnera tout ce qu'il te faut. — C'est ainsi que les *maestri* s'habillaient à une époque où l'on considérait la musique comme une science et non pas comme un métier. Haydn, ayant baisé la main du prince, se retira dans un angle, regrettant un peu d'être obligé de cacher ses beaux cheveux et de renoncer à cette élégante parure de jeunesse à laquelle il était fort attaché. Dès le lendemain il dut paraître en présence de S. A. travesti en gentilhomme. Friedberg me racontait tout l'embarras du pauvre *maestrino* dans cet accoutrement nouveau. Il avait l'air tellement emprunté qu'il excitait l'hilarité de tous ceux qui le regardaient. Par la suite, sa réputation s'étant accrue avec son âge, et captivant toujours de plus en plus la bienveillance et l'affection de son maître, il lui fut permis, par une faveur singulière, de reprendre ses premiers vêtemens. Mais le surnom de maure, donné par le prince en plaisantant, lui resta pendant plusieurs années. »

Ce fut en qualité de *maestro* directeur des concerts, ou *second maestro*, que Haydn entra chez le prince Esterhazy. Le premier était *Werner*, homme d'un grand mérite. Le prince Antonio mourut un an après, et le prince Nicolas, qui lui succéda, étant encore plus grand connaisseur en musique et non moins passionné, Haydn fut placé à la tête d'un grand orchestre.

C'est ici le lieu de rectifier une anecdote que quelques journaux de musique ont racontée dernièrement, mais qu'ils ont dénaturée en suivant une des versions fausses qui ont circulé. Celle que nous adoptons est généralement reçue en Allemagne, et ceux qui ont connu la bonté de cœur de Haydn la regardent comme la seule à laquelle on doive ajouter foi.

Le prince Esterhazy avait résolu de renvoyer ses musiciens à l'exception de Haydn. La plupart d'entre eux étaient des pères de famille que cette mesure allait plonger dans la misère. Haydn, plein de compassion, eut recours à un moyen des plus ingénieux pour engager le prince à les conserver. Il composa une symphonie dans laquelle chaque partie se terminait de la même manière, c'est-à-dire que les sons s'éteignaient par degrés, puis cessaient complétement, et chaque musicien, l'un après l'autre, fermait sa partie, la roulait, soufflait sa lumière et se retirait tristement. Haydn, resté seul, alla saluer le prince et se disposait à sortir aussi quand Esterhazy, qui avait compris cette touchante allégorie, s'écria

tout ému : « Haydn, où vas-tu donc ? Qu'il n'y ait rien de changé! »

Après la mort du prince, qui eut lieu en 1790, Haydn quitta la chapelle qui avait été pendant trente ans sous sa direction. Dès lors, le cercle des admirateurs de Haydn s'agrandit et s'étendit sur toute l'Europe. Une société musicale qui s'était formée à Londres l'invita à y venir et lui garantit, pour douze séances, la somme de 2,400 livres sterling. Haydn se rendit à Londres et il écrivit six nouvelles symphonies pour les solennités musicales d'Hanover–Square ; un témoin oculaire a raconté que chaque *adagio*, chaque *andante* fut redemandé, et il ajouta que rien n'est comparable à l'enthousiasme que ses ouvrages excitèrent.

De retour à Vienne, il écrivit *la Création*, qui fut exécutée le 19 mars 1799. L'effet en fut tel que bientôt toutes les grandes villes voulurent exécuter cet ouvrage. Paris ne resta pas en arrière, et, sous la direction de Steibelt, on donna ce bel ouvrage au Grand–Opéra et l'on y déploya une pompe extraordinaire. Ce fut en l'an XI de la république, le jour mémorable de la machine infernale. L'explosion eut lieu quand Bonaparte se rendait à l'Opéra pour entendre cet oratorio. Il produisit une si profonde impression sur les exécutans qu'ils firent graver à leurs frais une médaille d'or de la valeur de quarante-deux ducats; d'un côté était le portrait de Haydn; de l'autre, une lyre couronnée d'étoiles. La lettre qui fut adressée avec la médaille à l'auteur, alors à Vienne, est trop honorable pour les artistes français, trop honorable pour l'homme auquel elle était destinée, pour que nous ne nous fassions pas un devoir d'en citer les principaux passages :

« Les artistes français, réunis au théâtre des Arts pour exécuter l'immortel ouvrage de *la Création du monde*, composé par le célèbre Haydn, pénétrés d'une juste admiration pour son génie, le supplient de recevoir ici l'hommage du respect, de l'enthousiasme qu'il leur a inspirés, et la médaille qu'ils ont fait frapper en son honneur. Il ne se passe pas une année qu'une nouvelle production de ce compositeur sublime ne vienne enchanter les artistes, éclairer leurs travaux, ajouter aux progrès de l'art, étendre encore les routes immenses de l'harmonie et prouver qu'elles n'ont pas de bornes en suivant les traces lumineuses dont Haydn embellit le présent et sait enrichir l'avenir, etc., etc. »

On raconte que Haydn fondit en larmes en recevant ce témoignage si flatteur de l'estime des artistes français. Sa réponse, écrite en allemand, était touchante et pleine de modestie. Elle était datée du 10 août 1801, et contenait à peu près ce qui suit :

« Il convient à de grands artistes de distribuer la gloire, et qui, plus que vous, y a des droits, vous qui réunissez le plus profond savoir en théorie à l'exécution pratique la plus parfaite! Vous savez par là jeter un voile sur les défauts des ouvrages du compositeur, vous savez y faire découvrir des beautés que lui-même ne soupçonnait pas. Votre approbation est déjà une anticipation de l'immortalité. Vous avez récompensé en un seul jour soixante années de travail ; vous avez couronné une tête blanchie et semé de fleurs les bords de ma tombe ; ma plume ne peut exprimer ce que mon cœur ressent ; vous, mieux que tous autres, saurez me comprendre, vous qui aimez les arts pour eux-mêmes, etc., etc. »

Ce bel exemple de l'Opéra de Paris exerça aussi une grande influence sur l'admiration du public et surtout sur la société des concerts de la rue de Cléry, où jusque là on avait exécuté avec une rare précision les symphonies de

LE CHÂTEAU DE WÖRST

EN TYROL.

Haydn. Dans le dernier de ces concerts , donné dans l'hiver de 1801, on avait placé au milieu de la salle le buste de Haydn ; on le couronna après l'exécution de sa plus récente symphonie, aux acclamations de toute la salle. Quoique le buste d'emprunt sous lequel on avait mis cette inscription en lettres d'or : *A l'immortel Haydn*, fût celui de Caton, l'hommage n'en était pas moins des plus touchans et le but fut atteint.

Dans la même année , il fut élu membre honoraire de l'institut de France.

Haydn était bon , franc , loyal, honoré et estimé de tous ceux qui le connaissaient. Au milieu de ses plus beaux triomphes , au milieu des hommages que lui adressaient toutes les capitales de l'Europe, il n'oublia jamais la pauvre chaumière qui l'avait vu naître. Il se rendait chaque année dans le village où il réunissait tous ses parens dans un grand repas de famille. La fête terminée, il faisait à chacun un cadeau en argent et les invitait pour l'année suivante. Il appelait cette réunion « le jour de ses grandeurs. »

Il avait épousé par reconnaissance une des filles du perruquier Keller. Cette union le rendit malheureux et aboutit à une séparation. Haydn fit à sa femme une pension honorable jusqu'à la fin de sa vie , et il trouva un ample dédommagement aux tracasseries dont elle l'avait accablé dans sa liaison avec la célèbre cantatrice Boselli.

Haydn, loin d'éprouver le moindre sentiment d'envie ou de jalousie envers les autres compositeurs, leur rendait pleine et entière justice. Ses appréciations de Hændel, d'Em. Bach, de Mozart, ses jugemens sur Weigl, Hummel et Beethoven sont là pour appuyer la justesse de notre assertion. Nous y reviendrons une autre fois. Nous terminerons en racontant la solennité musicale à laquelle il assista en 1808, et qui lui causa une si vive émotion que quelques uns ont prétendu qu'elle avait avancé ses derniers momens.

C'était dans la salle de l'université à Vienne ; deux mille personnes assistaient à cette fête. A son apparition dans la salle, les timbales et les trompettes éclatèrent et il fut reçu au milieu des larmes et des acclamations de toute l'assemblée. Salieri conduisait l'orchestre. Il est impossible de décrire l'enthousiasme qui éclatait à chaque morceau. Haydn lui-même n'en fut pas exempt. Jamais son sublime ouvrage n'avait été rendu avec tant de perfection, jamais on n'en avait mieux senti toutes les beautés: aussi ne put-il s'empêcher de dire en levant les mains et les yeux au ciel : « Non, ce n'est pas l'inspiration d'un homme, cela ne peut venir que d'en haut! »

Haydn fut plusieurs fois ému jusqu'aux larmes par les attentions, les respects qu'on lui prodiguait ; enfin , se sentant affaibli, il annonça qu'il voulait se retirer, et il fut, comme à son arrivée, porté jusqu'à l'escalier ; avant de sortir de la salle, il voulut remercier les assistans de l'accueil qu'ils lui avaient fait, mais les paroles lui manquèrent, il ne put trouver que des gestes, il salua le public, et , avec les yeux remplis de larmes, jetant un regard vers l'orchestre, il bénit ses enfans.

Haydn mourut le 31 mai 1809. Il avait sensiblement décliné depuis cette fête, mais ce qui contribua surtout à hâter sa fin, ce fut la guerre entre la France et l'Autriche; il ne cessait d'en parler et entonnait souvent d'une voix faible et cassée le chant national : « Que Dieu sauve François ! » Maintes fois dans sa mélancolie il disait à ses fidèles domestiques : « Cette malheureuse guerre me tue. » Le 10 mai, quatre obus tombèrent dans les environs de sa maison ; dès ce moment il fallut le mettre au lit, d'où il ne releva pour ainsi dire plus.

Sa mort, qui survint à l'époque de l'arrivée des Français à Vienne, et ses funérailles qui eurent lieu le même jour que celles de Lannes, ne firent pas la sensation qu'elles auraient faite en tout autre temps ; c'est sans doute à cette circonstance qu'il faut attribuer l'espèce d'oubli dans lequel on laissa ses restes. Neukomm, son élève favori et celui qui s'est distingué le plus, arrivant à Vienne en 1815, voulut visiter la tombe de celui qu'il avait chéri et vénéré comme un père ; ce fut avec beaucoup de peine qu'il parvint à la découvrir, car elle n'était pas même indiquée par une pierre. Neukomm voulut réparer cet oubli de ses compatriotes, il fit poser une pierre tumulaire sur laquelle on grava un *canon* énigmatique de sa composition avec ces mots : « *Non totus moriar.* »

Il nous reste à donner une appréciation des œuvres de Haydn et quelques anecdotes qui serviront à caractériser ce grand homme dans ses rapports avec ses contemporains.

JOSEPH MAINZER.

LES CHATEAUX DU TYROL.

LE CHATEAU DE VORST.

Le Tyrol, ce petit pays montagneux jeté aux limites de l'Allemagne et de l'Italie, a été célèbre de tous temps par l'esprit résolu et aventureux, et par le caractère belliqueux de ses habitans. De nos jours, c'est l'homme du peuple et le paysan qui se sont bravement montrés sur le champ de bataille, armés de la redoutable carabine ; autrefois c'était le noble qui y descendait la lance ou la hache au poing ; car, dans le Tyrol comme dans le reste de l'Europe, l'héroïsme chevaleresque précéda le courage obscur et l'opiniâtre valeur du plébéien.

Les fameux princes de Görtz donnèrent les premiers de l'importance au *Land-im-Gebirge* (à la terre des montagnes), comme on appelait autrefois le pays compris entre la Bavière et l'Italie. Méran, l'ancienne colonie romaine de *Maja*, fut choisie par eux pour être leur résidence, et devint la capitale de leur principauté. Cette ville leur était chère à plus d'un titre, et, sous leur domination, le pays qui l'avoisinait devint la terre classique de la chevalerie, et se couvrit de cette multitude de châteaux dont les tours et les hauts donjons, encore debout ou à demi ruinés, s'élèvent au sommet de chaque éminence le long des vallées de l'Adige et de l'Inn, et semblent la couronne de la vieille Cybèle. Méran était la capitale de la principauté des princes de Görtz. On a donc peine à comprendre que ce pays ait pris le nom de Tyrol, au lieu de conserver celui de *Méranie* que lui donnèrent ses premiers historiens.

On présume que le vieux château de Tyrol, qui s'élève à une portée de canon de Méran, était la citadelle de la colonie romaine, dont le village de *Töll* était la douane. Ce nom de *Töll* donne de la vraisemblance à cette dernière supposition. L'un des derniers monumens qui nous soient restés de la géographie de l'empire romain (la *notitia utriusque imperii*, etc.) fait mention du poste du Tyrol, *Teriolis*. Le tribun de Teriolis commandait les garnisons des montagnes de la Rhétie. Ce fut sans doute l'origine romaine de ce château de Tyrol qui plus tard, mais dans des temps encore bien éloignés de nous, lui valut l'honneur de donner son nom au pays dont Méran d'abord et plus tard Inspruck furent les capitales. Une famille noble des bords de l'Adriatique, nommée au gouvernement de la Rhétie, sous les évêques de Coire, conféra à ses fils cadets le fief de *Teriolis*. Les descendans de ces premiers seigneurs étendirent leurs domaines des sources de l'Inn à celles de l'Adige, et gagnant de proche en proche jusqu'au Talferbach, aux environs de Botzen, (Bolsano) ils prirent le titre de comtes de Vintschgau. Plus tard ayant acquis par droit de succession d'autres provinces limitrophes comme le Pustherthal, ils donnèrent à tout ce pays le nom de ce château de Tyrol qui avait été le premier siége de leur pouvoir.

L'histoire particulière du château de Tyrol ne présente aucun événement saillant, et on n'y rattache aucun récit de quelque intérêt. En 1808, lors du démembrement passager du pays, le château de Tyrol fut renversé en partie et vendu à l'encan ; la ville de Méran mit une sorte de point d'honneur à arracher au marteau des démolisseurs le vieux château qui jadis l'avait protégé, et racheta ses débris qu'en 1814 elle revendit à l'empereur.

Cette profanation du château de Tyrol sous la domination franco-bavaroise et ces tentatives de démolition dont il avait été l'objet, furent peut-être une des causes du soulèvement du pays en 1809. Aussi, depuis que le Tyrol a retrouvé sa nationalité, conserve-t-on avec une sorte de respect religieux ces vénérables débris. Ils s'élèvent au sommet d'un roc que la verdure couronne, et les murailles grises de ses tours démantelées sont dominées par la cime brune et chauve du Muth-Berg. De la plate-forme de rochers qui sert de terrasse au château, on jouit d'admirables points de vue. D'un côté, l'œil suit dans ses nombreux détours le cours de l'impétueux Adige, depuis sa sortie du Vintschgau (*vallis venusta*) jusqu'aux riches vignobles de Terlan et de Bolzano ; de l'autre, il s'enfonce à travers un labyrinthe de montagnes, qui de chaque côté dominent la belle vallée de Passeyer qui vit naître André Hofer, le héros du Tyrol.

Des tours de l'antique château de Tyrol on aperçoit les ruines des nombreux châteaux qui l'entouraient, et qui étaient venus se grouper autour de lui comme autant d'enfans et de petits enfans qui se rangent autour de leur père et de leur aïeul. Les plus remarquables de ces châteaux sont ceux de Greiffen, de Planta et de Durenstein ; ce dernier n'a conservé qu'une tour antique, du haut de laquelle on voit serpenter l'Adige, à travers les pâturages qui s'étendent de Ste-Hélène à Compats. Les châteaux de Gayen et de Schenna, qui s'élèvent sur la rive gauche du Passeyer et qui font face à Méran, ont été bâtis sur les débris du mont Naifer ; le premier n'offre plus aujourd'hui qu'une ruine d'une étude curieuse. Rametz et Labers sont voisins de Gayen, dont ils sont séparés par le torrent qui descend du mont Naifer. Les châteaux de Knillenberg, de Rubein, de Neuberg et de Vorst complètent le groupe de ces vieux manoirs qui, chose merveilleuse, s'élèvent aux alentours de Méran dans un rayon de moins d'une lieue.

Le château de Neuberg ou de Trautmansdorf est orné de fresques curieuses et offre de beaux détails d'architecture ; malheureusement le 21 juin 1777, la tour principale s'écroula, détruisit une partie de la façade, écrasa la chapelle et altéra le grand caractère de l'édifice. Ce château appartint long-temps aux plus nobles familles de l'Allemagne. Des Neuberg et des Angerheim il passa aux Trautmansdorf, chevaliers de la rose rouge et blanche. C'était le temps des sanglans démêlés que chaque nouvelle élection à l'empire excitait dans l'Allemagne. Les chevaliers de la rose rouge et blanche se distinguèrent dans toutes les grandes batailles qui décidèrent des droits et de la légitimité des divers compétiteurs. En 1278, au terrible combat de Marchfeld, qui fut livré entre Rodolphe de Hapsbourg et Ottocar de Bohème, et qui causa la mort de ce dernier, quatorze chevaliers de Trautmansdorf restèrent sur le champ de bataille, et, quand le soir on les releva de leur couche sanglante pour les mettre au tombeau, tous étaient encore armés de la lance et du bouclier. Un demi siècle ne s'est pas encore écoulé depuis le combat de Marchfeld , et cette race de héros qu'à la suite d'un pareil désastre on croirait éteinte, reparaît plus nombreuse et aussi brave. A Muldorf, dans cette opiniâtre rencontre qui décide de l'empire entre Louis de Bavière et Frédéric le Beau, vingt-trois chevaliers de Trautmansdorf combattent sous les étendards de ce dernier qu'ils regardent comme leur seigneur. Cette bataille leur est aussi fatale que celle de Marchfeld l'avait été à leurs pères. A la fin de la journée, un seul des chevaliers de la rose blanche reste debout, et trois seulement survivent à la défaite de leur souverain. L'un d'eux, Hector de Trautmansdorf, avait été laissé pour mort sur le champ de bataille ; des paysans qui venaient dépouiller les morts le recueillent et il guérit miraculeusement de ses blessures. La première démarche du chevalier convalescent est un acte de dévoûment; Frédéric le Beau, son souverain et son ami, est prisonnier ; au lieu de retourner dans le Tyrol, Trautmansdorf se rend dans la prison de Frédéric et partage sa longue captivité. Louis de Bavière fut touché du dévoûment de Trautmansdorf; à la mort de Frédéric il voulut s'attacher un homme qui savait être ami si fidèle, et il le nomma son grand chambellan. Cette preuve de haute estime et les faveurs dont Louis de Bavière comblait le chevalier tyrolien, excitèrent la jalousie de ses courtisans ; ils voulurent se défaire de celui qui en était l'objet. Un chevalier, Seyfried de Fraunsberg, a l'audace de proclamer en forme de défi sa noblesse supérieure à celle du Rodomont de Trautmansdorf. Celui-ci se venge en chevalier d'une telle insulte, il défie en champ clos Seyfried de Fraunsberg , qu'il couche à terre du premier coup de lance ; Seyfried se rend à merci ; sa vie appartient à Hector ; Hector dédaigne une facile vengeance, et c'est à l'impératrice qu'il fait hommage de la vie de Seyfried, sûr que l'impératrice pardonnera.

Vorst est un grand château à demi ruiné, bâti sur une éminence au milieu de bouquets d'arbustes qui croissent dans les interstices d'énormes rochers. Les belles cascatelles de Partschins baignent le pied de ces rochers, entretiennent l'éternelle fraîcheur des mousses qui les revêtent , des riches ombrages qui les couronnent, et fatiguent de leur murmure incessant les échos du noble manoir. L'aspect de Vorst avec ses grosses tours massives, ses pans de murs restés debout, comme des obélisques incomplets, avec sa couronne de créneaux à deux dents, dont les pointes , dans des journées de tempêtes, déchirent les nuages qui les enveloppent, a je ne sais quoi de menaçant et de désolé, qu'on ne retrouve pas au même degré dans aucune de ces nombreuses ruines qui, le long de l'Adige, couvrent le sommet de chaque rocher ; et cependant le clocher de l'église, qui s'élève au faîte de l'édifice, ne devrait inspirer que des pensées de recueillement et de paix. D'où vient donc le sentiment de tristesse et d'oppression qui saisit le cœur quand on parcourt ces corridors abandonnés qu'habitent seuls la couleuvre et le lézard, lorsqu'on pénètre sous ces voûtes d'où l'orfraie s'envole avec un cri aigu et qu'on monte au sommet de ces tours que le corbeau enveloppe de

s noires et croassantes spirales ? C'est que Vorst est un
eu maudit ; c'est que ces murailles et ces tours furent
ng-temps les témoins d'une haine et d'une lutte impie, de la
aine et de la lutte de deux frères ; c'est que le sanctuaire de
ette église fut le théâtre de la dernière et de la plus affreuse
cène de cet épouvantable drame, c'est qu'au pied même de
on autel fut commis le plus horrible des fratricides.... C'est
ue là deux frères jumeaux s'entre-tuèrent !

Le château de Vorst était un des fiefs les plus considéra-
les des environs de Méran. Celui qui en devenait possesseur
ar héritage était noble et prenait le titre de comte. Dans des
emps reculés, dont les chroniqueurs ne nous ont pas laissé
a date précise, les châtelains de Vorst n'ayant qu'une fille,
eur nom menaçait de s'éteindre, et les fiefs du château de-
aient passer alors dans celle des familles nobles du pays à
aquelle il plairait aux souverains de les accorder. Le comte
e Vorst, déjà avancé en âge, s'en prenait à sa malheureuse
emme de leur mutuelle stérilité. Elle seule, disait-il, serait
ause de l'extinction de sa race et de sa noblesse ; mieux
audrait qu'elle n'eût jamais été son épouse ; mieux vaudrait
ue cette malheureuse fille, la seule enfant qu'elle avait con-
ue, ne fût jamais née. La châtelaine, ne pouvant plus suppor-
er les cruels reproches de son époux, quitta un jour le château,
e rendit seule dans une caverne du voisinage où vivait un
élèbre nécromancien. Ses cheveux étaient noirs le matin du
our où elle quitta le château ; quand le soir elle y rentra ses
heveux étaient blancs. De ce jour, elle ne parut plus à
église le dimanche, et elle ne quitta plus sa chambre. Le
ruit courut d'abord qu'elle était malade et qu'elle allait mou-
ir ; mais quel ne fut pas l'étonnement de tous les no-
les d'alentour quand un jour le vieux comte de Vorst
eur annonça avec tous les signes d'une joie vive que Ger-
rude, sa femme, allait devenir mère. Une nuit, (neuf mois
'étaient écoulés depuis l'étrange visite que la comtesse avait
aite au nécromancien), un cri déchirant retentit dans tout le
hâteau, un horrible cri, un cri semblable à celui de la lionne
appée au milieu de ses lionceaux. Les serviteurs s'empressè-
ent d'accourir à la chambre de la comtesse, d'où le cri était
arti. On la trouva morte, ses cheveux blancs droits sur son
ont, l'œil fixe et éteint, la bouche et le visage encore
mpreints d'un rire convulsif et terrible. A ses côtés, sur sa
ouche, gisaient deux jumeaux auxquels elle venait de don-
er le jour en mourant, deux jumeaux dont les membres
taient d'abord entrelacés et qui bientôt se repoussèrent con-
ulsivement avec leurs pieds et leurs mains en poussant des
ris sourds pareils aux grognemens de louveteaux irrités. Quel
tait l'aîné de ces enfans ? Dieu seul le savait. Le comte de
Vorst n'avait donc pas encore de fils aîné qui pût hériter de sa
oblesse, car la noblessse ne se partageait pas. Il avait des
éritiers de ses biens, mais il n'en avait pas de ses titres. Son
ésespoir et sa rage furent extrêmes, il maudit la femme
rop féconde qui venait d'expirer, comme il avait maudit l'é-
pouse stérile, et, s'il l'eût osé, s'il eût été seul, sans doute il
ût étranglé de ses mains l'un des deux fils qu'elle venait de
ui donner.

Ces deux enfans grandirent rapidement ; mais en grandissant Otton et Adelbert (c'étaient les noms qu'on leur avait
donnés) devinrent sombres et farouches, et leurs mauvais penchans ne tardèrent pas à se développer. Le plus terrible de ces
enchans, c'était une haine implacable, et cependant ces deux
enfans avaient sucé le lait de la même femme, la même main
es avait baptisés, et le même prêtre, le même aumônier du
château prenait soin de leur première éducation. Cette haine

chez eux était instinctive ; ils se haïssaient sans raison, pour
le plaisir de se haïr. Plus tard, cette haine fut raisonnée. Haïs
et repoussés par leur père, chacun d'eux accusait l'autre
d'être la cause de cet abandon. —Si mon frère ne vivait pas,
disaient-ils tous deux, mon père m'aimerait. Plus tard, quand
le père fut mort, en les maudissant, et que les deux frères
eurent hérité de ses domaines, de ses biens, sans pouvoir les
partager : — Si mon frère ne vivait pas, disait encore chacun d'eux, j'aurais hérité à moi seul tout le domaine de
Vorst, et, au lieu d'être un *vilain*, comme le dernier des
valets qui me servent et qui m'obéissent parce qu'ils ont
obéi à mon père et que je les paie, je serais leur seigneur,
le comte de Vorst. Maudites soient les entrailles qui nous ont
conçus, maudite soit notre fraternité !

Chacun d'eux occupait un aile du château de Vorst où ils
vivaient solitaires, entourés de serviteurs affidés et d'hommes d'armes qu'ils payaient. Le jour comme la nuit ils se tenaient sur leurs gardes pour échapper aux embûches et aux
piéges qu'ils se tendaient mutuellement, car chacun d'eux,
désirant du fond du cœur la mort de son frère, se sentait assez méchant pour la hâter de tous ses moyens. Le sort voulut que tous deux devinssent amoureux de la même femme :
c'était la fille d'un seigneur du voisinage. Un jour qu'ils étaient
sortis par des portes différentes du château avec quelques valets, pour rendre visite au châtelain dont ils aimaient la
fille, tous deux se rencontrèrent au pied du mur du château,
en avant de la herse ; leur rage ne connut plus de bornes ; ils
se mesurèrent un moment des yeux, baissèrent leurs visières,
s'élancèrent l'un sur l'autre, l'épée haute, et se portèrent des
coups terribles. Tous deux étaient couverts de fer de la tête
aux pieds, comme chaque homme d'armes l'était alors. Leurs
coups ne purent entamer leurs armures et avant qu'ils eussent
pu se faire des blessures graves, le seigneur qu'ils allaient visiter, sortant du château, s'était jeté entre eux, à la tête de
quelques gens armés.

Depuis le jour où, pour la première fois, l'épée des deux
frères s'était croisée, leur haine ne fit que s'accroître. Bérangère, la fille du seigneur châtelain qui les avait séparés, avait
repoussé l'hommage de pareils amans ; chaque frère en voulait à son frère de son manque de succès, voyait dans son frère
la cause fatale de son infortune et s'en prenait à lui du bonheur qu'il n'avait pas. Chacun d'eux, le soir, au lieu de prier
Dieu, se tordait sur sa couche de feu en se redisant avec
rage : —Sans mon frère je serais comte de Vorst, sans mon
frère j'aurais été l'époux de Bérangère, sans mon frère
j'aurais été heureux. Oh ! si mon frère n'existait pas ! —Ce
qu'ils disaient le soir en s'endormant, ils le redisaient le matin
en s'éveillant, ils le répétaient tout le jour à leurs affidés et
même aux étrangers qui les visitaient. Aussi, tout le pays
s'entretenait-il avec horreur de la haine des deux jumeaux !

Or, dans ce temps-là, un saint homme, abbé de Brixen,
parcourait le pays de Méranie, secourant les malheureux,
consolant les affligés, rapprochant les cœurs ulcérés. Il eut
connaissance de la haine des deux frères ; et il crut possible
de les réconcilier, lui qui en avait réconcilié tant d'autres.
Un jour donc, il se présenta à la porte du château de Vorst ;
la porte lui fut ouverte, et on le conduisit auprès d'Otton,
celui des frères qu'il demanda à voir le premier, parce qu'on
le disait, à tort sans doute, le moins intraitable. Quand il fut
seul avec lui, il lui prit la main, et lui parla long-temps,
employant tour à tour la prière et la menace, et fouillant
chaque recoin de son ame pour en trouver un qui fût encore
sensible. Otton l'écoutait en silence et restait immobile de-

vant lui comme une statue de marbre. Le saint abbé ne désespéra cependant pas du succès de son entreprise ; se jetant aux pieds du jeune homme :

— Par les entrailles de ta mère , lui dit-il, promets-moi seulement de te trouver demain , sans armes, à l'heure du saint office, au pied de l'autel de la chapelle du château !

— J'y serai, répondit Otton, qui avait tressailli en entendant l'invocation du vieillard, j'y serai, je te le promets.

L'abbé de Brixen sortit tout joyeux, et alla trouver Adelbert. Adelbert le reçut avec le même dédain et avec le même orgueil froid et silencieux. Seulement , son œil lança un éclair et s'alluma d'une joie féroce quand le vieillard lui fit promettre de se trouver le lendemain, sans armes, au pied de l'autel du château, lui annonçant qu'il y trouverait son frère, sans armes, comme lui.

— J'y serai , je te le promets, s'écria-t-il avec une satisfaction qu'il avait peine à dissimuler, et qui fit croire l'abbé de Brixen à son repentir et à sa résolution de se rapprocher de son frère

Les deux frères devaient en effet se rapprocher, mais on va voir de quelle façon.

Le lendemain, tout le clergé du pays et les principaux seigneur châtelains des baronies voisines s'étaient rassemblés dans l'église du château de Vorst. Tous voulaient être témoins de la réconciliation des deux frères, qu'on leur avait annoncée et y aider autant qu'il était en eux. Otton et Adelbert sortirent chacun de l'espèce de prison où la haine les tenait renfermés , et, traversant la foule, s'avancèrent rapidement au pied de l'autel. Leur aspect était farouche, leur front hautain et dur , leurs regards sombres et menaçans.

— Si ceux-là se donnent jamais le baiser de frères et couchent ce soir dans le même lit, le vieil abbé de Brixen aura fait un plus grand miracle que s'il faisait deux bons amis de l'empereur et du pape , disaient, en les voyant passer, les nobles et les paysans qui se trouvaient rassemblés dans l'église.

L'abbé commença l'office que tous les assistans écoutèrent avec recueillement, sans pouvoir cependant détacher les yeux des deux frères dont la contenance était impatiente et superbe et qui se seraient tués du regard , si le regard pouvait tuer. Aussi tous les cous étaient-ils tendus en avant, tous les regards fixes, toutes les bouches muettes, tous les cœurs agités et en suspens, quand, au moment de la communion , le prêtre, s'avançant du côté des jumeaux et leur présentant le calice , leur dit d'une voix forte et solennelle :

— Par ce corps et par ce sang de Notre-Seigneur Jésus-Christ, Otton ! Par ce corps et par ce sang de Notre-Seigneur Jésus-Christ , Adelbert ! je vous adjure de chasser dès ce moment de votre cœur toute pensée haineuse et de vous donner le baiser de paix !

Les deux frères quittèrent d'un même mouvement les bancs où ils étaient agenouillés, à quelque distance l'un de l'autre , et s'avancèrent l'un vers l'autre d'un air résolu. Ils se touchaient presque et se penchaient en avant comme pour s'embrasser; la foule, qui croyait à leur réconciliation, allait applaudir, quand, tout-à-coup , un cri terrible, suivi d'un autre cri plus terrible encore, partit du pied de l'autel et ébranla les voûtes de l'église. Au même instant, les vêtemens du prêtre et la nappe de l'autel furent inondés d'un double jet de sang. Au lieu de se donner le baiser de paix, chacun d'eux, d'un même mouvement, avait frappé son frère au cœur avec un poignard qu'il tenait caché sous son manteau. Tous deux vivaient encore , mais leurs blessures étaient mortelles. Le prêtre, effrayé d'un aussi horrible attentat , avait laissé le saint ci-

boire s'échapper de ses mains ; le vase sacré avait roulé dans le sang , et , quand l'abbé ramassa l'hostie, l'hostie était sanglante ! On montra long-temps dans le château de Vorst cette hostie souillée de sang, jusqu'à ce qu'un jour, par un miracle du ciel, sans doute, elle disparut sans qu'on pût savoir ce qu'elle était devenue.

Les deux frères, transportés à grand'peine dans la sacristie de la chapelle , rugissaient comme deux tigres. Leur sang coulait à flots, mais les assistans racontèrent que semblable à l'huile et à l'eau il ne pouvait pas se mêler. Le prêtre, qui avait repris ses sens et qu'animait une inépuisable charité, tenta encore une fois dans ce redoutable moment d'apaiser leur rage et de réconcilier ces ames mourantes. Ses paroles d'amour et de paix tombaient sur la conscience de ces malheureux comme l'huile bouillante et le plomb fondu sur les membres nus d'un patient et leur arrachaient de terribles cris de rage et d'affreuses imprécations. Chacun d'eux le félicitait avec un rire féroce de lui avoir donné l'occasion de trouver découverte la poitrine de son frère.

Le prêtre, espérant sauver leurs ames et les amener au repentir par la terreur, se tourna vers Otton et le menaça de l'enfer et de ses supplices éternels.

— Tant mieux ! s'écria cet homme dénaturé , tant mieux, j'aurai la joie éternelle de voir mon frère éternellement souffrir!

—Mais toi aussi tu souffriras , toi aussi tu seras damné ! reprenait le prêtre avec horreur.

—Crois-tu donc que je voudrais du paradis, si du paradis je ne pouvais entendre ses cris et voir ses larmes, lui répondait le moribond en grinçant des dents.

— Que du moins j'en sauve un seul ! se disait le prêtre, en invoquant le ciel , et il s'adressait à Adelbert :

— Pense à ton ame! lui disait-il.

— Mon ame est comme celle de mon frère; du jour de ma naissance elle a appartenu à Satan.

— Repens-toi et tu peux la lui reprendre !

— Oh oui ! je voudrais la lui reprendre , mais seulement pour mieux désespérer mon frère.

— Repens-toi pour lui donner le bon exemple !

— Non ! non jamais, si je me repentais il n'aurait qu'à m'imiter et il ne serait pas damné ! je le hais comme mon père haïssait ma mère !

— Et moi je te hais comme ma mère haïssait mon père ! reprenait Otton, et tous deux se tordaient et se menaçaient de l'œil et du poing. Le prêtre , voyant qu'en les tenant ainsi rapprochés on ne faisait qu'irriter leurs passions haineuses et féroces, ordonna de les séparer. Comme on les emportait, tous deux expirèrent dans d'affreuses convulsions et avec les grincemens de dents des damnés. On eût dit que le plaisir de se voir souffrir mutuellement avait retardé l'instant de leur mort.

Cette dernière scène de cette effrayante tragédie est fameuse dans le pays sous le nom de *la réconciliation de Vorst*. Le prêtre qui avait assisté ces malheureux dans leurs derniers momens eut une vision dans la nuit qui suivit ce jour funeste. Il raconta que, comme il passait cette nuit dans la veille , les larmes et les mortifications, la Vierge Marie lui apparut et lui dit de ne point s'affliger du double fratricide dont il avait été la cause involontaire , les deux frères ayant été conçus du démon dans la visite que leur mère avait faite au nécromancien de la caverne. Tous deux n'étaient donc, comme le terrible Ezzelino di Romano qui régnait alors à Vérone, en Lombardie , que des *fils de l'enfer* et devaient retourner dans les enfers.

FRÉDÉRIC MERCEY.

ARMINIVS

TABLEAUX HISTORIQUES.

ARMINIUS.

Fas patriæ , libertatem avitam.

Dans l'histoire de l'ancienne Allemagne, un fait apparaît qui la domine tout entière : c'est que Rome , la maîtresse du monde, ne put parvenir à subjuguer les peuplades germaniques; c'est que, malgré les triomphes dont il s'enorgueillit dans ses guerres contre elles, l'Empire ne les compta jamais parmi ses sujets ; c'est enfin qu'il était réservé à cette même race de porter après plusieurs siècles, comme de terribles représailles, la mort et la destruction au sein de la nation qui l'avait attaquée la première et de finir par la rayer à force de victoires de la liste des peuples.

En s'arrêtant aux traits principaux, il est facile de suivre dans leur marche les tentatives d'asservissement que Rome dirigea successivement contre l'Allemagne.

Après avoir mis à profit, pour s'établir lui-même dans la Gaule, l'imprudente démarche des Séquaniens qui sollicitèrent son alliance, Jules-César tourna vers le Rhin ses vues ambitieuses. L'imprévoyance des petites peuplades qu'il trompa par de faux semblans d'assistance lui vint encore en aide lorsque, d'abord, il s'empara du haut de ce fleuve et, plus tard, de son cours inférieur, en restant toujours sur la rive gauche où il réussit à planter la bannière de Rome et à consolider ses campemens militaires. Il ne put toutefois pénétrer plus loin. Il est vrai qu'en l'an 55 avant Jésus-Christ, un pont fut, par ses ordres, jeté sur le Rhin près d'Andernach et que César mit le pied, en saluant l'autre bord, sur la terre des Sicambres. Mais qu'y trouva-t-il? Au lieu des ennemis que le conquérant cherchait, il ne rencontra qu'un territoire abandonné et des demeures sans habitans. Une terreur profonde s'empara de lui à contempler ces forêts désertes de la Germanie et, comme repoussé par une puissance mystérieuse, il ramena ses légions à leur point de départ. Ne dirait-on pas que, déjà, le spectre de Drusus venait, des bords lointains de l'Elbe, d'apparaître à son glorieux prédécesseur ? L'histoire est pleine, pour celui qui l'étudie, de pressentimens de ce genre où se manifeste, par avance, la destinée des peuples. Rome devait périr par les *Barbares*. A son premier pas sur le sol qui les nourrissait, l'avenir commença pour elle à se dévoiler par d'obscurs présages. Ce ne fut qu'après l'accomplissement des faits qu'ils devinrent intelligibles à tous.

Cette excursion de César par delà le Rhin ne dura que dix-huit jours. Une seconde , tentée l'année suivante, resta de même sans résultats.

Sous lui, le Rhin fut dans toute sa longueur , depuis Bâle jusqu'à la mer, la frontière qui sépara l'Empire de la Germanie. Voilà les seuls souvenirs qu'aient conservés les historiens quant à la présence de César en Allemagne.

Une nouvelle phase de la lutte soutenue par son peuple contre les Romains commence avec la ruine de la vieille liberté républicaine et avec l'avénement d'Auguste au pouvoir suprême. Vingt années de guerre civile dans l'intérieur de l'Empire furent pour les Germains une longue suspension d'hostilités dont ils ne surent point tirer parti. Mais, quand enfin l'aigle impériale plana triomphante sur l'Orient comme sur l'Occident; quand l'Afrique septentrionale dans toute son étendue, et l'Asie, jusqu'à l'Euphrate, eurent plié sous le joug ; quand, en Espagne aussi, la dernière étincelle de l'indépendance nationale eut brillé pour s'éteindre entièrement, il fallut à l'insatiable avidité de Rome, il fallut à son armée devenue oisive de nouveaux ennemis à combattre, une nou-

velle proie à conquérir. Bientôt leur domination embrassa les pays du Danube inférieur, les Pannoniens établis en Autriche et dans la haute Hongrie sur le cours intermédiaire de ce fleuve , les Rhétiens et les Vindéliciens qui occupaient le territoire du haut Danube. En l'an 15 avant Jésus-Christ, l'Empire avait, outre la ligne du Rhin, la ligne du Danube tout entière pour seule limite du côté de l'Allemagne.

Le long des deux fleuves s'élevèrent alors en grand nombre des villes fortifiées. A ces moyens matériels de défense Auguste, suivant à cet égard l'exemple déjà donné par Jules-César, joignit une mesure non moins efficace pour consolider sa puissance : l'introduction dans les pays conquis des mœurs, des arts, des raffinemens de la vie romaine. Il voulait par là non seulement amener la fusion plus intime des provinces avec la métropole, mais se ménager encore des points d'appui pour ses futures agressions contre le territoire voisin.

A Drusus, beau-fils de l'empereur, fut destinée la conquête de l'Allemagne, et jamais plus grande mission ne fut confiée à plus digne de la mener à fin. Avant tout, Drusus voulut s'assurer la coopération des Bataves qu'il sut gagner par des faveurs et des promesses. Dociles instrumens de leur propre asservissement, ces peuples ne furent que trop tôt victimes de leur crédulité aux intrigues de Rome. Avec l'aide des Bataves, le fils d'Auguste subjugua les Frisons, depuis le Zuyder-See jusqu'à l'Ems ; puis, avec l'aide des uns et des autres, il entra, le premier de tous les Romains, sur le territoire des Chaukes, situé entre l'Ems et l'Elbe. Dans ses excursions dévastatrices à travers les contrées de la Westphalie actuelle, il fut puissamment secondé par ses nouveaux alliés naguère les plus braves des adversaires de César. De tout temps, l'Allemagne a trouvé dans ses propres dissensions l'obstacle le plus réel à l'affermissement de sa puissance et de sa liberté.

Drusus prouva, par l'enchaînement et la profondeur systématiques de ses actes, qu'il était apte au rôle de conquérant. S'appuyant selon les circonstances, tantôt sur le Rhin et traversant les terres des Sicambres et des Kattes, tantôt partant de la mer et se frayant un chemin par le pays des Chaukes, il ne se contenta point de pénétrer dans l'intérieur de l'Allemagne jusqu'au pied du Harz où se trouvaient les Chérusques, mais il eut toujours soin d'assurer à l'Empire par ses établissemens la conservation des avantages progressivement acquis. C'est dans cette intention qu'il fit fortifier le Taunus, qu'en descendant le fleuve depuis Mayence, qui également est son ouvrage, il disposa sur ses rives cinquante autres forts plus petits , qu'enfin il jeta sur le Rhin deux ponts , l'un à Mayence , le second à Bonn. Les mêmes vues l'inspirèrent lorsqu'à peine échappé aux périls d'une sanglante bataille, il eut l'audace de construire dans les environs de Paderborn , au milieu même du territoire ennemi, la forteresse d'Aliso, et de mettre cette place d'armes en communication directe avec les Gaules par le moyen de routes militaires commodes et de digues artificielles établies le long de la Lippe jusqu'au Rhin.

L'Allemagne aurait-elle résisté long-temps à un pareil antagoniste? L'instinct guerrier et l'amour de la liberté propres aux Germains auraient-ils suffi pour contrebalancer la science et la tactique de Rome? C'est ce qu'il est difficile de croire. Déjà les peuples qui habitaient entre le Danube et le Rhin, au sud du Mein, les Marcomans, avaient, sous leur chef Marbod, émigré vers la Bohême, ne laissant aux Romains, il est vrai, qu'un territoire désert, mais leur donnant un libre accès dans l'Allemagne septentrionale ; déjà les peuplades établies entre le Mein et la mer du Nord avaient été successivement battues par les armes impériales; chaque année les conquêtes de Drusus s'étendaient, de telle sorte qu'en l'an 9 avant Jésus-Christ il était parvenu jusqu'à l'Elbe à travers le pays des Chérusques. Mais là devait s'arrêter l'invasion romaine. D'une voix menaçante, le destin, sous la figure d'une gigantesque devineresse, apostropha de l'autre rive du fleuve le hardi général : « Tu n'iras pas plus loin sur » nos terres, le destin ne le permet pas. Fuis de ces lieux, in» satiable Drusus. » Effrayé de ce sinistre avertissement, il se retira, pour terminer par une chute de cheval, avant même qu'il eût atteint le fort d'Aliso, une vie bien courte mais pleine d'activité et de gloire.

Ce que Drusus avait commencé avec tant de persévérance et d'habileté dut être continué par son beau-frère, qui fut depuis l'empereur Tibère. Si, ensuite, ce dernier ne réussit point, ce n'est pas qu'il ait manqué de volonté ou qu'il se soit fait faute de violences ou de cruautés dans les provinces conquises. Chez les Taurisques, habitans du Tyrol actuel, et chez les inoffensifs Sicambres, il donna libre essor à sa nature de tigre, à l'instinct sauvage qui lui faisait trouver plaisir au meurtre. Mais les dieux avaient décidé que la victoire ne lui resterait pas.

Vers l'an 6 après la naissance de Jésus-Christ, les tribus de l'Allemagne septentrionale les plus persévérantes dans leur résistance étaient réduites. C'étaient les Tenchtères, les Usipètes, les Kaninefates, les Brucktères, les Marses, les Chaukes et les Chérusques. Alors le moment sembla venu à Tibère de tenter une dernière et décisive expédition contre les Suèves qui habitaient la Bohème, la Franconie et la Thuringe. Déjà même une puissante armée, qu'il devait commander, était en marche à cet effet, lorsque la nouvelle d'une insurrection en Pannonie vint lui donner une autre direction et d'autres adversaires. Après quelques années de sanglans combats, triomphantes, les armes romaines purent, il est vrai, être tournées de nouveau contre les Germains; mais, alors, Armin s'était levé, préparant à la domination étrangère une terrible chute.

En partant pour la Bohème, Tibère avait laissé derrière lui, comme gouverneur des pays sur le Bas-Rhin, Quintillius Varus, homme d'un esprit cultivé, l'ami de Mécène et d'Horace, le favori d'Auguste, mais qui, par son orgueil, par la dureté avec laquelle il rendait la justice, par ses exactions, s'était attiré la haine générale. En opposition aux merveilles de la civilisation romaine, aux usages et aux lois qui s'y rattachaient, la liberté *barbare* des Germains lui semblait chose peu précieuse et dont il riait avec mépris. Son arrogance sous ce rapport alla si loin qu'abandonnant la résidence qu'il occupait sur la rive gauche du Rhin, et voulant la transporter sur l'autre bord, il vint s'établir au-delà du Weser, dans le pays même des Chérusques. Pourtant il n'adoucit en rien le régime administratif qu'il avait adopté, et ce fut à coup de bâton et de hache qu'il prétendit assurer sa domination sur les libres habitans de cette contrée.

Tant d'opprobre ne pouvait être supporté. Long-temps contenue au fond des cœurs, la colère générale cherchait un chef qui sût diriger ses coups, un homme assez dévoué, assez habile et assez brave pour se consacrer tout entier au service de la patrie et pour rallier en un puissant faisceau les forces dispersées de tous ceux qui souffraient. Armin, ou Hermann, fils de Siegmar, et l'un des chefs des Chérusques, avait, étant fort jeune encore, servi dans les armées romaines, s'y était distingué par sa vaillance, par sa capacité, à tel point qu'il avait mérité la dignité de chevalier. Dans les premiers temps, il parut

avoir complétement oublié sa patrie pour les pompes et les flatteries de Rome. On put croire qu'il estimait la solde et le clinquant de l'étranger à plus haut prix que la liberté de ses forêts natales, suivant, en cela, l'exemple de Flavius, son frère, et de son beau-père Segestes, dont il avait séduit et épousé la fille, la belle Thusnelda. A la vue de l'oppression que Varus faisait peser sur les Germains, Armin pourtant ouvrit les yeux. Jeune, ardent, né d'une famille renommée par sa valeur et doué d'une éloquence entraînante, il en vint bientôt à réunir autour de lui les mécontens et à fonder, dans les cantons de l'Allemagne septentrionale, une grande association dont le but était la mort des Romains établis chez eux.

C'est ici qu'il est impossible de méconnaître l'arrêt du destin. Le combat exigeait des préparatifs, car Varus, dans son camp retranché, au milieu de ses troupes bien aguerries, était inattaquable. Mais le secret qu'il fallait garder devint nécessairement la propriété commune d'un grand nombre d'hommes peu habitués à s'imposer une telle contrainte. Dans le peuple entier il ne se trouva pourtant qu'*un traître*, Segestes, le beau-père d'Armin. Il dénonça toute la conspiration à Varus et l'avertit du danger. Le gouverneur ne fit que rire du mystère qu'on lui dévoilait et du service qu'on lui rendait. Contre les entreprises d'un peuple barbare il se croyait bien en sûreté.

En l'an 9 après Jésus-Christ, pour suivre ici la narration adoptée par Wolfgang Menzel dans son *Histoire d'Allemagne*, lorsque avec l'automne les pluies eurent, comme d'ordinaire, commencé dans le nord de l'Allemagne, Armin jugea que l'instant était venu de mettre son plan à exécution. D'abord, sous divers prétextes, ainsi que Dion Cassius l'explique, il avait demandé à Varus un bon nombre de ses soldats et les avait dispersés dans le pays, soit pour veiller au transport des vivres destinés aux quartiers d'hiver, soit pour maintenir l'ordre parmi les tribus soumises, soit pour les protéger contre celles qui ne l'étaient pas encore. Ensuite, afin d'attirer hors du camp le général et le reste de son armée, il suscita une révolte chez une peuplade lointaine, les Kattes.

Le camp d'été de Varus était situé au dessous de Minden, à peu près sur l'emplacement de Reme, au confluent du Weser et de la Werra, là où la vallée formée par le premier de ces fleuves s'élargit. De cet endroit, le général romain marcha en droite ligne sur Aliso, et, pendant une certaine distance, Armin l'accompagna, pour lui montrer un chemin plus court que la route ordinaire. Ce fut ainsi que Varus s'engagea dans les défilés de la montagne, entre les villes d'Herford et de Salzufeln. A peine les colonnes de son armée s'étaient-elles perdues dans les forêts qu'Armin, sous un prétexte oiseux, retourna sur ses pas et donna le signal de l'attaque générale. Au même instant tous les Romains qui, soustraits à Varus, se trouvaient parmi les Germains, furent massacrés. Puis, de leurs embuscades au fond des bois, sortirent en foule des guerriers animés par les fureurs de la vengeance. Le ciel lui-même conspirait avec l'Allemagne pour anéantir ses ennemis. La tempête éclata, des pluies battantes tombèrent par torrens et les eaux amoncelées sur les hauteurs roulèrent avec fracas le long de leurs pentes. Embarrassés par de nombreux bagages et par un cortège de femmes et d'enfans, les Romains se traînaient en lignes irrégulières et prolongées à travers ces vallées étroites où, fatigués des obstacles de la route, ils n'avançaient que lentement. Tout-à-coup à leurs oreilles retentit, au milieu des mugissemens de l'orage, le chant de guerre des Allemands. Effrayés, ils s'arrêtent. Alors, de toutes parts la forêt vomit sur eux une grêle de pierres, de flèches, de traits meurtriers, et, du sommet des montagnes , les Germains se précipitent pour les achever dans la mêlée.

Les soldats de Varus étaient frappés de terreur. Ils réussirent pourtant à se grouper çà et là en masses plus compactes et à organiser quelque résistance. Durant tout le jour, on combattit, les uns fuyant, les autres poursuivant. A la nuit, les Romains parvinrent à gagner une place découverte où ils élevèrent un camp fortifié. Mais, privés de vivres, entourés d'ennemis, ils ne pouvaient songer à y demeurer. Lorsque l'aurore parut, ils se mirent en marche de nouveau, après avoir brûlé tous leurs bagages pour se faciliter la fuite. Leur route suivait une plaine dépouillée de bois , le long de la Werra, où ils purent observer un certain ordre, bien qu'ils y éprouvassent encore des pertes. Ensuite ils rentrèrent dans la région montagneuse et boisée, aux environs de Detmold. Une vallée sans sentiers tracés s'offrit à eux. C'était là que les attendaient encore en grand nombre les Germains qui firent dans leurs rangs un tel ravage qu'on put s'apercevoir facilement de la diminution de leurs forces aux traces du camp où le second soir ils arrivèrent péniblement. Enfin, lorsqu'au matin qui suivit, ils se montrèrent dans la plaine, des bandes nouvelles , des Kattes sans doute, si l'on en juge par la position, vinrent à leur rencontre, et, avant qu'ils eussent pu atteindre Aliso, les entourèrent de tous côtés. Ce fut la fin du combat. Les Germains se baignèrent dans le sang et exterminèrent complétement leurs ennemis. Bien peu entrèrent dans Aliso. Quelques jours plus tard, ils en sortirent, secrètement du reste, sous les ordres de Lucius Cædicius et se firent jour jusqu'au Rhin, grace à une ruse de guerre. On ne fit qu'un petit nombre de prisonniers : le reste périt.

Ainsi , en un combat de trois jours, fut anéantie une armée de trois légions, remarquable par sa discipline , par sa bravoure, par son expérience de la guerre, et comptant dans ses rangs 50,000 hommes , tant Romains qu'alliés : *Exercitus omnium fortissimus , disciplina, manu , experientia bellorum, inter romanos milites princeps.* (Velleius Paterculus, II, 119.)

Terrible doit avoir été la lutte dans un lieu tout exprès choisi avec cet entourage de montagnes, de marais, de précipices et d'embûches , comme le dit Velleius au passage déjà cité : *Exercitus inclusus silvis, paludibus, insidiis ab eo hoste ad internecionem trucidatus est.* D'accord avec lui, Florus s'exprime de la sorte (IV. 12) : *Nihil illa cæde per paludes perque silvas cruentius.* Sur l'emplacement désigné plus haut, entre les villages suivans de la principauté de la Lippe, Osterholz , Schlangen et Haustenbeck, dans le voisinage de la forêt de Teutobourg (*in saltu Teutoburgiensi*), Germanicus trouva , six ans après, lors de son expédition contre les Chérusques, les ossemens des morts épars au loin dans la plaine et blanchis déjà par le soleil, les uns isolés, les autres en tas , mêlés à des tronçons d'armes et à des squelettes de chevaux ; il y avait des crânes cloués aux arbres , et près du taillis on voyait les autels où les tribuns et les plus âgés des centurions avaient été immolés : *medio campi, albentia ossa, ut fugerant, ut resisterant, disjecta vel aggregata. Adjacebant fragmina telorum, equorumque artus, simul truncis arborum antefixa ora.... Lucis propinquis barbarum aræ apud quas tribunos et primorum ordinum centuriones mactaverant* (Tacite, Annal. I, 61-62). C'est là que les aigles furent prises, que tombèrent les légats, que Varus fut blessé , et, pour ne pas survivre à sa honte, se donna lui-même la mort ; c'est là qu'était la grossière tribune d'où Armin harangua son

peuple ; c'est là qu'on lui dressa un trophée avec les bannières et les aigles de Rome ; c'est là que furent les potences où l'on pendit les prisonniers, les fosses où l'on jeta leurs cadavres (Dion Cassius, l. 56); c'est là , enfin , que Germanicus fit, en pleurant, rassembler les restes dispersés de ses compatriotes, et qu'il ordonna de les enterrer sous un monticule funéraire dont il décora lui-même le sommet de son premier gazon.

Lorsque la nouvelle de la défaite de Varus parvint à Rome, Auguste, dans son désespoir, se frappa la tête contre la muraille en criant: «Varus, Varus, rends-moi mes légions! » L'effroi fut si grand que le bruit se répandit d'une seconde invasion des Cimbres et des Teutons et que les Romains refusèrent d'aller servir dans l'armée qu'on reformait sur les frontières de Germanie. Il fallut que l'empereur menaçât de mort les lâches récalcitrans.

Les suites de la bataille de Teutoburg appartiennent à l'histoire générale. C'est à Armin que l'Allemagne dut de ne pas être réduite à l'état de province romaine et de ne pas voir sa nationalité s'effacer sous le joug. Germanicus, l'illustre fils de Drusus, tenta bien encore quelques entreprises contre la Germanie ; il livra de sanglantes batailles, obtint aussi des succès partiels, dévasta pendant plusieurs années le territoire des Marses, des Kattes, des Brucktères et des Chérusques, mais jamais il ne put y fonder d'établissement durable. Armin et ses tribus restèrent en possession du pays. La mission donnée par l'empereur à son lieutenant d'anéantir les Chérusques ne fut pas accomplie. Cent ans à peine après les premiers essais de conquête tentés par Jules-César, Rome, sous le règne de Claude, renonça définitivement à tout projet de ce genre au-delà du Rhin et se résigna à reconnaître la frontière que ce fleuve traçait entre l'Empire et l'Allemagne.

Une période de dix années s'était écoulée depuis la bataille de Teutoburg, lorsqu'à l'âge de trente-sept ans, Armin fut assassiné dans une émeute par ses propres parens.

Précédemment il avait encore triomphé d'un ennemi de la liberté nationale, mais cette fois d'un ennemi intérieur, Marbod , le chef des Marcomans. Dès le premier soulèvement des Germains contre leurs oppresseurs, ce dernier avait paru vouloir séparer sa cause de la leur. Ce fut à lui que le vainqueur envoya la tête de Varus comme un rappel à ses devoirs. Mais, irrité de ce reproche indirect et jaloux de la puissance que venait d'acquérir Hermann, Marbod vint bientôt l'attaquer avec les Suèves réunis sous ses ordres. Il fut défait et son peuple même l'abandonna. Alors Rome devint son refuge. Il alla y mendier protection et secours. On lui promit l'un et l'autre ; mais , après lui avoir fixé pour résidence et presque pour prison la ville de Ravenne, on l'y laissa languir dix-huit ans dans l'inaction et la honte. Il survécut pourtant à son rival.

On assure qu'avant de recourir au poignard, les meurtriers d'Armin s'étaient adressés à Tibère, quoique vainement, pour en obtenir du poison. La réponse de Tibère est mémorable « Ce n'est point par la ruse et dans le mystère, mais au grand « jour et par les armes que se venge le peuple romain. » Il s'égalait ainsi, remarque Tacite, aux anciens généraux de la république qui empêchèrent et découvrirent une tentative d'empoisonnement sur la personne de Pyrrhus.

Selon les uns, du reste, le vainqueur de Teutoburg périt pour avoir ambitionné le pouvoir suprême; il fut, selon d'autres, victime de la basse jalousie de ses parens qui voyaient avec envie ses services éclipser le lustre de leur rang. Si l'on met ces deux opinions dans la balance, la vie entière d'Armin, si pleine de dévoûment à la patrie, l'emportera sans peine sur les suppositions de ses accusateurs. Sa gloire immortelle fut d'avoir, le premier parmi tous les Allemands, montré à ses compatriotes ce que peut l'union même contre l'adversaire le plus puissant.

Le plus grand des historiens latins, Tacite, trace d'Armin un portrait qui rivalise avec celui de Germanicus, son héros de prédilection. Voici en quels termes il résume son jugement sur lui : « Armin fut sans contredit le libérateur de la Germanie. Contre lui la victoire resta toujours douteuse dans les batailles, impossible dans les campagnes, et cependant il n'eut pas, comme d'autres rois ou généraux, à combattre le peuple romain à son origine seulement, mais bien lorsqu'il eut atteint le faîte de sa puissance. Trente-sept années fut la courte durée de sa vie, douze celle de son pouvoir. Il survit dans les chants de son peuple, inconnu aux annales des Grecs, qui n'admirent que ce qui leur appartient, et insuffisamment apprécié à Rome, où l'on exalte les exploits antiques sans s'inquiéter des modernes. »

De ce héros, qui se tient pour ainsi dire au seuil de son histoire comme un ange au glaive de feu, l'Allemagne vient enfin de se souvenir dans sa tardive reconnaissance. Les chants patriotiques dont parle Tacite ont cessé depuis longtemps sans qu'aucune trace en soit parvenue jusqu'à nous. A peine si le nom même d'Armin a traversé les temps, et, quant au lieu où il brisa les chaînes de la tyrannie étrangère, voilà des siècles que les savans se disputent pour en fixer l'emplacement.

Nous joignons ici une planche où est dessiné le monument qui s'élève aujourd'hui en l'honneur d'Hermann. D'après le plan tracé par le sculpteur Ernest de Bandel, d'Ansbach, une statue en bronze, haute de 40 pieds, représentera le héros qui, après la victoire, le bras gauche appuyé sur un bouclier, et de ses pieds foulant l'aigle romaine, brandit un glaive dans sa main droite étendue vers le Rhin. Pour supporter la statue, un énorme piédestal dont on porte l'élévation à plus de 80 pieds. Tout autour de cette colossale construction seront disposées dix colonnes en pierre brute dont les chapiteaux, en s'entrelaçant pour former des arcades, se rattacheront au couronnement principal de l'édifice. A partir de la base du temple jusqu'à la pointe du glaive, le tout aura une hauteur de 150 pieds. Ainsi, de très loin pourra s'apercevoir ce magnifique symbole des plus anciens triomphes de la liberté allemande.

Afin de trouver l'emplacement convenable à ce monument, on a procédé avec beaucoup de soin, en prenant surtout pour guide l'excellent écrit de Clostermayer, intitulé : *Wo Hermann den Varus schlug* (Dans quel lieu Hermann défit-il Varus?) Le choix est tombé sur la montagne de Teut, située au milieu de la forêt de Teutoburg et près de Lippe-Detmold. C'est un endroit dès long-temps consacré par les antiquaires, qui y ont reconnu, outre les célèbres *Hunenringe* (murailles des géans), les ruines du vieux château de Teutoburg, élevé jadis pour tenir tête en quelque sorte à la forteresse romaine d'Aliso.

Pour arriver au point désigné, il existe un chemin qu'il sera facile, moyennant un modique dépense, de rendre praticable aux voitures, ce que s'occupe déjà de faire le gouvernement de la principauté de la Lippe. S'élevant d'une vallée aux riantes et vertes prairies, ce chemin traverse, avant d'atteindre le plateau, une ombreuse forêt de hêtres. Il passe également entre les deux antiques et remarquables *Hunen-*

ringe, dont les parois formées d'énormes blocs de rocher entassés les uns sur les autres rappellent involontairement au voyageur les temps les plus reculés de l'antiquité germanique et le préparent au spectacle du monument qui doit couronner le sommet de la montagne. Ces deux constructions sont disposées de telle sorte que l'une semble le corps de la place, et l'autre un ouvrage avancé pour la défendre. Ce sont les mêmes dont le général de division Sokolniki, dans ses *Recherches sur les lieux où périt Varus avec ses légions, extraites d'un voyage fait en 1810*, parle ainsi : « La singularité de ces » retranchemens a quelque chose qui les distingue de tout ce » que j'ai vu de ce genre. C'est le produit de l'instinct et de » la force qui rivalisent ici avec celui de l'adresse et de l'art. »

Le sommet le plus élevé du Teut, la Groteburg, se distingue par la beauté de ses perspectives et la richesse de ses traditions historiques. De là, on domine dans toute son étendue le champ où se livra la bataille des trois jours, depuis l'embouchure de la Werra dans le Weser, le Winnfeld, le défilé de Doerenpass, et les diverses gorges où les Romains furent refoulés, jusqu'aux environs de Neuhaus et d'Elsen (Aliso). Il se trouve aussi que, de tous les points du pays qui s'étend entre le Weser et le Rhin, depuis Minden jusqu'à la vaste plaine de Munster, on peut reconnaître les cimes du Teut. La nature enfin semble avoir préparé dans les rochers qui constituent cette montagne une base digne de l'édifice qu'elle va recevoir.

Le plan que nous a communiqué le comité siégeant à Lippe-Detmold est sans doute, quant aux détails, susceptible de modifications. Ainsi, par exemple, on a proposé de ménager entre les dix colonnes adossées à la tour fondamentale des espèces de niches qui seraient ornées d'inscriptions ou de sculptures. Il est également question de surmonter cette tour d'une coupole autour de laquelle serait ouverte une galerie où plus de deux cents personnes pourraient se tenir à l'aise. Sur la coupole on établirait un socle peu élevé pour recevoir la statue. Néanmoins, quels que soient les changemens partiels qu'on se croie fondé à mettre en avant et qu'on adoptera peut-être, chacun sans doute sera d'accord avec nous pour reconnaître que dans l'ensemble l'artiste a dignement répondu aux exigences du noble but qui lui était indiqué.

D'un autre côté, on a soulevé plus d'une critique contre le style d'architecture dans lequel est conçu le piédestal et contre le costume même du héros. Le premier, dit-on, outre qu'il n'est pas d'un goût très pur, n'a rien d'historique, et, quant au second, il est plutôt romain qu'allemand. Pour nous, ces observations ont peu de poids. Certes, il serait difficile de retrouver dans le temple qui doit porter la statue d'Armin un modèle du genre d'architecture en usage à son époque et chez les Allemands. Mais, en l'absence complète de tout débris de ces temps-là, qui donc peut affirmer que le style adopté par l'artiste n'est pas réellement germanique ? Et, lorsqu'il s'agit de rendre hommage au héros des vieux jours, comment se plaindre de ce qu'on s'attache à mêler l'histoire et la fantaisie de telle façon que l'œuvre rappelle au moins par son caractère général les monumens les plus anciens qui nous soient parvenus ? Une remarque pareille se présente à propos du costume d'Hermann. Qui donc saurait décrire au juste les pièces dont se composait son armement ou son vêtement ? Personne n'oserait affirmer que la statue en question n'en soit pas une représentation exacte. Il est vrai qu'elle offre un mélange du Romain et de l'Allemand ; mais Armin n'était pas seulement un chef des Chérusques, les commandant à la guerre et sans doute ayant comme tel des habille-

CONSTANZ.

mens particuliers; il avait encore vécu parmi les Romains, il avait été initié à leur civilisation, il avait servi dans leurs armées où son mérite lui avait obtenu comme récompenses des insignes militaires : y a-t-il dès lors quelque difficulté à admettre qu'il eût conservé, en partie du moins, le costume ou les armes des guerriers de l'Empire ?

Au lieu, donc, de réflexions sur cette partie du monument, nous préférerions soumettre à l'examen du comité une autre proposition. Il s'agit de l'inscription qui doit y être attachée. Evidemment Armin est dans la posture d'un homme qui, plein d'un saint enthousiasme, proclame en face du peuple sa victoire. Son visage doit alors prendre une expression analogue à l'attitude que cette action imprime au corps tout entier. Maintenant, que doit dire le vainqueur de Varus, le libérateur de sa patrie, tandis que, triomphant, il soulève dans les airs sa glorieuse épée.

La réponse se trouve dans Tacite, alors qu'il décrit les dernières expéditions de Germanicus contre les Chérusques. L'armée romaine, dit Tacite (*Ann. II.*), était entrée dans l'Ems sur mille bateaux et marchait des bords de cette rivière vers le Weser où les Allemands l'attendaient. Sur la rive droite du fleuve étaient les diverses tribus des Germains, avec Hermann à leur tête ; sur la rive gauche, Germanicus et ses soldats. Alors le premier envoya un messager au général ennemi et lui fit demander la permission d'avoir une entrevue avec son frère Flavius qui servait dans les légions impériales. On vit bientôt, en effet, comme dans les récits d'Homère, deux hommes isolés sortir des rangs opposés et s'approcher du rivage d'où s'engagea entre eux un dialogue à haute voix. Ce dialogue était vif, passionné, de telle sorte qu'il dégénéra promptement en une violente querelle. L'eau qui séparait les deux interlocuteurs n'eût même pas été un obstacle à ce qu'ils en vinssent aux mains sans l'intervention de leur suite, arrivant à temps pour les retenir au moment où ils allaient se précipiter dans le fleuve.

Dans cette conversation, soutenue moitié en allemand moitié en latin, Flavius fait valoir la grandeur de Rome, la puissance de l'empereur, les châtimens réservés aux vaincus; il insiste sur l'augmentation de sa solde, il montre la chaîne d'or et les autres présens qu'il a reçus. Armin, au contraire, éclate en railleries sur ces tristes salaires de la servitude ; il fait un appel à la conscience de son frère, et cherche à le ramener au sentiment de ses devoirs envers la patrie. C'est alors que, lui, le guerrier fidèle, il invoque la devise pour laquelle tout vrai Germain doit vaincre ou périr : La patrie et ses droits, la liberté héritage des ancêtres.

Fas patriæ, libertatem avitam.

Voilà les mots qu'il faudrait inscrire sur le monument, comme une exhortation perpétuellement renouvelée aux descendans d'Armin de mettre en jeu, si d'autres oppresseurs se présentaient, vie et fortune pour les repousser !

SAVOYE.

LES EAUX DE L'ALLEMAGNE.

TEPLITZ.

De l'endroit où sur l'Elbe se recourbent avec hardiesse les arches du célèbre pont de Dresde, l'œil, qui remonte vers l'est en suivant le cours jaunâtre du fleuve, se fixe involontairement sur un lointain horizon de montagnes bleues, au milieu desquelles surgissent plusieurs cônes aux formes indécises. Derrière ces hauteurs repose Teplitz, dans le fond de sa riante vallée. Après un long et fatigant pèlerinage, c'est un lieu de repos pour tous les voyageurs, soit qu'ils viennent à ses sources retremper leurs corps malades, soit qu'ils cherchent dans le commerce d'une société aimable une douce récréation, ou qu'ils demandent à jouir au sein d'une belle nature de la liberté des champs, soit même que, las de plaisirs, ils ne soient plus sensibles qu'au charme du changement.

Deux chemins aboutissent à Teplitz. Celui qu'on suit le plus ordinairement est la grande route militaire sur la rive gauche de l'Elbe. Elle traverse la petite ville de Pirna que domine sur la montagne Sonnenstein, l'asile des fous, et, de là, franchissant la chaîne qui la sépare de son but, elle passe devant la place où succomba, sous le sort et sous le nombre, un des preux de Napoléon, où depuis aussi le vainqueur, pour qu'on n'oubliât point la journée de Culm, éleva trois monumens dans son orgueil. Peut-être l'autre chemin sourit-il davantage au poëte. D'abord, il peut à son gré côtoyer la rive droite ou voguer en légère gondole sur les ondes mêmes du fleuve. Après Pirna, devant laquelle il glissera entre les deux pics gigantesques de Sonnenstein et de Kœnigstein, dont le dernier porte une imprenable forteresse, il arrivera bientôt à Schandau, la plus petite de toutes les villes où il y ait des bains, et le centre de ce qu'on est convenu d'appeler la Suisse saxonne. Puis vient Tetschen, avec le château hospitalier du comte de Thun, qui trône au dessus de ses sombres maisons. Sur cette région montagneuse, au milieu de ces humbles habitations, dans ce manoir à l'aspect chevaleresque, planent encore les souvenirs reconnaissans de ma première jeunesse. Mais le bateau qu'entraîne son attelage, que poussent encore les rames bruissantes, le bateau vole rapidement et ne s'arrête qu'à Aussig où l'on débarque. Là, les regards se tournent encore une fois vers le fleuve afin d'admirer la ravissante contrée qu'il arrose; ils se relèvent ensuite pour contempler quelques instans les hautes ruines de Schreckenstein. Déjà, pourtant, l'on est engagé dans les rues tortueuses et étroites de ce bourg antique. Quelques pas encore et le but est atteint.

Au milieu du large entonnoir que découpe dans les montagnes la vallée de Biela (1) est située Teplitz. Réunie au village de Schœnau, elle forme une jolie ville, la plus attrayante des quatre qui sont, en Bohême, célèbres par leurs eaux. Des champs fertiles et de frais vergers l'entourent de *toutes parts*, soigneusement cultivés par l'industrie allemande. C'est que dès long-temps les émigrans de la race germanique ont repoussé devant eux la population paresseuse des Tchekkes qui s'étendait autrefois jusqu'à Pirna. Dans cette partie de la Bohême, l'Allemand peut encore se dire dans sa patrie. Ses limites sont quelque peu au-delà de Teplitz, à l'entrée des districts où résident les purs Bohémiens, ceux qui appellent les Allemands *Souabes*, et qui ont conservé contre eux ces haines nationales dont leurs voisins ne sont pas guéris non plus.

L'origine ainsi que le nom de Teplitz sont, du reste, bohémiens. Au temps où Necamisl, fils de la devineresse Liboussa et du fort Przmisl (on écrit ordinairement Primislas), portait la couronne ducale de Bohême, en l'année 762, le noble Tchekke Kolostug chassait, par un beau jour d'été, dans les bois près de Settenz. Tout à coup

(1) Le mot *Biela* ou *Biel* signifie *blanc* et se retrouve dans beaucoup de noms propres en Bohême.

des porchers se précipitent vers lui, courant et poussant avec effroi ces cris : *Tepla wodi ! tepla wodi !* (eau chaude). Il les arrête et les interroge. A ses informations sur ce qui cause leur terreur, ils répondent en indiquant l'endroit d'où ils viennent. Là, disent-ils, résident de malins esprits. Kolostug, qui ne craignait pas plus un ennemi surnaturel qu'un adversaire terrestre, se dirige sans crainte vers ce point. Qu'y trouve-t-il ? Un porc, criant plus piteusement encore que les bergers et se roulant sur le sol où il a ouvert une issue à la source brûlante qui déjà lui a cruellement brûlé les pattes. Le seigneur comprit l'importance de cette découverte. Il fit d'abord enclore le lieu où l'eau sortait de terre, puis bâtir près de là un château, autour duquel se groupa bientôt un village qui reçut le nom de *Tepla Ulice* (chaude rue). C'est donc par erreur qu'on écrit communément *Tœplitz* : il faut dire *Teplitz*.

Pendant la guerre des Hussites, Teplitz fut brûlée de fond en comble. Mais elle se releva plus belle de ses ruines. D'ailleurs, l'événement le plus remarquable dans l'histoire de cette source coïncide avec le tremblement de terre qui détruisit Lisbonne. Le même jour, c'est-à-dire le 1er novembre 1755, les eaux cessèrent durant six à sept minutes de couler ; puis, elles reparurent subitement teintes d'un rouge de sang et dans une telle abondance qu'elles submergèrent les environs.

Bien que la vallée de Biela s'étende sur une largeur de deux lieues et demie, la perspective autour de Teplitz même est bornée sur presque tous les points par des hauteurs secondaires qui s'élèvent à ses portes. Ce sont : le Wachholderberg (montagne des Genévriers), le Schlossberg (montagne du Château) et le Judenberg (montagne des Juifs). La première est la plus élevée et celle qui offre les points de vue les plus remarquables.

A Teplitz et à Schœnau, comme en général dans tous les endroits où il y a des eaux thermales, la plupart des maisons sont disposées pour recevoir des hôtes étrangers. Au lieu de prosaïques numéros, elles portent des enseignes peintes, usage qui s'est conservé dans beaucoup de villes autrichiennes, même à Vienne, tandis que dans l'Allemagne occidentale à peine si les auberges seules ont encore des écussons. L'imagination de nos pères se plaisait à distinguer par des images caractéristiques non seulement les maisons, mais aussi, dans l'intérieur, les différentes chambres, et même, dans les prisons, les cellules diverses. Quant à nous, telle est notre sécheresse d'esprit que, dans plusieurs villes modernes, les rues (comme à Manheim) n'ont que des numéros et pas de noms. On en viendra bientôt à ne désigner les villes elles-mêmes que par des chiffres méthodiques.

L'édifice qui se fait le plus remarquer entre tous est le château du prince Clary, le patron de Teplitz. Sa façade regarde une vaste place, la place du château, sur laquelle s'élève une colonne en l'honneur de la Trinité, l'un de ces curieux monumens d'antique piété, tels qu'on n'en rencontre guère aujourd'hui dans les contrées occidentales de l'Europe. Le derrière donne sur le jardin, où se trouve un magnifique salon, qui sert de point central de rassemblement aux baigneurs de bon ton, comme à Baden-Baden la maison de conversation. Seulement ici manque le tapis vert. Baden l'emporte, d'ailleurs, par quelque chose de plus varié, de plus grandiose dans ses dispositions, tout étant à Teplitz comparativement petit, restreint, même mesquin sous quelques rapports. Aux personnes que leur naissance et leur rang autorisent à fréquenter la haute société, cette

place offre néanmoins une compensation suffisante pour beaucoup dans le charme de ce monde choisi où règne plus d'abandon, plus de confiance que dans les cercles de l'autre ville. Le jardin lui-même est un parc agréablement dessiné. Vers le milieu de la journée, il regorge de visiteurs qui viennent s'y promener aux sons d'une excellente musique d'harmonie. C'est une mode viennoise qui, de la capitale, s'est propagée aux eaux de l'Autriche.

Teplitz possède bien quelques hôtels meublés où l'on trouve à se loger fort agréablement ; mais, en général, les habitations n'y brillent point par les développemens d'un goût avancé, et l'on s'aperçoit bientôt, grace à cette circonstance et au service assez maigre des tables d'hôte, que l'endroit est destiné réellement à de pauvres malades pour qui le nécessaire sufffit, toute espèce de luxe et de superflu leur étant défendu. A tout prendre, cependant, le régime gastronomique, si on le compare à la frugalité ordinaire des Bohémiens, peut encore être considéré comme passable, et même comme bon par opposition à ce que les gens de Dresde osent appeler un dîner et vendent au poids de l'or.

Les sources chaudes sont renommées au loin pour leur efficacité. Leur usage peut cependant devenir dangereux s'il n'est dirigé avec prudence et mesure. Elles ont beaucoup d'analogie, quant à leurs propriétés, avec celles d'Aix-la-Chapelle. On peut citer comme des modèles les établissemens de Teplitz. Les bains y sont nombreux et bien administrés. La buvette, c'est-à-dire l'endroit où l'on se rend pour boire les eaux, est un élégant et spacieux bâtiment construit au milieu des jardins du prince, près du lieu même où la source sort de terre en bouillonnant. On y a établi, en outre, un dépôt d'eaux minérales étrangères.

Les environs de la ville sont riches en jolies promenades plus ou moins lointaines. Toutefois, pour aller à quelque distance, il est bon de recourir aux voitures, car la chaleur et la poussière, sur les sentiers sans ombrage qui se déroulent ennuyeusement à travers la plaine, sont telles qu'elles lassent bien vite la patience du piéton le plus aguerri. Du reste, la société des bains met ordinairement l'après-midi à profit pour faire ses excursions, l'heure habituelle du dîner étant de une heure à trois, selon l'usage allemand. C'est ici le cas de faire observer que partout où il y a une réunion un peu nombreuse on entend parler plus allemand que français, contrairement à ce qui se passe en général dans les eaux des provinces rhénanes.

Sur la hauteur, près des jardins du prince, s'élève le tir. Cet exercice quasi-guerrier est un délassement favori des bourgeois dans les petites villes de l'Allemagne, où il dispute la prééminence au jeu de quilles. A des époques fixées, le tir à la cible a lieu solennellement en cet endroit, dont la situation est d'ailleurs ravissante. Du bâtiment qui s'y trouve, on aperçoit la ville à ses pieds. En se portant plus loin, l'œil rencontre les montagnes de la Saxe qui se dessinent à l'horizon sur le ciel bleu.

Si l'on suit la route qui continue à gravir la montagne, on arrive à la *Schlackenburg*. C'est une espèce de fabrique, comme on en voit dans les jardins anglais, dont le nom vient des matériaux qui ont servi à sa construction : *Schlacken* se traduit par *scories*. Elle est censée représenter un château gothique et contient simplement une auberge. On peut, en outre, s'y amuser de quelques jongleries, telles que celles de la tour avec une chambre obscure et que le cachot où l'on montre un vieux tableau représentant Kolostug occupé glorieusement à défendre sa forteresse contre des ennemis envieux des richesses que lui promettent ses eaux thermales.

Une demi-lieue plus loin, gisent sur le Schlossberg les ruines du vieux manoir qui fut autrefois la résidence de la noble et célèbre famille Kinsky. Cet endroit n'est plus aujourd'hui que le but romantique et paisible d'une courte excursion, au terme de laquelle le forestier seigneurial offre au visiteur altéré un pot de sa bierre bohémienne.

Le sommet du Wachholderberg ne présente pas de moins agréables points de vue. Là aussi, on trouve sous la main le brun nectar du pays dans le cabaret de la montagne.

Enfin, près de Schœnau il y a encore un parc appartenant au prince Clary. On le désigne sous le nom de *Thorn'sche Garten* (jardin de Thorn), d'après le village de Thorn qui en est voisin. Il est plus petit mais non moins beau que le parc du château. Du reste, il est abondamment pourvu d'établissemens pour satisfaire à la soif comme à l'appétit des promeneurs. Au pied du Schlossberg est la faisanderie.

Un des plus réels agrémens de la vie qu'on mène à Teplitz est dans cette particularité que les relations sociales formées dans la ville se prolongent jusqu'aux excursions les plus éloignées. Du reste, le programme des bains est rédigé de façon à faire connaître où chaque jour il est possible de rencontrer société, musique et conversation : on peut donc au gré de ses fantaisies de chaque instant fuir ou rechercher la foule.

A cinq quarts de lieue de Teplitz on trouve, au pied même de l'Erzgebirg, la petite ville de Mariaschein, avec son église de Notre-Dame-des-Douleurs qui est un but célèbre de pélerinages. Elle possède une antique image à laquelle est attribué le don des miracles et qui a donné lieu, de 1702 à 1706, à l'érection de la magnifique église construite par les soins des pères de la société du Sauveur.

Non loin de là apparaît sur une colline de moyenne hauteur, précisément au dessus de la ville libre de Graupen, une ruine, la Rosenburg (château des roses), à laquelle s'adosse une maison habitée. On la visite pour les beaux points de vue qu'elle présente aussi bien que pour ses pépinières de rosiers. Au mois de juin, ces jardins, où la reine des fleurs s'épanouit alors dans ses plus ravissans atours, méritent bien qu'on se détourne pour leur donner un coup d'œil en passant.

Sur le Geyersberg, derrière Mariaschein, les restes de Kussberg perpétuent jusqu'à nos jours la mémoire de Hans de Bleileben, chevalier fameux par ses brigandages. De là la route traverse la contrée où, le 30 août 1813, s'engagea Vandamme qui, ne pouvant se tirer du mauvais pas, accabla de ses imprécations « ce maudit pays bossué. »

Certes, peu de voyageurs mettront le pied sur la terre de Bohême sans penser au héros de la guerre de Trente-Ans, à ce fier duc de Friedland qui était issu de la maison des Waldstein, ou, pour adopter la prononciation plus douce des Slaves, des Wallenstein. Le château de Dux, dans la ville du même nom, à deux lieues de Teplitz, est le siége de cette famille. C'est un splendide édifice avec des jardins dignes de mention. Mais, de tous les ornemens qui embellissent le château, le plus remarquable est la grande galerie où sont réunis les tableaux qui rappellent les grandes actions des ancêtres de cette illustre race. Dans la salle d'armes se voit encore la lance dont Deveroux perça son général. C'est à Dux que Casanova, l'aventurier vénitien, écrivit ses singuliers mémoires.

A trois quarts de lieue de Dux se présente au pied de la montagne le beau couvent d'Ostegg, occupé par des Cisterciens. Avec ses blanches murailles et ses larges fenêtres, il semble doucement sourire à la vallée verdoyante qui se déploie devant lui avec les points habités de Teplitz, Dux, Mariaschein, Graupen, Culm et Bilin. Ce dernier endroit apparaît comme s'il s'appuyait contre les noirs rochers de Barzin (en allemand le *Biliner Zackenfels*) dont il est pourtant éloigné de plus d'une heure de marche. Il faut visiter les vastes jardins du couvent dont au reste les moines font avec une bienveillante hospitalité les honneurs aux étrangers. Leur principale curiosité est la cascade qui tout à coup frappe l'œil à travers les croisées d'un ermitage, se précipitant, en flots d'écume argentée, le long d'une rampe rocheuse où elle se dessine sur un fond sombre de feuillage.

Bilin, qui appartient au prince Lobkowitz, est connue par ses eaux minérales, assez semblables aux eaux de Seltz. On en expédie annuellement cent mille cruches à peu près.

Aux environs de Bilin est le pic de Barzin dont il a été parlé plus haut. Les sources minérales de Saidschitz et de Sedlitz sortent aussi de terre à peu de distance.

Près de Staditz, à deux lieues et demie de Teplitz, on voit encore le buisson de coudrier qui germa du fouet que Przemisl planta dans le sol lorsque les messagers de Liboussa vinrent de sa part lui offrir de monter avec elle sur le trône.

Le point le plus élevé de la contrée est le Millischau, appelé aussi le Donnersberg (Mont-du-Tonnerre). C'est un énorme cône de formation volcanique dont le sommet principal est à 2946 pieds au dessus du niveau de la mer. De là, s'étend sous les yeux du voyageur la plus lointaine et la plus belle perspective dont on puisse jouir dans le pays ; de là, il dirige encore une fois les yeux sur la riante campagne qu'il vient de parcourir, sur Teplitz où se sont passés pour lui des jours heureux au sein de la plus brillante société..... Puis, s'arrachant avec peine à ces souvenirs, il jette avec sa plume son bâton de voyage.

GUILLAUME DE CHEZY.

LES BAYADÈRES ET UN POÈTE ALLEMAND.

La poésie s'en va. Ne vit-elle pas d'illusions ? Et chaque jour la science effeuille devant elle une à une ces fleurs que pour la nourrir l'imagination long-temps s'était plu à créer. Qu'elle soit maudite la science, fruit pernicieux que la curiosité de l'homme cueillit aux premières heures de son existence sur l'arbre prédestiné de Dieu !

Qu'elle soit maudite ! C'est l'anathème que de siècle en siècle lui jettent, à chacun de ses nouveaux progrès, les poètes dépouillés périodiquement par elle des richesses qui les aident à vivre. Comme la science dut leur apparaître cruelle lorsqu'elle chassa jadis de l'Olympe Junon et sa cour brillamment nuancée, des ondes, Amphitrite et son humide cortége, des forêts, les dryades aux longues chevelures ! La même plainte a retenti plus tard aussi quand, devant la baguette d'un magicien plus puissant que Merlin, l'empire des génies et des fées s'est évanoui pour rendre aux élémens leur libre essence. Les sylphes et les ondins n'existent plus, même en poésie, et pourtant il faut à la poésie des merveilles.

Voyant qu'on avait désenchanté nos tristes régions, elle s'était tournée vers l'Orient, d'où nous viennent avec le soleil mille contes éblouissans de lumière, d'or et de fantaisie.

Si loin de la France, de son institut, de son observatoire, de ses amphithéâtres, l'Orient lui semblait hors de la portée de ces maussades analystes qui veulent absolument ramener tout aux proportions mesquines de la réalité. Mais elle s'était trompée. Si l'imagination ne se lasse pas d'inventer des mensonges, la science ne se rebute pas à les détruire. Dès que la première eut amoncelé sur de lointaines plages tous ses diamans aux prismes fantastiques, la seconde aussitôt, en livrant au creuset ces factices trésors, les réduisit par la plus simple opération chimique à n'être plus pour nous qu'un charbon sans éclat. Voilà pourquoi tout à l'heure je disais que la poésie s'en va.

Il y a dix ans un Américain lui avait offert les hommes rouges de sa patrie, avec leurs formes sveltes et fortes, leurs gestes énergiques ou gracieux, leurs passions sauvages, leur langage figuré. Vite un navire fut expédié par la curiosité française afin qu'il lui rapportât de la Nouvelle-Orléans une cargaison d'Osages. Hélas! on le sait maintenant, les peaux rouges ne sont poétiques que de loin. Je ne me rappelle plus quel autre voyageur, M. de Jouy peut-être, avait mis également les bayadères à la mode. Elles ont fait à deux ou trois reprises la fortune du théâtre. Mais, après avoir applaudi les cantilènes indiennes de Catel ou d'Auber, après avoir admiré les danses asiatiques de Taglioni, Paris a voulu entendre et voir sérieusement de la musique et de la pantomime provenant du Gange en ligne directe. Le paquebot de Calcutta lui en a servi à souhait, et Paris, à cette heure, est guérie, ce me semble, de son caprice.

Mais, si promptement elle s'est consolée, avec les pas délicieux de son Elssler, de la perte de la Malapou et du départ de Sandiroun, il est plus difficile aux poètes d'oublier qu'on vient encore de leur ravir une illusion. Pour leurs vers à venir, il n'est plus de bayadères possibles. De quelle précieuse ressource ils vont être privés! Heureusement, dès avant l'arrivée des cinq prêtresses de Brahma, les plus avisés d'entre eux avaient à peu près épuisé le sujet. Les bayadères de l'Inde sont parties, mais les bayadères de l'Opéra nous restent, et celles-ci valent bien après tout leurs rivales.

Je pense même que l'Europe a mieux encore que les unes et les autres. C'est la ravissante créature que Goethe, dans sa verve toute occidentale, a jetée par mégarde au coin d'un faubourg de Delhi, si fraîche, si gracieuse, si aimante, que bien sûr, si jamais elle a existé ailleurs que dans le cerveau de son Jupiter à elle, c'est au ciel et non sur la terre. Sans doute les gens de goût l'ont, comme nous, connue et chérie dès longtemps. Mais, à propos du bizarre spectacle que les Variétés ont offert un instant au public, il est plus que jamais opportun de revenir à elle. Pour ma part, elle m'a réconcilié avec les bayadères qui dans ma mémoire revêtiront ses traits de préférence à toute autre figure. Puisse l'essai de traduction qu'on a tentée en cette circonstance contribuer également à les réhabiliter vis-à-vis de quelques uns.

LE DIEU ET LA BAYADÈRE.

« Pour la sixième fois, Mahadoeh, le maître de la terre, est descendu vers nous afin de devenir notre égal, afin d'éprouver aussi plaisirs et peines. Il lui plaît d'habiter ici bas; il consent à tout subir lui-même. Puisque c'est à lui de pardonner et de punir, il doit apprendre à voir humainement les hommes. Et, quand en voyageur il a bien contemplé la ville, épié les grands, prisé les petits, le soir il la quitte pour marcher au-delà.

» S'éloignant, il touchait à l'endroit où les maisons finissent, lorsque devant lui s'offrit, les joues peintes, un bel enfant perdu. — Salut, jeune fille! — Vous me faites honneur. Attendez. Je vais sortir. — Qui donc es-tu? — Bayadère, et voici la maison de l'amour. — Elle s'agite, heurtant les cymbales pour accompagner ses pas; gracieusement elle se meut en un cercle amoureux, s'incline, se balance, et lui tend le bouquet.

» Vers le seuil, caressante elle l'entraîne, puis le pousse, plus vive, dans son logis. — Bel étranger, la cabane va pour toi s'éclairer. Si tu es fatigué, je te soulagerai; j'adoucirai la douleur de tes pieds. Ce que tu voudras tu l'auras, repos, jeux ou plaisirs. — Soigneusement elle cherche à calmer de feintes souffrances. Le Dieu sourit. Au sein de la profonde corruption, c'est avec joie qu'il discerne un cœur sensible.

» Alors il exige des services que seule rend une esclave : elle, pourtant, se montre plus sereine encore, et, chez la jeune fille, l'art avec ses leçons fait place incessamment à la nature. Ainsi vient sur la fleur peu à peu s'interposer le fruit. Lorsque dans l'ame germe l'obéissance, bientôt l'amour doit y éclore. Mais, pour la mettre à l'épreuve de plus en plus rigoureusement, lui qui connaît le fort et le faible, il choisit les plaisirs et la terreur et les cruels supplices.

» Il baise ces joues aux vives couleurs et de l'amour elle ressent les feux. Surprise, elle est à lui, la jeune fille, et, pour la première fois, elle pleure; à ses pieds elle fléchit, non pour la séduction ni pour le gain, hélas! car ses membres si souples en ce moment lui refusent service... Déjà, pour voiler la couche où ravissante la fête s'accomplit, de la nuit les heures tressent un sombre et mystérieux tissu.

» Au sein des jeux tardivement assoupie et dès l'aube éveillée après un court repos, sur son cœur elle trouve mort son hôte tant aimé. Avec des cris, elle se jette sur lui, mais ne l'éveille point. Et l'on transporte le cadavre glacé vers le bûcher où la flamme pétille. Elle entend les prêtres, elle entend les chants funèbres. Le délire lui vient. Elle court, fendant la foule. — Qui es-tu? Qu'est-ce qui te pousse vers la tombe? —

» Devant le cercueil, elle tombe à genoux; son cri perce les airs : — Mon époux, je veux le ravoir! Et dans la fosse j'irai le chercher! Faut-il qu'en cendres se décomposent ces membres aux formes divines? A moi, il fut à moi avant d'être à toute autre! Hélas! pendant une seule et douce nuit! — Toujours les prêtres chantent : — Nous portons les vieillards qui s'éteignent et se glacent vers le soir; nous portons la jeunesse avant même qu'elle y songe.

» — Ecoute la leçon de tes prêtres : Celui-là ne fut point ton époux. Ne vis-tu pas en bayadère? Aussi, tu n'as, comme telle, nul devoir à remplir. C'est l'ombre seule qui suit le corps au silencieux royaume des morts; seule l'épouse suit l'époux : ainsi le veulent également et sa gloire et la loi. Sonnez, trompettes, sonnez votre plainte sacrée. O Dieux! prenez l'ornement de la terre, prenez à vous cet homme jeune et beau que vous portent les flammes.

» Ainsi disait le chœur, qui sans pitié aggravait l'angoisse de son ame. Alors, les bras étendus, elle s'élance au sein de la brûlante mort.... Mais, du milieu des flammes, le jeune Dieu surgit avec la bien-aimée qui flottante apparaît dans ses bras. — Oui, la divinité aime à voir les pécheurs repentans. Sur leurs ailes de feu, les immortels portent au ciel les pauvres enfans qui sur la terre étaient perdus. »

AUGUSTE JULLIEN.

DE L'ÉTAT DE L'INSTRUCTION PUBLIQUE EN AUTRICHE,

ET PARTICULIÈREMENT DE L'INSTRUCTION USUELLE.

Première partie.

J'arrivais en Autriche persuadé que c'était, en fait d'instruction, le pays des ténèbres. C'est un des pays, au contraire, où l'instruction populaire est le plus répandue. D'où vient donc, à ce sujet, la mauvaise réputation de l'Autriche en Europe? C'est ce qu'il faut expliquer rapidement, avant d'entrer dans le détail de l'organisation de ses diverses écoles.

L'Autriche a été si maltraitée par les écrivains, qu'à la juger avec sévérité, mais sans injustice, ce sera paraître encore la flatter.

Ce qui fait le mérite du gouvernement autrichien, c'est son esprit de suite et de conséquence. C'est un système admirablement ordonné, où tout se tient et se correspond ; c'est un plan où tout est d'accord et de concert. Point d'incohérences, point de contradictions. C'est une machine dont tous les ressorts, soigneusement appropriés les uns aux autres, marchent avec un ordre et un ensemble remarquables. L'administration est, dans toutes ses parties, organisée d'après les principes du gouvernement, de sorte qu'il n'y a ni choc, ni tiraillement, ni embarras. Prenez dans l'administration la partie que vous voudrez, partout vous retrouverez les mêmes principes et les mêmes maximes.

Ce que veut avant tout la politique autrichienne, c'est le calme et le repos. Elle veut que le peuple soit tranquille, et, pour cela, elle veut qu'il soit heureux. Elle veut aussi qu'il ait de l'instruction, mais cette instruction qui apprend à l'homme à mieux se servir de ses forces et de celles de la nature, qui fait les bons ouvriers, les bons laboureurs, et non cette instruction qui agace l'intelligence, qui lui apprend à douter, à raisonner, à examiner. Voulez-vous être mécanicien, manufacturier, agriculteur, architecte? vous trouverez, à cet égard, en Autriche, tout ce qu'il vous faut : écoles, colléges, professeurs, laboratoires, collections. Voulez-vous être avocat, publiciste, homme de lettres, c'est-à-dire raisonner, discuter, douter? allez ailleurs, allez bien loin : ce n'est point en Autriche que vous trouverez de bonnes écoles pour de pareilles fantaisies. L'utile plutôt que le beau, la pratique plutôt que la théorie, le soin du corps plutôt que le soin de l'intelligence, voilà la maxime fondamentale de l'Autriche. De là suit la mesquinerie des études classiques et la prospérité des études usuelles, le néant et l'obscurité profonde de l'université de Vienne, et la juste renommée de son institut polytechnique. L'Autriche n'aime pas les savans ou plutôt les lettrés. Quand, il y a une dizaine d'années, l'empereur François disait aux professeurs de Laybach qu'il n'aimait pas les savans, ce n'était pas la science qu'il réprouvait, c'était la littérature et les lettrés (*den gelehrten Stand*). Ainsi expliqué, le mot peut paraître encore impertinent, mais ce n'est plus un blasphème contre toute la civilisation. L'empereur François préférait les sciences aux lettres, les études qui se font en vue d'exercer un métier et un état aux études dites libérales, qui ornent et développent l'esprit. Il était un des partisans de l'instruction usuelle, un des adversaires de l'instruction classique. Voilà tout ce que veut dire le mot de Laybach.

Le gouvernement autrichien cherche à résoudre deux grands problèmes : il veut que le peuple soit riche et heureux, et il ne veut pas qu'il s'avise jamais d'avoir les pensées d'indépendance et de fierté que donnent le bonheur et l'aisance. Il veut que le peuple soit instruit, et il ne veut pas que son intelligence s'enhardisse jamais, en se développant, à examiner les institutions politiques. Jusqu'ici il semble avoir réussi. Le peuple autrichien est riche ; le commerce fleurit ; l'agriculture prospère ; il y a beaucoup de bien-être, beaucoup de bonheur même, si vous voulez n'être point trop délicat en fait de bonheur ; mais grace à la douceur de son tempérament, l'Autrichien devient riche sans s'énorgueillir et sans s'agiter. Il y a peu de vanité en Autriche, aussi la bourgeoisie y fait fortune, sans prendre envie de rivaliser avec la noblesse. Il y a beaucoup d'instruction, beaucoup de science, mais les esprits sont tournés vers la pratique des arts utiles. Le peuple s'instruit et étend ses connaissances, mais jamais il ne pense à demander le pourquoi des choses établies. Il y a de l'aisance sans vanité, il y a de l'instruction sans aucune envie de contredire et d'examiner. Jamais jusqu'ici la richesse et l'intelligence, ces deux grandes forces de la société, n'ont été réglées et conduites avec plus d'art et d'habileté ; jamais leurs avantages n'ont été plus adroitement séparés de leurs abus.

A ce système industrieux, je n'ai qu'une objection à faire : combien cela durera-t-il ? N'est-ce pas l'âge d'or de l'Autriche que nous voyons aujourd'hui? Tout n'est-il pas à son dernier point de maturité? Cette administration, imprégnée de l'esprit de Joseph II, égale pour tous, sans être le moins du monde libérale, cette richesse du peuple sans inquiétude et sans désir de liberté, cette instruction sans besoin d'examen, tout cela qui s'accorde et se combine si heureusement ensemble, n'est-il pas arrivé à son dernier point de développement? De l'égalité de l'administration, comment ne pas glisser à l'égalité des lois et des mœurs ; de la richesse du peuple à l'envie qui lui viendra d'être compté pour quelque chose dans l'état; de l'instruction élémentaire au goût de l'instruction littéraire et philosophique?

Il est facile de juger, d'après ce que je viens de dire, que l'Autriche est en quelque sorte la patrie de l'instruction intermédiaire, de cette instruction usuelle et pratique qui prépare les hommes aux professions utiles de la société. En Autriche, l'instruction usuelle se rattache au système politique du gouvernement. C'est donc là que nous pourrons trouver des exemples de cette sorte d'enseignement, et des exemples qui ont pour eux l'autorité d'une expérience déjà longue.

Avant d'arriver à l'instruction intermédiaire, disons quelques mots de l'instruction primaire et voyons comment elle est organisée.

L'instruction primaire est par sa nature même une instruction générale. Elle doit s'adresser à tout le monde. Mais à mesure qu'elle s'élève, elle doit aussi, selon les principes de la pédagogie autrichienne, devenir spéciale, afin d'échapper au danger d'être vague et superficielle. Cette transformation progressive de l'éducation primaire, et le passage de l'instruction générale à l'instruction spéciale, à mesure que l'enfant s'élève d'un degré, voilà surtout ce que nous voulons étudier.

Salles d'asile. — L'éducation du peuple doit commencer dans les salles d'asile. Il y a des salles d'asile en Autriche, mais elles n'y sont pas anciennes. Celles de Vienne ne datent que de 1831.

Ecoles populaires. — Les salles d'asile conduisent les enfans jusqu'à l'âge de cinq ans accomplis. A cinq ans accomplis, ils doivent entrer à l'école et y rester jusqu'à la fin de la douzième année. Les parens ne peuvent pas se dispenser de les y envoyer. L'instruction est obligatoire en Autriche, comme dans le reste de l'Allemagne. La loi à cet égard entre dans les plus grands détails, afin que personne ne puisse se soustraire à cette obligation.

Il est dressé dans chaque paroisse un état de tous les enfans, et cet état est confronté avec les registres des actes de naissance.

L'enfant qui accomplit ses cinq ans au milieu de l'année scolaire et qui n'entre à l'école qu'au commencement de l'année suivante, n'en doit sortir aussi qu'au-delà de ses douze ans accomplis.

Il est défendu de prendre à son service aucun pâtre ou berger s'il ne présente un certificat du curé de sa paroisse qu'il a suivi l'école, qu'il a été instruit dans la religion et qu'il a satisfait aux examens prescrits à la fin du cours. Il est ordonné à quiconque prend à son service un enfant orphelin avant ses treize ans commencés ou tout autre enfant de lui faire suivre l'école et surtout les écoles du dimanche.

On voit quelles précautions la loi a prises pour empêcher que les enfans ne se dérobassent à l'obligation de suivre l'école : voici un article plus remarquable encore; il est relatif aux enfans qui travaillent dans les fabriques. On sait quelles plaintes se sont élevées en Angleterre sur le sort de ces malheureux enfans et combien la philantropie anglaise s'est émue de leurs souffrances. En Autriche, le zèle de l'instruction a fait ce que la philantropie demande. À l'égard des enfans qui travaillent dans les fabriques, l'administration doit veiller à à ce que d'une part, ils ne grandissent pas dans l'ignorance, mère de tous les vices et de toutes les fautes; à ce que d'autre part, les fabriques ne manquent pas des bras qui leur sont nécessaires , et que la classe pauvre ne soit pas privée de son gagne-pain. Il faut donc exiger que ces enfans aillent aux classes soit du soir, soit des dimanches et fêtes, où ils recevront du curé et du maître d'école l'instruction indispensable, aux frais du fabricant et des parens. Surtout il est défendu de recevoir des enfans dans les fabriques avant l'âge de huit ans accomplis. Tous les ans le curé de la paroisse adresse à l'inspecteur des écoles du district un rapport sur l'éducation des enfans des fabriques. L'inspecteur l'envoie au magistrat du cercle qui prend l'avis du médecin et adresse le tout, avec ses observations, au gouverneur de la province.

Le Manuel des écoles explique avec beaucoup de détails ce que l'on doit enseigner dans les écoles élémentaires et comment on doit l'enseigner. C'est là que se retrouve l'esprit de la pédagogie autrichienne, esprit, aussi bien, qui ne se cache pas, qui ne rougit pas de lui-même et qui avoue franchement ses intentions et ses desseins.

Dans les écoles élémentaires, les enfans sont distribués en deux classes. La première comprend l'enseignement du petit catéchisme, l'alphabet, le syllabaire, la lecture des imprimés et de l'écriture ; on commence à écrire et à compter de tête. Cette première classe dure deux ans. La seconde classe continue la religion, la lecture et l'écriture, et ajoute la dictée, le calcul par écrit et quelques notions de rédaction. Voilà le fond de l'enseignement. Puis viennent les conseils et les règles sur la manière d'enseigner. Le Manuel remarque d'abord que les enfans des écoles élémentaires appartiennent, soit dans les villes, soit dans les campagnes, à cette classe nombreuse et utile de la société qui gagne sa vie par le travail de ses mains. Il faut donc dans l'éducation qu'on lui donne, tenir compte de son état et de sa condition à venir. Dans les éducations lettrées on peut chercher à développer telle faculté de l'ame plutôt que telle autre, et cela selon la nature de l'élève. Dans l'éducation populaire il faut une

certaine égalité entre toutes les facultés. Il ne faut pas cultiver l'une plutôt que l'autre. Le principe fondamental de l'instruction primaire c'est qu'elle soit générale et qu'elle s'adresse à tout le monde : pour cela elle doit se borner à certains objets. Il faut d'abord faire pénétrer la religion dans le cœur des enfans. La religion est bonne pour tous les esprits et pour toutes les conditions. Il faut ensuite faire en sorte que les élèves prennent des idées justes sur les choses et sur les personnes au milieu desquelles ils sont destinés à vivre.

Plus loin encore, parmi des conseils pour la direction intellectuelle des enfans, se trouvent ces paroles : « Il ne faut » leur donner d'idées que celles qui conviennent aux hommes » de leur état et de leur condition; il ne faut éveiller chez » eux de sentimens que ceux qui doivent être propres à cette » classe de sujets. Avant tout, il faut agir sur leur volonté; » il faut qu'ils s'habituent à respecter l'autorité, et que ce » respect soit le motif de leur obéissance. Les exemples » seront, à cet égard, la meilleure leçon. Les livres d'écoles » doivent en offrir de capables de faire impression sur leurs » esprits, mais qu'il faut que le maître développe.

» Les prêtres sont surtout chargés de ce soin , parce que » c'est à eux de former la morale du peuple. »

Le gouvernement autrichien, comme on le voit, ne cherche pas dans ses écoles à étouffer la volonté et l'intelligence du peuple; il aime mieux la diriger et la conduire; c'est là le but constant de ses efforts. Ce goût de l'intelligence, pourvu qu'elle soit dirigée à sa guise, se montre jusque dans les conseils qu'il donne aux maîtres sur la manière d'instruire les enfans. « La mémoire, dit le Manuel des écoles, est la fa- » culté dominante chez les enfans; c'est donc à former la mé- » moire qu'il faut s'appliquer : cependant, n'oublions pas que » ce n'est pas seulement la mémoire qu'il faut cultiver, et » qu'il faut aussi soigner l'éducation de l'intelligence et du » cœur. » L'Autriche semble s'être souvenue, plus qu'aucun autre état, de l'influence que les anciens croyaient que l'éducation exerce sur la société, et elle a réglé ses écoles sur son gouvernement, cherchant à former, dès l'enfance, le peuple tel qu'elle veut qu'il soit et qu'il demeure. Pour blâmer l'esprit des écoles autrichiennes, il faut blâmer son gouvernement : car l'esprit des écoles tient à l'esprit du gouvernement. Il n'y a là aucune contradiction entre l'éducation et la politique, comme cela se voit dans beaucoup d'États, où les écoles marchent dans un sens et la société dans un autre. En Autriche, bon ou mauvais, tout est d'accord.

Écoles primaires supérieures. — Les écoles sont liées ensemble d'une manière étroite et les élèves passent de plain-pied de l'une dans l'autre. Les écoles primaires supérieures succèdent aux écoles élémentaires. Il y a deux sortes d'écoles primaires supérieures, les écoles à trois classes et les écoles à quatre classes.

Les écoles élémentaires forment les deux premières classes des écoles supérieures, qui, de cette façon, ne sont qu'une troisième ou une quatrième classe. Ces deux sortes d'écoles, les élémentaires et les supérieures, ne sont donc point des établissemens séparés. Ce sont les degrés différens du même établissement. Après avoir fait son cours d'école élémentaire, qui forme deux classes en trois années, l'enfant passe à la troisième classe, c'est-à-dire à l'école supérieure; mais il doit auparavant soutenir un examen sur les choses qui lui ont été enseignées.

Les objets d'enseignement dans l'école supérieure sont : la

religion, en y comprenant l'histoire de la Bible et l'explica-
tion des Évangiles, la lecture, l'écriture et l'orthographe, le
calcul, la grammaire allemande, des exercices de rédaction,
et pour ceux des enfans qui doivent entrer au gymnase la lecture et la dictée de mots latins.

Cette troisième classe complète le système de l'instruction
élémentaire. Avec l'école primaire supérieure à quatre classes, ou, pour parler plus justement, avec la quatrième classe
de l'école, commence un autre système d'instruction, le système de l'instruction intermédiaire.

C'est à l'entrée de cette quatrième classe que se fait une
sorte de triage entre les enfans. Jusque-là, tous les enfans in-
distinctement ont suivi les écoles allemandes : ils ont tous fait
les deux premières classes sous le nom d'école élémentaire,
et la troisième sous le nom d'école primaire supérieure. Là,
quelques uns quittent les écoles allemandes pour le gymnase,
et ceux qui restent abordent un autre genre d'instruction,
l'instruction intermédiaire ou usuelle. Cette instruction est
l'objet de l'enseignement de la quatrième classe et de l'école
usuelle qui succède à la quatrième classe.

Dans chaque cercle (arrondissement), il doit y avoir une
école à quatre classes. Dans cette quatrième classe, les élèves
sont préparés à l'exercice des divers métiers qu'ils peuvent
embrasser, ou au commerce de détail. La quatrième classe fait
deux années. Les objets d'enseignement sont la religion, le
calcul supérieur, les exercices de rédaction, de géométrie, la
mécanique, l'architecture, l'histoire naturelle, la géographie,
la physique, le dessin dans ses diverses applications aux fleurs,
aux ornemens, aux machines et aux plans.

Voici quelques conseils applicables aux divers objets d'enseignement des écoles primaires. Ils méritent d'être mention-
nés parce qu'ils témoignent, comme tout ce que nous avons vu
jusqu'ici, du goût de pratique et d'utilité qui se montre dans
toutes les parties de l'instruction publique en Autriche. Dans
l'enseignement de la religion, le maître se conformera aux ins-
tructions et il se réglera sur le catéchisme. Il faut le faire
apprendre par cœur aux élèves. Pour la lecture et l'écriture,
il s'appliquera à ce que les enfans lisent et écrivent facilement,
et évitera la recherche et l'art. Point de calligraphie. Une
bonne écriture suffit. Dans l'enseignement de la grammaire,
il ne faut point se jeter dans des définitions philosophiques
des diverses parties du discours. Il faut s'en tenir à quelques notions d'étinologie, exercer les enfans sur l'orthographe et leur enseigner les règles en leur faisant des dictées de
style allemand. Il en est de même pour la rédaction; il faut
la leur apprendre par l'exercice plutôt que par des règles ari-
des : il faut surtout leur apprendre la rédaction des écrits qui
sont de l'usage le plus fréquent dans la vie, tels que lettres,
quittances, etc. Dans la troisième et la quatrième classe des
écoles primaires, il est important de ne rien enseigner qui ne
se rapporte aux connaissances acquises précédemment et
qui ne s'appuie sur elles. Il faut seulement donner à l'intelligence plus de liberté et la laisser se développer d'elle-même.
Comme la manie de tout savoir n'est nulle part plus inutile
que dans les affaires de la vie ordinaire, où il faut surtout
du bon sens, et que cette vie de travail et d'affaires doit être
celle du plus grand nombre des élèves des écoles primaires, il
faut faire en sorte que l'enseignement des maîtres n'inspire
pas aux enfans cette funeste manie du savoir universel. Il ne
faut donc pas qu'ils s'appliquent exclusivement à développer
la mémoire, mais qu'ils exercent l'intelligence des jeunes
gens sur les objets de l'enseignement qui sont indiqués, et

qu'ils les habituent à faire usage de leur faculté de juger. Sans
cela, les élèves ne sauront point faire dans leur conduite une
salutaire application des principes de la morale, ni se rendre
utiles dans les professions et dans les états qu'ils doivent embrasser. Ainsi, par exemple, en même temps qu'on enseigne
la religion, il faut faire comprendre à l'élève quel usage il
doit faire de la prière dans les diverses situations de la vie.
Pour développer l'intelligence et exercer le jugement des élèves, l'éducation doit leur faire faire de ce qu'ils apprennent
une application perpétuelle.

Les écoles élémentaires et les écoles primaires à trois et
quatre classes forment, sous le nom d'écoles allemandes, ce
qu'on peut appeler le système de l'instruction populaire en
Autriche. Avant les écoles élémentaires il n'y a que les salles
d'asile pour les petits enfans, et les salles d'asile ne sont
point des établissemens publics. Après les écoles primaires à
quatre classes, il y a le gymnase, c'est-à-dire l'enseignement lettré, ou les écoles usuelles et les instituts polytechniques, c'est-à-dire l'enseignement intermédiaire. Les écoles
usuelles et les instituts polytechniques sont des établissemens
publics ; mais ils ne sont point également distribués sur la
surface du pays comme les écoles populaires ; ils sont placés
dans certaines villes selon le besoin et l'utilité locale. Enfin ,
l'instruction que donne ces établissemens n'est point obligatoire comme l'est expressément celle des écoles allemandes ;
et c'est là surtout ce qui fait la différence entre les divers degrés d'instruction. L'instruction populaire est seule obligatoire ; l'instruction intermédiaire et l'instruction lettrée ne le
sont point.

Écoles usuelles. — Ce qui distingue les écoles usuelles des
écoles primaires supérieures , ce n'est pas seulement qu'elles
donnent une instruction plus spéciale ; c'est surtout qu'elles
ne sont pas obligatoires. Les écoles primaires supérieures
sont le dernier degré de l'instruction obligatoire. Au sortir de
la quatrième classe de l'école primaire supérieure, le jeune
homme peut, au gré de ses parens, entrer au gymnase, s'il
est susceptible de recevoir l'éducation d'un lettré, ou entrer
dans une école usuelle, ou embrasser de suite une profession. La société est quitte de ses obligations envers celui
qu'elle a forcé, dans son propre intérêt, de recevoir l'instruction, une fois qu'elle lui a fait parcourir les divers degrés de
l'instruction primaire. Le reste le regarde. Veut-il et peut-il
être un lettré ? Le gymnase est là. Veut-il être un commer-
çant et un industriel ? L'école usuelle lui est ouverte, et s'il
veut de ce côté pousser plus loin encore sa carrière, il a l'institut polytechnique de Vienne ou de Prague. Comme les
écoles usuelles ne font point partie de l'instruction obligatoire, il n'y en a que dans les capitales ou dans les grandes
villes de commerce.

Il faut pour entrer à l'école usuelle avoir complétement
achevé son cours d'écoles primaires. Tout élève qui ne peut
pas en justifier par un certificat valable, est tenu de passer
un examen sur les objets d'enseignement de la quatrième
classe des écoles primaires, et c'est d'après cet examen qu'il
est admis ou refusé. C'est une règle sévèrement suivie en Autriche de ne pas laisser les élèves passer d'une classe dans
une autre avant de subir un examen qui témoigne de leur
capacité. Le scrupule est poussé si loin à ce sujet que, si le
directeur d'une classe ou d'une école supérieure remarque
que les élèves qui viennent de telle ou telle école sont plus
faibles que ceux qui viennent des autres écoles, et s'il fait à
plusieurs reprises la même remarque, il doit en avertir ses

supérieurs. Ceux-ci, après avoir vérifié le fait, donnent d'abord aux maîtres des écoles inférieures dont il est question, un avis bienveillant, quitte, si la chose se renouvelle encore, à provoquer des mesures contre les maîtres négligens ou ignorans. Ces examens, avant de passer d'une classe ou d'une école dans une autre classe ou dans une autre école, ont pour but de ne laisser les enfans étudier de nouvelles matières que s'ils savent celles qui précèdent et d'appuyer fortement leurs connaissances les unes sur les autres. C'est de cette façon seulement que les progrès sont solides et que l'instruction est véritable. Loin que cette méthode puisse étouffer les talens, elle leur donne plus de force, et c'est un avantage pour les élèves, aussi bien que pour la société. A chaque degré de l'instruction, en Autriche, tout est calculé de manière à n'avoir point de demi-savans. L'Autriche ne veut pas non plus de petits savans qui ne sachent pas leur religion. Aussi dans les examens qui précèdent le passage dans une école ou dans une classe supérieure, la religion est le premier point et le plus important. Si le prêtre trouve que l'élève n'est pas aussi avancé pour la religion que pour les autres objets d'enseignement, il a droit de lui refuser le certificat qu'il faut présenter pour être admis dans la classe supérieure.

Tel est, en abrégé, le système des écoles usuelles (*Real-schulen*) en Autriche. Ces écoles, sans être obligatoires, sont liées aux écoles primaires supérieures : elles les couronnent et les complètent. Elles sont à leur tour couronnées et complétées par les instituts polytechniques. Il y en a deux célèbres, celui de Prague et celui de Vienne. Celui de Vienne jouit dans toute l'Allemagne d'une grande renommée.

SAINT-MARC-GIRARDIN.

LES VILLES ALLEMANDES.

FRANCFORT-SUR-MEIN.

I.

Aspect général de la ville. — Ses limites. — Ses environs. — Sach-senhausen. — Intérieur de la ville. — Sa division.

Entre toutes les villes de l'Allemagne, Francfort est peut-être celle dont l'importance a toujours eu le plus de retentissement en Europe. C'est là qu'autrefois se faisait l'élection des empereurs, et, maintenant qu'il n'y a plus d'empereurs allemands, c'est encore là que siége l'assemblée qui les remplace en quelque sorte, la *Diète germanique*. Quant aux gens que n'intéressent ni les souvenirs de l'histoire, ni les grandeurs de la politique, du moins ils auront entendu prononcer le nom mystérieux qui, depuis trente ans, se rattache aux opérations financières de tous les cabinets européens. La maison Rothschild est née pour ainsi dire à Francfort. C'est dans l'étroite et sombre rue des Juifs (*Judengasse*) qu'ont poussé les racines de cette nouvelle souche d'Israel. Les livres saints n'en font aucune mention, il est vrai, mais elle a sa place marquée dans les annales modernes, car ses branches s'étendent aujourd'hui sur une grande partie du monde civilisé, et plus d'un événement s'est accompli sous leur ombrage. Plus tard, je parlerai de Mayer Anselme Rothschild, me contentant de rappeler ici ce mot d'un bel-esprit : « Jadis les juifs avaient » plusieurs rois ; les rois à présent n'ont qu'un juif, » mot qui explique suffisamment pourquoi le siècle actuel appartient à la maison Rothschild, le siècle de l'argent à l'homme d'argent. Si l'on veut retrouver dans l'aspect de la ville elle-même

la trace des diverses phases de sa vie historique, il faut se placer sur le pont qui joint à Francfort Sachsenhausen, son faubourg. Le long du fleuve se dessine dans toute sa largeur la ville, avec ses quartiers antiques richement encadrés par ses modernes dépendances. Ce n'est pas que le tableau soit brusquement brisé par des lignes de rupture. Il offre, au contraire, un ensemble harmonieux où, se prêtant au développement successif des constructions, l'œil passe peu à peu des temps anciens aux plus récens. Entre les prolongemens qui s'étendent des deux côtés, en aval et en amont du Mein, siége, noire et sombre, la ville du moyen-âge ; c'est là que surgissent, au sein des masses étroitement serrées des maisons, la vieille cathédrale, la Sala et l'église de Saint-Léonard. Plus loin, alignées avec une coquette symétrie, les demeures élégantes des riches négocians se mirent dans les eaux du fleuve qui, saluant au passage ces monumens des siècles divers, semble marcher vers le Rhin au pas majestueux de la parade. En un mot, cette partie de Francfort représente véritablement ses annales. Comme un morne fantôme, l'antique cité impériale repose au milieu. Sur ses flancs, s'agite vive et brillante une ville plus jeune où l'aristocratie des écus trône avec les intérêts matériels ; enfin, pour embrasser le tout, le ciel décrit sa voûte gracieuse, si calme, si bleue qu'on est presque tenté, quand on n'a jamais franchi les Alpes du moins, de se croire sous un ciel d'Italie.

Francfort est la première des *quatre villes libres* de la Confédération, ainsi que l'on appelle ces petites républiques, fières de leurs institutions toute municipales, auxquelles à vrai dire il ne manque pour se vanter d'une indépendance complète que d'avoir en elles-mêmes la force de l'assurer. Elle est située à peu près au milieu du pays. C'est en partie pour cela qu'on l'a nommée le cœur de l'Allemagne. Mais elle a, sous le rapport historique, des droits encore plus incontestables à ce titre, car d'elle est émané plus d'une fois le bonheur ou le malheur de la contrée tout entière. Les passions des grands s'y débattaient jadis pour le gain d'une couronne et d'un sceptre : aujourd'hui, les puissans y veillent, dit-on, à l'effet de comprimer d'autres passions, et le cœur, qui sous l'empire battait si violemment, ne doit plus aspirer maintenant que paix et repos. Francfort, du reste, est située dans une région qui s'approprie merveilleusement aux paisibles jouissances. Qui a lu Goethe, le grand poète, comprend les impressions que doit faire naître sa ville natale quand aucune dissonance n'y vient troubler le cours régulier des choses. Dans Goethe, tout est tranquille, souriant, clair, uni, paré, pompeux. Telle est aussi la nature autour de Francfort. Une douce et pittoresque harmonie plane sur ces champs où se gonflent mille épis dorés, sur ces jardins et ces maisons de plaisance disposés avec un goût coquet, sur ces grasses prairies, ces vergers fertiles, ces bois verdoyans, ces promenades embaumées, ces commodes métairies, ces villages aux riches proportions, sur toute cette campagne où la vie terrestre et matérielle regorge dans sa plénitude et qui ne tend à s'élever qu'avec les premières rampes du Taunus dont la chaîne la borne vers l'ouest au lointain horizon. Une fois sur ces hauteurs, la pensée change de direction ; quand on a gagné les sommets élevés du Feldberg, de l'Altkœnig, du Rossert ; quand on parcourt les ruines de Kœnigstein, d'Epstein, de Falkenstein et de Kronberg, où la tradition se joue avec l'histoire, on doit songer au ciel dont on s'est rapproché, en effet, de quelques mille pieds. Mais non. Le voyageur plonge son regard dans les profondeurs qui s'ouvrent devant lui ; il aime à s'égarer au sein des vallées luxuriantes, à caresser

les rives joyeuses entre lesquelles roule le Mein, à compter les tours qui marquent l'emplacement des villes, à descendre et à remonter le cours du Rhin, du fleuve germain par excellence. Partout où peuvent atteindre les yeux, se manifeste, avec la grandeur du passé, le bonheur du présent : l'histoire et la richesse de l'Allemagne sont là. Cette abondante superfluité de tout ce qui rend l'existence satisfaite a fait de Goethe le plus heureux des poètes, mais en même temps, il est vrai, le poète des gens heureux. Schiller, au contraire, ne connut guère l'aisance propre à Francfort et à ses habitans. Quand il traversa la riche cité des patriciens, on raconte qu'il n'y prit autre chose qu'une bouteille d'aigre vin du crû. Aussi, est-ce pour les pauvres, est-ce pour les affligés que Schiller paraît avoir écrit ses vers.

L'électorat de Hesse, le grand-duché de Darmstadt et le duché de Nassau entourent le territoire de l'antique cité impériale. Elle est située sur la rive droite du Mein, dont la rive gauche porte le faubourg de Sachsenhausen.

Le nom de ce dernier lui vient des Saxons que Charlemagne, après les avoir battus à diverses reprises, transporta en partie sur les bords de ce fleuve, soit pour les y conserver comme ôtages, soit pour les habituer aux usages des Francs et aux croyances du christianisme. Quelque intimement que se soit opérée dans le cours des siècles cette fusion préméditée du peuple conquis avec la race franque, il n'est pas difficile à l'observateur attentif de reconnaître aujourd'hui encore les coutumes et les allures originaires de la Basse-Saxe qui se sont perpétuées chez ses enfans ainsi transplantés dans un faubourg de Francfort. Peut-être est-ce là une consolation commune à tous les vaincus. Si le génie propre d'une nation se conserve naturellement chez ceux mêmes que rien n'engage à s'y rattacher avec amour, à plus forte raison doit-il persister lorsqu'il a, pour s'alimenter, de grands souvenirs, des traditions antiques, une histoire qui rehausse son nom. Les habitans de Sachsenhausen ne peuvent, il est vrai, faire valoir de prétentions à une nationalité bien distincte, puisque toutes les familles dont se compose la population allemande se rallient, malgré les séparations qu'ont pu tracer entre elles la politique et la géographie, à un centre commun d'origine ; mais on retrouve dans leur caractère les traits principaux qui ont dès long-temps distingué les Bas-Saxons, la droiture, la franchise, la fermeté, la force, la loyauté, avec un léger mélange de rudesse grossière. L'empreinte de leurs qualités primitives s'est d'autant moins altérée que l'unique industrie de ces hommes, la culture des fruits et des légumes dont ils approvisionnent la ville, les a tenus en dehors des développemens progressifs de sa civilisation, facile et simple qu'elle était.

Le pont qui joint Sachsenhausen à Francfort mesure une longueur de 950 pieds sur 27 et demi de large. Quatorze arches le soutiennent. Le coq doré qui en orne le milieu est considéré comme l'emblème protecteur de la ville, espèce de superstition que les faits vinrent en quelque sorte confirmer lors de la bataille de Hanau, où les Bavarois, sous les ordres de Wrede, attaquèrent les troupes françaises se retirant du champ de bataille de Leipzig avec l'empereur lui-même en tête. Ce jour-là le coq seul fut atteint par les balles ennemies. Quant à Francfort, elle fut préservée du pillage qu'on redoutait, graces aux prières du conseiller Maurice de Bethmann qui fut accueilli avec bonté par Napoléon. « Faites cesser le feu, Berthier, » dit, après l'avoir entendu, l'empereur, en se tournant vers le prince de Neuchâtel, et l'armée victorieuse tourna la ville pour gagner les bords du Rhin.

Au dessus de Sachsenhausen s'élève, couronné de vignes, le

Muhlberg, le point le plus élevé d'au-delà du Mein et le centre d'un magnifique panorama étalant sous les pieds du spectateur la ville avec ses mille constructions bariolées. Le Rœderberg est derrière Francfort, en face précisément de son émule et revêtu comme lui de gais vignobles. De ce dernier sommet on voit Offenbach, Hanau et l'Odenwald. A l'ouest, c'est le Taunus avec ses eaux minérales qui du temps des Romains y attiraient déjà la foule des malades. Tacite et Pomponius-Méla décrivent ces montagnes ainsi que leurs forêts, et les *Fontes Matiaci* s'appellent aujourd'hui Wiesbaden, Schwalbach, Ems, Schlangenbad, etc. Plus haut encore que le Taunus, le Feldberg soulève sa tête radieuse, comme un vieillard, toujours jeune, toujours vert, qui contemple avec sérénité la ville qu'il a vu naître, croître, prospérer, et que peut-être un jour il verra périr. A ses pieds, Rome, la dominatrice du monde, jeta les bases du premier des camps sur lesquels elle s'adossa pour asservir les peuples germains. Mais l'Allemagne devint libre, les camps tombèrent en ruines et Rome descendit au tombeau où l'avaient précédée ses héros. Seul le Taunus est resté au même lieu, reprenant à chaque retour du printemps sa parure de fête afin de recevoir les hôtes que vingt pays lui envoient pour aller à ses sources salutaires puiser l'espoir et la santé.

Sur la rive droite du Mein s'étend à gauche du pont en remontant le fleuve, la Belle Perspective (*die schœne Aussicht*), rue élégante dont les bâtimens de la Bibliothèque marquent le terme, près de la porte du Haut-Mein (*Obermainthor*). L'ancienne ville, dont nous avons fait précédemment mention, occupe la droite. C'est là que se trouvent plusieurs portes donnant sur le fleuve, les débarcadères, le port, l'octroi principal. En descendant toujours, on arrive de nouveau à des constructions modernes, sveltes, légères, affectant en partie le style italien comme par opposition aux édifices qui donnent au cours supérieur de la rivière un autre caractère.

Francfort est divisé en quatorze quartiers, dont Sachsenhausen ne comprend que deux, le treizième et le quatorzième. Dans sa plus grande longueur, depuis la porte de Tous-les-Saints (*allerheiligen*) jusqu'à celle de Bockenheim, la ville a 2,200 pas de développement et 1400 dans sa plus grande largeur, du nord au sud. La superficie du territoire qui en dépend ne dépasse pas dix lieues carrées (2 1/2 milles allemands). Encore n'est-il pas ramassé en un tout compact, mais dispersé par enclaves au milieu des trois états environnans, Hesse-Cassel, Hesse-Darmstadt et Nassau. D'après les derniers recensemens, la population totale de la ville et de ses dépendances monte à 60,000 ames, dont 700 appartiennent au personnel des légations allemandes ou étrangères auprès de la diète et à leur suite.

Examiné à l'intérieur, Francfort présente un spectacle non moins varié qu'aperçu du dehors. A voir la Zeil (nom de la principale rue) avec ses superbes édifices, et le Rossmarkt (marché aux chevaux) avec ses maisons riantes, on se croit au milieu d'une des capitales les plus riches de la confédération ; le Liebfrauenberg, les *neuen Kræme* (nouvelles boutiques) le Rœmerberg, le marché, la Fahrgasse, et le quai du Mein donnent l'idée d'un grand centre commercial ; la nouvelle rue de Mayence, enfin, et le rempart n'ont rien qui les distingue des petites résidences que l'Allemagne compte en si grand nombre.

Au centre, la ville revêt un aspect tout vénérable. Avec leurs sombres façades qui regardent tristement la rue, avec leurs toits qui s'inclinent l'un vers l'autre de manière à intercepter les rayons du soleil, les maisons, noircies qu'elles sont par le temps et par la fumée, y ressemblent à de vieux témoins des siècles passés, ayant beaucoup vu, beaucoup retenu et prêts à transmettre aux nouvelles générations les chroniques glorieuses que l'empire leur a léguées. Aux alentours du Rœmerberg, du Samstagberg et du Marché s'entrelacent les rues qui forment à proprement parler le noyau le plus ancien de l'antique Francfort. C'est d'elles précisément que nous voulons parler. Là, sont le Rœmer (l'Hôtel-de-Ville), les maisons de Limbourg et de Frauenstein, la maison de pierre (*Steinerne Haus*), la Sala ou Saalhof, l'église de Saint-Barthélemy, tous monumens qui se rattachent à l'histoire de l'Allemagne par ses plus graves souvenirs, mais qui n'ont plus aucune importance locale aujourd'hui. Ils sont là mornes et mystérieux, présidant, comme une bizarre image du juif errant, à une vie qui n'est dès long-temps plus la leur. Seul, l'étranger curieux s'informe de ce qui les concerne, eux qui furent jadis l'objet d'un culte enthousiaste pour la nation dont les descendans les oublient. Sur le Samstagberg, où un jour l'empereur Gunther de Schwarzbourg reçut l'hommage des habitans de Francfort, que rencontre-t-on maintenant? Quelques humbles marchandes de légume. La fontaine qui, lors de l'élection des empereurs, faisait jaillir le vin, ne donne plus que de l'eau claire. Puis, au lieu de la couronne qu'on venait en pompe chercher dans le Rœmer, on peut admirer une double corne aux fenêtres de la maisonnette où l'on rôtissait jadis un bœuf tout entier pour célébrer cette imposante cérémonie. C'est le dernier débris des fêtes impériales. On n'a plus de bœuf à rôtir, ni d'empereur à sacrer. François d'Autriche ferma la série des empereurs romains. Dans la salle de l'Hôtel-de-Ville où brillent les portraits de ces monarques qui tinrent plus ou moins entre leurs mains les destins de l'Allemagne, le premier des François est aussi le dernier. Après lui, aucune place ne restait pour y placer une autre image, car la niche à l'extrémité de la muraille était échue à la sienne. C'est une particularité sur laquelle insiste avec un accent significatif tout guide bien instruit. On l'a considérée comme d'un fâcheux augure pour cet empire qui aurait eu peut-être besoin d'avoir quelques centaines d'années plus tôt un Louis XI à l'instar de la France. Quand il tomba, en effet, son existence était devenue tellement indifférente à tous, qu'à la rigueur on pourrait croire qu'après avoir cherché dans le Rœmer une place pour un nouveau portrait et n'en avoir plus trouvé de disponible, la pensée de l'élection à faire ait été pour cela seul abandonnée.

ÉDOUARD BECKMANN.

LES PRISONS DE RICHARD-CŒUR-DE-LION.

I.

DURRENSTEIN.

De Linz à Vienne, le Danube ne présente pas dans tout son cours le même caractère. D'abord, le fleuve coule, durant un assez long temps, entre des montagnes et des rochers étroitement pressés au milieu desquels il semble n'avoir pu se frayer passage qu'avec de pénibles efforts; mais, lorsqu'il sort de cette région difficile, la plaine s'élargit de plus en plus autour de son lit qui rapidement l'entraîne vers la ville impériale.

Le long des deux rives du Danube supérieur, le passé plane avec mille souvenirs sur les pays richement accidentés qu'il traverse. C'est un mouvant panorama où se succèdent incessamment des châteaux et des couvens, des villes florissantes, de rians villages, les sites les plus variés et les plus pittoresques. Depuis que le fleuve a été dompté par la vapeur, Vienne est aux portes de Ratisbonne en quelque sorte, et la navigation de Linz à la capitale n'est plus qu'une promenade. En descendant le Danube qui coule mystérieusement vers le lointain Orient, le voyageur, charmé par les aspects ravissans du rivage, essayerait en vain de fixer sa vue ou sa pensée sur les détails : force lui est de se contenter des impressions que lui livre confusément l'ensemble. Pour emprunter à un écrivain moderne l'image assez fidèle de ce qu'on éprouve alors, l'espace compris entre les villes qu'il entend nommer tour à tour se déroule devant ses yeux comme un kaléidoscope fantastique où les figures remplacent les figures, sans jamais laisser le temps de nettement déterminer leurs formes ou leurs couleurs distinctes.

Est-ce là un inconvénient du nouveau mode de naviguer ? Aurait-il été à désirer, dans l'intérêt du touriste, que la noire cheminée du steamer ne vînt pas remplacer le mât antique et sa voile? Faut-il entamer de nouveau la grande querelle des partisans et des adversaires de la vapeur, pour en venir aussitôt à celle des partisans et des adversaires des chemins de fer? Ce n'est pas notre intention. On a prétendu que la nouvelle amélioration dans la marche des locomotives tuait la poésie des voyages. Mais où sont les limites précises de cette poésie? Où commence, où finit-elle? Il y a quatre-vingts ans à peine que le voyage de Francfort à Paris était une entreprise sérieuse que l'on mettait des semaines à exécuter après y avoir réfléchi durant des années. Diderot ne parle-t-il pas d'aller de Paris à sa ville natale, Langres, et d'en revenir, comme d'une affaire infinie? Que pensent les louangeurs du temps passé de cette poésie-là? Une journée de vingt-quatre heures pour franchir une distance de six lieues ! Non, la poésie véritable, la poésie grandiose est pour l'homme dans l'œuvre de Dieu. Tout ce qui peut contribuer à lui en faire plus rapidement et plus complètement saisir l'aspect a pour conséquence d'élever son ame, d'agrandir le cercle de ses idées, de l'animer d'un saint enthousiasme. Où donc est la poésie, si elle n'est pas dans les sentimens ainsi réveillés?

Non loin des limites où le Danube abandonne la partie montagneuse de son cours, avant que le fleuve n'arrive aux riantes mais petites villes de Stein et de Mautern, un autre endroit, avec son château sur la hauteur, frappe les regards du passager comme une apparition des plus caractéristiques parmi celles que le voyage a tour à tour évoquées pour lui. C'est Durrenstein, ville fort peu importante quant à sa population et à l'étendue, mais délicieusement située sur la rive gauche du Danube, qui semble là se reposer au sein de vertes et paisibles campagnes. Immédiatement derrière les habitations surgit un mont escarpé, formé de blocs si réguliers, de colonnes en quelque sorte si nettement dessinées, qu'on hésite à se demander si ce n'est pas un gigantesque produit du travail des hommes plutôt qu'un caprice accidentel de la nature. Du reste, les deux causes se sont réunies pour faire de Durrenstein un des endroits les plus remarquables de la monarchie autrichienne qui certes ne manque pourtant ni de sites ni de monumens à faire valoir.

Durrenstein même n'a guères au-delà de quatre cents habitans. Elle fait partie des possessions des princes de Starhemberg. Ses édifices les plus apparens sont le nouveau château, l'ancienne abbaye des Augustins et l'église dont le cloître, en avant du maître-autel, et le grand tabernacle ont une certaine célébrité. Dans le château, le voyageur est surpris de

DÜRRENSTEIN

(Autriche)

Panorama de l'Allemagne.   Feuillet-Dumus, Éditeur,
1 Rue de Trévise   à Paris

rencontrer une bibliothèque choisie de classiques anglais et français. Deux autres particularités attirent son attention : d'abord, une cave taillée tout entière dans le roc et pouvant contenir 3 à 4,000 *eimers* de vin ; ensuite, les ruines d'un couvent de sœurs de Sainte-Clarisse, fermé dans le siècle dernier et qui a fait place à une commode hôtellerie construite au milieu de ses cloîtres. Des points les plus élevés de la ville, de l'église entre autres, on a une belle vue sur la vallée qui s'étend au dessous, le *Wachauthal*, où, le 11 novembre 1805, les Français, commandés par le maréchal Mortier, livrèrent un combat, malheureux pour leurs armes, à un corps de Russes et d'Autrichiens réunis sous les ordres de Schmidt et de Kutusow.

Dans le cours de la guerre de succession, Durrenstein échappa à l'armée franco-bavaroise dont elle était menacée par une ruse qui ne serait que burlesque si elle n'avait réussi. Venant par la rive droite pour s'emparer de la ville sans coup férir, comme il l'espérait, l'ennemi ne fut pas peu surpris d'entendre, dans l'intérieur de ces murs habituellement paisibles, un bruit, des cris, un mouvement tels qu'il eût pu s'en faire au sein d'une forteresse prenant la défensive. Les habitans, instruits de son projet, avaient barricadé leur porte, placé sur les murailles, en guise de canons, des tuyaux de fontaine brunis, et, musique en tête, ils marchaient par les rues en faisant grand tapage. Les survenans hésitèrent un instant et se retirèrent sans tenter une attaque.

Durrenstein fut moins heureuse dans la guerre de Trente-Ans. Les Suédois, sous Torstenson, prirent la ville et la forteresse d'assaut et mirent un grand acharnement à détruire cette dernière. Depuis elle ne s'est plus relevée.

Les plus anciennes traditions dont la ville ait mémoire se rattachent au château sur la montagne. Au premier aspect, on s'aperçoit qu'ils ont dû, en effet, partager une même destinée. Aujourd'hui encore se reconnaissent les traces des murailles, hérissées de tours, qui, de la hauteur, descendaient jusqu'à la ville pour la lier au château. Dans l'enceinte qu'elles embrassaient un sinueux sentier se dessine sur le rocher au sommet duquel il atteint les ruines encore debout. Il n'y a pas long-temps qu'on montrait un souterrain creusé dans toute cette distance. Quant au château proprement dit, il était bâti sur trois étages disposés en forme de terrasses. La partie inférieure est complètement détruite et ne présente plus que des monceaux de pierres. Mais, à l'étage le plus élevé, on voit encore un pan de mur appartenant à la salle des chevaliers, une colonne et la chapelle, avec quelques lambeaux des fresques dont elle était ornée. En dehors des constructions principales, plane sur un rocher qui saillit une vieille tour de guet dont la présence atteste le métier que faisaient les maîtres du lieu, brigands comme tous les châtelains de leur temps. De cette tour, on peut d'un seul coup-d'œil inspecter la belle contrée environnante, à l'est, Stein et Krembs, à l'ouest, la riche et magnifique abbaye de Gottweih au sud, la vallée de Wachau que, s'il faut en croire les chroniques, Charlemagne, en 803, et Louis Ier, vingt ans plus tard, ont donné par acte ratifié à Waldrich, évêque de Passau. Vers le nord, l'horizon est fermé subitement par la chaîne des sommités voisines.

Il n'est plus possible aujourd'hui de rien approfondir sur l'origine et les commencemens de Durrenstein. Son nom est, du reste, cité déjà dans des documens qui datent du onzième siècle et les annales de la ville de Zwettel mentionnent Azzo de Gobaczbourg comme la souche d'où sont sortis les plus anciens possesseurs de Durrenstein, les Chuenringer ou Kuen-

ringer. Ils portaient le surnom de *Hunde*, que des antiquaires, prenant le mot dans son acception habituelle (*chiens*), considèrent comme une allusion injurieuse à leurs actes, mais que d'autres, y cherchant une corruption de *Hond* ou *Hand* (*main*), donnent pour le symbole de quelque alliance de parentage ou d'amitié. Dans son *Glossarium germanicum*, Wachter s'exprime ainsi : « *Suspicor* Hund *nihil aliud esse quam* Hand, *manus, quod in multis dialectis effertur* Hond.

Vers la fin du douzième siècle, les Kuenringer paraissent comme les vassaux les plus dévoués et les plus fidèles de la maison d'Autriche ainsi qu'on le verra bientôt. Quarante ans plus tard, ce sont les brigands les plus redoutés qui exercent leur sauvage industrie le long des rives du Danube, et ce n'est qu'en tremblant que le pauvre batelier ou le marchand terrifié s'approchent des parages où les menacent les hautes murailles de Durrenstein. De la tour du guet, un signal donné au seigneur le prévient de leur approche. Ses hommes d'armes se précipitent aussitôt vers le rivage et ne laissent partir l'embarcation qu'après l'avoir pillée entièrement ou du moins lui avoir extorqué une forte rançon.

Henri de Kuenring, régent d'Autriche (*rector Austriæ*), pendant la minorité de Frédéric-le-Vaillant, abusa de l'autorité que lui donnaient ses fonctions pour voler le jeune prince de la manière la plus ignominieuse. Il se servit du sceau ducal, s'empara des trésors de la couronne et les fit transporter dans ses châteaux sur le Danube. Son frère Hadmar l'assista dans ses coupables entreprises. Ils prirent possession de la ville forte de Zwettel et désolèrent par leurs brigandages et leurs méfaits toute la contrée qui s'étend de Weitra et Durrenstein jusqu'à Stein et Krembs. On les soupçonna même d'avoir conçu des plans de trahison et entretenu des intelligences avec Wenceslas, roi de Bohême, ainsi qu'avec les rois André et Béla de Hongrie.

Mais Frédéric, parvenu à sa majorité, se leva contre ces félons. Accompagné d'une troupe choisie, il se présenta devant Zwettel, à l'improviste, s'empara de la ville et rasa les fortifications jusqu'à la dernière pierre. Ceux des brigands dont on put se saisir furent tués ou punis d'une amende considérable. Quant au château même de Durrenstein, le jeune prince jugea qu'il lui serait difficile de s'en emparer par la force et il eut recours à la ruse pour en venir à son but.

Hadmar de Kuenring, qui habitait Durrenstein, avait coutume de monter en personne sur les bateaux arrêtés par ses gens et d'y faire choix pour sa part du meilleur du butin. Là dessus, un marchand, pillé sans doute précédemment de la sorte, proposa au duc de charger un bâtiment de riches denrées, et d'y cacher des hommes armés qui, lors de la visite habituelle de Hadmar, se jetteraient sur lui. Frédéric goûta le projet. Un bateau fut effectivement équipé. Le brigand ne manqua pas de le faire saisir et de s'y rendre. Mais, pendant que ses valets emportaient le butin, les soldats du suzerain l'attaquèrent, le prirent et le conduisirent à Vienne. Quant au château, il fut abattu et plus tard seulement les descendans des Kuenringer obtinrent la permission de le rebâtir.

Au quatorzième siècle, la famille des Kuenring s'éteignit. La ville et le fort de Durrenstein passèrent d'abord aux seigneurs de Messeinau ; puis, en 1425, à la famille d'Ebersdorf ; plus tard, et successivement, à celles d'Enenkel et de Zinsdorf ; enfin, en 1663, aux princes de Starhemberg, qui les possèdent encore actuellement.

De tous les souvenirs qui se rattachent au château de Durrenstein, le plus important est celui de la captivité de

Richard, roi d'Angleterre. Seul, il aurait suffi à rendre ce nom à jamais historique.

Les deux rois-chevaliers de France et d'Angleterre, Philippe-Auguste et Richard-Cœur-de-Lion prirent part à la troisième croisade que dirigea, vers la fin du douzième siècle, l'empereur Frédéric Barberousse. L'impression produite à l'étranger par la mâle figure et par le courage guerrier de Richard est naïvement dépeinte par la tradition qui raconte comment les femmes sarrasines défendaient à leurs enfans de prononcer ce nom terrible , et comment les Arabes, lorsque leurs chevaux s'éffarouchaient , leur criaient: « Est-ce que le roi Richard est devant toi ? »

Mais, ce ne fut pas seulement par sa vaillance que Richard se distingua dans les pays d'Orient : il y porta aussi son orgueil indomptable. Chaque rival de bravoure et de gloire était un ennemi pour lui. A l'assaut de Ptolemaïs (Saint-Jean-d'Acre), Léopold de Babenberg, le Vertueux, duc d'Autriche, monta le premier, au dire des chroniqueurs de son pays, sur les murs de la ville infidèle, et, suivi de ses chevaliers, il y planta selon l'usage sa bannière armoriée. Richard survint. Irrité de l'avantage qu'avait obtenu sur lui le héros allemand, il arracha ce drapeau, le jeta dans la boue et à sa place arbora le sien. D'autres versions ajoutent même qu'il insulta gravement ou qu'il frappa le duc d'Autriche. Quoi qu'il en soit, au cœur de ce dernier dut s'allumer la haine, d'autant plus violente et d'autant plus durable, que la loi des croisés leur interdisait avec sévérité tout combat pour des causes personnelles. Aussi Léopold quitta-t-il la Palestine, en laissant au temps le soin de sa vengeance : il le servit à souhait. Richard ne revint en Europe qu'en l'année 1192. Une tempête le jeta sur les côtes de l'Adriatique entre Venise et Aquilée, et le destin le conduisit précisément au cœur du pays qu'il avait toute raison d'éviter. Il erra long-temps sur le territoire autrichien, tantôt sous un déguisement et tantôt sous un autre. Un jour, c'était à Erdberg, village près de Vienne, un espion de Léopold le reconnut quoique affublé des vêtemens d'un garçon de cuisine dont il remplissait scrupuleusement l'office. Bientôt il fut livré à son ennemi. Le duc le confia, pour qu'il le tînt sous bonne garde, à son vassal Hadmar de Kuenring. Entré en décembre 1192 au château de Durrenstein, le prisonnier en sortit au mois de mars 1193. Selon d'autres sa captivité aurait été plus longue.

On montre au voyageur un trou creusé dans le roc qui fut, dit-on, le cachot de Richard-Cœur-de-Lion. C'est là une insinuation contre laquelle s'élèvent avec colère les écrivains autrichiens, la traitant de calomnie semblable à celle dont Walter Scott s'est rendu complice en traçant dans un de ses romans le portrait de Léopold de Babenberg. « Léopold disent-ils, n'était en aucune façon un niais débauché, mais bien un prince doué de chevaleresques et nobles qualités. Ainsi d'ailleurs le représente l'histoire de son pays. » Ils auraient pu ajouter qu'à en croire les recherches de l'érudition moderne , Richard devrait être pour nous dépouillé de cette auréole de grandeur poétique dont on s'était plu jadis à l'entourer. Mais qui voudrait aujourd'hui prononcer là-dessus ? Dans tous les cas on ne saurait refuser à Léopold d'Autriche la vertu très chrétienne de l'abnégation et de l'humilité.

Richard fut-il réellement condamné à languir dans un creux de rocher, ou ne subit-il d'autre peine que l'emprisonnement en usage parmi les chevaliers? Cette dernière version est celle des historiens autrichiens, lesquels, pour prouver tout ce qu'il y a de fabuleux et de faux dans les assertions contraires, citent un argument qui, s'il n'est pas concluant, a du moins son côté divertissant. Au château de Greifenstein, près de Vienne, où, selon toutes les données historiques, Richard n'a jamais habité, il est encore d'usage de montrer avec effronterie aux visiteurs la cage en bois où fut enfermé Cœur-de-Lion et d'énumérer à ce propos les souffrances auxquelles il fut en proie. C'est un thème qu'on amplifie surtout au profit des Anglais voyageurs qui ne se font faute d'acheter au poids de l'or, pour enrichir leurs musées de touristes, les barreaux de la cage sans cesse renouvelés.

D'abord, Léopold avait conduit son prisonnier devant la diète siégeant à Ratisbonne. Mais, conformément à sa tendance naturelle, celle-là n'avait su prendre aucune décision. Dans le cours de l'année qui suivit, le duc d'Autriche livra le roi d'Angleterre à l'empereur Henri VI, ennemi personnel également de Richard par suite des troubles de la Sicile. Quelle fut la cause déterminante de cette transaction? Les uns parlent de 60,000 marcs pesant d'argent qui auraient été comptés à Léopold pour la livraison de son prisonnier ; d'autres prétendent qu'il ne cherchait autre chose, en l'effectuant, qu'un moyen d'arriver à vider enfin leur différend.

Henri VI fit à son tour comparaître le royal captif à la diète de Spire qui ne fut pas plus expéditive en cette affaire que la précédente assemblée.

Dans l'intervalle, Richard changea de prison. On le conduisit, fort loin de la première, au Trifels, où nous le retrouverons bientôt.

Alors aussi, nous aurons l'occasion de résumer ce qui nous a été transmis sur Blondel, le serviteur fidèle de Richard, en démêlant ce qui , dans ces récits, appartient à l'histoire ou à la tradition populaire seulement.

SAVOYE.

MONUMENS EN ALLEMAGNE.

Les trois monumens les plus intéressans dont s'occupe l'Allemagne dans ce moment, parmi ceux destinés à éterniser la mémoire de ses grands poëtes et artistes, sont les statues de Goethe, de Schiller et d'Albert Durer.

Celle de Goethe n'existe encore qu'en projet. Sa ville natale, Francfort-sur-Mein, n'a pu jusqu'à présent se fixer ni sur la forme ni sur l'emplacement à donner à son œuvre future. Elle se propose de consulter à ce sujet le grand maître des sculpteurs vivans, Thorwaldsen.

La statue de Schiller, au contraire, d'après le modèle de Thorwaldsen et fondue dans les ateliers de Stiglmaier, à Munich, a parfaitement réussi : elle est dans ce moment exposée aux yeux du public et à l'examen des connaisseurs. Stuttgart, la capitale du Wurtemberg et la ville où Schiller a passé sa première jeunesse, où son génie poétique a pris son premier essor, la recevra sur l'une de ses places publiques.

La statue d'Albert Durer, destinée à sa ville natale, Nuremberg, la vénérable cité des arts, de l'industrie et du commerce du moyen-âge, avance rapidement vers son achèvement, et il est probable que le même printemps, celui de 1839, verra à la fois les deux images sculptées du grand peintre et du grand poëte se dresser sur leurs piédestaux. Déjà on a parlé de choisir pour cette solennité le jour anniversaire de la naissance de Durer.

Le *Panorama de l'Allemagne* ne pourra manquer d'offrir à ses lecteurs les dessins exacts et les descriptions artistiques de ces monumens ainsi que de tous les autres qui ont leur place marquée dans une image complète du pays et des hommes qui l'ont illustré.

INTRODUCTION A L'HISTOIRE D'ALLEMAGNE.

PREMIÈRE ÉPOQUE. — CONTINUATION. — *Germanie païenne.*

L'histoire certaine des peuples germains commence avec leurs guerres contre la république romaine , et l'on doit dire d'abord quelle fut leur part dans les premières migrations connues des Gaulois vers la Grèce et l'Italie, après l'incursion passagère des Cimbres et des Teutons, et dans la conquête de la Gaule. Ce sont les Germains plus que les Gaulois qui résistent à César en Belgique , et se battent pour lui à Pharsale. La première période portera les Romains jusqu'au Rhin , où César pousse deux reconnaissances comme en Bretagne. Mais ce n'est pas trop élargir le cercle des populations germaniques que de rattacher aux guerres de la Belgique, où les Germains luttèrent déjà contre Rome et se mirent à son service , les guerres qui se livraient à la même époque entre les Gètes et les Bastarnes , entre les Romains et les Taurisques (Tyrol). L'histoire entre alors dans la Germanie par l'ouest du Rhin , par le sud du Danube , et par les Alpes.

La deuxième période commence avec l'empire , et raconte les campagnes de Drusus Tibère et Germanicus au centre de la Germanie , les premières séductions de la civilisation romaine exercées sur les plus nobles d'entre eux par la politique impériale, qui les attaquait de travers comme leurs armées attaquèrent les légions en coin sur le champ de bataille ; les guerres civiles des princes germains , les tentatives impuissantes de quelques chefs pour fonder sans les Romains la force et l'unité de la Germanie. Cette période finit encore sur le Rhin et sur le Danube , par Civilis et Dercebal. C'est à propos de ces guerres longues et décisives qu'il convient d'étudier le génie des peuples germains , leurs mœurs déjà chevaleresques avant Jésus-Christ, la passion des aventures, la priorité et la prééminence de leur loi militaire sur la loi civile, leur fraternité d'armes d'abord volontaire , leurs communes armées, et leurs assemblées fédératives. Mais il faut se garder, en exposant ces mœurs dans leurs rudesse originale et poétique , d'affecter pour elles un faux enthousiasme. Il faut reconnaître qu'une alliance était nécessaire entre la discipline sévère de Rome et ces peuplades sans lien solide. Sans les Germains , la société romaine allait périr au lieu de se transformer et de se continuer sous une forme nouvelle. Sans Rome , la Germanie fût restée stérile au lieu de fonder de nouveaux états sur les débris du monde antérieur. Il ne faut pas trop louer les vertus grossières de ces peuplades qui repoussaient le luxe et les vins de Rome ; il ne faut pas confondre l'innocence avec l'ignorance , ni la modération avec la pauvreté. Les historiens , à commencer par Tacite , nous ont fait admirer trop long-temps ces vertus involontaires des sociétés naissantes qui résistent avec une pruderie insignifiante aux jouissances d'une civilisation plus avancée. Il y a certes plus de mérite pour les peuples à se maintenir libres et modérés au milieu des jouissances du luxe, qu'à perpétuer ces vertus monotones des barbares qui ne diffèrent que par le style de Tacite ou celui d'un missionnaire. Nous devons comme les Allemands admirer dans les Germains les vertus qui constituent la dignité de l'homme ou qui sont particulières à la race. Quant aux Teutomanes , qui voudraient sérieusement reproduire les vertus de leurs ancêtres et se hérisser de leur rudesse, nous pouvons nous moquer avec Leibnitz de ces hommes qui regrettent leurs habits d'enfans.

Au temps de Marc Aurèle commence la grande invasion. Les fondateurs des états européens se mettent en marche. Les peuples germains passent de la défense à l'attaque , mais rien n'autorise à dire qu'ils passent à cette époque de l'état de tribus à celui de confédérations ; celles-ci existaient dans la période précédente. La guerre a continué à l'ouest du Rhin , au sud du Danube, mais, entre ces deux fleuves, pas une armée romaine n'a traversé la Germanie , pendant un siècle , et la Germanie élève en silence les futurs destructeurs de l'Empire. Tout-à-coup nous voyons apparaître à la place de ces peuplades flottantes , que l'œil pouvait à peine fixer sur leur sol natal , des confédérations plus régulières et plus redoutables ; les Francs, les Allemands, les Saxons, les Goths et les Thuringiens, peuplades rapprochées des nations par les menaces de Rome et par un commun désir de vengeance. C'est ici qu'il faut de bonne heure étudier la féodalité dans la transformation naturelle des chefs guerriers en rois , et dans l'établissement des bénéfices militaires de l'empire romain, autant que dans la constitution primitive des races germaines. Il faut se garder de faire une part trop forte à l'élément germanique dans la fondation des sociétés européennes , et de croire que l'empire romain fut seulement renversé par le choc extérieur des peuples germains ; il fut surtout détruit par l'action des Germains mercenaires dans le mécanisme de l'empire. Les pays frontières se peuplent de soldats germains , la garde des empereurs et les garnisons se recrutent chez les Germains. Au temps de Constantin les Germains composent la meilleure part des armées romaines, car les empereurs emploient volontiers des hommes qui n'ont pas de parti dans l'empire , les usurpateurs distribuent des terres aux barbares , et démembrent déjà l'empire pour le garder. Après Constantin, les chefs des Francs ont pris rang parmi les grands de l'état. La division éclate entre les empereurs et les chefs des soldats mercenaires. Les Germains ne tiennent point compte à Rome d'une adoption forcée et sont moins fidèles aux Romains , qui les paient, qu'aux chefs nationaux , qui garantissent leur solde. L'invasion des Huns précipite les Germains libres sur l'empire ; l'action trop violente des Germains mercenaires en brise le mécanisme et n'en laisse subsister que les fragmens à peine reconnus de nos jours. Les peuples Germains, sans se concerter , sans s'attendre , s'en vont tous au centre de l'empire, en Italie ; c'est là leur seule unité. Tout chemin conduit à Rome.

SECONDE ÉPOQUE. — *Conversion des peuples germains.*

Ici nous devons étudier la seconde et la plus importante partie des mœurs germaines, nous devons nous demander quel esprit et quelles dispositions les Germains apportaient à la religion nouvelle. C'est en rencontrant l'évangile qu'ils se révèlent à eux-mêmes. Le christianisme n'est point une pénitence pour eux comme pour les Romains ; joyeux et braves soldats du vrai Dieu , ils se croient appelés à le glorifier dans le monde ; chevaliers du christ, comme ils iront un jour le délivrer en Orient , ils le défendent en Europe déjà contre les païens et les musulmans. Et, comme les Germains, à l'époque même de leur conversion , écrivirent partout leurs codes nationaux pour mieux se défendre contre la loi romaine , nous apprécierons la double action du christianisme et de la loi romaine sur la législation des peuples germains. En supprimant les déclamations banales qui rapportent à la religion chrétienne la gloire d'avoir émancipé les femmes, nous ferons honneur aux Germains de la protection singulière dont leur législation barbare couvrait les femmes et les enfans. A qui violait le tombeau d'une femme, la loi allemande faisait payer deux fois autant que pour la vie d'un homme. La loi germaine dégage l'homme des lourdes entraves du matérialisme romain et remet en honneur et en pratique des vertus que les Grecs et les Romains ne connaissaient plus, le courage, le dévoûment de l'homme à l'homme, et le respect de l'homme pour lui-même. Il est bon que le génie barbare relève ainsi l'importance de l'homme, comme il sera bon qu'au temps de Charlemagne la loi romaine remette dans les esprits l'idée abstraite de la société, et son pouvoir suprême. Le christianisme amortit la violence naturelle de l'invasion et les passions farouches des envahisseurs. Entre toutes les confédérations germaniques, il en est une, active et puissante, dont l'église romaine fit la fortune et qui du premier bond touche les limites de la France actuelle.

Nous avons nommé les Francs. Quand la dernière invasion eut enfin recouvert les invasions qui s'étaient succédé pendant sept ou huit siècles, quel peuple se trouva le plus tôt prêt pour la civilisation; quel peuple adopta le plus vite la même règle de gouvernement et la même autorité religieuse? Ce fut le peuple franc. Où s'opéra le plus rapidement la fusion des vainqueurs et des vaincus, des anciens habitans et des nouveaux? Ce fut dans les Gaules. Aucun peuple barbare, parmi ceux qui avaient envahi les Gaules, comme les Wisigoths et les Bourguignons, ne ressemble autant que les Francs de Grégoire de Tours aux Gaulois de Jules César. Même fougue dans la bataille, même fourberie dans les traités. Les Francs, peuples grossiers, maîtres d'un pays où déjà les villes étaient florissantes, le commerce actif, et l'agriculture avancée, mêlent leurs bandes guerrières aux paisibles Gallo-Romains, leurs lois et leurs coutumes germaniques aux mœurs des anciens habitans. Francs et Gaulois, la partie active et la partie passive, se fondent de bonne heure en un seul peuple. Le christianisme chargé de l'éducation des barbares, eut bien vite converti les Francs, et se servit d'eux pour convertir les autres.

Tandis que les Francs entrent au nord des Gaules, les Slaves se sont glissés du nord de l'Allemagne entre les peuplades germaniques. A mesure que ceux-ci vont à l'Occident, les Slaves se portent en avant et les remplacent dans la Germanie. Au seizième siècle, la partie orientale est presque entièrement occupée par les Slaves. En vain les savans vous prouvent que les deux peuples sont frères, et les deux langues sœurs; en vain leurs recherches profondes vous montrent une parenté fondamentale entre les deux idiomes slave et tudesque, vous expliquent leurs emprunts et leurs échanges, vous comptent les termes d'agriculture que les Slaves, colons industrieux, ont prêtés à l'allemand, et les termes de l'exploitation des mines que l'allemand, langue de chasseurs et de mineurs, a rendus aux Slaves de la Bohême; l'histoire est là qui témoigne, malgré tous ces traits de ressemblance, que les deux langues loin de se mêler, comme en Angleterre les langues romane et tudesque, se sont développées dans une direction très différente, que les deux peuples ne se sont jamais traités en frères, ni même en beaux-frères (halbbrüder), que la haine et le mépris ont rompu trop souvent leurs alliances passagères. Les Slaves traitaient les femmes à l'orientale.

Pour les Germains déjà divisés, les Slaves, long-temps païens, sont un nouvel élément de division, de haine et de résistance. Tandis que les Francs rangés autour de leurs rois manœuvrent avec agilité dans les Gaules, les soumettent presque entièrement, et par la prépondérance du pouvoir monarchique, allié de l'église, triomphent de l'aristocratie saxonne et de la démocratie souabe ou bavaroise, les Allemands sur un sol où la domination romaine n'avait pas, comme en

Gaule, préparé les voies d'une civilisation nouvelle, les Allemands qui reconnaissent dix chefs, se battent si souvent les uns les autres, se trahissent si souvent, que la trahison et la guerre civile y perdent leurs noms; chaque peuplade y devient un peuple. C'est le contraire en Gaule. Ainsi l'on peut facilement distinguer dès le principe, et au moment de la première composition des deux peuples, une des causes de l'unité française qui deviendra si puissante, et de la dualité ou de la diversité germanique, qui rendra parfois l'Allemagne si faible. Ainsi la comparaison fréquente de l'histoire d'Allemagne avec l'histoire de France, donne à la première l'intérêt que lui enlèvent souvent sa lenteur et son désordre.

On ne peut se dispenser, dans une histoire d'Allemagne, de suivre l'histoire des autres peuples sortis de la Germanie jusqu'au démembrement de l'empire et même au-delà; c'est le caractère de l'histoire du moyen-âge, comparée à l'histoire ancienne, que la civilisation ne s'y résume pas, comme en celle-ci, dans un seul peuple dominateur, mais qu'elle s'y répartit à peu près également sur plusieurs peuples dont chacun ne peut être jugé qu'avec les autres. L'histoire d'Allemagne proprement dite s'éclaire aussi par l'histoire des peuples germains qui s'en allèrent mourir au centre de l'empire romain après deux ou trois générations. Ainsi, derrière les Francs qui se tinrent si près de la Germanie, il faut montrer au second plan les Ostrogoths et leur roi Théodoric dont les grandes idées survécurent à son peuple, et qui conçut le premier le plan de l'équilibre européen; les Wisigoths qui se portèrent si avant dans l'empire, et subirent si docilement la double puissance de la loi romaine et du clergé que leur code annonce de loin l'inquisition; les Vandales, ce fléau passager dont le ciel frappait les peuples d'Occident; les Suèves qui n'ont rien laissé, les Bourguignons qui laissèrent un code et un nom, les Anglo-Saxons dont le caractère germanique a persisté sous la violence de la conquête normande.

C'est d'ailleurs un fait historique, dans cette période, que les alliances et les relations de guerre et d'honneurs chevaleresques qui furent de bonne heure entretenus entre les cours nouvelles, depuis l'Afrique jusqu'à la Norwège, et qui sont attestées plus tard par les poésies héroïques du moyen-âge. L'église, de son côté, tendait à généraliser l'Europe, et déjà Valentinien III, dans un temps où nous ne cherchons guère l'unité de l'église romaine, l'avait écrite en tête de la loi : « La paix des églises, disait-il, ne sera partout assurée que du jour où le monde entier reconnaîtra son chef. »

La conversion fut rapide, du jour où chez les Francs une famille d'origine ecclésiastique se saisit de la mairie du palais, par Pepin de Landen, étendit à toutes les affaires de l'état et même à tous les peuples d'Occident cette vague autorité du majordome, et gouverna dès son début la dynastie qu'elle devait remplacer. Par Pépin d'Héristal elle affermit en Gaule les institutions et les mœurs germaniques, en même temps qu'elle combat les peuples, encore païens, dans l'intérieur de la Germanie, et les attire dans le cercle de la vie commune.

Par Charles Martel, elle combat les païens au Nord, au Midi les Arabes qui renouvelaient aussi le monde à l'Orient, elle défend l'église, et la force de contribuer aux frais d'une guerre qui lui profite. Par Pépin le Bref et son allié St-Boniface, elle convertit la Germanie, et l'attache à l'église. Enfin par Charlemagne, elle achève en Occident l'œuvre de l'église romaine, et lui compose des dépouilles des Grecs et des Lombards une puissance temporelle.

Ainsi la grande dynastie qui fonda la France et l'Allemagne s'est légitimée en prenant en mains les plus grands intérêts de son temps, la conversion des peuples, la défense de l'église contre les Normands, les empereurs saxons contre les païens et les Sarra ins. Ainsi seront plus tard dans les deux pays les Capets contre les Normands, les empereurs saxons contre les Hongrois. L'usurpation est un mot vide de sens, et que l'histoire ne connaît pas.

T. TOUSSENEL.

DE L'ÉTAT DE L'INSTRUCTION PUBLIQUE
EN AUTRICHE
ET PARTICULIÈREMENT DE L'INSTRUCTION USUELLE.

Deuxième partie.

Le fondateur et le directeur de l'institut polytechnique de Vienne est M. Prechtl. C'est à lui surtout qu'il faut attribuer le succès de cet établissement. Quelque utile que soit un établissement, il lui faut pour réussir plus que son propre mérite ; il lui faut un homme qui se consacre à sa prospérité et qui en fasse l'affaire de sa vie. Tel est M. Prechtl. Il n'y a pas de pays où M. Prechtl ne fût remarqué : il doit l'être surtout en Autriche. Ame ardente, esprit spéculatif, il voit dans l'Institut polytechnique autre chose qu'une école de chimie et de physique ; citoyen éclairé et généreux, si ce mot peut être de mise en Autriche, il y voit un moyen d'imprimer un grand essor à son pays. La science doit renouveler et agrandir l'industrie, et l'industrie renouvelée et agrandie doit donner à l'Autriche une destinée nouvelle. Selon cette vue, il y a dans l'institut polytechnique, outre l'école, un conservatoire des arts et métiers, avec des cabinets de chimie, de physique, de mécanique, etc, ; il y a aussi tous les ans une exposition de produits de l'industrie nationale. L'institut polytechnique fait de plus l'office d'une association destinée à encourager et à améliorer l'industrie nationale. Il distribue des prix aux découvertes utiles, donne des avis, fait des rapports à l'administration. C'est, ou plutôt ce pourrait être, une grande institution à la fois scientifique, commerciale et administrative qui tiendrait de notre académie des sciences, de notre ministère et de nos chambres de commerce. Supposez en effet qu'au conseil des professeurs de l'école viennent tous les ans s'adjoindre quelques commerçans des diverses parties de l'empire ; vous avez pour l'industrie une espèce de représentation à côté d'une espèce de ministère. Toutes ces théories, qu'elles aient ou n'aient pas été dans les idées de M. Prechtl, n'étaient guère dans les goûts du gouvernement autrichien, et l'institut polytechnique est resté une école commerciale et industrielle, qui a eu, du reste, une grande part aux progrès que l'industrie a faits en Autriche depuis vingt ans. Aujourd'hui, en effet, les manufactures de l'Autriche rivalisent, en Italie, avec les manufactures de l'Angleterre et de la France. Comme la France et l'Angleterre, l'Autriche a mis à profit toutes les découvertes des sciences, et, dès le mois d'octobre 1816, l'institut polytechnique éclairait avec le gaz ses ateliers de mécanique. C'est sur le continent le premier essai fait en grand de ce genre d'éclairage, un des buts aussi de l'institut polytechnique étant de servir en quelque sorte de manufacture expérimentale.

En 1810, M. Prechtl présenta le plan de l'institut polytechnique ; mais les guerres ne permirent point de s'en occuper, et ce ne fut qu'en 1815 que le gouvernement commença à y songer. Au mois d'août 1815, l'empereur d'Autriche, se trouvant à Paris, y appela M. Prechtl pour examiner les établissemens et les écoles destinés soit à l'encouragement, soit à l'enseignement des sciences et de l'industrie. L'empereur mit à sa disposition les fonds nécessaires pour acheter divers instrumens de chimie et de physique et un grand nombre d'ouvrages précieux relatifs à ces sciences. Enfin, le 14 octobre 1816, l'empereur posa solennellement les fondemens du principal édifice consacré à l'institut polytechnique. Un rouleau de parchemin, contenant les paroles suivantes et signé par l'empereur, fut déposé dans les fondations : « En témoignage de mon zèle à encourager la science dans tous les rangs de la société autrichienne, et du vif intérêt que je prends à l'instruction pratique de ma fidèle et bien aimée bourgeoisie, j'ai de ma main posé et cimenté la première pierre de cet édifice, le 14 octobre 1816. » Ces paroles viennent encore expliquer le mot que j'ai déjà cité de l'empereur François, qu'il n'avait pas besoin de savans dans ses états. Ce sont les lettrés et non les savans, c'est là littérature et non la science qu'il réprouve.

Les statuts de l'Institut polytechnique s'accordent avec les intentions du monarque. Tout est organisé de manière à donner aux élèves le genre d'instruction industrielle dont dont ils ont besoin, chacun dans leur profession. La spécialité dans l'instruction et l'esprit de pratique, voilà les deux maximes fondamentales de l'école.

Il y a dans l'institut polytechnique trois établissemens :
Une école industrielle ;
Un conservatoire des arts et métiers ;
Une société pour l'encouragement de l'industrie nationale.

M. Prechtl a voulu faire de son institut une grande université industrielle (1). Il a voulu que cette université pût, au fur et à mesure des besoins de l'instruction, admettre de nouveaux cours et étendre le cercle de son enseignement. En même temps, il a adopté dans son université le principe fondamental des universités allemandes, la liberté d'études (*lern-freiheit*). C'est à ce principe que les universités allemandes attribuent leur prospérité, et, si nous nous en rapportons au succès de l'Institut polytechnique, ce principe de liberté n'a pas été moins efficace et moins salutaire à Vienne que dans le reste de L'Allemagne. Dans les Universités allemandes, chaque élève suit dans chaque faculté les cours qu'il veut. Dans l'institut polytechnique de Vienne, chaque élève suit aussi les cours qui conviennent à la profession qu'il doit

(1) Je mets ici en note quelques unes des propositions que les élèves de l'Institut polytechnique soutiennent dans les examens publics du mois d'août. Ces propositions, extraites des diverses thèses soutenues depuis 1820 jusqu'en 1830, feront juger de l'esprit de cet institut et des vues élevées de son directeur :

« Que le développement et les progrès du commerce ont changé la » nature des marchés et des foires ; de leur origine, de leur décadence.

« Que le commerce de commission entraîne de grands risques pour le » fabricant et pour le commissionnaire. Que les assurances sont le » meilleur moyen de se mettre à l'abri de ces risques. Des assurances » en général.

« De l'argent. De l'abondance de l'argent. Du manque d'argent. Des » moyens de circulation : des banques. Diverses sortes de banque. Une » banque qui n'est point somise au contrôle de l'État peut lui devenir » extrêmement dangereuse. Des bourses de commerce. De leurs avanta- » ges. De leurs inconvéniens. Des billets de banque.

« De la concurrence. Du monopole. Des priviléges exclusifs. Que les » douanes ne doivent jamais être considérées sous le point de vue des » ressources qu'elles peuvent fournir au trésor pubic.

« Qu'un gouvernement doit pourvoir à l'occupation du peuple et que » le commerce et l'industrie sont l'occupation la plus active et la plus » utile des peuples. »

Toutes ces questions, comme on le voit, sont des questions d'économie sociale et indiquent l'importance que peut avoir l'Institut polytechnique, et qu'a voulu lui donner son directeur.

embrasser. Il n'est pas forcé de suivre tous les cours comme à notre école polytechnique. Notre école polytechnique n'est pas une école fondée sur la liberté des études ; elle est fondée sur le principe contraire. Elle impose à tous les élèves la même règle pour la discipline, le même niveau pour les connaissances. Il faut que tous sachent les mêmes choses, sans s'inquiéter de la diversité des esprits. Je ne parle pas de la diversité des professions, puisque dans notre école polytechnique les jeunes gens ne savent pas quelle profession ils auront ; s'ils seront ingénieurs des mines, ingénieurs des ponts-et-chaussées ou artilleurs, et que cela dépend du rang qu'ils obtiennent dans les examens qui terminent leurs études. Ce qu'ils apprennent à l'école n'est donc considéré que comme le nécessaire des professions scientifiques, comme le fonds indispensable de tout savant ; c'est plus tard, c'est dans les écoles d'application que leurs études sont dirigées vers l'état spécial que le sort leur a donné. Dans l'institut polytechnique de Vienne, qui n'est point une école dont les élèves soient renfermés et casernés, et qui n'a point un nombre limité d'étudians, ces étudians se distribuent dès le commencement entre les divers cours qui répondent à leurs professions à venir ; et, comme les professions industrielles et commerciales ont mille faces diverses, comme il en est qui ont besoin d'un peu plus de science et les autres d'un peu moins, les élèves d'une division, de la division du commerce, par exemple, peuvent joindre aux cours de leur division un ou deux cours de la division des arts et métiers, selon qu'ils le jugent utile. Cette liberté qu'ont les élèves de se répartir entre les divers cours de l'établissement tient bien moins encore, il faut le dire, au principe de la liberté des études qu'à l'esprit de pratique et de spécialité, qui est l'esprit dominant de la pédagogique en Autriche. C'est pour que les études soient spéciales qu'elles sont libres.

Si l'institut polytechnique n'était qu'une école, je devrais me contenter d'exposer le programme des cours sans m'arrêter davantage sur cet établissement. Mais l'institut polytechnique, ne l'oublions pas, est ou plutôt veut être une institution publique. Cette dernière partie de sa destination, la plus curieuse, est celle que j'ai encore à décrire. Il est intéressant de voir comment dans un pays qui n'admet ni publicité, ni délibération dans le gouvernement, un établissement d'instruction essaie d'introduire quelques formes de publicité et de délibération; comment il se place à côté de l'administration pour s'y glisser, s'il peut, sous le nom de comité consultatif ; comment une simple école, pleine de foi en l'avenir de l'industrie, ose être le germe d'une institution destinée à représenter le commerce au sein même du gouvernement. A Dieu ne plaise que je puisse prouver que M. Prechtl a voulu tout ce que je suppose en ce moment. Je crois que telle a été sa pensée ; mais je me hâte en même temps de reconnaître que cette pensée n'a point eu tous les effets qu'elle imaginait, que tout cela n'est que dans mon esprit ou dans celui de M. Prechtl, qu'il n'y a que des projets, des idées, des germes, que l'institut n'est encore qu'une grande école industrielle, rien de plus, et que tout ce que je vais décrire est dans les statuts, mais n'est guère en pratique. Ajoutons cependant que ces statuts ont été autorisés par le gouvernement, qu'ils ont une sorte de caractère public, et que l'institut polytechnique étant debout, la machine étant prête, rien n'empêche qu'elle ne puisse, quand on le voudra, avoir le jeu et l'action que son inventeur avait peut-être voulu lui donner.

A la fin des études faites par les élèves, l'institut leur délivre un certificat. Ce certificat de l'institut polytechnique sera, disent les statuts, une recommandation pour les candidats aux emplois publics qui exigent les connaissances enseignées dans l'institut.

L'institut politechnique fait partie des autorités publiques pour tout ce qui touche aux arts et aux métiers. Chaque fois que les administrateurs ont besoin d'un avis dans les matières d'industrie, c'est à l'institut qu'ils doivent le demander. Si le gouvernement veut constater ou faire examiner à l'étranger quelque fait ou quelque découverte industrielle, il choisit pour cette mission un membre de l'institut polytechnique. Ainsi, à s'en rapporter aux statuts, cet institut est une sorte de comité consultatif des manufactures, placé près de l'administration pour l'éclairer, et dont les membres servent de *missi dominici* dans les provinces et dans les pays étrangers.

Tous les samedis, les professeurs de l'institut se réunissent en assemblée sous la présidence du directeur. S'il n'était question dans ces assemblées que des affaires de l'école, ce ne serait guère la peine d'en parler dans les statuts : mais c'est là surtout que se dessine ce caractère d'académie des sciences et de comité administratif que l'institut cherche à avoir. Dans ces séances, les avis et les consultations que l'administration a demandés sur des questions de commerce et d'industrie sont soumis à l'assemblée par les professeurs des chaires que concernent ces questions. L'assemblée délibère et rédige l'avis qui est envoyé à l'administration. C'est peu d'avoir toutes les semaines une séance et une délibération. A la fin de l'année, au mois d'août, l'institut tient une séance publique solennelle, comme nos académies. Cette séance a pour but de faire connaître au public l'esprit qui dirige l'institut et de lui faire comprendre ses progrès et son influence ; tels sont les termes des statuts. Ainsi, voilà en Autriche un établissement, visant à devenir une institution, qui recourt à la publicité et qui se met en quelque sorte sous la protection de ce principe des gouvernemens libres. En fait, cette séance publique n'est qu'une distribution de prix et n'a pas d'autre importance. Dans les statuts, cette séance a un caractère plus grave et plus élevé. Les découvertes des arts, les applications de la science aux usages de l'industrie doivent être examinées et jugées dans une sorte de compte rendu de l'année écoulée. Ce compte rendu expose l'état de l'industrie nationale, ses principaux établissemens, ses ressources, ses progrès, ses améliorations. Comme chaque année des questions relatives aux sciences industrielles sont mises au concours, les mémoires envoyés sur ces questions sont jugés et appréciés. Des questions nouvelles sont proposées. Dans cette séance, quelques uns des étudians peuvent soutenir des thèses sur les objets d'enseignement de l'institut. Nous avons cité quelques uns de ces sujets de thèse. Ces thèses peuvent être de véritables discussions d'économie politique.

Enfin, pour achever d'un mot le détail de toutes les hardiesses de l'institut polytechnique, cet institut doit publier un journal sous le titre d'*Annales de l'Institut polytechnique*. Ce journal est destiné, disent les statuts, à faire connaître au public la marche de l'Institut polytechnique. Il traite des travaux et des progrès de l'industrie, et du développement des sciences soit au dedans, soit au dehors de l'école ; il n'oublie pas les progrès de l'agriculture. Il insère les mémoires des professeurs, et par extrait ceux des savans étrangers, et publie les brevets d'invention. Ici encore, de même que dans la séance publique, la publicité est invoquée comme devant faire la force et le succès de l'institut.

L'institut polytechnique est aussi, avons-nous dit, un musée des arts et métiers. Les collections qu'il renferme ne sont pas seulement à l'usage des élèves; elles servent de monumens de l'état des arts et se lient étroitement à l'exposition des produits de l'industrie nationale, qui a lieu tous les ans dans les salles de l'institut polytechnique. M. Prechtl a voulu faire de son institut le centre de l'industrie autrichienne. C'est de l'institut que l'industrie reçoit ses perfectionnemens, par l'éducation des jeunes gens qui se destinent aux arts et métiers; c'est l'institut que l'administration consulte quand il s'agit de questions qui touchent à l'industrie; c'est dans l'institut encore que l'industrie vient exposer ses produits chaque année, et c'est dans le musée de l'institut que sont déposés les échantillons des produits des manufactures.

Les collections sont sous la surveillance des professeurs. Ils sont chargés de les ranger et de les classer. Chaque collection répond à une des divisions de l'institut.

Il y a dans l'institut même un atelier destiné à la construction des modèles des machines qui servent dans les constructions des ponts-et-chaussées, et des instrumens de physique et de mathématiques. Il est interdit à cet atelier d'exécuter aucun ouvrage pour les besoins particuliers de la maison, ou des professeurs et des étrangers. C'est un atelier scientifique et non un atelier commercial. Il est placé sous la surveillance et la direction du professeur de mécanique. Quand les cabinets seront suffisamment fournis de modèles et d'instrumens, l'atelier pourra se charger pour les personnes étrangères à l'établissement de construire des machines sur le plan des modèles qui font partie de la collection, Ce sera encore une manière de répandre les perfectionnemens que la science peut introduire dans l'industrie.

Comme on le voit, cet atelier a un caractère tout particulier. Il ne fait point partie de l'enseignement de l'école. Il n'y est point placé comme un moyen d'habituer les élèves à la pratique des métiers. Ils apprennent dans l'institut polytechnique, comment la science peut être utilement appliquée à l'exercice des arts et des métiers; mais ils n'apprennent aucun métier particulier; ils n'en pratiquent aucun. Rien ne sort du cercle de l'étude. Ce sont des études, sachons-le bien, qu'on y fait et non des apprentissages. M. Prechtl a bien compris que ce serait dénaturer son institut que d'y introduire la pratique des métiers. Ce serait le changer en manufacture et créer aux dépens de l'État une concurrence aux manufactures des particuliers; ou bien, si les élèves ne travaillaient pas d'une manière sérieuse et sincère, s'ils ne travaillaient que pour s'exercer, le travail dégénérerait bientôt en jeu et en amusement. Il n'y a de sérieux et par conséquent de salutaire que le travail qui crée et qui rapporte quelque chose: tout travail fait dans un autre but a le grand inconvénient d'ôter au travail son véritable caractère, c'est-à-dire son impérieuse nécessité; et, dès qu'il n'est plus nécessaire et forcé, comme Dieu a déclaré qu'il devait l'être pour l'homme, le travail n'a plus rien en soi qui puisse moraliser le cœur de l'homme. Les éducations qui admettent le travail manuel le prennent comme un instrument d'instruction ou comme un moyen de récréation. Le travail manuel, comme instruction, finit par être une suite d'expériences amusantes; et, comme un moyen de récréation, il fausse l'esprit des enfans, en les habituant à traiter comme un jeu ce qui sera peut-être pour eux une nécessité. Supposez qu'un jeune homme qui aurait appris le métier de menuisier pour se distraire, pour s'amuser, pour se reposer du travail de l'esprit; supposez, dis-je, que ce jeune homme, par une vicissitude

quelconque de fortune, soit forcé un jour de travailler pour vivre, le travail sera pour lui plein d'amertume, parce que, s'étant habitué à s'en faire un jeu, à le prendre et le quitter selon sa fantaisie et son caprice, comme on fait des jeux, il le trouvera mille fois plus pesant, aujourd'hui qu'il lui faut le continuer pendant toute sa journée. En fait de travail, il vaut mieux n'avoir aucune habitude que d'en avoir de fausses; il vaut mieux ne l'avoir jamais connu que de l'avoir vu sous un faux jour.

Il nous reste à voir l'institut polytechnique sous sa troisième face, c'est-à-dire comme association destinée à encourager l'industrie. Après l'école, c'est ici son côté le plus grand et le plus élevé. On ne sera point étonné que ce soit celui qui soit le plus resté dans l'ombre. Cette association qui, disent les statuts, fait une partie essentielle de l'institut polytechnique, devait recevoir une organisation particulière. Elle ne l'a point reçue, et la pensée de M. Prechtl est, sous ce rapport, restée incomplète et inachevée. M. Prechtl a de l'ambition pour son institut: il a voulu lui donner à la fois la force d'une université, et c'est pour cela qu'il a adopté le principe de la liberté des études; la force d'une autorité administrative, c'est pour cela qu'il a lié son institut de toutes les manières à l'administration, c'est pour cela qu'il en a fait un comité consultatif qui donne des avis et fait des rapports; enfin, il a voulu aussi lui donner la force d'une académie et, s'il faut le dire, d'une institution élective, afin sans doute que cet institut eût tout ce qui fait l'autorité et l'ascendant en ce monde, la capacité, le pouvoir, l'élection. Dans la pensée de M. Prechtl et dans les statuts, les négocians et les fabricans les plus considérés et les plus instruits seraient nommés membres de l'institut polytechnique. Ces membres, réunis aux professeurs, formeraient la société d'encouragement de l'industrie. Cette réunion des hommes nourris dans la pratique et des hommes nourris dans la science serait utile aux uns comme aux autres. Aux praticiens, elle ferait connaître les ressources que peut offrir la science: aux professeurs, elle ferait connaître les découvertes et les améliorations les plus récentes de l'industrie. Un des objets aussi de cette association est de proposer des prix pour les inventions et les perfectionnemens dans l'industrie. On voit qu'il n'y a pas un moyen d'influence que M. Prechtl ait négligé d'employer en faveur de son institut. Si cet institut était tel que l'a conçu son fondateur, je ne crains pas de dire que dans un gouvernement, qui vise à la civilisation matérielle plus qu'à toute autre, l'institut polytechnique deviendrait l'ame de l'administration: car il correspond à tous les buts que le gouvernement veut atteindre. Par son éducation, il forme des hommes amis de la pratique et de l'utilité, qui répugnent aux théories et aux systèmes. Par ses séances publiques et son journal, c'est de la pratique encore et de ses avantages, c'est des sciences qui peuvent être appliquées à l'industrie, qu'il occupe le public; et par ses élections et ses prix académiques enfin, c'est l'industrie qu'il proclame comme la bienfaitrice de la société et comme ayant droit aux honneurs et aux récompenses publiques.

L'institut polytechnique n'est pas tout ce qu'il pourrait être; mais il est toujours prêt à le devenir et à profiter des occasions. Tel qu'il est, il couronne le système de l'instruction publique en Autriche d'une manière conforme à l'esprit de ce système. La spécialité et la pratique, tel est, avons-nous dit, l'esprit général de l'instruction publique en Autriche. A mesure que l'instruction s'élève, elle se divise et devient plus spéciale. Dans l'instruction obligatoire, tout le monde est tenu de suivre tous les cours ; dans l'instruction facultative de l'institut polytechnique , chaque élève suit le cours qui convient à sa profession à venir. Ce que l'Autriche repousse partout , ce sont les connaissances superficielles et vagues; c'est l'instruction encyclopédique qui ne produit jamais que des demi-savans. L'instruction en effet ne gagne en superficie qu'à condition de perdre en profondeur, et quiconque veut savoir tout ne saura jamais qu'un peu de tout.

SAINT-MARC DE GIRARDIN.

LES VILLES ALLEMANDES.

FRANCFORT-SUR-MEIN.

II.

Monumens. — Le Rœmer. — La Cathédrale. — La Bourse. — Les Rothschild. — Le Théâtre. — Gœthe et Francfort. — Les Arts et l'Argent.

Avant de décrire les monumens remarquables que possède encore la ville , il est bon de poser quelques jalons pour rappeler comment elle s'est formée et développée. Ses commencemens remontent à la fin du huitième siècle , époque où des gens de service vinrent s'établir auprès du siége royal existant en ce lieu. En 794, Charlemagne le choisit pour y convoquer un concile, et depuis lors on rencontre souvent dans les chroniques le nom de *Francuofurth, ad Franconeford, Franconifort, zu Frankenfurth.*

Attiré par la beauté du site, Louis-le-Débonnaire résolut ensuite d'y fixer sa résidence et bâtit sur les bords mêmes du Mein la Sala , dont ce qui reste, remanié à une époque plus moderne, s'appelle aujourd'hui le *Saalhof.* En 838, le même empereur accorda à la ville , qui s'agrandissait peu à peu, les droits de justice; il l'entoura aussi de murailles et de fossés. Rapidement s'accrut , sous les règnes suivans des empereurs carlovingiens , saxons , franconiens et des Hohenstauffen, le nombre des habitans, car plusieurs d'entre eux vinrent à diverses reprises y demeurer.

Bientôt après ce temps-là , la population de Francfort comprenait, outre les *anciens bourgeois (Altbürgern)* d'origine patricienne , des *citoyens libres* , au lieu des gens à gage qui d'ordinaire formaient dans les villes d'Allemagne la classe opposée à celle de la petite noblesse. C'étaient des artisans indépendans, répartis en corporations. La juridiction supérieure était entre les mains d'un bailli (*Voigt*) impérial qui , du reste, devint bientôt un fléau pour la ville. Richard de Cornouailles , roi d'Allemagne, délivra Francfort de son bailli, et lui donna , pour être à la tête de la communauté , un avoyer (*Schultheis*) de race noble. A dater de cette époque, l'avoyer donc , conjointement avec les échevins et les juges , choisis parmi les patriciens, dirigea l'administration de la justice. En outre , les conseillers et ceux d'entre eux que l'élection désignait pour la charge de bourgmestres, étaient les chefs municipaux de la bourgeoisie , ordre de choses qui a été conservé jusqu'à nos jours, avec cette seule différence que les fonctions d'avoyer tombèrent en désuétude et que le sénat fut partagé en trois bancs : les échevins, les sénateurs et Messieurs du conseil. Quant aux échevins, l'obligation pour eux de justifier d'une origine patricienne n'est plus en vigueur aujourd'hui. On remplit maintenant les vides qui se présentent sur le premier banc avec des membres pris sur le second. Mais le troisième banc, formé par Messieurs du conseil (*Herren des Raths*), est exclu du droit de succession aux classes les plus élevées du sénat. C'est qu'il se compose d'artisans, les seuls qui peuvent y obtenir le siége et la voix , tandis qu'on n'admet sur

les deux premiers bancs que des légistes ou des négocians.

En 1356, Charles IV publia la bulle d'or, loi relative au mode d'élection des empereurs, dont on conserve encore l'original dans le Rœmer et qui fixait à toujours comme lieu de réunion des électeurs la ville de Francfort où déjà, depuis la mort de Conrad III, plusieurs choix avaient été faits. Dès lors les sept électeurs , ecclésiastiques et séculiers, procédèrent à l'élection dans une salle du Rœmer, pour la confirmer ensuite solennellement dans une chapelle de la cathédrale (*Dom*) ou de l'église Saint-Barthélemy.

Parlons maintenant du Rœmer. A entendre ce nom, on se représente un orgueilleux édifice qui reflète dans son architecture toute la majesté de l'empire romain, qui porte aux nues, avec l'aigle pour cimier, sa tête fière d'avoir contemplé le siècle de Charlemagne et survécu à tant de royaumes et de monarques. C'est une erreur. Le Rœmer est d'apparence fort modeste et n'a rien d'impérial au dehors. Sans être taxé d'injustice, on pourrait même le prendre pour un immense magasin, tant le style est dénué de prétentions. Une horloge au pignon du milieu, voilà le seul ornement dont il ait été pourvu. Maintenant, d'où lui vient le nom qu'il a conservé? C'est là un long sujet de discussions pour les antiquaires de nos jours. Les uns affirment qu'il le doit à ce qu'au moyen-âge des marchands lombards y déposaient leurs denrées et que par suite on voulut le baptiser d'un nom italien ; d'autres veulent qu'une famille Rœmer, depuis long-temps éteinte, ait habité une partie de ce bâtiment et l'ait cédé à la ville vers 1415. On répond à ces derniers que cette famille, venue de Cologne à Francfort, a reçu son nom de l'édifice , bien loin de le lui prêter. Il est encore une opinion que je suis pour ma part disposé à confirmer. On prétend que le Rœmer était la résidence impériale (*Kaiserpfalz*) dont parlent les chroniques comme ayant été fondée par **Charlemagne.** Le fils de Pépin, ajoute-t-on, se plaisait aux dénominations qui rappelaient l'ancienne reine du monde. A Aix-la-Chapelle, il s'était bâti un *Lateran* ; cette ville même, il l'avait appelée la *Nouvelle-Rome.* Ainsi, encore, la maison qui touche au Rœmer porte le nom de Frauenstein (pierre ou maison des femmes, *genitium*), comme les Francs désignaient la partie séparée de leurs habitations où demeuraient les femmes. On fait, en outre, observer que certaines portions du Rœmer, les plus anciennes, rappellent avec évidence l'architecture lombarde que Charlemagne introduisit dans ses états, et l'on fait valoir surtout les galeries couvertes, supportées par de puissans piliers, dont la destination était d'offrir aux valets un abri contre la pluie et le soleil.

A l'intérieur, le Rœmer est aussi irrégulier que pouvait l'être l'empire lui-même à ses derniers instans. Ce sont des salles, des galeries, des corridors, des escaliers, qui se croisent en mille sens, labyrinthe dans lequel sans guide on cherche vainement à s'orienter et dont on ne trouve pas plus la fin que jadis on n'arrivait au terme d'un procès engagé devant feue la chambre impériale de Wetzlar.

La salle où se réunissaient les électeurs a été décorée par Colomba avec force images de dieux et de génies, sans parler des armes des sept princes. On y voit le portrait de Léopold II représenté de grandeur naturelle avec son costume du couronnement. Il appartient à cette série d'empereurs qui portèrent perruque jusque sous le diadème. On sait, d'ailleurs, que la perruque de la maison d'Autriche était devenue depuis long-temps la véritable couronne d'Allemagne. Les électeurs n'étaient autre chose que de complaisans coiffeurs en quelque sorte prêts à la mettre et à l'arranger après la mort de l'archiduc précédent sur la tête de son héritier en ligne directe. L'élection impériale n'était plus qu'un simulacre d'élection. Aujourd'hui la salle consacrée à cet antique usage sert de salle d'assemblée au sénat de la ville de Francfort.

De cette pièce passons à la salle impériale où se donnait le banquet après l'élection, banquet qu'accompagnait une musique bruyante de trompettes et de cymbales, au milieu des cris de la foule accourue sur la place du Rœmerberg pour s'y disputer les monnaies du joyeux avènement, le vin jaillisant que versait la fontaine et les morceaux du bœuf rôti, pour qu'elle eût, elle aussi, sa part du régal. Là non plus on ne trouve aucune trace de pompe ni de luxe. La seule chose digne d'intérêt qu'on y remarque c'est la série des portraits en bustes embrassant tous les empereurs depuis Conrad 1er de Franconie jusqu'à François II et remplissant autant de niches tout autour de la salle. Les maîtres souverains de l'Allemagne d'autrefois sont peints en couleur brunâtre et ressemblent quelque peu à des momies desséchées, image expressive de l'empire déchu sur lequel ils régnaient jadis, et qui est tombé sous l'action destructive du temps ; mais, dans ces images inanimées, dans ces yeux fixes, sur ces traits affables ou farouches, il y a quelque chose qui parle avec éloquence au spectateur allemand en dépit des efforts du temps : c'est le souvenir de la patrie allemande, de ce grand et puissant pays qui sous le sceptre de ces hommes fut un seul et même empire.

Maintenant dois-je, comme dans un cabinet où s'alignent pour le peuple de grotesques figures de cire, évoquer l'un après l'autre chacun des empereurs de l'Allemagne pour énumérer leurs grandes ou leurs mauvaises actions ? Ce n'est pas ici le lieu, et je me contenterai de nommer l'empereur Adolphe de Nassau qui chercha à grossir, à cause de ses rapports avec la localité, ses petits états héréditaires aux dépens de la dignité impériale en y réunissant les domaines échus aux deux fils du margrave Albert le Vicieux, et qui, ne pouvant avec l'argent de sa cassette faire face aux dépenses des fêtes du couronnement, leva sur les juifs de Francfort une contribution extraordinaire. Aujourd'hui ce sont les juifs qui imposent les empereurs.

La cathédrale, autrement le Sauveur ou Saint Barthélemy, est la plus ancienne église du vieux Francfort. Autrefois on l'appelait Sainte-Marie-des-Murailles (*Sancta Maria in Mœnibus*) parce qu'elle était adossée aux murs de la ville. Louis le Germanique, petit-fils de Charlemagne, se joignit à dame Ruclint, pieuse matrone d'origine franque, pour fonder le chapitre qui y fut annexé durant des siècles. L'église elle-même date des premières années de la dynastie carlovingienne. C'est une masse imposante siégeant encore aujourd'hui sur la place où elle fut élevée, comme un héros qui coulerait en paix les années de sa vieillesse. Autour de son clocher, qui découvre au loin la terre d'Allemagne, semble briller une glorieuse auréole. Les ruines de l'empire sont de toutes parts étendues à ses pieds, de l'empire dont jadis l'unité était consacrée périodiquement dans une de ses tranquilles chapelles.

Comme nous l'avons indiqué, la cathédrale fut autrefois sous l'invocation du Sauveur, par suite, raconte-t-on, de la guérison qu'y opérèrent sur Charles le Gros, atteint de la rage, Hubert, archevêque de Mayence, et Rembert, évêque de Metz. Dès lors, le nom qu'on lui décerna nous paraît lui avoir été donné à bien juste titre.

En 1238. elle changea de nom lorsqu'elle fut gratifiée de la précieuse relique que l'on appelle le crâne de saint Barthélemy.

Gunther, comte de Schwarzbourg, qui fut élu roi d'Allemagne, repose dans le chœur de cette église. Ce fut un vaillant guerrier, un digne allemand, qui, après être parvenu au trône dans un temps de troubles et de guerres civiles, ne put s'y maintenir que six mois en présence de son compétiteur Charles IV. La tombe de Gunther a subi d'aussi tristes destinées que l'empire auquel il prétendit ; on l'a même dépossédée de son emplacement originaire pour en faire honneur à Charles VII, celui-là qui reçut des mains de Doria le chapeau de cardinal. L'inscription où était rappelée la vie de Gunther est entièrement effacée, de telle façon qu'on ne peut s'assurer si en effet ce prince est mort du poison comme le rapportent quelques historiens. Peu importe après tout. Ce qui est certain du moins c'est que Gunther fut victime de la maladie propre à l'Allemagne, le manque d'union. Un de ses descendans, feu le prince Gunther de Schwarzbourg-Sondershausen, s'est distingué par cette circonstance digne d'être notée, qu'il ouvrit gratis à ses sujets un théâtre où il leur était loisible de boire de la bière et de fumer comme cela se pratique, par exemple, à l'estaminet hollandais du Palais-Royal. Telle était quelquefois la fumée dont ces représentations singulières s'enveloppaient, que le théâtre en était matériellement obscurci et qu'il fallut souvent enlever de la scène des actrices évanouies.

La chapelle des élections, où le choix d'un empereur, effectué déjà dans le Rœmer, était solennellement renouvelé, n'est qu'une étroite et longue voûte sans aucun ornement. Elle m'a rappelé la crèche de l'enfant Jésus. Qu'on n'aille pas croire pourtant que je veuille donner les élus et les oints du Saint-Empire pour avoir tous été des Messies ; il y en a qui n'ont même pas mérité le nom de chrétiens. Mais, enfin, l'empire unitaire d'Allemagne a bien quelque analogie avec ce que l'on peut se représenter comme le Messie du peuple allemand. Ne l'a-t-on pas mis sur la croix ? Il est vrai qu'après trois jours on ne l'a pas vu ressusciter, à moins que l'on ne prenne pour cette résurrection sa réapparition en trente-huit particules homœopathiques en quelque sorte, qu'on appelle aujourd'hui les états confédérés.

En tableaux et en ornemens précieux, la cathédrale de Francfort n'est pas riche. Le tableau du maître autel est une copie de l'Ascension de la Vierge que Rubens a faite pour la cathédrale d'Anvers. Le clocher est un beau monument de l'art gothique. Il est peu de tours qui soient travaillées avec la même finesse, la même transparence, la même légèreté. Son défaut, c'est de n'avoir pas été achevée. Cette flèche, qui s'élance si hardie vers les cieux, est lourdement terminée par une sorte de coeffe arrondie qui ressemble un peu à un bonnet de nuit et qui messied souverainement au clocher d'une cathédrale.

Les autres églises de Francfort n'ont tout au plus qu'un intérêt de localité. Leur architecture n'offre rien de remarquable, si ce n'est peut-être l'église moderne de Saint-Paul, terminée en 1832 seulement. Le style en est romain, et le monument entier est construit en pierres de taille de forme elliptique ; mais, comme la plupart des nouvelles églises protestantes, elle manque de ce mystérieux clair-obscur qui, sous les arceaux gothiques, exerce une si grande influence, qui peu à peu, au milieu des chants pieux et des fumées de l'encens, arrache les fidèles à la terre pour les élever au séjour du Très-Haut. Dans l'église de Saint-Paul règne un jour éclatant et serein. On reconnaît la divinité, mais on ne la sent point. Les églises protestantes, et ici je ne parle pas de celles qui, transmises à la réforme par le catholicisme, ont nécessairement conservé les formes primitives, mais des églises qui ont été construites sous l'empire de la foi moderne et pour faire arriver nettement à chacun la voix du prêtre, celles-là ressemblent à cette théologie qu'on a extraite des livres saints, à cette dogmatique qui est la science de Dieu. Quant aux vieilles cathédrales du moyen-âge, elles en représentent la poésie, et j'entends par là ce spiritualisme qui anime jusqu'aux pierres et prête aux rochers une religion.

A Sachsenhausen, il faut signaler la maison de l'ordre teutonique dont l'intérêt est tout historique. Quand on a traversé le pont du Mein, elle se montre aussitôt à la gauche de l'arrivant. Fondée au treizième siècle par Cuno de Menzenberg, elle n'a pas survécu jusqu'à nos jours, car l'édifice actuel ne remonte pas au-delà de 1709, époque où il fut élevé aux frais de l'ordre. On sait que cette association religieuse avait été créée en 1190 par le duc Frédéric de Souabe lors du siége de Saint-Jean-d'Acre, et que son nom, ordre teutonique ou allemand, lui vint de la règle qui n'admettait dans son sein que des nationaux de noble naissance. Son but primitif était de défendre la religion chrétienne contre les infidèles et de soigner les malades en terre sainte. Les vœux de tempérance et de chasteté formaient la base de l'institution. Ce sont là des vertus qui de nos jours ne sont plus à la mode. Avant sa chute, l'ordre lui-même ne les connaissait plus que par ses réglemens et dans sa vie extérieure avait contracté des habitudes fort différentes. C'est en 1809 qu'il fut dissous par Napoléon. Son dernier grand-maître était l'empereur d'Autriche, auquel appartient encore la maison de Sachsenhausen.

L'édifice connu sous le nom de Braunfels appartient à la société noble du Frauenstein. Outre la Bourse, il renferme les galeries disposées en carré où, durant la foire célèbre qui deux fois par an attire à Francfort une grande partie du commerce allemand et étranger, les marchands établissent leurs boutiques comme dans une sorte de Palais-Royal en miniature. Quant à la Bourse, elle doit sa renommée à la maison Rothschild et au change des effets de commerce dont elle est le centre, bien plutôt qu'à l'élégance ou à la commodité de ses bâtimens. On y est exposé au vent, à la pluie, à toutes les vicissitudes d'une température variable, car la cour en est le lieu principal de réunion. Dans le fond seulement se trouve un endroit couvert, assez grand tout au plus pour donner refuge à un habitué sur dix. En revanche, ceux qui subissent quelque perte dans leurs spéculations ont la jouissance du ciel, dont la perspective, bien que lointaine, réserve pour eux ses infinies consolations. Au fait, le vent, l'orage, toutes les variations de la température, sont un symbole assez fidèle du genre des affaires qui se font à la Bourse de Francfort. Boerne a dit quelque part qu'en s'approchant de cet endroit mystérieux on doit involontairement s'attendre à y trouver force amateurs de musique, car, de toutes parts, les oreilles sont frappées de ces mots : un quart (une noire), un huitième (une croche), etc. Qu'on tourne ses regards vers un homme qui, l'air souriant, la boutonnière bariolée de rubans et de croix, médite dans un recoin de la cour, on croit voir un sorcier qui tient tous les autres assistans, juifs et chrétiens, attachés par une longue ficelle : s'il la tire un peu, il faut qu'ils dansent. Cet homme, c'est Anselme, baron de Rothschild, le fils aîné de Mayer Anselme Rothschild.

J'ai déjà dit que le fondateur de la maison Rothschild avait vu le jour dans la *Judengasse*, au milieu de ces noires et caduques rangées de bâtimens qui rappellent assez bien l'humble allure et le triste isolement auxquels, durant des siècles, les juifs de Francfort furent condamnés. Mayer-Anselme naquit vers l'an-

née 1743. Le père des barons et des chevaliers de Rothschild fut donc, comme tous les autres enfans d'Israël, réduit dans sa jeunesse à rentrer le soir dans leur rue solitaire, dont les grandes portes bardées de fer se refermaient sur eux ; il lui fut aussi défendu de porter le dimanche ses pas maudits sur le pavé de la ville chrétienne ; les promenades même lui étaient interdites, car jusqu'au règne de Charles Dalberg, prince primat, la condition des juifs ne fut guère meilleure à Francfort que celle des autres créatures vivantes auxquelles on refuse le nom d'hommes. C'est à Furth que Mayer-Anselme étudia les sciences dans de vieux livres reliés en peau de porc, dans les dictionnaires talmudiques d'Aben-Esras et de David Kunchis, dans le Pentateuque de Meyer Hallevi, dans les dissertations théologico-philosophiques contenues aux saints livres nationaux des Maïmonides. Il lut ce que Levin-ben-Gerson a écrit pour la défense de la foi, ce que Moïse Pectachia, Benjamin de Tudela et Périzot d'Avignon ont raconté dans leurs voyages. En un mot, le fondateur de l'illustre maison de banque eut pu être grand-rabbin, s'il n'en avait été décidé autrement dans le conseil des dieux, si le hasard ne l'eût mis en relation avec le prince-électeur de Hesse. De retour à Francfort, il s'occupa de recherches sur les antiques et les médailles, sorte d'étude qui ressemble à un compromis entre la science et l'argent. Transporté ensuite à Hanovre, où il prit du service dans un grand établissement de change, il y conserva son penchant favori pour les médailles. C'est grace à elles qu'il fit la connaissance du landgrave, depuis électeur de Hesse, qui, après lui avoir acheté des antiques et s'être convaincu de sa probité et de sa fidélité, l'éleva au rang d'agent de la cour. Le fonctionnaire hessois mourut en 1812, léguant à ses cinq fils, pour dernier commandement, la recommandation de rester invariablement unis. On sait comment ils l'ont tenu, car depuis 1813 jusqu'à nos jours il n'a jamais été question que d'une seule maison Rothschild. Ni Paris, ni Londres, ni Vienne, ni Naples n'ont été séparées par d'assez grandes distances, pour rompre l'alliance contractée entre les cinq frères. Ces villes n'ont été que les quartiers-généraux pour ainsi dire des opérations commencées en 1813 et continuées avec un succès qui assure aujourd'hui à la famille Rothschild un crédit, une considération, tels que jamais aucune maison de banque n'en a obtenu en Europe, pas même celle des Fugger, jadis si renommée, et qui de simple bourgeois d'Augsbourg, éleva son chef à la dignité d'un prince de l'empire.

A ceux qui s'intéressent vivement à la politique moderne, le palais des princes de Tour-et-Taxis paraîtra digne de mention. C'est là que siége la diète. Il est bâti dans le style français du siècle de Louis XIV. Dire ensuite dans quel style délibère la haute assemblée qui s'y réunit, c'est ce que je ne puis tenter, grace au mystère dont la diplomatie sait s'entourer.

Si l'on demande quel rang Francfort occupe sous les rapports de l'influence sociale, de la science ou des arts, il suffit de répondre que cette ville doit son existence et son éclat principalement au commerce ; c'est le commerce qui y est l'affaire dominante dans la vie de tous, le reste n'étant après cela qu'un accessoire, qu'objet de luxe et de distraction. Il faut à l'art de l'argent pour s'élever au dessus des obstacles matériels. A ce point de vue, la richesse de Francfort est pour lui bien venue. On a quelque temps appelé le théâtre de cette ville le théâtre national, dénomination ridicule en ce sens que la nationalité allemande n'est guère représentée à Francfort que par le palais de Tour-et-Taxis et par ses diploma-

tes. Ce théâtre compte certainement les premiers artistes de l'Allemagne parmi ceux qui le desservent. De ce nombre est mademoiselle Lindner, la Mars allemande, M. Weidner, qui excelle dans les rôles à caractère, M. Meck, le Potier de son pays. Mais il n'en est pas moins vrai que Francfort n'a jamais été le foyer où se concentrent la vie, l'activité, le génie d'un peuple. Qu'y serait le théâtre français ? La même scène, scène féconde en talens, sans aucun doute, mais privée de ces larges proportions et de cette influence profonde qui en ont fait pour ainsi dire le pinacle dramatique de la nation au centre de laquelle il s'élève.

Il en est de même de l'institut Stædel fondé pour l'étude des arts par un négociant qui les aimait. Cet établissement trouvera toujours dans la richesse de la ville un puissant appui, appui, du reste, aussi profitable à notre époque que l'amour de l'art, lequel s'il existe encore chez des individus isolés, n'est certes plus l'apanage du public. Quand le Francfortois n'est pas poussé par un sentiment intime et enthousiaste à rechercher les jouissances élevées de l'esprit, laissons-le au moins les rechercher par vanité, par orgueil. Que nous importent les causes, si nous obtenons les résultats.

En me disant un jour : « Hélas ! monsieur, la plupart des » hommes ne savent pas ce qu'il en coûte pour gagner un » million, » une dame de Francfort signalait naïvement, sinon la tendance de sa ville natale, du moins le ressort qui la met en mouvement. Un autre mot exprime assez bien sa situation actuelle. On demandait à un des millionnaires qu'elle abrite, pauvre homme perclus de tous ses membres et souffrant sans relâche, s'il sacrifierait volontiers sa fortune à sa santé. « Je préfère, reprit-il presque en colère, être ma-» lade mais riche. » A bien dire le siècle tout entier n'en est-il pas là ?

Ensuite, Francfort sera la première de toutes les villes d'Allemagne qui aura élevé un monument à Gœthe, le poète, précisément parce qu'elle a l'argent nécessaire à l'accomplissement de cet acte pieux. On a fait à ses habitans le reproche d'avoir, du vivant de ce même Gœthe, exigé de lui, après lui avoir décerné la bourgeoisie d'honneur, le paiement de son impôt comme citoyen. Mais cette prétention n'était-elle pas basée sur un sentiment d'égalité naturelle dans une république où la couronne de poète ne pèse pas plus que celle de bourgeois ? Avec ce dernier titre, on n'obtient que des droits équivalens à ceux de tous. Gœthe, du reste, se montra mauvais citoyen et renvoya son diplôme.

Francfort, en un mot, possède tous les avantages, toutes les vertus qui sont compatibles avec le siècle. Quand on objecte que le vice unique, radical de cette ville, est d'être trop riche, je réponds, ce que j'ai déjà dit, que ses millions sont sa grandeur. En quoi consiste donc la grandeur aujourd'hui si ce n'est dans la richesse, aujourd'hui que dévoûment, patriotisme, nationalité, tout ce qui jadis faisait la gloire et la prospérité des peuples, s'efface devant l'argent et les jouissances matérielles qu'il procure ?

EDOUARD DEURMANN.

ARIANE, PAR DANNECKER.

L'original de la belle statue d'Ariane, taillée de grandeur naturelle dans un marbre de Carrare, appartient à la famille Bethmann, de Francfort, et se trouve dans la salle des antiques de leur musée situé devant la porte de Freidberg.

La fille de Minos, la fiancée de Bacchus, heureuse de l'a-

mour du jeune dieu, est représentée négligemment couchée sur une panthère qui s'avance lentement : elle a le front orné du diadème divin et les cheveux enlacés de pampre et de lierre.

Ce que les connaisseurs admirent surtout dans ce chef-d'œuvre, c'est la grace des contours et la pureté des formes. Dannecker avait à concilier dans cette figure la perfection matérielle avec une expression d'ivresse amoureuse plus pensive et plus élevée ; il y a réussi avec un rare bonheur. Tout, dans les membres qu'il a si finement sculptés, est vrai, vivant, animé, et cependant sur l'ensemble de l'heureuse et belle fille plane une merveilleuse auréole de poésie qui semble révéler sa future destinée.

Dannecker a commencé cette statue en 1809, et, après l'avoir abandonnée quelquefois pour d'autres travaux, il l'a terminée et livrée à M. Bethmann en 1816. Une disposition particulière des rideaux adaptés à la fenêtre de la salle où elle est placée projette sur la figure d'Ariane un reflet de lumière couleur de chair qui trompe le spectateur. Quelques juges sévères ont blâmé cette espèce de charlatanisme comme indigne de l'art ; mais l'ignorant qui ne soumet pas ses plaisirs à une analyse philosophique ne s'en plaint pas de même, car il lui doit une illusion plus complète et plus séduisante.

Nous n'entrerons pas aujourd'hui dans d'autres détails sur l'artiste célèbre auquel on doit Ariane, le vénérable Dannecker, qui a célébré dernièrement son quatre-vingtième anniversaire. Ce sera le sujet d'un travail spécial, qui présentera à la fois sa biographie et l'appréciation artistique de ses ouvrages.

LES PRISONS DE RICHARD-CŒUR-DE-LION.

II.

TRIFELS.

Une des plus belles contrées de l'Allemagne, on pourrait dire de l'Europe, se trouve sur la frontière qui sépare la France de la confédération, à peine soupçonnée par la première et peu remarquée de l'autre. Souvent elle m'a rappelé ces grands hommes qui durant toute leur vie restent méconnus ou ignorés. Cette contrée, c'est le territoire qui, le long de la rive gauche du Rhin, descend d'abord de Wissembourg à Bergzabern, si délicieusement située, puis, par Landau, Edenkoben, Neustadt-sur-le-Haardt et Durkheim jusqu'à Grunstadt. Luxueusement diaprée de forêts verdoyantes, de vignobles, de bois d'amandiers et de châtaigners, de guérêts, de bourgs opulens et d'antiques châteaux, la province dont je parle peut défier la comparaison avec toute région placée dans des conditions analogues. Là, s'inclinent de plus en plus vers la plaine les dernières ondulations de la chaîne des Vosges, moins sauvages qu'aux abords de la Suisse, moins altières que dans la Haute-Alsace, mais riches toujours de gracieux côteaux et laissant encore çà et là percer quelques cimes grandioses. Nul voyageur n'a visité ce beau pays sans être saisi d'une vive admiration, nul ne l'a parcouru sans s'étonner douloureusement de ce qu'il est ignoré.

Du sommet d'une de ses hauteurs, l'œil plane librement du nord au sud, embrassant dans son rapide regard tour à tour l'église de Strasbourg, monument grandiose d'Ervin de Steinbach, avec sa tour inachevée, la cathédrale de Spire où reposent les empereurs, plus loin encore, dans le pays des Nibelungen, celle de Worms, qui fut le théâtre de la lutte entre l'empire et Luther, enfin, à droite au-delà du Rhin, les ruines du château de Heidelberg, et, à gauche, le Mont-Tonnerre aux pointes saillantes et qui jadis donna son nom à un département de l'empire français. Quand on est là, on voudrait toujours y rester ; on serait tenté de crier avec Gœthe à tous ceux qui dans leur infatigable activité vont chercher au loin le grand et le beau :

Willst du immer weiter schweifen?
Sieh ! das Schœne liegt so nah.

« Veux-tu donc toujours t'éloigner davantage ? Vois, le « beau est cependant si près ! »

C'est au milieu de ces campagnes que je voudrais conduire les Français qui, dans un tableau de l'Allemagne, ne s'attendent à rencontrer que les pics de glace et les ouragans terribles de la mer du Nord, que vents mugissans et forêts de pins, mélancolique apanage d'un désert de sable, comme, il y a peu de jours, l'insinuait l'auteur d'une critique du *Panorama*, du reste fort amicale et bienveillante ! Avec quelle surprise ils t'admireraient, noble terre, pays béni ! Ceux qui te calomnient, patrie si chère, ne t'ont jamais vue ; pardonne-leur, car ils ne savent de quoi ils parlent !

Non loin de Landau, la forteresse élevée par Vauban, et que le baptême du grand ingénieur, qui la déclarait inexpugnable, n'a pu préserver d'être prise quatre fois dans l'espace de 1702 à 1714, deux fois par les troupes allemandes, deux fois par les armées françaises ; non loin de Landau, à une lieue de la petite ville d'Annweiler, se trouve, comme roulée en quelque sorte à l'entrée du *Landes-Au* (jardin du pays), une singulière masse de montagnes, de rochers, de bois et de ruines. On n'aperçoit d'abord qu'une seule hauteur avec les débris d'un château ; une seconde se découvre bientôt et enfin une troisième, chacune avec la même particularité qui distingue la première. Dans la langue du pays et dans ses antiques traditions, cette montagne au triple sommet s'appelle Trifels (Trois-Rochers). Il n'y a que la monomanie pédantesque des archéologues qui ait pu chercher une autre origine à ce nom dont l'étymologie est par elle-même si évidente. On peut encore reconnaître que les trois sommets ont dû ne former qu'un tout. C'était sans doute le premier qui portait le château principal, le Trifels proprement dit, dont les deux autres, Anebos et Scharfenbourg , constituaient les dépendances. Quelque pénible que soit l'ascension du Trifels, la fatigue du voyageur qui la tente est récompensée au centuple par les beaux points de vue dont il y prend possession, au sud-ouest, sur la belle et onduleuse vallée d'Annweiler, au nord-est, sur la vaste plaine du Rhin semée d'innombrables villes et villages. On dit de Landau que les habitans de plus de deux cents villages des environs vont à ses marchés et s'en retournent chez eux le même jour.

Le château de Trifels, dont les restes actuellement existans sont une tour, une fontaine et quelques ouvertures sur un ancien souterrain, à quelle époque a-t-il été bâti ? Sur ce point, comme sur la personne de son fondateur, règne cette même obscurité dont sont enveloppés aujourd'hui la plupart des monumens qui datent du moyen-âge. S'il faut s'en rapporter à certains témoignages qui résultent de la nature de ses ruines, son origine remonterait jusqu'aux premiers temps de la domination des Francs ; une chronique fabuleuse l'attribue même à Drusus, le général romain. Les seuls faits que l'on puisse donner comme avérés, c'est que le Trifels est mentionné déjà dans plusieurs documens contemporains des empereurs allemands de la branche Salique, c'est que de cette dynastie il passa d'abord à celle des Hohenstauffen, puis à celle des Habsbourg ; c'est qu'en l'année 1333, Louis de Bavière le céda en gage à l'électeur palatin ; c'est qu'enfin par un traité de par-

tage conclu en 1410 il tomba dans le domaine privé des ducs de Deux-Ponts. On ne peut non plus mettre en doute que les Hohenstauffen n'aient souvent et volontiers résidé dans ce château. La tradition est pleine des souvenirs de Frédéric Barberousse, que tantôt elle représente comme le fondateur et l'habitant de Trifels, entouré de tous les insignes impériaux et d'un brillant cortège, qu'elle montre d'autres fois quittant après sa mort, fantôme inquiet, son palais d'Haguenau pour venir nuitamment à travers les airs fouler au Trifels son lit impérial qui chaque matin lui était préparé de nouveau dans ce château.

Du reste, Barberousse n'a pas réellement édifié le Trifels, mais il l'agrandit et l'embellit avec prédilection. C'est à lui qu'on pourrait ainsi attribuer la construction de la fameuse salle de marbre dont parlent les chroniques, mais qui n'a laissé aucune trace de sa splendeur. Il paraît, d'autre part, très vraisemblable que ce fut l'empereur Conrad II, le Salique, qui, après sa victoire sur le duc Frédéric de Lorraine en 1027, éleva ce château afin de protéger contre de futures attaques le défilé par lequel on pouvait pénétrer sur son territoire. D'autres fortifications du même genre, sur la frontière de Lorraine, furent établies par lui dans la même intention, et, quant à son goût pour les grandes constructions, on en a des preuves irrécusables dans le monastère de Limbourg et dans la cathédrale de Spire.

Au moyen-âge, le Trifels avait une triple destination : c'était, à la fois, une forteresse impériale, une prison d'état et un garde-trésor. Comme forteresse, sa possession, durant les luttes fréquentes qu'occasionnaient les prétentions au sceptre impérial, décida souvent la victoire ; comme trésor, il contenait de nombreuses richesses : c'étaient, d'abord, les insignes de la première dignité de l'empire, la couronne, le sceptre, le globe , le manteau, la dalmatique et l'épée de Charlemagne, la ceinture, la robe d'or, les gants entièrement d'or et garnis de joyaux, etc. On y gardait aussi l'épieu de saint Maurice, le fer de la lance avec laquelle furent transpercés les flancs du Sauveur, la couronne d'épines, les clous et un morceau de la vraie croix , une partie du bras de sainte Anne, une dent de saint Jean-Baptiste, un morceau de la corde qui servit à lier le Christ, l'éponge qu'on imprégna de vinaigre pour le désaltérer. Avant sa mort, qui survint en 1125, Henri V, le dernier des Saliques, avait donné l'ordre que ces insignes et ces reliques fussent conservées au Trifels jusqu'au moment où le choix d'un nouvel empereur serait définitivement accompli. C'est pour cet usage que l'on construisit probablement la chapelle dont il est encore possible de retrouver les traces. D'après Dufresne (*Glossarium medii et infimi œvi*), la coutume était générale au moyen-âge de mettre les trésors et les choses précieuses en dépôt dans des chapelles qui offraient, grace à la dévotion du temps, une garantie de sûreté. On se félicitait, d'ailleurs, comme d'un bonheur peu ordinaire, d'habiter dans le voisinage de ces endroits consacrés. Il est facile dès lors de concevoir comment le Trifels et ses reliques furent en grande vénération auprès du peuple qui, pour renforcer encore la surveillance de ces pieux trésors, se plut, dans sa fantasque imagination, à munir le château d'esprits, de dragons, d'êtres puissans et mystérieux.

Comme prison d'état, le Trifels paraît avoir eu une terrible renommée. Sa situation reculée dans les montagnes , ses affreux cachots creusés dans les rochers, la force des moyens de défense qui en rendaient l'accès si difficile, tout, dans ce château, favorisait la vengeance politique, souvent décorée du nom de justice, dans des circonstances trop analogues à ses

TRIFELS

(Bavière Rhénane)

passions, pour qu'elle ne s'empressât point d'en profiter. Quelles tristes expressions du désespoir s'élèveraient en gémissant de ces lugubres souterrains s'il était possible de donner une voix à leurs ruines !

Déjà Henri V avait fait emprisonner au Trifels plusieurs personnages marquans, entre autres son propre chancelier, Adelbert, premier archevêque de Mayence, qui s'était allié contre l'empereur avec le pape, et le comte Wiprecht de Groïtsch, coupable d'avoir tramé avec d'autres princes allemands une rébellion contre le chef de l'état. Mais, c'est le sanguinaire successeur de Frédéric-Barberousse, Henri VI, qui usa surtout de cette prison pour assouvir ses haines sur un grand nombre de ses ennemis politiques. Ainsi, il y condamna impitoyablement à une détention perpétuelle deux hommes auxquels, selon la barbare coutume du temps, il fit d'abord crever les yeux : l'un était le comte Richard, proche parent de sa femme et accusé de rébellion ; l'autre un pirate, nommé Margaritone, qu'il avait vaincu et pris en Italie. Il va sans dire que l'on passe ici sous silence tous les autres seigneurs et nobles qu'il ramena de la Péninsule en Allemagne, et dont le plus grand nombre, selon toute vraisemblance, termina ses jours dans la sombre enceinte du Trifels. « A l'égard des parens de l'impératrice, dit un chroniqueur saxon, il sévit bien sévèrement pour les punir d'une révolte qu'ils avaient tentée. Il y en a qu'il ordonna d'écorcher vifs ; à d'autres il fit crever les yeux, puis, il les fit brûler ; il y en eut d'autres encore qu'il fit clouer en terre par des pieux épointés, cuire dans de l'eau bouillante, coudre dans des sacs et jeter à la mer ; quant au plus illustre, nommé Jordanus, voici le châtiment qu'on lui infligea : il fut assis sur une chaise en fer rougie au feu, on lui posa sur la tête une couronne brûlante du même métal, et pour qu'elle y tînt on l'y attacha par quatre clous, en lui disant : « La couronne que tu as voulu » conquérir, la voilà ; personne ne te l'enviera maintenant, » jouis-en donc tout à ton aise. » A cause de ces faits, il a été surnommé *Henricus Asper*, et, après sa mort, les soldats allemands à son service ont éprouvé la haine et la vengeance qu'il avait inspirées aux Italiens. »

Henri VI fit aussi transporter dans ce château les richesses et les trésors qu'il avait recueillis dans l'Apulie, la Calabre et la Sicile. Lui-même vint y habiter en 1194, avec vingt-quatre princes, comtes ou nobles, circonstance qui donne à supposer quelle devait être la vaste étendue des bâtimens à cette époque.

Lorsque, le mercredi avant la Pâque, en l'année 1193, le roi d'Angleterre, Richard, fut livré à l'empereur Henri VI, celui-ci donna l'ordre de le conduire à sa forteresse du Trifels, et certes, si l'auguste prisonnier n'y vit pas finir sa vie comme tant d'autres, il ne le dut pas au bon vouloir de son farouche geôlier.

Richard ne laissa point abattre son courage : il chercha des distractions auprès de ses gardiens, se plut à les faire boire et à les étonner par les prodiges de sa force physique. Pour charmer le temps, il chantait encore, en s'accompagnant de la guitare, des chansons amoureuses ou satyriques qu'il composait lui-même en grand nombre. C'est ainsi qu'il avait passé un assez long temps au Trifels, lorsqu'un sauveur inattendu arriva dans les environs de sa prison. Richard avait laissé en Angleterre un fidèle serviteur qui était aussi un ami pour lui, Blondel, le compagnon de ses galantes aventures et son maître dans l'art de poésie. A peine apprit-il que son roi, trahi par le sort, était tombé en mains ennemies et languissait dans

la captivité, que, s'il faut en croire une chronique du treizième siècle conservée dans la Bibliothèque royale de Paris, Blondel résolut, en scellant par un serment solennel cette détermination, de chercher le roi par tous les pays, *qu'il querroit son signor en toute terre tant qu'il l'averoit trové*. Il savait bien que Richard était prisonnier, mais il ignorait dans quel lieu on le retenait. Blondel se mit donc en route, suivi seulement de quelques chevaliers dévoués et d'un petit nombre de vaillans hommes d'armes. Long-temps ils parcoururent l'Europe de long et de large, en s'attachant surtout à observer les châteaux forts. Déjà ils avaient gravi plus d'un roc escarpé, fouillé plus d'une vallée profonde, épié soigneusement plus d'un site retiré sur les rives du Danube et du Rhin, mais toujours en vain, lorsqu'ils arrivèrent dans le sauvage et romantique vallon d'Annweiler, et tout-à-coup aperçurent, sur les trois cônes abruptes du Trifels, les nids de pierre qui de là semblaient braver les hommes. «Vraiment, s'écria Blondel, animé par de joyeux pressentimens, voilà une cage digne d'un roi ; voyons si nous ne serons pas plus heureux que jusqu'ici et si nous ne trouverons pas enfin notre maître. »

Alors, il dispersa ses hommes dans les bois aux environs, et lui-même se mit à gravir la montagne pour examiner de plus près la forteresse et peut-être obtenir quelques informations sur l'intérieur. Une jeune fille, c'est ainsi que le rapporte la tradition, se trouva sur son chemin ; sa fraîcheur enfantine, sa candide innocence l'attirèrent ; il y avait en elle un mélange de sérieux réfléchi et de folâtre gaîté qui, le captivant, le retint plus long-temps qu'il n'aurait voulu. Elle lui raconta maintes choses du château sur la hauteur et de ses noirs cachots ; elle lui retraça en vives couleurs la sévérité de la garde qui surveillait les prisonniers et s'apitoya sur le sort de ceux-ci condamnés à passer là-haut une si triste vie. Blondel, qui avait écouté ces récits avec une attention de plus en plus croissante, tomba dans une sombre méditation, et, ainsi que sans doute il en avait l'usage en pareille circonstance lorsqu'il était avec Richard, il prit sa guitare et chanta une vieille romance provençale. L'enfant lui lança un coup d'œil de remerciment, et, comme emportée par une pensée soudaine, elle ajouta : « Cela ressemble vraiment à la chanson du » pauvre chevalier qui est prisonnier au château...... » Elle aurait volontiers retiré ces indiscrètes paroles, mais il était trop tard. L'étranger l'accabla de questions et force lui fut de débiter tout ce qu'elle savait sur le sort de l'infortuné captif. Elle lui avait parlé ; elle était sa plus douce consolation ; il paraît même que les murs et les fortifications du Trifels n'avaient pas empêché le royal trouvère de se frayer une route jusqu'au cœur mal défendu de la charmante Mathilde ; la rougeur de ses joues le démontrait bien mieux encore que ses paroles. Quant à Blondel, il en avait assez entendu pour se livrer à l'espérance la plus vive de toucher enfin au terme de ses recherches.

Lorsque le soir fut venu, il se glissa le long d'un sentier solitaire jusqu'au pied des murailles, et, s'accompagnant de son instrument, il chanta le couplet suivant, dont l'original est en langue romane :

« Personne, charmante dame, ne peut vous voir sans aimer; » mais votre cœur froid ne satisfait aucune passion ; c'est » pourquoi je supporte mon mal, puisque tous souffrent » comme moi. »

C'était la chanson favorite du roi, faite par lui pour une certaine comtesse Mathilde à la cour de Sibille, reine de Jérusalem.

A peine les derniers sons de la guitare de Blondel avaient-ils cessé que, de l'intérieur du château, une autre voix répondit sur le même air :

« Aucune dame ne peut dompter mon cœur, si elle garde » sa faveur pour tous, sans la fixer sur un seul. J'aime mieux » être haï tout seul que d'être aimé avec d'autres. »

— Est-ce toi ? mon fidèle Blondel, s'écria-t-on ensuite du haut des murailles. — Oui, cher maître, répondit le chanteur. C'est moi, votre serviteur toujours dévoué. Que Dieu soit béni de nous avoir permis de vous rencontrer enfin. Vous ne devez pas rester plus long-temps dans une injuste captivité. Préparez- vous au combat. Bientôt nous nous retrouverons et la journée de demain vous verra libre.

Les actes répondirent aux paroles. Le jour suivant, dans la nuit, Blondel était, avec sa troupe, aux portes du Trifels. « Ils avaient, dit la chronique, attaché leurs chevaux aux arbres de la forêt, et, comme le pont-levis qui servait à traverser les fossés était levé, ils se firent un chemin avec des troncs de chênes coupés dans la vallée. La porte du château, bardée de fer, fut brisée à grands coups de hache, et Blondel, qui s'était aussi muni d'une lance et d'une épée, pénétra avec les chevaliers et leur suite dans la mystérieuse forteresse. » Richard reçut des armes, et, dès ce moment, toute résistance de la part du gouverneur, qui accourut au bruit, et de ses soldats fut inutile. Monté sur un fier coursier, le roi descendit, entouré de sa cour improvisée, dans le vallon, et de là marcha vers les bords de la mer où il s'embarqua pour l'Angleterre. Sur la route, il rencontra la bonne et séduisante fille qui l'avait si gentiment consolé et qui en dernier lieu avait montré le chemin à ses sauveurs. « Viens avec moi dans la belle Angleterre, lui dit Richard ; tu seras ma bien aimée. » Mais, par un mouvement plein d'une douce dignité, Mathilde releva ses beaux yeux bleus vers le ciel et répondit : « Je ne puis devenir votre épouse, ô grand roi, car ce qui vous convient c'est une femme de race princière ; et, quant à votre maîtresse, je ne dois pas l'être, puisque la vertu le défend. Ainsi, laissez la pauvre fille prier pour vous, et que Dieu vous accompagne ! »

Voilà ce que dit la tradition. Avec quelle merveilleuse simplicité elle triomphe des obstacles du sujet et se joue de ses invraisemblances ! Au fait, qu'y a-t-il d'impossible à la poésie du peuple ? Ici, c'est un château inabordable, une prison, un trésor de l'état, bâti à l'entrée même d'un des plus redoutables défilés du pays pour le défendre contre les ennemis du dedans et du dehors ; eh bien ! il cède sans coup férir à l'attaque de cinquante chevaliers « qui attachent leurs chevaux aux arbres de la forêt, » qui se fraient un passage au travers des fossés avec des troncs de chênes, et qui franchissent ensuite une porte de fer. Puis, quand il a vaincu, l'escadron royal quitte le Trifels sans rencontrer d'opposition et gagne tranquillement la mer !

Je voudrais bien savoir quel chemin Richard et sa suite ont pris pour y arriver.

L'histoire, il est vrai, est moins hardie et plus prosaïque. A ceux qui aiment à la consulter, on doit surtout recommander l'important ouvrage de Frédéric de Raumer sur l'histoire des Hohenstauffen et l'histoire des Croisades par Michaud.

D'après les renseignemens les plus authentiques, Richard ne peut être resté que très peu de temps au Trifels: car, y étant arrivé en 1193 au jour de Pâques, il se trouve déjà en avril de la même année à l'assemblée impériale de Haguenau. C'est de cette dernière ville qu'il écrivit à sa mère Eléonore d'Angleterre la lettre célèbre par laquelle, après avoir raconté sa royale infortune, il recommande à cette princesse, aux grands du royaume et à tous ses sujets de réunir l'argent nécessaire pour payer sa rançon. Le montant de cette rançon avait été fixé par un contrat entre Richard et Henri VI à la somme de 150,000 marcs d'argent. Après que Richard en eut donné 100,000 comptant, en laissant à l'empereur des ôtages pour le reste, il fut définitivement mis en liberté à Mayence dans le courant de février 1194. Le 13 mars suivant, il débarquait à Sandwich.

Toutefois, il paraît douteux que le paiement seul de la rançon eût suffi pour délivrer l'illustre prisonnier. Philippe-Auguste, d'une part, et de l'autre Jean-sans-Terre, frère de Richard, avaient insisté auprès de l'empereur pour qu'il retînt ce dernier, et même appuyé leur demande d'offres d'argent que l'avide Henri VI était fort disposé à accepter. Mais, à l'assemblée de Worms, le mécontentement des princes allemands, à l'égard des intrigues toutes mercantiles du chef de l'empire, se manifesta avec une telle force et avec tant d'unanimité que celui-ci fut contraint de relâcher le roi d'Angleterre.

Depuis la captivité de Cœur-de-Lion, le Trifels a subi plus d'une vicissitude. Après les Hohenstauffen, qui prêtèrent à ce château, comme à toutes leurs résidences, un reflet particulier de grandeur et de poésie, son histoire s'efface de plus en plus comme par une décadence irrésistible. Au nombre des injures que le sort infligea au Trifels est le retrait des insignes impériaux qui furent transportées à Nuremberg.

La guerre des paysans au seizième siècle, la guerre de Trente-Ans au dix-septième, les désastreuses expéditions des Français sous Monclar, enfin une maladie pestilentielle qui éclata dans le pays, devinrent tour à tour, pour le château naguère si magnifique et pour son territoire, des causes de dévastation, de trouble, de misère et d'abandon. Le patronage des ducs de Deux-Ponts n'était pas de ceux qui eussent pu relever ces nobles ruines. Tous les ornemens précieux, les colonnes et les dalles de marbre disparurent peu à peu du château. On trouve dans les comptes d'administration du district d'Annweiler, au dix-septième siècle, une pièce qui démontre curieusement ce qu'était l'amour des arts chez les princes de la maison à laquelle était alors échu le Trifels. En l'an 1670, on fit respectueusement observer au duc régnant qu'au moyen de la réparation des toitures de la grande fontaine du château il serait possible de conserver ce précieux monument. Mais, quand, tout calcul fait, il parut établi que les frais de cette restauration monteraient à 50 florins environ (cent et quelques francs), l'ordre vint de laisser le tout *in statu quo*. C'était là précisément ce qu'il n'était pas au pouvoir du maître d'obtenir. La fontaine se dégrada complètement, surtout par suite de l'usage adopté par les visiteurs d'y jeter des pierres pour en apprécier la profondeur. Ce fut au point que la source même finit par se procurer une issue au pied de la montagne.

Comme nous l'avons dit, ce qui subsiste aujourd'hui du splendide château du Trifels est une ruine informe, une tour, avec quelques ouvertures sur les cachots souterrains. Même sur la pierre si dure des murailles, le temps semble prendre plaisir à exercer sa puissance de manière à les menacer d'une prompte et complète destruction. Mais le Rhin, le fleuve antique et vénérable, parcourt toujours sa longue carrière ; toujours les montagnes verdissent aux deux rives de son bassin pour réjouir les yeux du voyageur ; seules, les choses que l'homme a faites subissent la loi inexorable qui préside à son propre destin.

« Vergænglich sind wir und unsere Werke. »

SAVOYE.

INTRODUCTION
A L'HISTOIRE D'ALLEMAGNE.

TROISIÈME ÉPOQUE.

Première période. — *Moyen-âge.* — *Germanie chrétienne.* —
Naissance de la féodalité.

Ce n'est point dans l'avénement des Carlovingiens à l'empire d'Occident qu'il faut chercher l'usurpation : les peuples la sentirent plutôt dans l'unité factice qui s'imposait par cet empire à tant de nations d'humeurs diverses. Le travail de quelques grands hommes remplaçait trop tôt celui de la nature, au lieu de l'aider. Charlemagne, en rassemblant tous les peuples d'Occident dans une défense commune contre de nouveaux envahisseurs, avait soumis à la même discipline des nations dont chacune devait grandir à part, dans l'enveloppe mystérieuse de sa nationalité. De là, chez tous les peuples, après sa mort, ce mouvement et cet effort de séparation violente qui brise son empire et son œuvre. Les Français et les Allemands parlent deux langues bien distinctes, au fameux serment de Strasbourg. La Lorraine, lisière étroite entre la France et l'Allemagne, royaume équivoque, habité à la fois par les deux races, et penchant tour à tour vers l'un ou l'autre des deux peuples, empêche leur retour à l'unité de l'empire, et fournit le sujet de leurs premières hostilités. Mais ce qui fut particulier à l'Allemagne, dans ce mouvement général, c'est que sur sa terre vierge, et que le soc de la civilisation romaine n'avait pas encore ouverte, les divisions furent plus nettes et plus vivement tranchées : c'est que le génie plus naïf de ses habitans et les dangers d'une nouvelle invasion lui rendirent ses chefs nationaux que Charlemagne avait voulu détruire, que ses succès trouvèrent invincibles, et qui devaient donner à l'histoire d'Allemagne un caractère si différent de la nôtre. Dans ces premières guerres où naît le patriotisme des deux peuples, les rois comme les Mérovingiens ont sacrifié les droits et la puissance au titre, ils distribuent les terres aux vasseaux et leur sacrifient les hommes libres. Les fiefs encore viagers en droit sont déjà héréditaires de fait. Le clergé s'enrichit de pieuses donations, au milieu des divisions des Carlovingiens, le pays applique les fausses décrétales. Ainsi se fondent à la fois, dans cette féconde époque, la suprématie de l'Eglise romaine, la puissance temporelle et spirituelle du clergé, et la féodalité. L'Allemagne se détache de l'histoire générale, après l'extinction de ses Carlovingiens.

Deuxième période. — *Les trois dynasties.* — *L'hérédité de l'empire est combattue par les ducs héréditaires, les évêques et le pape.*

C'est ici la véritable histoire du moyen-âge, où s'agitent les grandes questions pour les esprits les plus vulgaires et pour les ames les plus hautes : l'indépendance de l'empire, la liberté de l'Eglise, les communes; et c'est aussi, vers la fin, le moment de la grande poésie catholique. Une fois l'empire de Charlemagne réalisé, qui l'emportera de l'empereur ou des ducs, de l'empire ou du sacerdoce? Chacune des trois dynasties a son moment fatal. Dans la première, Othon-le-Grand fonde sur l'Italie l'empire germanique. Dans la seconde, Henri IV déclare la guerre de l'empire au sacerdoce. Dans la troisième, Frédéric Barberousse oppose le droit romain au pape et à l'Italie républicaine, et gagne à sa famille l'Italie normande. A la mort de son petit-fils, Frédéric II, tout est perdu. La lutte intérieure contre les ducs pour l'unité de l'Allemagne a suivi la même progression que la lutte extérieure pour l'unité de l'empire. Les empereurs saxons attirent les duchés dans leur famille, pour établir en Allemagne une seule famille régnante. Les Franconiens confisquent hardiment les duchés, protègent les petits vassaux et descendent jusqu'au peuple; ils laissent la bourgeoisie s'armer. Dans la Souabe, Henri IV ose proposer aux princes ce que ses prédécesseurs ont pensé : qu'il faut que l'empire soit héréditaire comme leurs fiefs. La jalousie des princes et la violence de la lutte extérieure renversent le plan hardi des empereurs. Obligés de ménager les grands vassaux pour leurs expéditions d'Italie, les Souabes leur sacrifient les villes et la petite noblesse. Cette brillante dynastie a mis le monde en mouvement plutôt qu'en progrès, elle est vaincue par les papes et vaincue par les ducs. En Allemagne, la sympathie du peuple et du roi n'a été que passagère, au lieu d'être comme en France durable et décisive. La puissante séduction de l'Italie a fait oublier l'Allemagne à ses empereurs et même à ses historiens. Les empereurs se sont plutôt occupés d'agrandir l'empire au dehors qu'à l'organiser au dedans. Ils ont mené deux guerres de front contre les papes et contre les ducs. Les rois de France n'en livraient qu'une. Aussi, c'est la royauté qui marche en France, et la féodalité qui s'arrête, tandis qu'en Allemagne c'est la royauté qui s'arrête et la féodalité qui marche. Les papes, après avoir longtemps soulevé les princes allemands contre les empereurs, s'avisent d'exciter contre eux les princes étrangers. La France arrache à son tour quelques provinces à l'empire, et cette politique doit la mener loin. L'influence française s'établit en Italie (Charles d'Anjou) et se glisse en Allemagne. Les peuples de l'Occident se rencontrent dans une grande mêlée sur les débris des empereurs souabes. L'Allemagne restera divisée et quand nous aurons expliqué sa division et sa faiblesse, nous nous dispenserons d'admirer si fort le courage des papes.

A côté de cette lamentable tragédie des empereurs souabes qui succombent, comme les dynasties de l'antiquité fabuleuse, sous tant de puissances fatales, un grand drame s'achève et se poursuit dans le nord de l'Allemagne : c'est la conversion armée des peuples slaves, la longue croisade des chevaliers teutons qui n'avaient joué qu'un rôle secondaire en Asie. Comme les Francs avaient été convertis par les Romains, les Slaves sont à leur tour convertis par les Saxons. C'est l'investiture de la civilisation par le glaive. Mais déjà dans ce nord de l'Allemagne, le commerce grandit à côté de la religion, la ligue anséatique près de l'ordre teuton; nous avançons vers l'histoire moderne.

Troisième période, ou période républicaine. — *Triomphe du pape et de l'aristocratie sur les empereurs.*

La victoire du pape sur l'empereur est complète; mais la puissance temporelle que perd l'empereur ne va pas sans partage au pape; elle se divise entre les princes et les villes. Les princes forment une confédération puissante dont l'empire n'est que la décoration. Dans les siècles précédens, tout était devenu fief : la terre, le service militaire, l'église, et même la science : ici l'humanité fait un grand pas, et tout devient corporation. Dans le monde temporel, corporations de la chevalerie pour l'art militaire et la liberté féodale, corporations bourgeoises pour l'industrie et les libertés communales : dans l'église, corporations de moines pour les droits et la puissance du clergé; dans le domaine des sciences et des arts, universités et corporations rivales des architectes et des poètes.

9

En Allemagne , la ligue anséatique et la ligue du Rhin sont nées de l'anarchie : l'une va jusqu'à l'attaque, et l'autre se borne à la défense. Les villes s'affranchissent des évêques ou des ducs, et plus facilement dans le second cas que dans le premier ; et c'est pourquoi les communes d'Italie qu'il faudra comparer à celles de l'Allemagne , allèrent plus loin qu'elles.

La grandeur des communes où devaient renaître les hommes libres nous console de l'abaissement de l'empire sous la double tutelle des papes et de l'aristocratie électorale. Les princes électeurs forment aussi une corporation jalouse et vénale; au dessous d'eux, les autres princes de l'empire se partagent, comme eux, ses droits et ses dépouilles : la diète devient plus nombreuse et plus confuse, le gouvernement de l'empire plus lourd et plus embarrassé, qu'au temps où huit ducs au plus et autant de margraves administraient les provinces. Le génie politique des anciens Germains , qui vivaient divisés par races et par peuplades , s'est défendu victorieusement contre le génie et la fortune des trois grandes dynasties. L'empereur de cette période, ne pouvant regarder la couronne comme un bien réel et héréditaire, s'avise au moins d'agrandir le domaine de sa famille à la faveur de ce vain titre , et cette politique est à la portée des empereurs les plus médiocres. Les Allemands n'auront pas un véritable et grand empereur , qui sache concilier avec les devoirs de sa haute dignité les intérêts de sa famille. Ceux de la période précédente avaient cru du moins à leur toute puissance , et dans cette croyance hardie ils avaient distribué les droits et les biens de l'empire qui leur semblaient inépuisables : ils s'étaient noblement ruinés.

Après s'être donné dans l'interrègne deux empereurs étrangers, les princes allemands en craignent un troisième (Ottokar de Bohème), et font empereur un pauvre gentilhomme qui fonda la maison d'Autriche. Celui-ci en a déjà trop fait , ils opposent à son fils un gentilhomme plus pauvre que le premier. Mais Albert Ier, fils de Rodolphe, revient à l'empire, et lui donne pour base l'Autriche plus étendue et mieux gouvernée. Les princes combattent alors l'Autriche, entravent ses progrès, en Hollande, en Bourgogne, en Thuringe ; la France l'attaque à revers par la Hongrie, et la Suisse fait son premier effort pour s'affranchir de son joug. Cependant la France qui s'unit avec ses trois ordres dans une forte monarchie, s'élève au dessus du Saint-Empire qui se divise; elle succède à la suprématie des empereurs sur les papes. Si le chef de la maison de Luxembourg, Henri VII, veut prendre au sérieux l'empire, délivrer les papes et reconquérir l'Italie, l'égoïsme des princes allemands le ramène à l'étroite politique de famille ; il acquiert la Bohème, et les princes craignent et combattent la maison de Luxembourg, comme auparavant celle de Habsbourg.

Au nord, le Brandebourg se prépare à remplacer le grand-duché de Saxe, démembré par les empereurs souabes, et dispute à la Hanse les côtes de la Baltique : état moins artificiel qu'on ne l'a dit, car il a son passé, ses conditions historiques et géographiques ; placé comme l'Autriche aux frontières, il grandira comme elle et contre elle.

La jalousie des deux maisons nouvelles en élève une troisième à l'empire, celle de Bavière. Il y a deux empereurs (Louis IV de Bavière et Frédéric d'Autriche), comme il y a plus d'une Allemagne. Le Bavarois vainqueur en Allemagne est le jouet des papes d'Avignon, qui sont pourtant les prisonniers des rois de France. Il en appelle à l'opinion publique et déjà l'Allemagne s'essaie à la réforme en usant les écrits de ses défenseurs. Ses divisions qui donnent tant d'alliés aux papes leur préparent aussi de terribles ennemis : la science et le droit d'examen.

Charles IV initie l'Allemagne à la politique rusée de la France et de l'Italie, qu'il sait combattre. Il brouille les papes et les rois de France, sans ramener les premiers à Rome, et sans rendre à Pétrarque l'empereur que Dante avait demandé vainement à son aïeul Henri VII. Pour l'Italie, dont les républiques se transforment en principautés, l'empereur n'est plus que le marchand des droits de l'empire. En Allemagne, il embellit le royaume héréditaire de la maison de Luxembourg, la Bohème ; et là, comme dans l'empire, il travaille pour la maison d'Autriche qui lui abandonne le présent en s'assurant l'avenir. Sa fameuse bulle d'or consacre les usurpations de l'aristocratie électorale, et met sous l'autorité d'une loi fondamentale la division et le désordre naturels à la féodalité germanique.

Il est singulier que la charte de cette république féodale des sept princes électeurs soit datée de l'année 1356, si fameuse chez nous par l'audace du tiers-état et du prévôt Marcel.

Sept princes électeurs, souverains d'un territoire déterminé, gouvernent comme autant de rois, les provinces de l'empire, avec droit de haute justice, et sans appel à l'empereur. L'empereur, lui-même, est moins puissant comme chef de l'empire qu'à titre d'électeur. Les princes électeurs triomphent en haut et en bas de l'empereur et de leurs sujets. Les pays électoraux remplacent les anciens duchés nationaux qui représentaient eux-mêmes la division primitive des races. Aucune cause de guerre civile ne manque à l'Allemagne, Son histoire se fractionne à mesure que le pouvoir impérial s'affaiblit; et plus l'on avance vers l'histoire moderne, plus il faut étudier l'Allemagne dans le détail, la France dans l'ensemble.

La *Bulle d'or* a déterminé plus positivement les rapports des électeurs avec l'empereur, ou la loi électorale, que les rapports des états entre eux, ou la paix publique , inutilement proclamée a chaque règne. Cette époque où Charles IV a prétendu fixer la constitution de l'empire est une époque de guerres et d'anarchie. En Suisse, en Souabe, sur le Rhin , et dans la sphère de la Hanse teutonique , les villes sont en guerre contre les princes du second rang , ou même contre les rois , et dans l'intérieur des villes les corporations d'ouvriers entrent en lutte contre les familles patriciennes pour siéger et voter dans la commune : on n'avait pas retrouvé la liberté pour n'en faire qu'un privilége. L'Allemagne du Nord a des Suisses dans ses plaines sablonneuses, les Ditmarses. Sur plusieurs points , les princes s'arment contre les libertés bourgeoises et communales : Habsbourg contre les Suisses , Wurtemberg contre les cités souabes, Holstein contre les Ditmarses. L'empereur n'osant se décider ni pour les princes ni pour les villes n'est soutenu ni par les uns ni par les autres, tandis que le roi de France , protecteur des communes, se trouve en contact perpétuel avec le peuple. Ainsi divisé, l'empire ne peut profiter ni du grand schisme d'Occident contre les papes , ni des victoires de l'Angleterre contre la France. Pendant que la constitution germanique s'arrête et se régularise dans son désordre, il faut suivre son histoire aux champs de bataille de la Suisse , aux rives de la Baltique , en Lithuanie, où la mènent l'enthousiasme de la liberté , l'industrie de ses bourgeois du Nord, et la croisade de ses chevaliers teutons : avec moins d'unité elle sera plus vraie. L'Allemagne n'ayant ni capitale ni centre comme la France, il faut étudier la vie intime et le travail particulier de chacune de ses provinces, sous le patronage de ses princes ecclésiastiques et laïques.

Quatrième période. — Commencemens de la Réforme.

L'histoire d'Allemagne se mêle intimement, dans cette période, à l'histoire de l'église, et peut d'ailleurs à peine s'en séparer avant et après cette période. Le grand schisme d'Occident, diminuant les revenus de chaque pape, multiplie les exactions de leurs agens dans chaque obédience. La chrétienté cherche un remède à cette plaie universelle dans l'histoire des premiers temps de l'église ; elle en appelle aux conciles. Les conciles s'élèvent au dessus des papes, comme les princes allemands au dessus des empereurs : ce sont des congrès européens où l'on vote par nations. Les universités dirigent ces grandes confédérations chrétiennes de l'Occident. L'empire montre encore ici deux fois son impuissance. L'empereur Sigismond qui convoque le concile de Constance ne sait pas le diriger : l'empire ne peut dompter la Bohème, civilisée par la maison de Luxembourg et déjà prête à la réforme. Ce petit peuple se rit des longues délibérations de la diète et des troupes mercenaires de l'empire, entretenues pour la première fois aux frais de tous les états germaniques. Les papes à force de ruse se relèvent avec la maison de Habsbourg et détruisent l'œuvre des conciles : mais un Allemand invente l'imprimerie.

Un homme remarquable dans ce siècle si pauvre en grands hommes, Frédéric de Hohenzollern, nouveau margrave de Brandebourg, orateur de la réforme à Constance, semble annoncer de loin son rôle et sa puissance dans le nord de l'Allemagne. Son aïeul, burgrave de Nuremberg, était venu jadis annoncer à Rodolphe 1er son élection à l'empire : moment fatal dans l'histoire de la Prusse et de l'Autriche qui déjà sans le savoir se trouvaient en présence ! La puissance hardie qui s'élève dans le Brandebourg y remplacera la Hanse teutonique et le duché de Saxe. En même temps que les burgraves de Nuremberg deviennent ducs électeurs du Brandebourg, les margraves de Misnie deviennent ducs électeurs de la Saxe : Wurtemberg et Baden s'élèvent dans le sud-ouest. La fortune de ces dynasties nouvelles est le testament de la maison de Luxembourg qui n'a grandi que pour l'Autriche, comme la maison de Bourgogne. La maison de Luxembourg n'a point ouvert une voie nouvelle à la constitution germanique, comme les empereurs souabes par l'hérédité des grandes charges de l'empire, et la maison de Habsbourg par la fondation et l'accroissement du domaine héréditaire de la famille impériale : elle n'a fait qu'accepter et suivre ces deux directions naturelles et fatales de l'histoire d'Allemagne. Sous son règne la richesse des états héréditaires n'a pas encore rendu à la royauté ce qu'elle a perdu en cessant d'être elle-même héréditaire, par l'aliénation du domaine de la couronne et par l'abandon des droits de souveraineté aux princes de l'empire. Cette restitution sera l'œuvre hardie, mais incomplète, de la maison d'Autriche. Au moins la maison de Luxembourg a-t-elle profité, pour sauver les derniers droits de l'empire, des ressources qui lui restaient dans les nombreuses divisions des familles princières : vote disputé par plusieurs lignes d'une même famille électorale, vote alternatif entre deux lignes, vote commun entre plusieurs princes, débats de préséance entre les électeurs ecclésiastiques, partage des principautés, translation des duchés et des droits litigieux à des familles nouvelles. Le patriotisme de chaque province ou plutôt de chaque peuple, prompt à se faire d'une famille nouvelle une dynastie nationale, a contrarié dans cette période et de tout temps, cette politique des empereurs. Les états de chaque province favorisent l'indépendance de leurs princes avec plus de soin que leur propre liberté. Si la famille impériale s'affermit dans ses états héréditaires, chaque famille princière grandit de même dans son électorat. De là vient que l'Autriche ira chercher sa force en dehors de l'empire.

C'est au commencement du quinzième siècle (1437), que la maison d'Autriche envahit l'héritage de la maison de Luxembourg. L'Allemagne s'endort à la veille de la réforme sous le sceptre pesant de Frédéric III, qui sommeille au sein de la diète, vénère et consacre les abus de l'église romaine, laisse un soldat heureux trôner à Milan, et les cavaliers turcs fourrager en Autriche. Cette lourde puissance marche pourtant à son but d'ensemble et d'un seul mouvement. Si elle perd d'un côté la Hongrie et la Bohème, elle va de l'autre gagner les Pays-Bas. Pendant qu'au nord, les princes qui seront les soutiens de la réforme se font un pouvoir absolu dans un pays d'ancienne conquête, la vieille liberté germanique s'agite au midi, tout près de l'Autriche, et pour la dernière fois sous la forme des guerres privées du moyen-âge, entre les princes, les associations de chevaliers et les villes de la Souabe. Les villes du midi sont plus démocratiques et moins exclusivement commerciales que celles du nord ; et c'est pourquoi les princes et la petite noblesse font partie de leurs ligues ou les combattent avec acharnement. Mais pour engager une guerre générale contre la réforme, au dessus de ces guerres privées, l'Autriche a besoin de doubler ses forces et ses alliances ; un mariage lui donne le duché de Bourgogne, qui venait de grandir pendant la guerre de la France contre l'Angleterre et de l'Allemagne contre la Bohème. Au moment où la France délivrée des Anglais se retourne plus forte, plus serrée et mieux unie contre l'Allemagne et vers l'Italie, l'Autriche lui présente un large front de bataille, mais sans épaisseur et mal commandé. Au moment où la royauté d'Espagne est devenue si puissante par la réunion des deux grands royaumes de la péninsule, le concours de l'inquisition, la conquête de Grenade et la découverte de l'Amérique, l'Autriche mêle son sang et ses intérêts à ceux de l'Espagne, pour mieux représenter en Allemagne les passions du catholicisme, et conquérir en Europe l'empire universel. Mais là jalousie de l'Allemagne croît avec la masse des possessions autrichiennes. Au moment où les royautés européennes concentrent dans leurs mains toutes les forces nationales, où le même roi quel que soit son nom, Louis XI ou Henri VII, Juan II ou Ferdinand-le-Catholique, Christian II ou Iwan III, paraît providentiellement chez tous les peuples, pour frapper la noblesse et fonder la monarchie moderne, l'Allemagne et l'Italie seules restent immobiles dans ce grand mouvement de centralisation et d'unité, et conservent opiniâtrement les divisions féodales du moyen-âge. L'Allemagne pourtant sous Frédéric III, sous Maximilien Ier, paraît avoir compris cette rénovation de l'Europe ; elle aussi elle essaie de s'organiser sur des bases nouvelles, elle fonde ou achève sa division par cercles, elle trace une ligne de démarcation entre les états ; elle demande au dessus de ses gouvernemens provinciaux une justice commune, un lien plus solide que la hiérarchie féodale et catholique. Mais toujours le génie des peuples allemands n'accepte qu'avec répugnance des institutions centrales, dans un pays qui n'a pas de centre. C'est à partir de cette époque que se séparent de plus en plus les histoires particulières des peuples allemands ; c'est la guerre civile ou religieuse plutôt que la constitution remaniée, qui leur fait une histoire générale. Chaque cercle devient une petite image de l'empire, chaque petite diète a les défauts et les embarras de la grande : les divisions politiques offrent un large cadre aux divisions religieuses. Les empereurs ont à soutenir sans force réelle, sans impôt régulier, sans armée permanente, la dignité d'une couronne qui passe pour la plus haute du monde, et quand ils sont menacés d'un côté par les Turcs, de l'autre par la France, une voix (Ulric de Hutten) s'écrie : En avant ! non pas contre les Turcs, mais contre le pape !

QUATRIÈME ÉPOQUE.

Histoire moderne. — Première période : La réforme et la guerre de Trente-Ans.

La réforme était nécessaire en Allemagne , et Luther la croyait inutile en France. En Allemagne ce fut une révolution, en France une intrigue. Déjà Philippe-Auguste, saint Louis , Philippe-le-Bel avaient fondé et défendu les libertés de l'église gallicane, encore consacrées par le concile de Constance dans la pragmatique sanction de Bourges ; Boniface VIII avait voulu répéter sur les rois de France les expériences qui avaient réussi aux papes sur les empereurs d'Allemagne ; pour avoir ainsi confondu les rois et les empereurs qui régnaient sur deux peuples si différens, les papes subirent la longue captivité d'Avignon. Et ce fut précisément dans cette captivité de Babylone, que les papes lassèrent la patience des Allemands : c'est alors que leur tyrannie provoqua le droit d'examen, et mit en question la nature et la limite des deux puissances. La mauvaise foi des papes aux conciles de Constance et de Bâle , les remontrances des princes allemands toujours impuissantes et condamnées au mépris , soit par leurs divisions, soit par la ligue secrète des papes et des empereurs autrichiens, les procès de sorcellerie plus cruels et plus nombreux , le trafic des indulgences plus scandaleux en Allemagne qu'en aucun autre pays de l'Europe, et déjà dénoncé par Jean Huss ; la sévérité du génie allemand, irritée par le fanatisme grossier des théologiens papistes ; la science des humanistes propagée par l'imprimerie, cette invention nationale des Allemands, défendant la bible et le mauvais latin de l'évangile contre les railleries des Italiens ; l'anarchie de l'Allemagne qui faisait désirer à tous les opprimés un changement de situation, à tous les oppresseurs une puissance nouvelle , à la petite noblesse une place dans l'empire et dans la diète, aux paysans le rachat des corvées féodales par le partage des biens de l'église entre leurs maîtres ; aux princes électeurs un point d'appui solide contre les menaces et les envahissemens de l'Autriche: combien de causes d'agitation et de mécontentement particulières à l'Allemagne, et qui lui assuraient l'initiative de la réforme. Indiquer par comparaison l'état politique et religieux de la France à l'époque de la réforme, c'est là tout notre secret pour ramener sous les yeux du lecteur avec un nouvel intérêt et sous un jour nouveau des événemens tant de fois racontés !

Il y a comme deux réformes dans l'histoire : l'une seulement religieuse, telle que la voulait Luther, menée à bonne fin par les princes et protégée par la pureté de sa doctrine, contre le pape et contre ses propres excès: puis la réforme qui ne fut qu'un moyen pour la politique. La première à l'état de doctrine religieuse , bientôt dépassée par les anabaptistes, les zwinglistes et les calvinistes, se perd dans l'histoire de l'église et de ses hérésies ; la seconde entre promptement et profondément dans l'histoire politique d'Allemagne, et fournit un prétexte à ses guerres sanglantes. Nous n'accuserons pas la réforme d'avoir divisé les peuples allemands qui ne tendirent jamais à l'unité , et que Charles-Quint n'eut point soumis à la loi commune , même en triomphant de la réforme. Celle-ci était si nécessaire et se croyait si légitime qu'elle rencontra sans pâlir, au bout de l'interrègne où elle était née , Charles-Quint, l'héritier de l'Autriche et de l'Espagne. La parole hardie et les écrits de Luther qui donnèrent au moins à la langue allemande une sorte d'unité nationale, la grandeur de Charles-Quint, le courage et la loyauté des princes protestans, encore mal unis et mal soutenus, qui furent les martyrs de la nouvelle église , la noblesse et la pureté du caractère germanique au premier moment de sa révolte contre les scandales de l'église romaine et contre la politique immorale des Français et des Italiens, tout cela fait des premières années du protestantisme jusqu'à l'abdication de Charles-Quint, l'âge héroïque et poétique de la réforme. Nous arriverons assez tôt à son âge de politique égoïste et matérielle. On lit déjà dans le règne de Charles-Quint les destinées futures de la réforme. Déjà de toutes parts, la politique la déborde, l'envahit et la dénature. Chaque classe lui demande une révolution. Les chevaliers, la petite noblesse, opprimés par les princes, se révoltent isolément et se font battre en Franconie et sur le Rhin. Les paysans de la Souabe, de la Franconie et de l'Alsace, qui se soulevèrent à leur tour au nom d'une liberté *charnelle*, et qui voulaient faire de l'Allemagne *une grande Suisse*, sont massacrés au nombre de cent mille. Les villes du nord et du centre sont noyées dans le sang des anabaptistes. Deux classes qui n'avaient aucun droit de séance ni de vote à la diète germanique, la noblesse et les paysans, expièrent ainsi le tort d'avoir agi par eux-mêmes, ou de n'avoir compris qu'à moitié l'esprit du siècle, en reprenant l'ancien droit des armes et de la guerre privée. Les familles patriciennes furent rétablies par Charles-Quint contre les corporations d'artisans, leurs rivales au gouvernement de la cité ; car au moment de la réforme, il y eut une réaction de l'aristocratie contre les droits que le tiers état avait obtenus dans le siècle précédent. Ainsi la réforme agite l'Allemagne dans toute sa profondeur et sur toute sa surface. Il est décidé de bonne heure que les princes sur lesquels avait compté Luther profiteront seuls de la réforme. La médiation de Luther est impuissante entre les princes et le peuple.

Charles-Quint s'était flatté de tenir la balance égale entre le pape et les protestans : après lui la maison d'Autriche est livrée à l'influence de l'Espagne et des jésuites. Ceux-ci campés sur la rive droite du Danube, encore puissans sur le Rhin, *la route des prêtres*, font de l'Allemagne leur premier champ de bataille. Entre Charles-Quint et la guerre de Trente-Ans, il nous faut étudier la corruption des princes réformés qui n'ont fait que déplacer la tyrannie religieuse ; la division de ces princes qui devaient être si puissans par le nombre, puisqu'ils ne laissaient à l'église romaine que trois maisons princières dont l'une va bientôt s'éteindre, Autriche, Bavière et Juliers, et qui pourtant ne soutiennent la comparaison contre les princes catholiques, ni par la dignité des mœurs, ni par l'ensemble de la politique.

Le soulèvement des Pays-Bas appartient encore à l'histoire d'Allemagne. C'est un peuple courageux comme en Suisse, qui brise la tyrannie de l'étranger, ou plutôt c'est un peuple plus hardi, mieux exercé contre la nature, qui ajoute à l'enthousiasme de la liberté la puissance de l'industrie, les deux leviers de la civilisation moderne. Par les Pays-Bas, l'Espagne menaçait à la fois la France et l'Allemagne ; par la guerre des Pays-Bas, on comprend mieux la guerre que l'Allemagne protestante soutint pendant trente ans contre l'influence espagnole,

La guerre de Trente-Ans commence en Bohème, un siècle

LE BRANDHOF
(en Styrie)
appartenant à l'Archiduc JEAN D'AUTRICHE.

après Luther, comme la réforme un siècle avant lui. La liberté d'un peuple toujours hostile aux Allemands donne le signal de la lutte que devaient prolonger l'égoïsme et l'ambition des princes. Les réformés du sud-ouest (Palatinat) prennent contre la maison d'Autriche et l'église catholique l'initiative que n'a plus la Saxe et que n'a pas encore la Prusse. Ce sont les calvinistes et non pas les luthériens qui commencent la guerre de Trente ans. Dans cette guerre de politique et de religion, surgit en Allemagne une troisième puissance , les soldats de fortune, croyant à leur étoile et à leur indépendance, et qui mal payés par chaque parti nourrissent la guerre par la guerre : Mansfeld, Tilly, Wallenstein, Bernard de Weimar ; les deux derniers faillirent fonder des principautés nouvelles. L'Allemagne devient dès lors le centre passif de la politique européenne. L'Espagne intervient par l'Italie et les Pays-Bas. La France toujours présente aux frontières de l'est pousse ses armées jusqu'au cœur de l'Allemagne, ses diplomates et ses intrigues jusqu'en Suède et jusqu'en Pologne : elle gagne, trompe et combat les Allemands par les Allemands. La Russie grandit avec son schisme compact derrière ces longs débats de la réforme où elle est désintéressée : elle échancre déjà dans la Livonie le territoire de l'empire. Aux protestans divisés le secours de l'étranger est nécessaire ; le Danemarck se présenta le premier et parut trop faible. Ce fut le tour de la Suède. La réforme attirait ces deux états dans le système européen. Gustave-Adolphe força l'Allemagne protestante à l'unité de la défense commune. Wallenstein voulut réduire l'Allemagne protestante ou catholique à l'unité de la domination impériale. L'un prêcha l'unité par la guerre et la discipline; l'autre par la guerre et le pillage. Le génie allemand, mal inspiré par la politique française et le fanatisme espagnol, résiste à cette double épreuve ; pour conserver ses divisions fatales, l'Allemagne laisse enlever ses provinces, ravager ses campagnes et périr la moitié de ses habitans. L'esprit monarchique des luthériens se rallie à la puissance impériale et laisse au calvinisme démocratique le champ de bataille à la fin de la guerre. Après Gustave-Adolphe, les exploits des grands capitaines formés à son école, n'ont plus que l'intérêt d'une étude stratégique tant le résultat de la guerre est depuis long-temps prévu! Et l'éternelle faiblesse de l'Allemagne divisée ne serait elle-même qu'un triste sujet d'étude, sans la comparaison facile et naturelle de la France et de l'Allemagne , de Richelieu et de Wallenstein , de l'homme qui prépara la France de Louis XIV, et de celui qui voulut faire brusquement l'Allemagne semblable à la France. Notre vive et rapide histoire contraste hardiment avec l'histoire des peuples allemands qui, surchargée de nationalités diverses, coule si lentement qu'on ne sait souvent dans quel sens elle se dirige, vers la tyrannie ou vers la liberté.

Au traité de Westphalie, on osa bien dire qu'après avoir tant parlé de religion on n'avait agi que par politique. L'ancienne unité de l'empire qui n'avait jamais existé fut déclarée impossible, et chaque partie de l'empire indépendante et même aliénable. En effet, les puissances voisines prirent à l'empire quelques provinces à leur convenance : des Pays-Bas, une moitié s'en allait à l'Espagne, une autre à la liberté ; l'Alsace à la France ; les ports de la mer du Nord et de la Baltique à la Suède. Par la séparation définitive des Pays-Bas, l'empire perdit à l'occident la navigation et le commerce du Rhin. La guerre avait été désastreuse, la paix fut encore plus honteuse. Les princes voisins niaient la suprématie de l'empire, et les princes allemands celle de l'empereur. L'Au-

triche elle-même sembla nier l'empire, car elle s'isola de lui en demandant pour ses provinces un régime particulier. Pourtant l'empereur s'appelait toujours le promoteur de l'empire ! L'incrédulité, plutôt que la tolérance, amena la liberté religieuse. Le pape qui réclama vainement était *désarçonné* comme l'empereur; l'Allemagne catholique avait négocié sans lui.

Les vieilles gloires de l'Allemagne avaient disparu dans cette longue tempête : la Hanse teutonique ruinée par les progrès de l'Angleterre et de la Hollande, de la Suède et de la Russie, abandonnée par l'empire, la noblesse et le peuple ; la noblesse abolie par les progrès de l'art militaire et l'emploi des troupes mercenaires, avilie par les princes électeurs ; les villes libres opprimées par les états supérieurs, et l'empereur luimême qui n'était plus que le prince héréditaire d'Autriche et de Bohême. Les princes seuls trouvaient leur profit à la ruine de l'empire. La réforme avait ajouté à leur puissance politique la puissance religieuse. L'unité qui manqua toujours à l'empire s'établissait dans les principautés. Les princes et les peuples s'étaient unis au seizième siècle par une foi commune, au dix-septième par une communauté de misères.

T. Toussenel.

EXCURSIONS EN STYRIE.

LE BRANDHOF. — L'ARCHIDUC JEAN.

Dernièrement, j'assistais à une de ces soirées musicales où se presse l'élite de la société parisienne. Après deux ou trois instrumentistes distingués, mon voisin m'annonça les chanteurs styriens, MM. Augustin et Helwig. Je ne les connaissais point ; mais, au seul nom de leur patrie, mon attention fut éveillée: car moi aussi, j'ai parcouru les neigeuses montagnes, les vallées pittoresques, les verts pâturages où ils apprirent ces chants qui répondent à quelques uns des souvenirs les plus délicieux de ma vie errante. D'abord, le costume national des deux styriens me rappella celui des amis que j'ai laissés dans leur lointain pays. Mais, quand ils entonnèrent le premier *Iodler*, je me retrouvai tout-à-fait transporté en ces lieux si chers à ma mémoire. Par leur vive expression, par la couleur toute locale dont elles sont empreintes, ces mélodies m'émurent profondément. Une d'elles me charma surtout. C'est que les paroles me retraçaient, avec des particularités plus précises, des temps, des mœurs, un homme que je n'oublierai jamais. Ces paroles les voici, autant qu'une traduction française peut rendre leur caractère natif.

LE CHASSEUR DE CHAMOIS.

Iodler.

« Partout où je suis, partout où je vais, mon cœur bat, comme personne ne saurait le croire ; mon cœur bat pour ma Styrie, ma Styrie où tonne la carabine, où sur les rochers saute le chamois, où demeure mon bon archiduc Jean!

» Qui connaît le pays où le fer se travaille avec tant d'abondance, où l'Ens, en mugissant, coule au creux de la vallée profonde. Oh ! là, partout est la joie, partout est le bonheur !

» Suis-je jamais plus gai, suis-je jamais plus heureux que lorsque, libre d'aller sur les Alpes, je suis avec mon archiduc Jean, qui, vêtu du simple costume des Styriens, se tient sur le roc escarpé, si fier, si grand, si près du ciel ! »

L'éloge est-il exagéré ? On pourrait le croire en réfléchissant qu'il émane d'un enfant du pays. Mais les Alpes qu'il chante, je les ai visitées, l'archiduc qu'il aime, je l'ai connu, et de bon cœur à la sienne j'unis ma voix.

Sans contredit, la Styrie supérieure est une des contrées les plus pittoresques, les plus favorisées du ciel qu'il y ait en Europe. Sur ces montagnes, que couronnent des glaces et des neiges éternelles, surgissent plus bas sous l'abri d'arbres antiques de nombreuses bergeries çà et là parsemées. Dans les intervalles, ce sont d'industrieuses vallées, vivifiées par d'innombrables usines, des scieries, des forges où le cours des torrens qu'y versent les glaciers mettent en mouvement mille marteaux lourds et bruyans. Les vallées de l'Ens, de la Muhr, celle de Maerk, peuvent rivaliser avec ce que la Suisse offre de plus sublime, avec Grindelwald et Lauterbrunnen. On y travaille le fer, abondamment fourni par les mines cachées au sein des Alpes, avec une perfection qui permet de soutenir la concurrence, même sur le marché de Londres, contre les produits analogues de l'industrie anglaise. Les ustensiles et les faulx particulièrement sont le principal objet de cette active exportation. Après l'argent, le plomb et le sel, une autre richesse du pays, c'est le bétail, qui, paissant de gras et aromatiques pâturages, ne le cède pas aux vaches de l'Oberland bernois ou de l'Appenzell. Rien de varié, ensuite, de riant, comme la flore de la Styrie. A voir, en été, la pente des montagnes magnifiquement diaprée d'aconits aux fleurs bleues, de gentianes aux fraîches clochettes, on croirait que le créateur a jeté sur ces énormes blocs des tapis auprès desquels pâlit l'éclat emprunté des manufactures d'Aubusson.

Longtemps, l'agriculture et l'industrie restèrent en Styrie dans une languissante stagnation. L'archiduc Jean les a pour ainsi dire appelées à la vie. Ce pays lui doit tout ce qu'il offre aujourd'hui de grand et de bon. Instigateur d'une foule d'améliorations, créateur de l'académie nationale fondée à Grætz et qui tient de lui son nom de *Johaneum*, il a fait d'immenses sacrifices pour un peuple dont il est le véritable père. Aussi les Styriens l'aiment-ils comme des enfans.

Cette partie de l'Autriche est peu connue bien qu'elle mérite de l'être davantage. Mes excursions minéralogiques et botaniques m'y ont conduit à plus d'une reprise. Puis, aux accens saisissans des chanteurs que la Styrie a prêtés pour quelques hivers à Paris, j'ai senti vingt épisodes de mes anciens voyages se presser sous ma plume. A l'aventure, j'en choisis un, celui peut-être que le chant montagnard de MM. Augustin et Helwig a évoqué le plus directement. A des articles postérieurs les autres détails qui compléteront la description d'une province si digne d'intérêt.

Un jour, je partis de Mariazell, pédestrement, dans le simple équipage d'un herborisateur. Mariazell est peut-être, de tous les lieux de pélerinage en Europe, aujourd'hui le plus fréquenté, le plus fameux. Mais, pour en parler plus au long, j'attendrai une prochaine occasion. Cette fois, je laisse dans l'église une foule de pieux pélerins agenouillés devant l'image divine qui ne se lasse pas d'accomplir de prodigieux miracles, et me voilà dans les montagnes.

A peu de distance de Mariazell est Weichselboden, célèbre dans la contrée pour la chasse aux chamois. Les environs sont, assure-t-on, la résidence favorite de ces jolies gazelles des Alpes. Je tenais à les rencontrer, vivantes et libres, une fois dans ma vie. Donc l'aubergiste de Weichselboden eut beau vanter son hôtellerie, sa cuisine et sa cave, je tins bon. Un sinueux sentier m'éloigna promptement du village. Qu'est-ce qu'une course dans les montagnes pour un naturaliste, surtout lorsqu'il est curieux de voir de près un chamois ou deux? Vous l'ignorerez toujours, vous qui sui-

vez paisiblement les routes tracées à travers vos champs où l'homme et sa demeure élèvent à chaque portée de fusil un jalon sur vos pas. Après une demi-heure de marche, je fus dans une espèce de désert : à l'horizon, d'ailleurs fort rétréci par un cercle d'abruptes rochers, nul châlet, nul pâtre, nul signal, pour m'indiquer ma route. Je marchais toujours, prenant chaque sentier qui s'offrait à moi et suivant au hasard lorsque le sentier manquait. Je me meurtris les pieds et les mains en glissant à vingt reprises sur les aspérités du sol ; je faillis me noyer en traversant sur des pierres mal assises un torrent glacial ; j'endurai patiemment toutes les fatigues dans l'espoir d'une récompense. Mais la récompense, hélas ! me fit défaut. Des plantes rares, de précieux insectes, oui ; des chamois aux allures sauvages, point. J'enrageais.

Trois heures durant, j'avais ainsi couru par monts et par vaux. Où étais-je ? Ce qui me préoccupait, ce n'étaient plus les chamois auxquels, en vérité, je ne pensais que pour les maudire. Il me fallait un gîte, un couvert. Aussi, tout en lançant contre ces jolies gazelles des Alpes mille imprécations de touriste égaré et d'homme affamé, j'invoquais avec ardeur l'instinct des lieux, ce bon ange du voyageur qui tant de fois m'avait tiré d'embarras.

Ma prière fut entendue. Au milieu de la solitude, tout-à-coup retentit un joyeux aboiement. Par ici, me criait-il. Surpris, je ne le fus pas, car cette protection de mon guide mystérieux ne m'a jamais fait faute, mais, reconnaissant, à la bonne heure ! Je marchai vers la meute, dont les cris se rapprochaient de plus en plus. En ce moment, je n'étais plus le voyageur inquiet qui cherche sa route sans la trouver ; j'avais repris l'allure insoucieuse, dégagée du promeneur qui en prend à ses aises. Au bout de quelques pas, un homme débouche devant moi. Je l'aborde, et sans affectation, sans empressement :

— La route de Weichselboden, lui demandai-je ?

—C'est la mienne, me répondit-il, et, si vous m'en croyez, vous me suivrez.

L'avis me parut bon. Cependant, bien que je l'eusse accepté, la défiance me fit réfléchir. Quel est cet homme, me disais-je ? C'est peut-être un braconnier. Alors, autant aurait valu m'égarer tout-à-fait, car un tel compagnon n'est guère sûr. En marchant, nous n'échangions que de brèves paroles. Il appelait, il caressait, il guidait ses chiens. Quant à moi, je l'observais du coin de l'œil, cherchant à définir avec netteté ce que pouvaient être chez lui les rapports du physique au moral, ce que sa figure et son accoutrement devaient par leurs pronostics ajouter à la somme de mes craintes ou en retrancher.

Une veste grise à collet vert formait son vêtement principal. Venait ensuite une culotte courte, en peau noire de chamois, dont la poche laissait sortir les manches d'un couteau, d'une cuillère, d'une fourchette, fabriqués avec la corne du même animal et garnis d'argent. Avec cela, des bas blancs et des brodequins lacés. J'allais oublier ce que j'avisai tout d'abord, son chapeau de feutre vert à large bords, avec un gros bouquet en plumes de coq de bruyères. A en supputer le nombre je conclus que mon homme était un tireur habile.

Cette première observation allait en amener une autre, car, du costume, mon examen s'était porté sur les traits du visage, lorsque l'inconnu s'arrêta.

— Voici la route, fit-il en désignant du doigt un sentier qui fuyait sur la gauche.

Puis, il se détourna, sans attendre mes remercimens. Peut-être aussi, me dis-je, seraient-ils prématurés? Alors je m'assis.

Après ou avant tout exercice, toute fatigue du corps ou de la pensée, c'est, n'importe en quelle circonstance, mon premier soin. Recueillement ou repos, j'y tiens. L'homme au feutre emplumé en fit autant, mais d'une façon assez bizarre: par derrière, le canon de son fusil; par devant, son bâton ferré. Ainsi campé ou plutôt suspendu, il fixa les yeux sur ma boîte en fer blanc et m'interpella sur la récolte du matin. — Etait-elle abondante et belle?—Sans façon, j'ouvris la boîte, et, pour moi aussi bien que pour lui, j'étalai mes plantes devant nous. Qui fut étonné? C'est moi, puisque aussi bien j'ai confessé déjà mes trompeuses suppositions.

Voilà le prétendu braconnier qui désigne chaque brin d'herbe par son nom latin : *soldanella alpinella*, etc., savante nomenclature qu'il augmentait encore de réflexions sur les vertus médicinales de telle ou telle. C'était un confrère en botanique ! S'il avait des armes, il n'en avait que par précaution. Ouf ! Dégageant ma poitrine par un large soupir, j'apostrophai l'étranger en le proclamant savant naturaliste. Le mot le fit sourire. Alors la conversation s'engagea, cordiale et suivie. Il me questionna sur mon itinéraire et prouva qu'il connaissait dans leurs moindres détails les montagnes que j'avais visitées. Quel guide excellent j'aurais eu en lui ! Pas un sentier, pas un recoin de la Styrie et du Tyrol, qui lui fût inconnu. Il y avait là de quoi renouveler mes incertitudes sur sa véritable qualité. Etait-ce un chasseur, un herborisateur, un braconnier, un contrebandier? Pourtant, en étudiant sa physionomie, j'écartai bien vite toute mauvaise pensée à son égard, car je n'y trouvai qu'une franche expression d'intelligence et de bonté.

L'hallali des chasseurs mit fin encore une fois à mes déductions phrénologiques. Du fond de la forêt venaient à nous les sons du cor, les aboiemens des chiens. Bientôt une douzaine de ces animaux s'élancèrent au-delà des arbres et coururent vers leur maître, mon compagnon, le saluant, le flattant de leurs queues agitées. Cinq autres chasseurs parurent en même temps, vêtus du même pittoresque costume que le premier. Une troupe de paysans les suivaient, chargés de porter les deux chamois qu'ils avaient tués dans la matinée.

Quelque plaisir que j'eusse à entendre l'inconnu dans ses commentaires sur la flore des Alpes tyroliennes et styriennes, l'interruption ne me fut nullement désagréable. N'allais-je pas apprendre enfin qui il était ?

On s'établit au milieu d'une spacieuse et verte pelouse d'où la vue plane au loin sur cette région de vallées et de montagnes. Le feu fut allumé. On apprêta la fressure des chamois, à la mode appétissante du chasseur, et, lorsqu'on vint me convier à ce repas digne des gourmets les plus difficiles, j'acceptai, stimulé par l'instinct de la faim autant que par l'intérêt de la science. L'air qu'on respire sur les Alpes est un apéritif puissant, vous pouvez m'en croire ; plus d'une fois, j'en ai fait l'expérience. Là haut, également, si l'appétit est grand, la digestion est active. On y mange impunément des substances qui, prises dans les plaines, délabreraient promptement l'estomac. Après ma course pénible de la journée, qu'on juge donc si je fis honneur au festin hospitalier du Knœdelstein : c'est le nom de la pelouse où il fut servi !

J'y voudrais être encore. Pendant qu'assis en rond, les sept convives faisaient honneur au gibier alpestre, les paysans chantaient des mélodies nationales, des *Iodler*, espèce de tyroliennes, que le cor accompagnait, répété au loin par vingt échos successifs. Le soir s'approchait, drapant les cimes vaporeuses des montagnes d'un voile aux reflets de pourpre et d'or. Quel magnifique spectacle !

La conversation aussi m'intéressait. Pour moi, seul étranger, les indigènes racontaient chaque incident de leurs chasses à travers les glaces et les rochers. Bien que très nombreux dans cette partie de la province, les chamois sont difficiles à atteindre. Ils sont si rusés, si agiles, franchissant d'un bond les précipices, escaladant les rochers comme des oiseaux! Souvent les chasseurs passent la nuit auprès d'un feu sur un plateau élevé, pour attendre qu'à l'aube du jour, poussé par la faim, le gibier descende des cimes du Feistringstein, où ne sauraient arriver ni le pied, ni la balle de l'homme. Là haut, rassemblés en troupes, les chamois se rient de leur ennemi. Aussi, les poursuit-on, ils déploient toute leur finesse, tout leur instinct, peut-être bien quelque chose de plus, pour regagner ces retraites inaccessibles où, entre l'immensité du ciel et la profondeur de l'abîme, ils reposent en paix.

Aucun chasseur ne se souvint d'avoir vu un bouquetin. Là, comme en Suisse et en Tyrol, cet animal paraît avoir complètement disparu. Un jour, probablement, il en sera de même des grands aigles des Alpes, car, à peine aperçoit-on quelqu'un de ces redoutables voleurs, qu'on se met à sa poursuite.

Un chasseur tira de sa carnassière un coq de bruyère (*tetrao uragallus*, L.), qu'il avait tué sur le Zellerstarize. Son plumage, d'un beau noir, ressemble d'ailleurs à celui d'un faisan. Sa grosseur est celle d'une dinde. C'est au printemps qu'on va surtout à la chasse de ces oiseaux. On part le matin, alors que les étoiles éclairent encore les sentiers de la montagne, un peu avant que le soleil, en se levant, vienne à rougir les plus hautes cimes et pendant que les vallées sont encore plongées dans l'ombre. A cette heure, les coqs de bruyères sont tranquillement perchés sur les arbres dont ils choisissent les plus hauts pour asile. La finesse de leur ouïe est telle qu'ils saisissent le moindre bruit qui vient à troubler l'espace, même à des distances désespérantes pour le succès du chasseur. Le meilleur moment pour les surprendre est celui où ils chantent, soit qu'ils s'écoutent avec trop de complaisance, soit que leurs fioritures couvrent tout autre bruit.

La collation finie, on se mit en route. A la clarté des milliers d'étoiles qui s'allumèrent au ciel, nous descendîmes plusieurs heures durant. Un charmant pavillon de chasse fut la première habitation que nous rencontrâmes. Là eut lieu une halte. Plus loin, s'offrit à nous une grande ferme, la résidence de mon compagnon mystérieux. Il m'engagea, sans tarder, à y passer la nuit, avec une cordialité si franche, si pressante, que j'aurais été embarrassé de trouver une formule de refus s'il ne m'avait pas été doux d'accepter. On m'installa dans une petite chambre dont le comfort inespéré surprit mes habitudes, fort peu sybaritiques, de touriste.

Grace à ma facilité d'acclimatation, je ne suis jamais gêné par la froideur de cette situation provisoire où l'on n'ose commencer à aimer ce que l'on va quitter. Après une minute ou deux d'attitude à moitié cérémonieuse, je fus chez moi sans honte et sans empressement, je dis un mot de satisfaction à toutes ces commodités de la vie, dont il est bon de savoir se passer, mais qu'il serait niais de dédaigner quand elles s'offrent à nous. Ensuite je m'occupai de mettre un peu d'ordre, d'une part, dans ma récolte de plantes, de l'autre, dans mes sentimens de reconnaissance pour cet homme qui me faisait un accueil si chaleureusement sincère, si naturellement sans façon. Il ne me connaissait pas, je ne le connaissais pas davantage. Qu'importe ! Comme nos relations ne devaient être que d'un jour, je ne songeai point alors à m'enquérir de ses noms et de ses qualités. M'avait-il demandé les miens, pour me donner une part à son engageante causerie, une place à son festin si bien venu, un lit dans sa demeure hospitalière ? D'ailleurs, avec cet homme, dans cette maison, on se sentait tout de suite à l'aise comme avec un ami de tous les jours, comme dans la maison de toute sa vie.

Au matin suivant, j'étais de bonne heure à la fenêtre, pressé de jouir des franchises de l'hospitalité qu'on m'octroyait. En moi-même, je donnais un avis sur tout ce qui s'offrait à mes regards. Me plaçant au point de vue du maître, m'identifiant avec ses intentions, j'approuvai le choix et le caractère du site, je blâmai l'agencement de certaines plantations qui coupent la perspective, je fis çà et là des éclaircis dans des massifs trop étendus, j'établis sur le versant des montagnes des routes commodes et partout des banquettes gazonnées...

Voilà les pensées que me suggérait l'inspection du Brandhof. C'est ainsi qu'on appelle la ferme de mon hôte. Autrefois, elle n'était qu'un châlet, plus grand, mais aussi simple que les autres. Bâtie sur le Seeberg, à une hauteur de 3,000 pieds, elle est située sur le chemin vicinal de Mariazell à Bruck, à mille pieds environ de la cime même de la montagne. Grace aux accidens du terrain et aux caprices de la végétation, le site est en vérité un des plus pittoresques de la contrée. Des groupes de rochers, que tapissent de sombres lichens ou qu'égaient les touffes de la bruyère rose, dominent de vertes pelouses où s'éparpille sous mille couleurs la flore des Alpes, si riche et si vivace. Sur ce fonds brillant serpentent des sentiers qui vont brusquement aboutir à de profonds ravins. Puis, ce sont les sapins, jetés de mille façons au travers du paysage, par noirs et épais bouquets, par files prolongées comme des allées, seuls encore et semblables à des sentinelles perdues qui surveillent les abords de la place. On peut les suivre au loin, se glissant presque à perte de vue dans les fentes des rochers décharnés et balayant la neige de leurs panaches que le vent fait ondoyer. Quelques mélèzes, tristes, rabougris, croissent aussi par hasard au milieu des pierres. Mais à côté de ces avortons, le chêne étale ses branches touffues qui projettent sur le gazon une ombre protectrice. A l'est surgit, comme une haute muraille, une montagne calcaire, le Zellerstarize, haute de 6,000 pieds, et couverte de châlets et de vacheries.

Voulez-vous un contraste à la richesse du site, jetez les yeux sur la ferme au milieu. A part son étendue, à part son exquise propreté, elle ressemble extérieurement à toutes les fermes. C'est un assemblage de plusieurs bâtimens couverts de chaume et percés de fenêtres étroites. Seulement au centre de tous une jolie chapelle est adossée.

Partout, des ruisseaux semblent se chercher, s'éviter, faisant mille circuits pour arriver devant la ferme, et lui offrir, avec leurs eaux limpides, un abondant tribut d'écrevisses et de poissons délicieux.

Aux fenêtres grimpent, s'enlacent, s'étalent les plus belles plantes que produit la montagne. Une cour spacieuse sépare les granges des étables. Plus loin est la charmante habitation du forestier, avec la meute bruyante des chiens de chasse. Sur des terrasses élevées s'épanouit un ravissant jardin, avec les plantes les plus rares, les plus curieuses, les clochettes alpestres, les bleus aconits, les roses des Alpes, les gracieux rhododendrons. Ce jardin est unique en son genre. Au fond, se trouve une chapelle gothique avec la statue de Rodolphe de Habsbourg.

Au milieu de mes investigations, je fus distrait par un bruit de voiture. Qu'est-ce que cela peut être ? L'équipage s'est arrêté. Deux hommes en descendent ; ils parlent anglais ;

à l'aisance de leurs manières, à la tenue de leurs gens, je devine sans peine des personnes de distinction. Décidément, me dis-je, je suis chez un riche propriétaire qui, pour échapper aux ennuis du monde, a pris le déguisement d'un campagnard. Alors je me pris en pitié d'en avoir eu peur sur la montagne.

On dîna dans le jardin. Je m'attendais à voir le maître de la maison paraître en habit de ville et j'espérais trouver dans sa mise le secret de sa position sociale que pas un mot n'avait trahi jusque là. Il était vêtu comme la veille ; les domestiques non plus n'avaient pas d'autre costume. Je m'y perdais.

Vers la fin du dîner, la musique se fit entendre. Cette fois, elle fut loin de me charmer, tant elle se trouvait en désharmonie avec l'ordonnance du repas. C'était comme une note fausse et criarde au milieu d'une savante exécution. Je ne reconnus ni Mozart, ni Beethoven, ni même Strauss. Pourtant c'étaient des valses.

— Ceci ne fait pas partie du dîner, dit en souriant notre hôte qui avait partagé ou deviné les souffrances de nos oreilles de dilettanti. Ce sont les violons qui, dans la grange voisine, font sauter nos bons paysans. Si vous le trouvez à propos, nous irons les voir.

Au sortir de table, on alla, comme il l'avait proposé, faire un tour au *bal*. Notre entrée fit sensation. Un *crescendo* d'enthousiasme anima les violons, les pieds des danseurs précipitèrent le mouvement de la valse, sur toutes les figures brilla subitement un éclair de bonheur. On aurait dit que c'étaient autant d'enfans qui manifestaient leur joie à voir un père au milieu d'eux. La danse finit. Alors des groupes nombreux s'empressèrent autour de notre hôte. C'était à qui lui parlerait, à qui, le premier, lui dirait : « Bonjour, bon ami Jean ! » A contempler ces témoignages d'affection si simples, si respectueusement familiers, je me sentais ému. C'est ainsi vraiment que l'on s'adresse à Dieu, et je le bénissais de m'avoir fait rencontrer un homme qui semblait avoir donné pour but à sa vie l'amour de ses semblables.

L'un lui disait : — Jean, la récolte a été bonne, et cette année vous pourrez donner vos secours à d'autres qui seront aussi malheureux que nous l'étions l'été dernier. — Jean, disait un autre, notre belle vache est perdue. — Bien, répliquait Jean. C'était répondre qu'une autre vache la remplacerait.

Chacun eut ainsi sa parole de bonté. Puis, notre hôte les engagea gaîment à continuer leur danse. Alors tous se mirent en branle. Jamais je ne fus témoin d'une semblable joie. C'était mieux que le galop de nos salons, plus vif, plus bruyant, plus fou. Chaque homme, entourant sa compagne, la fit lestement tourner, tantôt en frappant des mains sur les genoux, tantôt en battant la mesure avec les pieds, accompagnant ces rapides évolutions de la voix qui lançait de temps en temps des sons grêles et brefs comme ceux du refrain des *Iodler*. Au résumé, c'était bien là la danse d'un peuple heureux et fort.

Nous restâmes longtemps dans la grange. Au départ, les paysans nous suivirent avec des cris incessans et tumultueux : « Vive notre bon *Hans* ! (diminutif amical de Jean).... Vive » le bon archiduc! » D'abord, je crus que l'archiduc était un des personnages arrivés le matin et couverts de décorations, mais, suivant la direction que prenaient tous les regards, je m'aperçus bientôt de mon erreur : l'archiduc Jean, frère de l'empereur d'Autriche, n'était autre que mon compagnon de la veille, ce chasseur si simple, si instruit, si hospitalier !

Chaque année, il passe cinq ou six mois dans sa modeste ferme. Quelques amis et deux secrétaires, MM. B..ten et

Weidmann, l'auteur des jolies esquisses de voyages, l'accompagnent, se transformant comme lui en paysans pour toute la saison. Là, il retrempe, au sein de la nature, son ame et son esprit, fatigués du monde et des affaires de la capitale. On dit que son cœur aussi a trouvé son compte à cette vie retirée. Un certain dimanche, j'avais vu arriver solennellement une troupe de montagnards ayant à leur tête six jolies filles. Ils venaient saluer l'archiduc. L'une d'elles, et ce n'était pas la moins belle, me parut fixer d'une manière remarquable l'attention de l'excellent Jean. C'est aujourd'hui la baronne de Brandhof.

Plus tard je visitai la ferme avec détail. Les chambres sont garnies de boiseries et de meubles sculptés en bois de pin (*pinus cimbra*), le même avec lequel les Tyroliens fabriquent leurs jouets d'enfans. Pour ornemens, la salle des chasseurs a des armes précieuses ; des têtes de chamois et de bouquetin sont attachées à la muraille avec les dépouilles empennées du coq de bruyère et de l'aigle des Alpes, animaux fabuleux pour les habitans du nord. Plusieurs tableaux de Schnorr décorent le salon : à droite, l'empereur Maximilien, en costume de chasseur, avec cette inscription : *Au plus noble chasseur;* à gauche, le patriote André Hofer, avec ces mots : *Au plus fidèle chasseur.* A voir en si illustre compagnie un simple mais glorieux paysan, mon cœur fut vivement ému. Au dessus du portrait de Hofer est suspendue sa carabine, dont il disposa, par sa dernière volonté, en faveur de l'archiduc. Dans la cathédrale d'Inspruck également, la simple statue du chef héroïque des insurgés tyroliens s'élève auprès du magnifique mausolée de Maximilien, qu'entourent vingt-huit figures colossales !

J'ai parlé de la chapelle qui occupe le centre des bâtimens. On y a pratiqué, dans un pilier, passage pour une fraîche source d'eau qui, descendant de la montagne, s'épanche en un bassin étroit. Quand j'y allai, des pélerins en route pour Mariazell se reposaient pieusement dans l'enceinte consacrée.

Depuis cette première visite, le noble propriétaire a tous les ans fait faire d'importantes améliorations, de telle façon que la ferme champêtre est devenue un des monumens les plus curieux de l'Autriche. Le salon a été agrandi ; on a élevé les fenêtres, où deux artistes distingués ont exécuté de précieuses peintures sur verre d'après les dessins de M. Schnorr. Sur les murailles sont de pieuses inscriptions, pour la plupart empruntées à la Bible et qui prouvent les sentimens religieux du maître. On a sculpté les boiseries dans l'ancien goût germanique. Le plafond est composé de petits carreaux gothiques en bois. Ces ornemens, ciselés avec un art parfait, forment une continuelle allégorie à la situation du lieu. Ce sont des plantes alpestres, des touffes de myrte, des feuilles de chêne ou de palmier, qui, s'enlaçant, se confondant, produisent le plus gracieux effet. Au milieu, s'allonge, en descendant pour supporter le lustre, une tige plus vigoureuse qui représente la plante connue dans le pays sous le nom emblématique de *Fidélité des hommes* (*Mannstreue.* — *Eryngium alpestre*). Dans les quatre angles, quatre animaux : un chamois, un aigle, un buffle, un chien, montrent leurs figures montagnardes précieusement taillées dans le bois. Des piédestaux, soutenus par des têtes d'anges, sont placés à tous les coins. Ils portent les ancêtres de l'archiduc, le duc Ferdinand de Tyrol, qui a l'aigle tyrolienne dans ses armoiries, Charles II de Styrie avec la panthère nationale, Rodolphe de Habsbourg, Maximilien, puis les membres de la famille impériale actuellement régnante. La belle Marie-Thérèse n'a pas été

oubliée comme bien on pense. Chaque personnage a son inscription caractéristique. Notons aussi, du côté du nord, un immense poêle antique tel qu'on en voit encore en Souabe.

La salle des chasseurs a eu sa part de ces embellissemens. On a enrichi la collection des armes de prix de plusieurs magnifiques morceaux. Les vitraux des fenêtres ont été peints avec un rare talent. On y voit le portrait de l'empereur Maximilien, des scènes de la chasse au chamois et de jolis paysages. Seulement, en admirant, la réflexion vient qu'une pierre lancée par mégarde ou malveillance, qu'un grêlon poussé par le vent suffirait, s'il brisait un carreau, pour détruire un de ces petits chefs-d'œuvre.

L'archiduc eut la complaisance de nous montrer ses nombreux portefeuilles. C'est une délicieuse collection de croquis représentant les costumes, les mœurs, les fêtes de la Styrie. Ils sont dus aux crayons de MM. Schnorr, Loder, Ender et Gauermann. Mais ce que nous remarquâmes particulièrement, ce sont les paysages de Steinfeld, artiste éminent qui est attaché à la personne du prince. Même en Autriche, ses productions sont peu connues, car toutes sont immédiatement accaparées par l'archiduc ou par M. List, de Vienne. Ce dernier s'est fait un musée complet d'ouvrages de ce peintre. Un coloris vif et brillant, une rare fidélité, une extraordinaire finesse d'exécution, telles sont les qualités qui le mettent hors de ligne.

Comme on le voit, le noble propriétaire du Brandhof rapporte tout à la Styrie. Outre ces tableaux, ces dessins empreints de la couleur nationale, il a un immense recueil de chansons, d'extraits historiques et de notes géographiques. Voilà vingt ans qu'il travaille aux préparatifs d'un grand ouvrage sur les Alpes Noriques et en particulier sur la Styrie. Encouragés par lui, des savans la parcourent de toutes parts pour y rassembler des observations géologiques et littéraires. Il a fallu faire de grands sacrifices pour amener le travail au point de perfection où il est arrivé déjà ; mais à l'archiduc Jean restera la gloire d'avoir accompli la publication la plus riche, la plus complète qui jamais ait paru sur cette intéressante contrée.

Un mot maintenant sur la chapelle. C'est un chef-d'œuvre de goût. Les piliers gothiques qui la supportent et qui s'allongent en pointes se réunissent au sommet pour former un vaste *eryngium* dont les feuilles étalent les divers écussons de la monarchie autrichienne. Des peintures précieuses couvrent les fenêtres et produisent un effet magique. L'autel est de marbre gris. Au dessus est un tableau représentant le Christ. Le tabernacle qui contient les vases sacrés en argent est modelé dans l'ancien style, avec un talent remarquable. Le bois employé à ce saint usage vient des cèdres du Liban. J'ai encore admiré, dans ce sanctuaire de l'art et de la religion, deux statues de la Vierge et de saint Jean-Baptiste, plusieurs tableaux de Schnorr, un délicieux orgue gothique, une horloge qui est l'ouvrage de deux mécaniciens montagnards. Enfin, sur la croix du Brandhof, est un Christ de Boehm, véritable merveille de sculpture.

C'est là, dans cette chapelle, que reposera probablement un jour le noble archiduc. Il l'a décidé lui-même, voulant être inhumé au milieu d'un peuple qu'il a depuis long-temps adopté pour ses enfans. Aux sombres caveaux des capucins de Vienne, sépulcre auguste de ses ancêtres et de ses parens, il préfère un tranquille mausolée au milieu de ces montagnes agrestes, de cette belle nature, qui pour lui a tant de charmes.

10

Mais, quoi qu'il en soit, toujours, certainement, Jean vivra dans la mémoire, dans le cœur de ses braves Styriens.

Le docteur G. FRANK.

JOHANN GUTENBERG.

Voilà mille ans qu'un grand empereur, de sa résidence d'Ingelheim, près de Mayence, régnait sur la France et sur l'Allemagne. Transmettant la justice et la civilisation jusqu'aux cantons les plus lointains, ses envoyés revenaient dans son palais y apporter les vœux et les chants de ses peuples. Sous le sceptre de l'habile monarque, les Germains et les Gaulois formaient la grande communauté des Francs, des hommes libres. Si, aujourd'hui, de nouveau les Allemands et les Français se tendent la main comme des frères, s'ils se rendent hommage en commun au droit éternel et à l'éternelle pensée, si entre les deux nations a commencé, sous les auspices de l'estime et de la sympathie, un rapide échange de tous les biens intellectuels, à qui faut-il attribuer le mérite de ce renouvellement, de cette transfiguration de l'antique unité qui les rallia déjà du temps de Charlemagne? A qui doit s'adresser notre reconnaissance, non la reconnaissance du monde civilisé tout entier, pour l'émancipation qui a soustrait la pensée et le sentiment humains à la tyrannie de l'erreur, de l'arbitraire et du fanatisme? A qui, si ce n'est à ce noble bourgeois de Mayence qui, dans sa pieuse modestie, terminait, il y a bientôt quatre cents ans, le *Catholicon*, qu'il venait d'imprimer, par les paroles suivantes :

« Avec l'assistance du Très-Haut, dont un signe fait par-
» ler les enfans et qui souvent révèle aux petits ce qu'il cache
» aux sages, en l'année 1460 après l'incarnation du Seigneur,
» dans la bonne ville de Mayence qui appartient à la glorieuse
» nation allemande et que la bonté de Dieu s'est plue à choisir
» entre les peuples de la terre pour la douer de tant de lu-
» mière et de libre pensée, cet excellent livre a été imprimé
» et mené à fin, et cela sans le roseau, le burin ni la plume,
» mais par l'admirable moyen des poinçons et des matri-
» ces. »

Quand donc des hommes, mus par le désir de resserrer les liens intellectuels qui unissent deux nations voisines et amies, entreprennent d'élever, dans la capitale de la France, un Panorama où se reproduise fidèlement l'aspect varié de l'Allemagne, de son territoire et de ses habitans, quel sujet peut leur être mieux venu que celui qui se rapporte à l'inventeur auquel on doit l'intermédiaire le plus actif et le plus puissant du grand échange des pensées et des sentimens humains? Après avoir essayé de tracer la genèse en quelque sorte de cette divine découverte, nous mettrons en scène son auteur lui-même, pour suivre ensuite l'imprimerie dans ses développemens successifs jusqu'au jour où l'on a solennellement érigé à Gutenberg un monument européen.

I. GENÈSE HISTORIQUE DE L'IMPRIMERIE.

Toujours et partout, la vie commence par l'apparition d'un germe qui surgit de la masse. Elle se développe en prenant une forme à l'intérieur, en se dessinant au dehors par des signes exactement arrêtés. Puis, elle ne se conserve que par les phénomènes postérieurs d'une vie interne et d'une communion avec le monde extérieur. Lorsque les instrumens de ce double rapport sont consolidés, il faut que le premier cesse, se dissolve, se brise, pour que la communauté de la vie soit rétablie, c'est-à-dire pour que l'ame soit délivrée de ses chaînes, de son cachot. Cette loi se retrouve aussi dans l'histoire.

A la première formation historique appartiennent les peuples qui, par la protection spéciale de la divinité, se constituèrent hiérarchiquement sous la forme de théocraties. Mais la vie réelle s'y concentra dans le sacerdoce ; les organes se pétrifièrent au sein des castes; les prêtres pesèrent sur les classes chargées de la défense et de l'alimentation ; tous ensemble à leur tour, sur des esclaves sans existence à eux. La qualité d'étranger équivalait à celle d'ennemi du peuple et de son Dieu. L'intelligence fut cloîtrée en de mystérieux hiéroglyphes. Il y eut des enseignemens et des lois que conservèrent et se transmirent des prêtres tout-puissans qui en avaient le privilège exclusif et qui n'étaient point responsables devant les hommes. Ces états primitifs, on peut les comparer à de magnifiques cristaux recélant à l'intérieur une goutte d'eau vivante, il est vrai, mais inhabile à communiquer la vie.

Celui qui le premier brisa les hiéroglyphes et décomposa l'image des mots en signes alphabétiques, celui-là fut aussi le premier libérateur de l'esprit humain.

La pensée se dépouilla des mystères sacerdotaux. La loi divine, écrite, accessible et compréhensible pour tous, plana, comme la conscience publique, comme un juge et comme un souverain, au dessus de la caste autocratique. L'esprit s'était détaché des murs du temple ; il était sorti de son noir tombeau, brillant de force et de clarté, pour rompre peu à peu, libre enfin des entraves de l'arbitraire clérical, les barrières qui séparaient les castes, mieux encore, celles qui séparaient les peuples. La première écriture par lettres fut l'aurore de l'histoire, du progrès de la vie humanitaire, que du sein de l'immobile statue de Memnon saluèrent les sons inconnus de l'avenir.

Mais les antiques théocraties résistèrent au principe du mouvement et du développement. La vie nouvellement réveillée dut chercher au dehors son expansion. La Phénicie, la Grèce, Israël marquèrent ces premiers pas de l'humanité : l'écriture par lettres fut le don précieux dont la providence les pourvut. A elle nous devons la Bible, Homère, Platon, Aristote, par qui le jeune homme devint homme fait. Dans Israël, se développa la vie religieuse; dans la Grèce, la vie scientifique et artistique; pour sa part, la Phénicie eut à rapprocher les peuples par le commerce et à les fondre en une pacifique communauté.

Pendant ce temps, s'élevant sur la base d'airain des douze tables où la loi était *écrite*, la république romaine ouvrit une nouvelle ère au monde, lorsque, le glaive d'une main et la loi de l'autre, elle se mit en marche pour le conquérir.

Dans sa pieuse obscurité, Israël s'était détaché de la vie commune aux autres peuples et s'immobilisait dans son isolement; la Grèce s'éteignit quand ses divinités nationales disparurent au souffle d'une libre pensée; la Phénicie se corrompit sous l'influence de l'égoïsme commercial. Israël, la Grèce, la Phénicie avaient laissé derrière eux l'organisation par castes; une troisième époque commença lorsque partirent, pour envahir le monde et briser les barrières entre les nations, d'Athènes, la voix de la science, de Rome, la voix du droit, et, de Jérusalem, la voix de la foi, de l'amour et de l'espérance.

Le droit romain constitua l'empire romain, la foi chrétienne fonda l'église catholique et la culture grecque fut la source d'une république intellectuelle. Il y eut alors, quand le vieux monde se transforma, un moment saint entre tous, où, de Jérusalem, de Rome et d'Alexandrie, s'élevèrent des milliers de voix pour fêter l'avènement de la parole divine sur la fraternité de tous les hommes. Mais ce ne fut qu'un chant de joie

die
Bibel
gedruckt von
Guttenberg

GUTTENBERG

retentissant, qu'un rapide et brillant éclair ; le monde n'était pas mûr encore pour une si bonne nouvelle. Les anciens peuples étaient trop profondément dégénérés et l'abîme était trop grand qui les séparait de la religion nouvelle, laquelle n'était qu'abnégation de soi-même, que dévoûment, que renonciation, que combat contre les jouissances matérielles, contre les mondaines grandeurs, contre les sciences profanes !

L'empire fondé par le glaive des Romains déjà vieillis ne pouvait être renversé que par la force juvénile des peuples septentrionaux encore à l'état de nature. L'Europe fut inondée de barbares. Sur les ruines du monde ancien, le christianisme, au milieu de ces masses grossières d'hommes jeunes et forts, devint l'église catholique. Le glaive temporel s'abaissa devant la puissance ecclésiastique qui tenait les clés du ciel et de l'enfer.

Peu à peu le droit se façonna aux allures de la féodalité qui rappelait les castes antiques ; la religion fut aux mains de la hiérarchie théocratique un moyen de terreur mystérieuse ; l'art et la science plièrent sous le joug de la tyrannie sacerdotale et de la force brutale.

Pour la seconde fois, Rome tendit à la domination du monde entier. Le chef de l'église prétendait régner sur toutes les intelligences, et le chef de l'ordre temporel dut mettre son épée au service du pape. Quiconque ne voulait pas croire, ne voulait pas obéir au dernier, il était du devoir de l'autre de l'y contraindre ou de le détruire.

Tel fut l'idéal de ce qui aurait dû se réaliser au moyen-âge, tâche dont Grégoire VII eut la conscience, qu'Innocent III put croire avoir accomplie et dont l'avortement définitif amena la mort de Boniface VIII

Il résultait du plan ainsi tracé que tout dans la vie était organisé, décidé, dirigé par l'autorité venant d'en haut. Le pouvoir suprême devait, en conséquence, être considéré comme infaillible et aussi comme irresponsable. De ce principe se déduisit un système de hiérarchie inflexible qui, tout en ralliant les peuples européens en une grande communauté religieuse, devait aboutir intérieurement à immobiliser, à avilir cette communauté en même temps qu'il l'animait contre les hommes en dehors de ses croyances d'une haine mortelle et fanatique. Le pape s'interposa comme le seul médiateur possible entre Dieu et l'humanité ; tous les princes durent le servir, tous les idiomes nationaux se turent dans l'église devant l'idiome de Rome. Enfin, l'institution tout entière était créée pour l'éternité et devait durer immuable jusqu'à la fin du monde.

Mais, dans le sein de cette chrysalide du moyen-âge reposaient des gages imprescriptibles de sa future transformation, de la palingénésie qui devait la rendre à la liberté. C'étaient les saintes écritures, produits de la nouvelle alliance ; c'étaient les livres des sages de la Grèce ; c'étaient les travaux des vieux jurisconsultes romains ; c'étaient les paroles de l'amour, de la raison et du droit : Jésus-Christ, Aristote et Justinien.

Alors, quand le pontife romain, comme symbole de sa toute-puissance sur le ciel, la terre et l'enfer, eut ceint la tiare au triple diadème, lorsqu'il prêcha la prise d'armes contre les infidèles, lorsqu'il foudroya de ses excommunications les récalcitrans et qu'il livra les hérétiques au bûcher du martyre, alors, du milieu de la sombre nuit, brilla la flamme de l'aurore boréale qui menaçait de ruine l'inerte pyramide de la hiérarchie papale, mais qui portait aux peuples ensevelis vivans la promesse d'une résurrection.

Dans le nord de l'Europe s'élevèrent des princes qui furent les organes des droits sacrés de la dignité nationale et de la puissance temporelle contre l'asservissement national au joug de Rome. Guillaume d'Angleterre, saint Louis, Frédéric-Barberousse reconquirent le pouvoir temporel. Dans le Nord se trouvèrent aussi de courageux hommes du peuple qui en appelèrent à la Sainte Ecriture des prescriptions de la hiérarchie : Waldus, Wiclef, et Huss ébranlèrent l'autorité spirituelle du clergé romain.

En France, en Allemagne, en Angleterre, mais avant tout dans l'Italie septentrionale, se réveilla de plus en plus vivace et irrésistible le besoin de l'investigation scientifique et de la liberté. Se frayant une issue hors des églises et des couvens où elle était prisonnière, l'intelligence retourna en arrière vers le monde classique, s'épancha sur la nature et sur la vie extérieure et descendit aussi dans les profondeurs inépuisables de son intimité.

Mais Rome répondit aux princes par des interdits, fit brûler la Bible traduite en langue vulgaire, et opposa l'inquisition avec ses anathèmes aux libres recherches de la science. Son système était de fer. A ses ordres obéissaient des légions de religieux de tout genre, auxquels la grande masse des peuples incultes et superstitieux était enchaînée spirituellement.

Le système était de fer, oui, mais ceux qui devaient procéder à son accomplissement, qui devaient veiller à son maintien, étaient des hommes faillibles. Toute l'économie sociale du moyen-âge, en définitive, était basée sur la croyance à des autorités inhérentes aux personnes, et sur une obéissance passive à ces autorités. Aussi, lorsqu'elles en vinrent à se discréditer par des erreurs et des passions humaines, lorsqu'elles en vinrent à se combattre entre elles, appelant les subordonnés, au milieu d'innombrables querelles, à se constituer tantôt les juges, tantôt les adversaires de leurs supérieurs ; lorsque enfin devant plusieurs générations successives se fut nettement formulée la lutte d'un pape contre un autre pape, entraînant chacun après soi une moitié de l'église occidentale, la nécessité d'une réforme se fit partout sentir au sommet de l'édifice comme à ses extrémités. Le dôme colossal de Saint-Pierre fut ébranlé jusque dans ses fondemens et menaça d'écraser dans sa chute la chrétienté tout entière.

Mais tous les essais de rétablir la paix universelle, de fonder un ordre durable, échouèrent devant la hiérarchie papale, qui renversa incessamment toutes les barrières à l'omnipotence romaine. L'autorité de l'église qui avait donné naissance à la papauté reposait inébranlable sur un usage traditionnel depuis plus de mille ans. Les conciles et les concordats institués plus tard ne purent se maintenir contre elle.

L'Ecriture Sainte, sur laquelle en dernière instance s'appuyait l'Eglise, parut seule offrir une voie de salut. La parole du Christ devait convaincre de mensonge la parole de celui qui avait usurpé sa place ; l'Evangile, que Jésus avait annoncé comme la vérité libératrice, que les apôtres avaient proclamé la loi de la liberté, l'Evangile devait devenir une vérité pour renverser le règne de terreur que la hiérarchie avait dirigé contre l'esprit et le cœur. Il fallait que l'immobile système clérical fût détruit ; il fallait que la pensée encore intérieurement captive fût libérée ; il fallait que le sentiment humain, la vie, la nature rentrassent dans l'exercice de leurs droits. Partout se manifesta le besoin de conciliation, de concorde chrétienne, et ce fut ce besoin qui, au quatorzième siècle et dans les commencemens du quinzième, fit éclore les universités européennes, comme les premiers refuges de la libre pensée, comme les germes vivans d'un véritable empire de la science, de la liberté et de l'humanité.

Mais, pour que cet empire, pour que cette république universelle pût arriver en quelque sorte à point, il fallait d'abord que l'intelligence s'appropriât toutes les vérités déjà connues, et qu'après se les être appropriées elle les propageât en tous lieux. Les peuples, qui jusque là avaient reposé dans le giron de l'Eglise comme dans celui d'une mère, recouvrèrent une existence indépendante. Dès lors, ils eurent à se créer un organe au moyen duquel ils pussent entrer en libre et permanente communication les uns avec les autres, au moyen duquel la circulation animée des sentimens et des pensées pût être maintenue non seulement dans la sphère à part de chaque peuple, mais aussi dans l'ensemble de la chrétienté. Il fallait qu'après avoir fortifié la vie qui lui est propre, elle fût en mesure d'ouvrir sa grande communion avec les autres associations religieuses sur toute la terre.

Cet organe, ce fut l'imprimerie ; et l'exposition qui précède n'est après tout que la genèse de son invention puisée dans l'histoire du monde.

II. DÉCOUVERTE DE L'IMPRIMERIE, OU GUTENBERG.

Le langage, l'écriture, l'imprimerie, ne sont pas de fortuites découvertes, mais bien des produits nécessaires de l'homme, aussi bien que la famille, l'état, l'église, aussi bien que le commerce, la monnaie, la lettre de change, aussi bien, en général, que toutes les manifestations par lesquelles l'homme, en se développant comme humanité, passe pour se rapprocher de la destination que lui a fixée son créateur.

C'est par le langage que l'homme intérieur arrive à se formuler au dehors ; c'est par l'écriture que la vie intérieure d'un peuple, d'un état, d'une église, acquiert une individualité historique. Mais, en livrant à la circulation générale les productions intellectuelles de tous les peuples, les lois de tous les empires, les livres sacrés de toutes les croyances, l'imprimerie répond au besoin intime qui est dans l'homme de s'entendre avec tous ses frères, et, par suite, elle est évidemment destinée, après avoir détruit les vieilles barrières, à constituer harmoniquement l'association commune de la race humaine considérée dans son ensemble.

Ici, comme partout, la synthèse la plus féconde et la plus riche n'est que la conséquence de l'analyse la plus rigoureuse et la plus pénétrante. Pour que le simple grain de froment s'élève au soleil en nourrissante moisson, il faut d'abord qu'il ait été enfoui dans une terre dissolvante. La ville sainte a dû être détruite pour ressusciter comme cité de Dieu : la dispersion du peuple élu a été suivie de la formation des grandes communautés chrétienne et musulmane. Toutes deux, à leur tour, après avoir pris racine, ont poussé des troncs, et plus tard se sont divisées en sectes de plus en plus nombreuses, afin, par cet infini morcellement et par les hostilités cruelles qui en résultent, de réveiller chez l'homme le puissant désir d'une communion plus intime et plus universelle.

A la fin du quatorzième siècle, le morcellement des nations européennes était, sans conteste, parvenu à son degré extrême. Deux grandes armées combattaient l'une contre l'autre, les laïques et le clergé, tandis qu'ensuite, même dans le sein de chacune d'elles, depuis les chefs jusqu'aux dernières classes, elles contenaient de multiples partis ennemis.

Et non seulement les hommes combattaient les uns contre les autres ; mais entre les dieux aussi une guerre s'était décidée, car, dans la hiérarchie du ciel catholique, avaient pénétré, d'une part, les divinités du monde classique, et, de l'autre, par l'astrologie et la magie, les antiques personnifications de la nature et des étoiles, se disputant avec les puissances chrétiennes la possession de l'homme.

Au milieu de cette anarchie générale, chacun se trouvait plus ou moins blessé du dehors et troublé dans son intérieur. D'en haut ne pouvait venir, à ceux qui étaient placés plus bas, aucun secours, car, ainsi que Nicolas de Clémangis, professeur de théologie à Paris, l'écrivait au pape Clément XIII : « Le mal de l'Eglise est à la tête, qui est fendue en deux ; » les chefs temporels étaient également impuissans contre les vassaux récalcitrans. Ce n'était pas du sommet, ce n'était pas de quelques uns que pouvait venir l'assistance, ni des régulateurs privilégiés de la foi, car ils avaient perdu leur crédit par la discorde et l'immoralité, ni des dominateurs féodaux, car tous les liens de la fidélité étaient rompus.

Au besoin universel devait répondre une troisième puissance, surgissant du sein des ruines de la hiérarchie et de la féodalité, pour construire, avec les traditions du monde chrétien et du monde païen, un nouvel empire durable et pacifique.

Cette puissance se forma par la libre alliance des persécutés, qui se réunirent pour se défendre contre les attaques des maîtres du règne spirituel et du règne temporel. Contre les priviléges, l'intérêt commun fit valoir le droit de tous, et la conviction raisonnée contre la croyance imposée. Dans la cité s'éleva le tiers-état des bourgeois, entre les seigneurs et les serfs, et, dans l'église, la classe des théologiens et des laïques instruits, entre les prêtres et les ignorans. A côté de la double puissance du glaive et de la clé, une troisième force prit sa place, celle de la raison universelle, appelant le monde civilisé à l'existence.

Dans la confusion qui s'ensuivit, toutefois, un axiome brilla comme l'étoile polaire destinée à guider les peuples, axiome déjà accrédité aux beaux temps des anciennes républiques, à l'origine des communautés chrétiennes et dans les assemblées primitives des peuplades germaines : « Ce qui doit engager » tous et chacun doit être aussi soumis à l'approbation de » tous et de chacun. »

Mais, pour que tous pussent approuver ce que des hommes isolés avaient jugé convenable pour tous et en conséquence pour eux-mêmes également, il fallait les moyens de se faire entendre de tous ; aussi, à cette époque se tentèrent des essais infinis et divers en vue de satisfaire à ce besoin.

Dans l'Eglise surgirent des prédicateurs inspirés qui parcoururent le monde, y propageant l'enseignement évangélique, tandis que d'autres se recueillirent dans la solitude pour y écrire, comme Thomas à Kempis (ou Gerson), des livres religieux à l'usage du peuple ou pour y traduire en langage vulgaire les Saintes Ecritures. Pendant ce temps, dans le monde temporel, les Etats se rassemblaient à l'effet de délibérer sur le bien public. On institua des diètes et des conciles ; on fonda des universités, des académies, des bibliothèques ; excité par l'instinct de plus en plus développé qui poussait aux communications universelles, l'esprit humain se mit à la recherche des procédés propres à les faciliter. Le parchemin ne suffisait plus à toutes les copies demandées : on inventa ou découvrit le papier plus économique. On ne pouvait faire assez de saintes images pour les répandre dans le peuple en aussi grand nombre qu'on l'aurait désiré : on découpa des figures en bois, et on les offrit aux pauvres avec des sentences édifiantes.

Telle était, en général, la situation de l'Europe, telles étaient les dispositions des esprits et la tendance des recherches, lorsque, vers l'an 1400, dans la ville libre de Mayence, un homme de vieille race patricienne, Jean Gensfleisch de Gutenberg (*Joannes Gensfleisch zum Gutenberg*), aperçut le premier la lumière qui devait éclairer le monde. Parmi toutes les villes assises au giron de l'Allemagne, Mayence s'était déjà fait remarquer, dès les temps les plus reculés, par les grands services et les grandes actions de plusieurs de ses habitans. C'est là qu'avaient siégé, comme archevêques, Boniface, l'apôtre des Allemands ; Rhabanus Maurus, qui donna l'essor aux premiers commentaires complets de la Bible ; c'est là qu'étaient sortis des rangs du patriciat Henri Walpole, le premier grand-maître de l'ordre teutonique, et, peu après, Arnold Walpole, le fondateur de la ligue des villes rhénanes, laquelle renversa la monarchie féodale et enfanta la ligue anséatique. Là, plutôt que partout ailleurs, avaient fleuri des écoles de peinture et de poésie. Même, Henri d'Ofterdingen, le poète de la Wartbourg et très vraisemblablement aussi l'auteur des *Nibelungen*, appartenait à la même famille de laquelle descendit à son tour Gutenberg. Au résumé, située au confluent de deux fleuves, en un point central entre la Suisse et la Hollande, l'Angleterre et l'Italie, la France et l'Allemagne, Mayence devait contenir dans son sein les germes d'une multiple civilisation.

Quant à la jeunesse de Gutenberg, elle coïncida précisément avec cette époque de profonde agitation pendant laquelle la vie, débordant de toutes parts, et l'intelligence, avide d'émancipation, brisèrent les formes vieillies qui les retenaient captives, et commencèrent à se créer de nouveaux organes d'activité. A Pise, les représentans de l'Église déposaient le pape et l'anti-pape ; à Paris et à Prague, des bulles papales étaient déchirées et brûlées ; à Constance, les états généraux de la chrétienté déclaraient la souveraineté du concile supérieure à celle du pape ; dans la même année, enfin, en 1411, pendant qu'à Paris le parti populaire se soulevait, les corps de métiers (*Zünfte*) se révoltaient à Mayence contre les patriciens et finalement en triomphaient. De tous côtés aussi, la puissance temporelle s'efforçait de se délivrer du joug de l'Église, en même temps qu'aux subtiles distinctions des casuistes et aux prescriptions embrouillées de la hiérarchie on opposait le texte simple et facile de la Bible.

Les réactions passionnées ne faisaient cependant pas faute non plus à ce temps-là. En Angleterre, on brûlait les sectaires de Wicleff ; le pape foudroyait la Bohème d'excommunications et d'interdits ; partout les nobles et le clergé étaient occupés à défendre des droits surannés. De là une profonde et générale irritation, la guerre des Hussites en Bohème, un seul cri dans toute l'Europe pour réclamer une réforme de l'Église. A Mayence aussi, éclata une nouvelle et plus violente rébellion des corps de métiers dont la conséquence fut l'expatriation de la plupart des patriciens.

Parmi les émigrans se trouva Jean Gutenberg qui alors devait être arrivé à l'âge d'homme. Mais si peu nombreux et si fugitifs sont les souvenirs du temps qui précéda la constitution définitive de la mémoire humaine par le moyen de l'imprimerie qu'on n'a conservé, sur l'histoire même de son inventeur, que des indications sans certitude et sans ensemble.

Où Gutenberg se retira-t-il d'abord ? c'est ce qu'on n'a pu tout-à-fait éclaircir. Lorsque, dix années plus tard, une convention eut lieu entre la bourgeoisie de Mayence et les patriciens émigrés, Gutenberg n'avait pas encore de résidence fixe. En 1434, seulement, on le trouve à Strasbourg, où, par besoin, comme il le dit lui-même dans un document encore existant, il fit incarcérer à son passage le secrétaire de

la ville de Mayence en guise d'ôtage pour le paiement de rentes que celle-là lui devait.

A Strasbourg, il demeurait dans le faubourg de Saint-Arbogast. Fidèle, comme Spinosa, à la noble dignité de son caractère, il préféra, de même que celui-ci qui s'est livré au travail de l'opticien, gagner les moyens de subsister en polissant des miroirs ou en taillant des pierres précieuses, plutôt que de solliciter, au prix de son indépendance, des emplois et des richesses ou de recevoir dans l'oisiveté les secours de ses amis. Il ennoblit l'industrie en s'y consacrant volontairement. En s'émancipant lui-même des orgueilleuses vanités du patriciat, il mérita de découvrir l'instrument qui servit le plus puissamment à conquérir l'indépendance du tiers-état.

Néanmoins, il ne travaillait pas uniquement pour vivre. Il serait plus juste de dire qu'il ne cherchait à soutenir sa vie qu'afin d'avoir plus d'espace en quelque sorte pour exercer son esprit inventif. Ce qui prouve que ses efforts en ce sens ne furent pas vains, c'est le contrat passé, en 1436, entre lui et trois Strasbourgeois, pour leur apprendre ses *pratiques admirables et secrètes* (*Künste*) et les appliquer avec eux au bien général. Une question encore indécise est de savoir si ces pratiques ne se rapportaient pas déjà à quelqu'autre industrie que celle de polir le verre et de fabriquer des miroirs.

Partout, cependant, se préparait la grande révolution qui devait changer la face de l'Europe et ouvrir une ère nouvelle au monde. Dans le voisinage de Strasbourg, au concile de Bâle, on renouvelle une vive protestation contre la souveraineté du pape à l'égard de l'Eglise et de l'état, et cet acte détermine l'émancipation de la chrétienté du joug de Rome et de la puissance temporelle du joug de la hiérarchie. Peu de temps après, l'assemblée nationale des Français à Bourges (1438) et la diète germanique à Mayence (1439) sanctionnent ces résolutions, et, quelque actives, quelque violentes qu'aient été alors ou depuis les intrigues et les réactions de Rome contre ce double affranchissement, jamais la papauté n'est parvenue à ressaisir son ancienne omnipotence.

C'est à Mayence de nouveau qu'en 1441 Frédéric III convoque une assemblée, à laquelle il invite aussi les autres monarques, pour délibérer sur le salut du tout et sur les moyens d'obtenir au sein de l'Église une paix durable. Là, un projet fut exposé par les soins de l'empereur en vue de réformer l'empire de la *nation allemande*, lequel appartient au nombre des monumens les plus sacrés de l'histoire de l'Allemagne et qui, comme un magnifique avant-coureur, précéda immédiatement l'invention de l'imprimerie, destinée à préparer plus tard sa précieuse réalisation.

Voici, entre autres, ce que contenait ce projet. Quant au clergé, le rappeler à sa véritable vocation religieuse et rendre aux pauvres leur part de l'héritage paternel, « qu'au moyen » de paroles fallacieuses leur ont soustrait les initiés, afin » qu'eux aussi puissent connaître et bénir les œuvres du » Christ. » De même, les princes et les hommes libres ne doivent pas outrepasser les droits de leur état, « de sorte » que le pauvre habitant de la campagne ne soit pas lésé et » qu'il conserve sa liberté d'homme. Quant aux communes, » leurs franchises leur seront à toutes confirmées, en con» sidération seulement de la liberté chrétienne, de la science » humaine et de la raison naturelle qui doivent être commu» nes et propices à tous les hommes sans distinction. Enfin, » de tous les droits prétendus ne devront être confirmés que » ceux qui auront été après un examen consciencieux recon» nus bons et valables par les juristes, afin que le pauvre ait

« dans la jouissance de la loi une part égale à celle du riche. »

Paroles vraiment impériales, vraiment humaines, mais qui pour la plupart ne tombèrent que sur un terrain ingrat et pierreux. Il fallait, avant qu'elles pussent trouver le sol propre à les faire fructifier, que la hiérarchie et la féodalité fussent brisées en mille pièces et que l'imprimerie eût fécondé la poussière de leurs ruines avec la rosée de l'intelligence.

Il est permis toutefois de présumer que Gutenberg, imbu d'une profonde piété et de l'amour de la liberté, comme il l'était, ne resta pas indifférent aux grandes agitations politiques et religieuses de son entourage, et que peut-être même elles le mirent sur la voie de sa découverte.

Pendant que l'Eglise et l'état, c'est-à-dire le haut clergé et l'aristocratie, s'engageaient dans ces luttes inextricables et s'affaiblissaient réciproquement, le tiers-état, ou la bourgeoisie, et la troisième puissance, ou les lettrés, acquéraient chaque jour plus de force. S'arrachant à la langueur maladive du passé, on commença à s'occuper de la culture du présent. De la scholastique, alors cristallisée pour ainsi dire jusque dans ses pointes les plus subtiles, les Italiens s'étaient retournés avec une ardeur pleine de passion vers les belles œuvres des arts et de la littérature classiques. Dans les pays germaniques, par contre, les plus nobles esprits remontaient de préférence aux origines de la vie et de la foi chrétiennes et s'attachaient à y puiser pour en répandre les bienfaits sur un peuple pieusement altéré de croyances.

A cette tendance vinrent simultanément répondre et l'art qui se réveillait et l'industrie qui florissait particulièrement dans les Pays-Bas. Pour satisfaire de nobles besoins, on commença, probablement dans la première moitié du quinzième siècle, à joindre aux images taillées dans le bois d'autres planches où se trouvaient reproduits par des procédés semblables des passages de la Bible et des prières. Ces premiers essais pour remplacer l'écriture proprement dite et pour en multiplier les épreuves sont, selon toute apparence, ce que la chronique de Cologne, qui date de 1499, appelle : « l'idée mère de l'art hautement vénérable de l'imprimerie (*die erste Vorbildung der hochwürdigen Buchdruckerkunst*). »

Que Gutenberg ait eu connaissance de ces travaux, la chose est possible, si l'on considère les rapports que le commerce établissait entre les différentes villes du Rhin, mais elle n'est nullement prouvée. A Strasbourg, déjà, il paraît avoir fait des tentatives pour appliquer à l'impression des livres des planches de bois gravées. Mais, il est vraisemblable que, dès l'année 1444, il était retourné à Mayence, où il alla demeurer chez son oncle.

C'est là, enfin, d'après les plus récentes et les plus consciencieuses recherches (celles de Wetter), qu'il travailla au perfectionnement de l'impression par planches. Mais, au bout d'un petit nombre d'années, il fut contraint, ayant des dettes, de s'associer avec un juriste mayençais fort aisé, *Johann Fust*, pour fonder en 1450, avec le capital qu'avança celui-ci, une imprimerie dont ils devaient tirer parti en commun.

Durant cette association avec Fust, il imprima d'abord plusieurs choses avec les planches en bois et au moyen de petites presses, après qu'il eut découvert à force d'expériences un noir convenable. Mais, il est grandement probable qu'il avait déjà conçu l'idée si féconde *d'obtenir en découpant les planches de bois des lettres séparées*, avec lesquelles, en les combinant selon le besoin, il pourrait imprimer plusieurs ouvrages différens. Wetter, pour sa part, ne met pas en doute que ce fut en 1450, au commencement de l'année 1451 au

plus tard, que fut imprimé le premier livre avec des caractères mobiles.

Dès lors, la base de l'imprimerie proprement dite fut solidement assise. La lettre fut délivrée de sa dernière entrave et la pensée eut une aile de plus pour prendre son essor. L'intelligence eut enfin un moyen de répandre sur le monde une vie épurée, de faire pénétrer sa parole jusque dans la plus humble chaumière et de commencer sa dernière et sa plus haute création, la réunion de l'humanité dans une communauté divine embrassant le globe tout entier. Tout le reste ne fut que le développement de cette découverte providentielle due à ce Jean Gutemberg que rien n'arrêta, ni obstacle, ni pénurie.

En 1452, il put, avec des caractères en métal, entreprendre l'impression de cette bible latine célèbre, à quarante-deux lignes, dont on ne connaît aujourd'hui que dix exemplaires (1). Ce fut le point de départ d'un nouveau et infini développement de la vie intellectuelle, non seulement pour la chrétienté, mais pour l'humanité tout entière; ce fut aussi, et alors seulement, l'accomplissement réel de cette prophétie qui dit que l'Evangile sera prêché à tous les peuples de la terre.

Mais, par suite des grandes dépenses que nécessita l'achèvement de cet ouvrage, Gutenberg se trouva de nouveau dans une triste pénurie d'argent. Lorsqu'en 1455 il eut terminé l'impression de la Bible, un procès inique entamé par Fust et un arrêt partial rendu contre lui le forcèrent d'abandonner à son associé tous ses appareils et celui-là se joignit à *Schœffer* de Gernsheim pour en continuer l'exploitation.

Dépouillé ainsi par un sordide égoïsme des fruits de son persévérant travail, Gutenberg s'exila encore une fois, mais revint bientôt, en 1457 probablement, à Mayence, où, au moyen d'avances faites par un certain docteur Humery, il établit une nouvelle imprimerie.

Mais le seul livre qui soit sorti de ce second établissement, du moins autant que les documens parvenus jusqu'à nous permettent de l'affirmer, c'est le *Catholicon*, terminé en 1460, dictionnaire biblique en latin qui date du treizième siècle, à la fin duquel Gutenberg attribue, avec une si pieuse modestie, tout l'honneur de la découverte à Dieu, à la nation allemande et à sa ville natale, Mayence.

En 1462, Mayence fut conquise par Adolphe de Nassau que le pape, Pie II, en avait nommé archevêque; elle fut brûlée en partie et livrée au pillage. Selon toute vraisemblance, Gutenberg fut ainsi privé des moyens de continuer ses travaux d'imprimerie. Par un document que l'on conserve encore, nous apprenons que, trois années après cette catastrophe, il fut admis pour sa vie durant au nombre des gentilshommes de l'archevêque, comme récompense des « services loyaux et fidèles » rendus par lui à ce prélat et à son chapitre. Mais le but de ses efforts, la régénération du monde, était atteint déjà. L'histoire raconte encore que, trois années après cette promotion d'état, il mourut. Son cousin, Adam Gelthuss (*zur jungen Aben*) lui fit l'épitaphe suivante :

A celui qui a si bien mérité de toutes les nations et de toutes les langues, à l'inventeur de l'imprimerie, Jean Gutenberg,

(1) L'un de ces exemplaires, qui se trouvait dans la bibliothèque de l'Université de Mayence, en a été détourné par Merlin de Thionville, qui le vendit, moyennant 504 livres sterling, au brasseur Perkins de Londres. Puissent ces lignes tomber sous les yeux du digne Anglais et lui inspirer l'heureuse pensée d'envoyer ce volume comme un hommage à la ville de Mayence lors de la fête qu'elle doit célébrer en 1840, pour l'anniversaire de la découverte de l'imprimerie !

III. LE MONUMENT EN L'HONNEUR DE GUTENBERG.

Un jubilé fut publiquement annoncé par Rome au monde chrétien pour l'année 1450. Mais un duc allemand, Henri de Landshut, défendit à ses sujets de s'y rendre. Il les assura que « la grace de Dieu, de même que Dieu, était en tous « lieux. » Quant au pape Nicolas V, qui avait décrété le jubilé, il envoya, comme l'écrit Aventinus « des messagers « par toute la chrétienté, même en Grèce, pour y recueillir « et ensuite lui apporter les anciennes écritures. » Cependant l'empire greco-catholique fut conquis par les successeurs de Mahomet; l'étendard du prophète flotta triomphant sur les tours de l'antique Sainte-Sophie, au milieu même de la seconde métropole de la chrétienté; et, tandis que ces événemens se passaient en Orient, l'église d'Occident voyait lutter le pape contre l'épiscopat, et le clergé séculier contre les laïques remuans, elle voyait les chefs temporels combattre à la fois Rome et leurs vassaux afin de rester les seuls maîtres du monde, et le tiers-état se soulever contre les puissances ecclésiastiques et civiles afin d'obtenir paix et liberté.

Dans le cours de ces années pleines de trouble et de mystère, Gutenberg découvrit l'imprimerie, et, avec l'aide de Jean Fust et de Pierre Schœffer, il avait offert au monde qui se dissolvait les Saintes Ecritures de l'ancienne et de la nouvelle alliance, premiers et précieux fruits de ses longs et pénibles travaux. Dès le commencement du seizième siècle, on avait imprimé plus de cent éditions de la bible latine; on avait imprimé les Saintes Ecritures douze fois en langue allemande, dix en latin, cinq en hébreu, deux en bohémien, une fois dans des traductions hollandaise, espagnole et limousine; les psaumes et d'autres parties séparées de la Bible avaient également été reproduites à diverses reprises. En outre, les classiques grecs et latins, surtout Aristote, Cicéron et Sénèque, Ovide, Virgile et Horace; — puis les écrits des pères de l'église, particulièrement saint Augustin, Chrysostôme et saint Jérôme, les œuvres scholastiques de Thomasd'Aquin et de Nicolas de Lyra, les recueils des lois canoniques et civiles, les chroniques et les poèmes du moyen-âge, Titurel, Dante, et beaucoup d'autres; — enfin les mystiques célèbres des treizième, quatorzième et quinzième siècles, et des dictionnaires, des grammaires de tout genre : — tout cela fut imprimé dans les cinquante premières années et propagé au moyen de multiples éditions ! De même que mille ans plus tôt le savant empire romain avait été envahi par des peuples pleins de jeunesse et d'énergie, de même alors la chrétienté fut inondée en quelque sorte d'une armée de grands esprits qui l'appelait à un progressif développement de ses forces.

L'art nouveau, dont la découverte avait d'abord été tenue secrète, fut introduit dès 1460 à Bamberg, à Francfort et à Strasbourg; mais, après le pillage de Mayence, en 1462, il se répandit plus rapidement de toutes parts et presque généralement par l'intermédiaire d'imprimeurs allemands. D'abord, il parut à Cologne et Hanau; puis, en 1465, en Italie; 1470, en France; de 1470 à 1480, dans la Belgique, les Pays-Bas, l'Angleterre, la Hongrie, l'Espagne et la Bohème, enfin, encore avant la fin du quinzième siècle, en Suède, en Portugal, en Pologne et en Danemark. Lorsque le seizième commence, plus de cent cinquante villes ont des imprimeries et plus de dix mille éditions en sont sorties. En Allemagne, ce

sont pour la plupart des écrits théologiques; en Italie, des classiques anciens. Le premier livre imprimé avec des caractères de fonte, que publient les presses de Mayence, est la Bible; et le premier ouvrage qui occupe celles de Rome est Cicéron, du moins cette partie de ses œuvres comprenant les *lettres*. Quant à Paris, on paraît y avoir goûté surtout à cette époque les lettres de Gasparinus, célèbre humaniste mort peu de temps auparavant et dont le style est d'une belle latinité. C'est le premier livre que l'imprimerie ait produit en France.

En un jour on put dès lors imprimer plus de livres qu'on n'en écrivait précédemment en une année. Avant cette époque une bible complète coûtait au moins mille florins d'or et le grand jurisconsulte Accursius ne parvint même jamais à avoir en sa possession un exemplaire du *Corpus juris*. Mais, dorénavant, grace à la presse, les saintes traditions de l'humanité vont trouver accès jusque dans le logis du bourgeois peu aisé. La *bonne nouvelle* a des messagers qui lui manquaient jusque alors et qui pénètreront même à travers les portes verrouillées. L'esprit se répand partout. C'est comme si les académies et les jardins des sages de la Grèce s'étaient rouverts. Dans mille cités à la fois, Démosthènes et Cicéron tonnèrent contre les usurpateurs et les violateurs du droit. Sur la terre s'étendirent en quelque sorte de vastes champs élyséens où il fut donné aux vivans de converser avec les grands hommes morts depuis long-temps, avec Homère et Virgile, avec Dante et les Minnesænger. La langue fut déliée à tous, aux prophètes, aux sages, aux législateurs, aux poètes, aux prédicateurs de tous les temps et de tous les peuples. L'humanité entra en pouvoir de reconnaître dans son ensemble sa vie passée et sa vie présente, ses actes, sa poésie et sa pensée. Chaque homme doué d'intelligence put communiquer à d'innombrables auditeurs altérés de savoir ce qu'il avait conçu. De même que les premiers chrétiens se réunissaient pour la prière, pour le recueillement et pour l'enseignement, de même que les antiques Germains se rassemblaient à l'effet de délibérer et de rendre des lois en commun, de même alors les hommes de toutes les croyances et de tous les états furent convoqués à la communion de l'intelligence, à la jouissance des plus grands biens qui leur soient donnés sur la terre. Tout fut soumis à l'épreuve de tous, afin que ce qui avait donné à tous le plus de contentement fût aussi consacré par un général assentiment.

Par là l'économie de la vie humaine se trouva essentiellement modifiée. La raison universelle, le sentiment commun, ce qui était apparu à tous comme le vrai, fut appelé à gouverner le monde. Les choses qui jusque alors avaient été reçues avec respect comme venant d'en haut, ou qui avaient été imposées par la force, durent à l'avenir chercher leur consécration dans le libre consentement d'une communauté de jour en jour s'agrandissant. Depuis l'invention de l'imprimerie, l'histoire entière n'est plus que le développement de ce nouveau principe, la formation dans le monde de l'ordre plus rationnel, plus élevé, qui s'en déduit,

Résultat d'un double besoin, la presse avait aussi un double problème à résoudre. Ce qui constituait les exigences antérieures, on peut l'apprécier par les ouvrages qui dès l'origine furent publiés en plus grande abondance. Les représentans de l'esprit de ce temps-là tendaient à deux fins, d'abord à remettre sur le droit chemin les puissans de l'église et de l'état en les ramenant aux sources de la religion et du droit, puis à montrer que le beau, le vrai, le bon ne s'accordaient pas seulement avec le monde chrétien, mais aussi avec le non chrétien. Quant à cette dernière tendance, elle était en partie commune aux grands ecclésiastiques et temporels ; de là vint qu'ils firent cas au commencement de la nouvelle invention et qu'ils l'encouragèrent. Même dans le premier édit de censure qui soit connu et qui fut rendu en 1480, l'électeur de Mayence va jusqu'à dire que : « l'imprimerie a « pris naissance dans sa ville d'or par l'intervention divine « (*divinitùs*), pour employer l'expression véritable. »

Mais cet art digne d'admiration , comme l'appelait l'abbé Tritheim , en s'élançant de la tête du père des dieux et des hommes, à l'exemple de Minerve , avait en mains non seulement un rameau d'olivier, mais encore une épée; non seulement il apportait les germes innombrables d'une nouvelle vie intellectuelle , mais encore il avait à élaguer l'ivraie et l'épine dont l'obstacle pouvait gêner l'essor de ces mêmes germes.

Aussi, bien qu'à son avènement la divine invention eût été joyeusement saluée par tous ceux qui avaient voix pour le faire , bien qu'à cause d'elle Gutenberg et sa ville natale et la nation allemande eussent été hautement félicités , cependant les successeurs de l'ordre transmis aux siècles suivans par le moyen-âge se sentirent bientôt si vivement menacés par elle dans leurs propres intérêts et dans ce qu'ils appelaient l'antique et bon droit, que , dès avant la fin du quinzième siècle , les chefs du monde spirituel et temporel jugèrent à propos de lui imposer des chaînes.

L'histoire de l'ère moderne , qui commence à l'aurore de cet art destiné à répandre en tous lieux la lumière , n'est donc , depuis lors et jusqu'à nos jours , que l'histoire de l'émancipation de la presse. Comme elle a créé une conscience générale ou publique, sa voix inspira et inspire la crainte à tous ceux qui ont eu ou qui ont à faire valoir un préjugé en opposition à la vérité , un privilège en opposition au droit commun , un intérêt privé contre l'intérêt de tous . Seule , la lumière divine ne tremble pas devant elle , parce que , faite pour tous et se donnant à tous , elle ne songe pas à rien garder en propre.

Toutefois, si la lutte des opinions , des droits et des intérêts , qui s'engagea dès le onzième siècle , donna en réalité naissance à la presse, c'est à son abri également que l'enfant, après avoir vu le jour dans la chaumière du pauvre , put échapper aux puissances ténébreuses. Les grands durent être frappés d'aveuglement, lors de l'avénement de cet Hercule intellectuel, puisqu'ils ne reconnurent pas en lui le libérateur de l'humanité. Ils jouèrent même avec cet enfant plein de grace et de beauté. Mais , comme il se leva bientôt avec énergie dans sa rapide croissance, et qu'il étrangla de ses propres mains les serpens qui s'approchaient pour l'engloutir, Rome, la première, comprit les menaces de cette force encore jeune et condamna l'enfant à porter éternellement une lisière de fer. Mais cette lisière craqua , trop faible pour résister à tant de vigueur. Il y eut même toujours des puissans pour donner à la presse un asile et un point d'appui. Afin de maintenir ou d'accroître leurs propres avantages , ils permirent qu'elle combattît leurs rivaux ou leurs ennemis.

C'est ainsi que l'art nouveau put, dès sa jeunesse , entrer dans la lice en faveur des princes et du tiers-état ecclésiastique contre Rome et son joug, et conquérir au commencement du seizième siècle , avec l'assistance des princes allemands , une liberté relative de croyance. Lorsque , dans les Pays-Bas , le despotisme clérical et le despotisme royal se réunirent pour l'anéantissement de toutes franchises, l'esprit allemand était tellement fort déjà qu'il pût briser à la fois cette double chaîne et s'arroger avec la liberté civile une plus grande liberté d'écrire.

Voilà comment la presse s'est avancée de combat en combat, mais aussi de victoire en victoire , excitée par chaque obstacle à de nouveaux efforts, faisant de chaque anneau des chaînes qui devaient l'asservir un glaive pour abattre l'oppresseur, afin plus tard, quand elle aurait brisé tous les liens, de changer encore les glaives en socs de charrues, en paratonnerres, en instrumens d'utilité ou de jouissances communes.

La liberté, cependant, descendue des Alpes de la Suisse, après s'être assuré au moyen de la presse un éternel lieu d'asile dans le cœur de l'Allemagne, et s'être fondé dans les Pays-Bas un état politique, célébra, en Angleterre, au dix-septième siècle, un triomphe plus magnifique encore, pour, au siècle suivant, féconder le nouveau monde avec toutes les semences que lui livra la presse de l'Europe. De là, bientôt, elle revint avec les droits de l'homme et du citoyen et, par la glorieuse révolution française, mit à l'ordre du jour leur complète émancipation.

Et voyez, déjà bien des millions d'hommes possèdent une liberté légale, telle qu'aucun siècle précédent ne l'avait encore vue; bientôt aussi les dernières chaînes tomberont ou seront brisées, et, dans l'ancien comme dans le nouveau monde, il sera permis à la presse de discuter tous les principes et les intérêts de tous, de préparer enfin à l'humanité son règne de plénitude et de bonheur.

Tout concourt à ce but avec un accord de plus en plus puissant.

Dans la même année qui vit la découverte de l'imprimerie, à Florence la première de toutes les sociétés savantes s'assembla, à Rome une bibliothèque publique fut fondée. Le seizième siècle organisa les *postes*; au dix-septième, le courrier, porteur des lettres, prit à Francfort et à Paris les *premiers journaux* imprimés, pour les répandre dans tous les pays civilisés. Le dix-huitième ouvrit les *cabinets de lecture*, inventa la *stéréotypie* et la *lithographie*. Enfin le dix-neuvième siècle ne sembla pas pouvoir découvrir trop de moyens pour transporter les hommes, leurs paroles ou leurs œuvres jusqu'aux distances les plus lointaines. Les *chemins de fer* et les *voitures à vapeur*, les *steamers* et les *presses mécaniques*, les *sociétés* pour la propagation d'ouvrages de toutes sortes et les entreprises de *magasins à deux sous*, rivalisent d'ardeur pour vivifier les communications humaines entre les villes, les peuples et les continens. Ainsi se réalise à travers des centaines d'années, sur les ruines du monde étroit du moyen-âge, la nouvelle et universelle unité, celle de l'intelligence divinement humaine.

La Bible aussi, avec laquelle l'imprimerie a commencé, est maintenant traduite dans toutes les langues principales qui se parlent sur le globe, propagée à des millions d'exemplaires au milieu de tous les peuples par près de quatre mille associations formées à cet effet, et ce bienfait est dû encore à l'immortelle découverte de l'immortel Gutenberg.

Déjà précédemment, il était venu en idée à quelques hommes éminens de mettre en avant des projets d'un monument en l'honneur de l'inventeur de l'imprimerie. Sous ce rapport aussi, le grand, l'universel Leibnitz se trouve en Allemagne au premier rang. Mais il était réservé d'exécuter ces plans au dix-neuvième siècle qui seul est arrivé à concevoir dans sa plénitude le prix infini de cette découverte. Des lettrés allemands, sous la présidence d'un préfet français (Jean Bon-Saint-André), décidèrent, dès le commencement de ce siècle, en 1804, qu'un monument serait érigé à Gutenberg dans la ville de Mayence, et que l'Europe entière serait invitée à prendre part à cet acte de reconnaissance.

Mais vinrent des années où la presse fut enchaînée, même dans l'empire des Francs, des hommes libres, d'abord asservie par un géant, puis torturée par des nains qui lui prescrivirent même de prêter son ministère à la publication d'ordonnances portant contre elle un arrêt de mort. De tels temps n'étaient pas propres à l'accomplissement du projet des savants mayençais.

Seulement alors que la presse, rassemblant ses forces dans un saint effort, frappa ses ennemis du glaive qu'ils avaient brandi sur elle, lorsque avec son assistance un grand peuple arracha sa constitution et sa liberté des mains du despotisme et de la bigotterie, lorsque ce glorieux triomphe retentit dans l'Europe entière comme un écho magique annonçant aux peuples le règne de la liberté légale et l'affranchissement de l'imprimerie, seulement alors aussi le moment sembla venu de célébrer le souvenir de ceux par l'intermédiaire de qui il avait été possible à l'intelligence d'une nation tout entière de se coaliser pour découvrir quel était le droit général, et, quand cela eut été établi, de le faire savoir à tous les membres de l'état, puis de l'admettre comme lien et comme gage de la paix et de la sécurité de tous.

En effet, dès la première année qui suivit la révolution de juillet, la Société des Arts, à Mayence, décida l'érection d'une statue colossale de Gutenberg et sollicita de l'Europe son active coopération à cette grande œuvre. Thorwaldsen fit le modèle ; son élève, l'allemand Bissen, l'exécuta en grand ; M. Crozatier, de Paris, fondit la statue et un des bas-reliefs ; l'autre fut confié par la Société des Arts de Francfort aux soins de M. Beyer de cette ville ; enfin, le 14 août 1837 fut fixé pour l'inauguration solennelle du monument, et les invitations d'assister à cette solennité se répandirent à travers l'Europe entière ; déjà précédemment M. Legouvé de Paris avait préparé cette invitation par une hymne couronnée en l'honneur de Gutenberg.

Mais, de même que la première presse fut établie en partie avec de l'argent prêté, de même le monument de son inventeur ne devait être terminé qu'au moyen d'un emprunt. L'Europe entière n'envoya aux Mayençais qu'une misérable contribution de 5,000 florins ; outre le grand duc de Darmstadt, souverain de Mayence, les rois de France et de Bavière, avec deux autres princes allemands, souscrivirent seuls parmi les potentats ; le déficit dut être comblé au moyen d'actions !

A la fête, parurent plusieurs milliers d'hommes accourus en pélerinage à la ville natale de Gutenberg, et, dans le nombre, les députés des imprimeurs et des libraires de quelques cités savantes. Mais on n'y vit aucune tête couronnée, aucun envoyé de la diète germanique, aucun représentant des universités allemandes !

Et, pourtant, la fête était une fête vraiment royale, vraiment universelle, vraiment fédérative : c'était une fête religieuse et historique. Des hommes réunis alors pour louer Dieu du don qui a délié le monde n'étaient pas les représentans de telles ou telles professions, de tels ou tels peuples : ils représentaient *la liberté souveraine, la raison universelle* et *la paisible alliance de tous les amis de l'humanité.* Ce qu'ils ont célébré, pleins de reconnaissance et d'espoir, c'est la mémoire d'une découverte qui révèle et garantit à l'espèce humaine, encore si affligée, un glorieux avenir, la paix et la liberté générales.

FRÉDÉRIC-GUILLAUME CAROVÉ.

UNE LETTRE DU COMTE REINHARD

SUR LA LITTÉRATURE ET LA POÉSIE ALLEMANDES,

PAR RAPPORT AUX FRANÇAIS.

Au directeur du Panorama de l'Allemagne.

Bordeaux, en novembre 1838.

Je vous envoie, Monsieur, pour l'insérer si vous le jugez convenable, dans une prochaine livraison de votre *Panorama de l'Allemagne*, un monument qui, bien que datant déjà d'un demi-siècle et bien qu'écrit ici à l'extrémité de la France, semble avoir été un pressentiment en quelque sorte de la belle entreprise à laquelle vous consacrez vos soins. Je l'ai découvert dans la bibliothèque de cette ville, où l'excellent M. Jouannet a bien voulu m'admettre avec une gracieuse obligeance sur les recommandations que j'apportais pour lui. C'est en feuilletant le *Journal de Bordeaux et du département de la Gironde*, au numéro 62, portant la date du 19 avril 1791, se trouve un article, avec cette devise : *Nec temeré, nec timidé*, et signé R.-H.-T. Ces lettres désignent *Reinhardt*, qui s'écrivit plus tard *Reinhard*, lequel théologien, philologue et poète wurtembergeois, vint à Bordeaux en 1787, après avoir quitté l'Allemagne, et y accepta les modestes fonctions d'instituteur dans une famille protestante. Précédemment, il avait rempli une charge semblable sur les bords du lac de Genève où il avait eu l'occasion de se familiariser avec l'idiome de sa nouvelle patrie adoptive qu'il parlait et qu'il écrivait dès lors d'une manière remarquable, comme vous en aurez la preuve par la lettre en question. La supériorité de son esprit, ses connaissances étendues et solides, avant tout, son cœur qui répondait avec un chaleureux enthousiasme aux grandes idées dont la France était animée à cette époque et à la révolution imminente qu'elles préparaient, tant de nobles qualités ne tardèrent pas à le rapprocher des hommes les plus distingués réunis alors dans la capitale de la Gironde, les Vergniaud, les Ducos, dont la triste gloire plus tard retentit de Paris dans l'Europe entière. Les principes adoptés et proclamés par eux devinrent les siens.

Reinhard avait vingt-huit ans lorsque la révolution éclata. Une année auparavant, il avait donné l'essor à ses sympathies dans une *ode à la liberté*, pendant d'une *épitre sur la liberté religieuse*, adressée vers le même temps à l'abbé Raynal. Peu à près se forma la *Société des Amis de la Constitution*, qui se propagea dans tout le Midi, mais n'acquit nulle part la même importance qu'à Bordeaux. Les hommes qui partageaient les opinions de Reinhard s'y rallièrent. Inutile de dire que lui aussi en fut membre ; mais ce qui m'a surpris c'est le choix qu'on fit de lui le 16 juillet 1791 pour succéder à Ducos comme président (1.)

Dans la même année il se rendit à Paris, avec Vergniaud et Ducos, tous trois dans la même voiture. Cette circonstance explique comment il se fait que des *lettres sur la poésie et la littérature allemandes*, dont Reinhard avait projeté d'offrir l'ensemble à ses nouveaux compatriotes, une seule et la première, celle-là même que je vous envoie, m'est tombée sous les yeux. Mais, quoiqu'il ne soit qu'une introduction, ce morceau, si spirituellement et si chaleureusement écrit,

(1) Journal de Bordeaux du 27 juillet 1791, p. 987. J'y lis : La Société des Amis de la Constitution de Bordeaux, pour répondre aux fanfaronades insérées dans le numéro 79 de la *Gazette de Deux-Ponts*, a résolu de publier chaque mois les noms de son président et de ses secrétaires. — Élection du 16 juillet : M. Reinhard, président ; MM. Taujocq, Cassarreti, secrétaires.

me paraît assez remarquable , assez précieux , pour être recueilli et conservé dans votre *Panorama*. Il intéressera les Français en ce sens qu'il leur montrera , au milieu des premières ivresses de la révolution , un Allemand , qui devait être un des représentans de la république , pressentant, il y a cinquante ans , et signalant la poésie et la littérature comme le lien futur qui devait rapprocher deux nations , lesquelles , en effet , se sont alliées de nos jours pour un but commun , le progrès ; il intéressera les Allemands aussi , car ils y verront que Reinhard , fier d'être citoyen français, se vante néanmoins , sous les dehors de la bonhomie mais avec un sentiment profond et vrai, de son origine allemande. Enfin , ceux de vos lecteurs qui auront lu , dans un des derniers cahiers de la *Revue Française* , la traduction d'un article sur Leibnitz considéré comme écrivain allemand et homme d'état , article écrit par le comte Reinhard peu de semaines avant sa mort et avec une véritable verdeur d'esprit, ceux-là, dis-je, en comparant le choix de ses occupations littéraires au commencement et à la fin d'une longue et glorieuse carrière , apprécieront l'harmonie qui présida sans cesse à la vie de cet homme illustre et qui lui attira le respect et l'affection de tous ceux dont il fut entouré. Voilà que j'allonge au-delà des bornes ce simple préambule. Permettez-moi donc de m'arrêter et recevez etc.

GUHRAUER.

JOURNAL DE BORDEAUX ET DU DÉPARTEMENT DE LA GIRONDE.

Du mardi 19 avril 1791, n° 62.

Nec temeré, nec timidé.

Lettre au Rédacteur.

« Vous me demandez, Monsieur, la traduction de quelques morceaux de littérature allemande. Quel moment choisissez-vous?... Lorsqu'à peine vous vous rappelez que vous avez eu des *Racine* et des *Corneille*, des *Deshoulières* et des *Saint-Lambert*, vous voudriez que je vous parlasse de nos *Lessing* et de nos *Schiller*, de nos *Wieland* et de nos *Gœking*?

» Je sais que depuis quelques années les littérateurs de Paris avaient commencé à donner leur attention aux productions de la muse allemande. La question du R. P. Bouhours : *si un Allemand peut avoir de l'esprit*, allait se décider en notre faveur, et je commençais à espérer que, lorsque la capitale aurait donné l'impulsion et l'exemple, le goût de notre littérature pourrait devenir *à la mode :* ce qui, sans contredit, était le plus haut degré de la gloire auquel jadis on pût atteindre dans le superbe pays des Welches. Je savais, à la vérité, que les modes en littérature ne circulaient pas aussi rapidement de Paris aux provinces, que les modes en bonnets ou en rubans; mais le temps mûrit tout, et dans mon orgueilleuse présomption, je voyais déjà le moment où une heureuse *germanomanie* succéderait à cette *anglomanie* qui vous fit remplir à vos dépens le bilan de votre méchant traité de commerce, et qui naguère faillit doter votre constitution d'une chambre-haute. Votre *maudite* révolution vint renverser toutes mes espérances. Dès lors, vous vous intrigâtes bien plus des réclamations de nos princes féodaux, et des hussards de Léopold, que de notre *Gazette universelle de littérature*, de la philosophie de *Kant* et des poésies de nos Bardes. Vous voyez, Monsieur, que j'aurais bien des raisons pour être aristocrate, car la vanité blessée, ou quelque intérêt *in petto* lésé, est certainement une patente en règle pour professer hautement et

librement l'aristocratie : et comme je suis le maître d'estimer au taux qu'il me plaira cette considération future dont les Français ne pouvaient manquer d'honorer incessamment mes compatriotes, je suis fondé de dire que la Révolution française en me faisant perdre ma part à cette nouvelle gloire nationale, me cause un dommage irréparable.

En effet, Monsieur, toutes les fois que je me trouvais avec des inconnus , ceux qui me faisaient l'honneur de me supposer quelque esprit, ne manquaient jamais de me demander : *Monsieur est Anglais?* Quand j'avais la bonne foi de dire : *Non, Monsieur, je suis Allemand* , ces gens-là qui avaient sans doute déjà résolu le problème du P. Bouhours, n'avaient rien de plus pressé que de me tourner le dos. Si j'avais eu de l'or, alors sans doute, en faveur de cet or qui supplée à tout et qui rend toutes les classes égales, on m'aurait pardonné d'être de ma nation ; mais Allemand et sans or, je ne pouvais être qu'une bête !..... Je ne savais pas mentir, et d'ailleurs, en partant, j'avais juré à mes amis de rester toujours Allemand , car à quelques petites modifications près, Allemand en Allemagne veut dire précisément ce que signifie Français en France. Je me trouvais donc dans une perplexité extrême, et cent fois j'ai souhaité d'être comme la chauve-souris de La Fontaine, qui se disait rat avec les rats et oiseau avec les oiseaux.

Or, Monsieur, si, comme je pouvais m'attendre, votre Tribunal des Quarante avait rendu quelque arrêt littéraire qui nous eût reconnu du bon sens et du goût, sans doute alors la célébrité des juges aurait donné quelque célébrité à notre cause ; mais voilà vos représentans qui vont peut-être envelopper ce tribunal dans leurs terribles proscriptions et je ne vois plus aucun moyen de gagner notre procès.

En vérité, Monsieur, je ne sais comment j'ai fait pour être bon patriote français , malgré tous ces griefs. Il y a plus : tous mes compatriotes n'aiment pas votre révolution, et ce sont surtout nos *érudits* qui clabaudent le plus. Quand on est érudit et que l'on a de l'esprit, on se fait un système, et l'on tient à ce système; quand on est érudit et qu'on n'a point d'esprit, c'est encore pis. Alors la faculté de penser se rétrécit à mesure que les lectures s'étendent. On dit qu'il y avait un musicien qui avait toujours été assis sur un coffre, quand il avait pris ses premières leçons de violon : jamais depuis il ne put jouer une note qu'assis sur son coffre. Les érudits lui ressemblent ; jamais ils ne pourraient *faire aller* leur esprit que les yeux collés sur un livre. Or, votre constitution ne se trouve pas encore dans les livres des savans. Moi qui ne suis point érudit et qui n'ai point de système, je la trouve tout bonnement admirable, parce que je la trouve écrite dans le livre de la nature.

Tout bien considéré cependant, je crois que je n'ai pas à me plaindre de votre révolution autant que je l'avais d'abord imaginé. Si nous ne pouvons plus espérer de vous forcer, par un arrêt en forme, d'avoir bonne opinion de notre goût et de notre esprit, peut-être y parviendrons-nous d'une manière plus honorable et pour vous et pour nous. Il me semble que depuis votre révolution vous êtes devenus plus justes, et que vous permettez plus aisément d'avoir ce que vous aviez, aux nations qui n'ont pas encore ce que vous venez d'acquérir. On affecte facilement de dédaigner ceux qu'on craint de voir ses égaux ; et plus les titres de notre supériorité sont frivoles, plus nous cherchons à en couvrir la petitesse par notre orgueil. La conséquence que je pourrais en tirer, c'est que vos ci-devant gens à morgue étaient ceux qui portaient dans leur propre sein la plus profonde conviction de leur nullité ; et que la révolution, qui, en vous rendant si rapidement le sentiment de votre véritable valeur, vous a rendus plus justes envers les autres, a été plus puissante que les plus beaux préceptes de cent systèmes de morale. Vous me paraissez d'ailleurs sentir le besoin des suffrages des nations qui vous environnent. Ce sentiment est naturel encore à un peuple généreux, et les ames les plus élevées ont toujours ambitionné la bonne opinion des hommes, à moins que la croyant trop au dessous de leur niveau, elles n'aient été forcées de la mépriser ; ensuite, je crois déjà voir se développer parmi vous quelques germes de cette fraternité universelle, qui doit être le fondement de la meilleure des constitutions comme elle l'est de la meilleure des religions. A ces gens que le despotisme avait placés sur l'isoloir de l'égoïsme, cette fraternité universelle paraissait, il est vrai, une chimère, comme toutes ces réformes sublimes qui se sont si facilement réalisées sous leurs yeux ; mais cela me rappelle l'aventure d'un professeur d'une université d'Allemagne, qui, du haut de sa chaire, démontra mathématiquement l'impossibilité des ballons aérostatiques ; il parlait encore, et deux aéronautes planaient majestueusement dans les airs.

Je crois donc, Monsieur, que sans blesser votre vanité, et même sans être muni d'un jugement de votre Académie, je peux soutenir que les Allemands ont droit à votre estime. Comme il ne s'agit dans ce moment que de littérature, je ne parlerai que de leur mérite littéraire

Frédéric le Grand, roi de Prusse, paya un tribut à l'humanité, en ce qu'il voulut être plus qu'il n'est permis d'être à un homme. Non content d'être *unique*, il voulut être universel ; il eut la faiblesse de ne dédaigner aucun genre de gloire, et de vouloir passer pour le premier dans chacun. Dès sa jeunesse, il avait donné une preuve incontestable de la justesse de son goût, en se dégoûtant de la littérature allemande dès qu'il eut fait connaissance avec elle.

En effet, notre littérature d'alors était détestable : nous étions à peu près ce que vous étiez sous François Ier, et *Voltaire* était bien fait pour faire oublier un *Gottsched*. Frédéric la laissa là, et nous n'avions rien à dire ; il la perdit même entièrement de vue, tandis que nos poètes, les yeux fixés de loin sur ses exploits, s'exaltèrent de sa grandeur, et aplanirent le chemin de l'immortalité au héros qui les dédaignait. Mais le voilà qui, s'imaginant que le génie d'une grande nation, au milieu de tant de modèles de perfection, au milieu de la circulation rapide de toutes les idées et de toutes les lumières, n'oserait jamais déployer ses ailes, parce qu'il ne recevait jamais de libations dans les soupers de *Sans-Souci ;* le voilà qui eut la présomption royale de publier, vers la fin de sa vie, un écrit sur notre littérature qui stupéfia d'étonnement toute l'Allemagne, et qui, pour me servir de l'expression d'un de vos confrères, fit crever de rire tous ceux qui, dans leur cabinet, osaient prendre la liberté de se moquer d'un roi.

Cet écrit était, dans son genre, ce que l'exposition des principes de vos évêques est dans le sien. Un long intervalle de temps, qui avait entièrement changé les idées, les hommes et les choses, fut regardé comme non avenu ; le lecteur se trouva transporté au milieu d'autres mœurs, d'une autre langue et d'une autre génération. Enfin, ces graves leçons *Quintiliennes* vinrent exactement quarante ans trop tard, comme les thèses *Grégoriennes* vinrent trop tard de quatre siècles. Cependant l'oracle d'un roi fit autorité chez tous les courtisans et chez tous les étrangers, qui, en littérature allemande, étaient aussi ignorans que lui.

Mais je vois qu'il faut respecter les bornes de votre feuille.

Dès que vous aurez quelque espace libre dans une autre, vous pourrez compter sur une seconde lettre.   R.-H.-F.

GALERIE DES CONTEMPORAINS.

DANNECKER.

Dannecker (Jean-Henri de), conseiller aulique, chevalier etc., un des sculpteurs les plus célèbres de notre époque, naquit à Stuttgardt le 15 octobre 1758. Fils d'un simple officier d'écurie du duc Charles de Wurtemberg, il vécut jusqu'à l'âge de treize ans dans sa maison paternelle à Ludwigsbourg. Dès sa plus tendre jeunesse il manifesta une vive passion pour l'art, et, faute de papier, il couvrit de ses dessins les pierres de taille qui gisaient dans l'atelier d'un lapidaire voisin de son père.

Un de ces hasards que la providence prépare si souvent, pour fixer le sort des hommes de génie, le tira de son obscurité. Le duc Charles avait fondé dans son château de *la Solitude* la fameuse école militaire dite *Ecole Charles* (*die Karlsschule*), école où l'on admettait aussi de jeunes artistes de tout genre. Le duc avait remarqué la figure franche et éveillée du jeune Dannecker, et, le jour de Pâques 1771, le père de ce dernier raconta à sa femme, en revenant des écuries, que les enfans des domestiques du duc seraient reçus à la nouvelle école, et que ce prince avait même jeté ses regards sur leur fils. Le père en paraissait contrarié, mais l'effet que cette nouvelle produisit sur l'esprit de l'enfant fut bien différent ; il déclara qu'il irait de ce pas se présenter chez le duc. Pour le punir et pour le retenir, son père l'enferma dans un cabinet au rez-de-chaussée ; mais il sut rassembler sous sa croisée ses petits camarades de la rue, sauta par la fenêtre, et les conduisit tout droit au château, où la cour se trouvait assemblée pour une fête populaire. Le duc ayant appris la demande des petits émeutiers les passe en revue, et les place, l'un après l'autre, à sa droite. Il ne reste à gauche que le jeune Dannecker et deux autres. Les pauvres enfans se croient rejetés, et Dannecker est anéanti de honte. C'étaient précisément ces trois-là que le duc avait choisis pour son école. Ivre de joie, Dannecker retourne chez lui, fait l'aveu de son incartade, et, accompagné de la colère de son père et des pleurs de sa mère, il entre le lendemain à l'École Charles.

Ici il souffrit beaucoup du réglement sévère de la maison ; mais, travaillant assidûment, il gagna bientôt un premier prix par un ouvrage, *Milon de Crotone*, que la protection de son maître Guibal seule sauva des conséquences fâcheuses d'une cabale tramée contre sa jeune gloire, et que lui-même déclare, encore aujourd'hui, être un ouvrage de mérite. C'est pendant ce temps qu'il se lia d'amitié avec son grand compatriote et humble condisciple Schiller. Comme ce dernier, il quitta l'académie en 1780, et il devint sculpteur de la cour. Trois ans plus tard, Il obtint la faveur d'aller à Paris. Dépourvu des moyens nécessaires, ses appointemens étant fort minces, il y alla à pied, s'y lia avec un autre camarade, Scheffauer, et étudia avec celui-ci, sous la direction bienveillante du célèbre Pajou. L'amour de l'art fit supporter à ces jeunes gens pleins de courage la misère qui accompagne ordinairement le génie naissant ; la contemplation des chefs-d'œuvre de l'art leur fit oublier la faim. En 1785, les deux amis, voyageant toujours à pied, se rendirent à Rome, où Dannecker fit successivement la connaissance de Gœthe, de Herder et de Canova. Ce dernier s'attacha bientôt à lui, et l'aida de ses conseils et de sa critique.

C'est à Rome qu'il exécuta ses premiers ouvrages en marbre, les statues de *Cérès* et de *Bacchus*. Après un séjour de cinq ans, il retourna à Stuttgardt, où le duc Charles le nomma professeur à l'École Charles, transplantée dans la capitale et élevée au rang d'une académie. Il se maria avantageusement, et, dans la position satisfaisante où il se trouvait depuis, il produisit quantité de sculptures remarquables, parmi lesquelles on admire *le monument du comte Zepplin*, ouvrage commandé par le roi Frédéric I, et *le buste colossal de Schiller*, monument immortel d'une gloire immortelle, lequel a contribué le plus à répandre le nom de Dannecker dans sa patrie reconnaissante, une copie de cette belle œuvre se trouvant à la bibliothèque de Weimar, ce pays classique de la poésie. Le nombre des bustes sortis de son atelier est fort considérable; je n'en cite que ceux du *roi Frédéric I* ainsi que de *la reine Catherine de Wurtemberg*, de *l'archiduc Charles d'Autriche* et de *Lavater*. Ses statues les plus célèbres sont *Ariane* montée sur une des panthères de Bacchus, groupe dont le *Panorama de l'Allemagne* a donné la description et le dessin dans sa sixième livraison; *l'Amour* et *Psyché*, tous les deux ornant le château royal à Stuttgardt; la statue évangélique de *Saint-Jean l'Evangéliste* qui décore le mausolée de la reine Catherine de Wurtemberg dans la chapelle sépulcrale du *Rothenberg*, et enfin son chef-d'œuvre, le fruit d'une méditation de six ans, la statue colossale du *Christ*, commandée par feu l'impératrice douairière de Russie pour la nouvelle cathédrale de Notre-Dame de Kasan à Saint-Pétersbourg, et dont une copie se trouve à Ratisbonne. On prétend que l'artiste est redevable de la conception de cette figure à une vision nocturne qu'il eut dans un rêve. Un poète allemand (1) a encore conservé, dans un poème plein de grace, le souvenir d'une anecdote digne du moyen-âge, et arrivée à propos de cette statue. L'artiste, se défiant de son imagination, et doutant de l'effet de son ouvrage, avait appelé la petite fille de son parent, pour lui demander qui elle croyait voir représenté par cette figure? et l'enfant, après l'avoir regardée quelque temps, avait répondu ingénûment : *mais, ce ne peut être que Notre Seigneur!*

Tandis que son illustre ami Canova disparut dans la force de l'âge, Dannecker, vieillard paisible et naïf, vit encore, toujours actif, au milieu des œuvres de la statuaire antique, que lui offre le château royal, et où il a toujours puisé la simplicité, la vérité, le bon goût, l'étude de la nature qui caractérisent ses compositions. Sa vie heureuse et sereine, au milieu des honneurs et de l'amour qui l'environnent, lui avait valu de la part de Canova l'épithète *d'il beato*. De nos jours il a vu, ainsi que plusieurs artistes allemands, un célèbre confrère français (2) venir le saluer, et recueillir ses vénérables traits, pour les offrir à la capitale de la France.

HENRI PARIS.

DER ENGEL DER GEDULD.

Es zieht ein stiller Engel
Durch dieses Erden-Land,
Zum Trost für Erden-Mængel
Hat ihn der Herr gesandt.

(1) Feu M. Louis Robert, frère de Mme de Varnhagen, plus connue depuis sa mort sous le nom de Rahel.

(2) M. David d'Angers, sculpteur et membre de l'Institut à Paris. Le buste colossal de Goethe que cet artiste a exécuté en marbre blanc, et dont il a fait don à la ville de Weimar, y est déposé, comme pendant au buste de Schiller fait par M. Dannecker.

In seinem Blick ist Frieden
Und milde sanfte Huld;
O folg ihm stets hienieden
Dem Engel der Geduld!

Er führt Dich immer treulich
Auch durch das schwerste Leid,
Und redet so erfreulich
Von einer schœnern Zeit.
Denn, willst Du ganz verzagen,
Hat Er doch guten Muth;
Er hilft, das Kreuz Dir tragen
Und macht noch alles gut.

Er macht zur linden Wehmuth
Den herbsten Seelenschmerz
Und taucht in stille Demuth
Das ungestümme Herz.
Er macht die finstre Stunde
Allmæhlig wieder hell,
Und heilet jede Wunde
Gewiss, wenn auch nicht schnell.

Er zürnt nicht Deiner Thrænen,
Wenn er Dich trœsten will.
Er tadelt nicht Dein Sehnen
Nur macht er's fromm und still,
Und wenn in Sturm und Toben
Du murrend fragst : Warum?
Dann deutet er nach oben,
Mild læchelnd, aber stumm.

L'ANGE DE LA PATIENCE.

Un ange à la paisible allure parcourt la terre : pour consoler des maux d'ici bas, Dieu l'envoya. La paix est dans son regard, si touchant de grace et de douceur. Oh ! toi pour qui j'écris, prends-le toujours pour guide, l'ange de la patience.

Il reste incessamment fidèle, même à travers les plus dures souffrances, et parle avec une onction si pénétrante d'un temps plus beau ! Puis, si tu n'y veux plus jamais croire, il ne perd pas son courage pour cela, t'aidant à porter ta croix et réparant tout pour le mieux.

Les douleurs les plus cruelles, il les change en douce mélancolie, et sur un cœur brûlé par la passion il répand son charme qui calme. Peu à peu, il éclaircit les heures les plus sombres, et, sinon promptement, du moins avec certitude, toutes les blessures sont guéries par lui.

Il ne s'irrite pas de tes pleurs, quand sa tâche est de te consoler ; il ne blâme pas tes aspirations, mais il les sanctifie et les apaise. Et, lorsque, avec des gestes et des cris de colère, tu demandes violemment : pourquoi? il montre le ciel, sourit et se tait.

Les stances que nous venons de traduire se trouvent, originairement composées en allemand, dans l'album d'une jeune dame attachée à la cour grand-ducale de Weimar. L'amie qui les a laissées comme souvenir les a écrites de sa main sur cet album, et signées des initiales H. DE M. Sa signature ne serait plus aujourd'hui la même.

Les lecteurs allemands pourront, comme nous, remarquer le charme du style et l'harmonie du rhythme qui témoignent d'une étude approfondie de la langue, et en même temps d'une véritable vocation poétique. Une traduction en vers aurait mieux fait apprécier aux Français ces précieuses qualités; mais, jusque dans la version prosaïque qui précède, perce, malgré l'imperfection de l'instrument, ce qui caractérise l'original, une douce résignation, une philosophie sereine et raisonnée.

Il ne nous appartient pas de lever entièrement le voile à moitié transparent qui recouvre encore le nom du poète, mais, tout en respectant les apparences d'un mystère, nous pouvons, en toute assurance, nous reposer sur la pénétra-

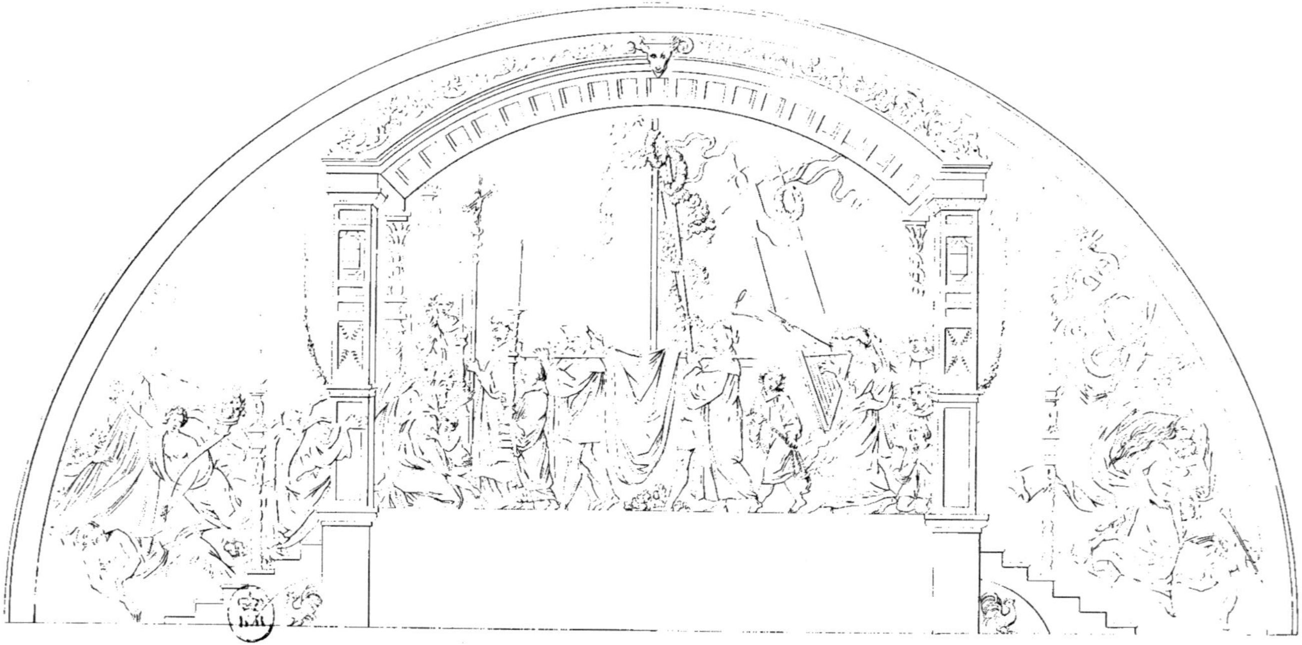

TRIOMPHE DU CIMABUE

A FLORENCE

Tiré du carton de Cornélius

tion de nos lecteurs pour découvrir le véritable nom de l'auteur de *l'Ange de la Patience*.

SAVOYE.

LE TRIOMPHE DE CIMABUE,

D'APRÈS LE CARTON DE PIERRE CORNELIUS.

En avant des neuf salles principales du musée des tableaux (*Pinacothèque*) à Munich, règne un long corridor, dont les hautes fenêtres, en forme d'arceaux, ouvrent une vue magnifique sur la ville au dessous. Les vingt-cinq loges, ainsi que les lunettes pratiquées au dessus des portes qui donnent entrée dans les neuf salles, sont décorées par des peintures à fresque représentant l'histoire de la renaissance des arts au moyen-âge. Ces peintures forment ainsi une ingénieuse introduction à celles qui, dans les galeries proprement dites, constatent les travaux des maîtres de ce temps-là.

Afin que cette histoire de la peinture en tableaux et en allégories fût digne du sujet, on confia le soin d'en tracer le plan en quelque sorte au maître le plus distingué de l'école nationale, à Pierre Cornelius, qui esquissa vingt-cinq cartons pour autant de loges, mais en abandonna l'exécution définitive à ses élèves, principalement à Zimmermann et à Gassen.

La première des vingt-cinq loges représente l'alliance de l'église avec les arts ; la dernière doit être consacrée à l'apothéose de la peinture. Sur les vingt-trois autres, onze sont destinées aux écoles allemande, hollandaise et française, douze aux écoles d'Italie. La scène que nous offrons ici, d'après le dessin que Cornelius lui-même a bien voulu nous communiquer, occupe la troisième loge. Le sujet en est pris dans la vie de Cimabue.

Cimabue, né à Florence en 1240, est considéré comme le restaurateur de la peinture. Une étude profonde de l'art antique, un style grand et sévère, un talent remarquable à exprimer les formes humaines dans toute leur vérité, joint à un goût parfait dans l'agencement des draperies, telles sont les qualités qui distinguèrent le maître florentin, graces auxquelles il lui fut donné d'opérer la fusion des traditions grecques avec la pratique moderne.

Du reste, Cimabue atteignit une égale renommée dans l'architecture et dans la peinture à fresque et sur verre.

Après lui, ses successeurs dans la carrière parvinrent au faîte de l'art et de la gloire. Nous ne nommerons ici que Massacio, le Pérugin, Jean Bellino, Léonard de Vinci, Titien, Michel-Ange et Raphaël. Le plus beau titre de Cimabue est de leur avoir montré la route, car sans lui peut-être tant de maîtres illustres n'auraient-ils jamais brillé dans les annales de l'art.

A l'époque, où, couronné roi de Sicile et de Jérusalem par le pape Clément IV, Charles d'Anjou vint en Toscane pour y soutenir les Guelfes contre les Gibelins, Cimabue, sur la demande des magistrats de sa ville natale, peignit une madone destinée à l'église de Santa-Maria-Novella. Charles voulut voir le peintre déjà célèbre et ses ouvrages, et, accompagné de sa cour, il se rendit à l'atelier de l'artiste florentin. Là, de la part du visiteur royal et de sa suite, la madone fut l'objet des hommages les plus flatteurs. Mais un succès plus honorable était encore réservé à Cimabue. Quand la madone fut terminée et publiquement exposée, elle excita un enthou-

siasme si général, si grand, que le peuple en masse pénétra dans le logis de l'artiste, s'empara du tableau et l'emporta triomphalement, avec des chants et de la musique, au lieu de sa destination.

Ce moment est celui que Cornelius s'est proposé de retracer. Au milieu du tableau, le cortége s'avance avec pompe. Quant aux deux côtés, ils offrent les emblèmes du temps qui précéda et du temps qui suivit Cimabue. Derrière la madone, ce sont les anciennes ténèbres, en présence de l'éclatante apparition qui, annonçant un nouveau jour, promet à l'art qu'elle réveille une splendeur nouvelle et inconnue. Les connaisseurs, dans cet ouvrage de Cornelius, louent la conception à la fois si simple et si profonde dans sa signification, le choix ingénieux d'une allégorie facile à saisir, enfin la pureté des lignes architectoniques.

En général, les œuvres du maître bavarois portent l'empreinte d'une ame qui sent et médite profondément ; elles sont l'expression d'un puissant génie poétique dont le pinceau est au dehors l'organe en place de la plume ; elles réfléchissent dignement cette pensée grandiose qui donne dès à présent un rang à Cornelius entre Goethe et Schiller.

SAVOYE.

POÉSIE LYRIQUE EN ALLEMAGNE.

COUP D'OEIL GÉNÉRAL.

La poésie lyrique est évidemment ce qu'il y a de plus inhérent aux nationalités diverses, de plus empreint du sentiment propre à un peuple et à un temps. C'est pour cela aussi qu'il est d'une difficulté presque insurmontable de la faire passer d'une langue dans une autre. Elle réfléchit tant de choses mystérieuses, vagues, peu accusées et pourtant si bien senties ; elle tient à tant de délicatesses particulières du rhythme, de la pensée, du langage, qu'au moment où vous croyez l'avoir reproduite, vous l'avez tuée, vous n'avez plus sous les yeux que les membres dispersés d'un corps dont l'ame s'est enfuie. Pourtant ceux qui veulent avoir une idée du génie intime d'un peuple dans ce qu'il y a de plus choisi et de plus parfait, ceux qui désirent surprendre l'inspiration dans ses mille formes, ses mille caprices, ses fantaisies toujours nouvelles, ceux qui se plaisent aux révélations les plus naïves, les plus sincères de l'ame humaine, ceux-là, s'il y a pour eux empêchement de s'informer par eux-mêmes, sauront gré toujours à qui voudra leur communiquer des impressions d'autant plus vraies, qu'elles se montreront plus sympathiques, d'autant plus consciencieuses qu'elles seront plus dégagées de prétention.

C'est par une analyse détaillée, par un compte-rendu scrupuleux, par une description pour ainsi dire anatomique des compositions poétiques, par un procédé scientifique, sévère et flexible, constamment appliqué au génie créateur, qu'il y a quelque possibilité de faire soupçonner ce qu'offre le champ immense de la poésie lyrique en Allemagne. Les indications générales sont vite épuisées et elles ont le malheur de fausser le plus souvent la direction de la vue sur les objets qu'elles veulent pourtant éclairer. Ce n'est donc que comme introduction à nos études spéciales que nous plaçons ici quelques mots sur le développement historique de la poésie et que nous esquissons rapidement quelques unes des œuvres saillantes auxquelles nous voulons consacrer un examen particulier et complet. Nous allons donc noter les vicissitudes subies par le génie lyrique de l'Allemagne dans ce qu'elles ont eu de principal, et, n'ayant point à nous étendre, nous les prendrons à une époque déjà reculée.

Il y avait eu en Allemagne, au moyen-âge, un essor lyrique qui a laissé une trace profonde dans les poésies des chanteurs d'amour (*Minnesænger*). Le dialecte de Souabe avait été employé de préférence. Mais cette civilisation avait paru au sein de mœurs trop rudes, et cette poésie, fleur délicate épanouie entre des rochers, avait dû être écrasée. Les malheurs des Hohenstaufen, les luttes des villes pour se dégager peu à peu de la sujétion où les tenaient évêques et princes, le développement graduel de l'industrie, le perfectionnement apporté à l'organisation intérieure, les guerres dans l'empire, les révoltes, les successions disputées, et mille autres circonstances, sans compter la poudre à canon, avaient amené la ruine de toute chevalerie et de toute poésie. Dès les derniers temps du moyen-âge une grande révolution travaillait les esprits. Un monde entier avec sa foi, ses espérances, ses illusions, ses ignorances poétiques, ses vertus resplendissantes et ses vices barbares, mais forts, allait s'évanouir. La réforme était là. Comment les bois de la Souabe auraient-ils conservé la tendre et passionnée mélodie de leurs chants? C'était chose impossible. La poésie devait renaître en Allemagne, mais sous d'autres auspices, après que le calice de la réformation aurait été épuisé.

Le dialecte de Souabe avait été l'instrument harmonieux des chanteurs d'amour. Luther par sa traduction des livres saints popularisa celui de Saxe dans toute l'Allemagne. La ferveur évangélique de ses partisans, les besoins polémiques de ses adversaires créèrent bientôt une langue générale de ce qui n'était auparavant que le parler divers et grossier d'une petite contrée. Cet homme extraordinaire écrivit quelques cantiques d'une inspiration forte comme son ame. Mais l'empire était en feu. Les querelles théologiques avaient allumé la guerre civile. Elle ne devait finir que par la lassitude et l'épuisement des partis.

Cependant le génie grec et romain enseveli pendant des siècles dans la poussière des manuscrits avait reparu, aidé de tous les secours de l'imprimerie naissante. La découverte de l'ancien monde avait précédé celle du nouveau, et l'ardeur des esprits aventureux, pour conquérir dans l'un comme dans l'autre, n'était pas moindre. Le moyen-âge était bien fini. L'action de l'antiquité sur l'intelligence de l'Europe s'étendait. Depuis le page jusqu'aux membres inférieurs de la hiérarchie, depuis les rois jusqu'aux simples gentilshommes, au sein de la bourgeoisie, dans le peuple même, on était avide de s'éclairer de cette lumière ravie comme une lampe sépulcrale aux tombeaux des anciens peuples. Néanmoins les temps étaient malheureux et durs. Il y avait à la vérité une grande force dans les caractères. Mais la guerre de Trente-Ans épuisa l'Allemagne. Quand le repos vint, il ne fut pas de longue durée; les guerres de Louis XIV ramenèrent toutes les calamités. Comment aurait-on chanté? D'ailleurs le langage dans ces temps malheureux était revenu à la barbarie, et l'Allemagne tombée dans l'apathie par besoin de repos. Quant à la France, à la mort de Louis XIV, elle n'était plus, il s'en fallait, la France qui avait quelque temps menacé l'indépendance de l'Europe et compromis son équilibre. Cependant, par l'éclat qu'elle venait de jeter dans les lettres, elle conservait ou propageait même son ascendant sur les autres peuples et sur leurs littératures. C'est une des lois de l'his-

toire que cette action du génie. La France l'exerça sur l'Allemagne. Plus tard et presque de nos jours, ç'a été un des griefs impardonnés qu'on a eu contre notre littérature. Mais notre théâtre, notre poésie du temps de Louis XIV pouvaient-ils et doivent-ils être rendus responsables de la niaiserie, de la faiblesse, de l'impuissance, du manque de génie en un mot d'honnêtes gens qui, les ayant étudiés à bonne intention, voulurent malheureusement les reproduire et ne réussirent qu'à nous en faire innocemment la caricature? Aujourd'hui nous apprécions avec une impartialité plus large ce moment de la littérature allemande. Son génie était encore à s'éprouver, il faisait ses études. Il avait débrouillé les Grecs et les Romains, imité les Français, et enfin il devait encore se mettre à l'école des Anglais, avant d'avoir le sentiment net de sa force et de sa liberté.

Dans les premiers temps du dix-huitième siècle, la poésie française préoccupait donc singulièrement les lettrés allemands. Corneille, Racine, Molière étaient pour eux des anciens vivans avec nous et accommodés à nos mœurs. Pouvait-on s'égarer à les suivre, du moment qu'on ne voulait qu'imiter? Ce ne fut, certes, la faute ni de Corneille, ni de Racine, ni de Molière, si une admiration peu éclairée travestit leur génie, ridiculisa le chemin qui les avait menés à la gloire. Il y eut cependant encore dans cette étude quelque profit pour l'Allemagne. Cette chasteté de goût, cette langue assouplie à tous les mouvemens de la pensée, cette sévérité de style, tout cela ne pouvait pas passer inaperçu. En imitant on éprouvait le matériel de la langue sur des sentimens étrangers, attendant le jour où cette langue, ayant fait sa verdoyante poussée, se montrerait féconde et fructueuse à son tour.

On n'avait pas été toutefois sans quelques étincelles de libre inspiration. Le poème des Alpes, de *Haller* (1), n'est ni sans force ni sans grace. *Drollinger* (2), son ami, a composé une ode sur l'immortalité de l'ame, où respire la foi la plus vive et un enthousiasme digne du sujet. Un autre poète, *Tersteegen* (3), a chanté la présence de Dieu avec cette ardeur de vive piété qui parfois, comme l'amour, fait trouver la vraie poésie. Les fables de *Gellert* (4), et surtout de *Lichtwer* (5), ont un charme qui leur appartient. *Hagedorn* (6) et *Rabener* (7) ont rendu en leur temps des services à la langue qu'on serait ingrat d'oublier. Mais tous ces auteurs plus ou moins ingénieux et spirituels n'avaient rien en eux qui fît prévoir la prochaine splendeur de la poésie en Allemagne. La théorie occupait vivement les esprits. L'analyse, la critique s'évertuaient en tout sens pour atteindre la notion précise du beau. C'est un des spectacles les plus curieux qu'offre l'esprit humain. Aujourd'hui que nous jouissons de toutes les richesses de cette laborieuse création, nous ne pouvons pas contempler sans émotion les efforts de tant d'esprits distingués vers une vie supérieure dans les œuvres de l'art. Ceux-là même qui se trompaient, comme *Gottsched* (8) d'abord, et *Bodmer* (9) ensuite, ont aidé par leur résistance à rendre plus précises, plus réelles, les idées qui avaient à se faire jour dans l'intelligence pour arriver à leur complète manifestation.

(1) Né à Berne en 1708, mort en 1777.
(2) Né à Durlach en 1688, mort à Bâle en 1742.
(3) Né à Mœrs en 1677, mort à Mühlheim en 1769.
(4) Né à Hainichen en 1715, mort à Leipzig en 1769.
(5) Né à Wurzen en 1719, mort à Halberstadt en 1783.
(6) Né à Hambourg en 1708, mort en 1754.
(7) Né à Wachau près Leipzig en 1714, mort en 1771.
(8) Né près de Kœnigsberg en 1700, mort en 1766.
(9) Né à Zurich en 1698......

On sait quel homme ç'a été que *Lessing* (1). Jamais bon sens plus ferme depuis Aristote n'a touché aux choses littéraires, non ce bon sens étroit et vulgaire qu'on oppose à la poésie, mais ce large sentiment du vrai qui, comme Minerve, éclot armé de force et de grace dans la tête de l'écrivain. D'autres sont venus, après lui, d'un génie plus resplendissant, d'une puissance de création très supérieure; mais *Lessing* a gardé dans les lettres allemandes l'impitoyable autorité de sa raison forte et salubre. Il marqua plus dans la poésie par ses idées que par ses œuvres originales, quoique son théâtre soit resté fort remarquable au dessous de celui de Gœthe et de Schiller.

Ce fut *Klopstock* (2) qui le premier éveilla la muse lyrique avec une merveilleuse puissance. Ses odes, moins appréciées des contemporains que la célèbre Messiade, témoignent d'une élévation d'esprit qui, quoiqu'elle s'abîme parfois dans les extrêmes ténèbres de la pensée, n'en est pas moins digne d'admiration dans ce qui reste à la portée de l'intelligence. Il poursuit l'idéalisation jusqu'à l'impossible, jusqu'à ces régions dernières où les accens de la voix qui s'obstine à exprimer ne sont plus qu'un murmure indistinct. C'est une lumière magnifique qui lance d'abord une masse de clarté, et qui ensuite, recevant de nouveaux alimens, disparaît tout-à-coup perdue dans la fumée. Il a vraiment l'esprit lyrique dans toute la force de l'expression; et cependant ce lyrisme étonne et surprend plus qu'il ne saisit. Sa voix est animée, éclatante, mais avec contention. Le fond de sa pensée est plein de vérité, car son ame tout entière, une ame forte et tendre y respire. Néanmoins le lecteur reste lecteur toujours, et s'il voit le vol du génie, il suit de l'intelligence cet essor sublime sans être tenté ou forcé de le partager. Tel qu'il est cependant, le poète mérite le rang élevé qu'il occupe dans l'appréciation de ceux qui l'ont lu, et qui, dignes des nobles jouissances littéraires, vont à la poésie en dépit des lassitudes du chemin.

L'influence de *Klopstock* fut décisive. Elle tua la poésie purement didactique. La poésie de l'ame commença dès lors de s'exhaler avec liberté et un de ses plus gracieux interprètes fut *Jacobi* (3). *Claudius* (4) donna de son côté aux sentimens les plus purs une légère teinte d'ironie, qui exprime à merveille cette douce révolte des ames bienveillantes contre les sottises sociales ou individuelles. Il sut provoquer à la fois le rire et les larmes. C'est aussi de ce temps que sont quelques chants pathétiques de *Schubart* (5), esprit d'une originalité déréglée que l'infortune accabla. Il eut une grande influence sur la jeunesse de Schiller, et la révolte du pauvre poète contre l'ordre social, révolte punie de tant de longues années de prison, a peut-être enflammé de sa vengeance les scènes les plus hardies des Brigands.

Maintenant s'ouvre devant nous l'époque fortunée de la véritable poésie en Allemagne. Tandis que *Gœthe* (6) s'annonce par son Gœtz de Berlichingen au théâtre, *Voss* (7), *Bürger* (8), *Stolberg* (9) et leurs amis retrouvent toutes les cordes de l'instrument lyrique, ou lui en créent de nouvelles.

Gœthe lui-même se fait bientôt entendre, et la perfection de l'art est désormais l'habitude de son génie. Cette perfection est fondue dans toutes les modulations de sa parole. On jouit des chants du poète comme on se complait dans l'admiration des beautés de la nature. Ce qu'il y a de vraiment prodigieux dans ce génie, c'est cette faculté universelle de calme reproduction du monde dans tous ses aspects, c'est cette magique puissance sur tous les sentimens de l'ame, sur toutes les émotions de la pensée, c'est cette notion supérieure qu'il semble posséder seul des secrets les plus intimes de la nature de l'homme dans ses rapports avec celle de l'univers. Sous sa parole rayonne constamment une égale lumière quels que soient les sentimens exprimés. Il s'adresse à toutes les émotions, il éveille toutes les joies, il lénifie toutes les douleurs, et au fond toujours brille sereine la clarté vive d'une divine raison.

Les poésies de *Schiller* (1) reproduisent la situation d'ame du poète aux diverses époques de sa vie. Elles sont empreintes d'une sensibilité pleine d'énergie et revêtues d'un style aussi brillant que pur. Elles ne causent peut-être pas une émotion spontanée, mais elles charment toujours par la magnificence du langage et une fleur d'imagination toujours fraîche et toujours présente. Schiller a su donner à la poésie didactique dans quelques morceaux de peu d'étendue tous les caractères de la vraie inspiration. Ses ballades et romances réunissent toutes les facultés heureuses de son génie. Elles sont d'une exécution achevée et se détachent du fond de ses autres poésies comme ses gracieuses figures de femmes entre les personnages de ses créations dramatiques.

L'exposé même succint de l'origine et de l'influence de l'école romantique en Allemagne ne peut trouver place ici. Nous ne pouvons nous en tenir qu'aux résultats. Ils furent grands pour la poésie. On vit alors quelque chose d'assez semblable à ce qui s'était présenté dans le moyen-âge. Le génie fut pour ainsi dire éparpillé. La communauté des sentimens produisit une commune inspiration et de tous les côtés des voix pleines d'harmonie se firent entendre. La poésie avait retrouvé dans la foi chrétienne une source depuis long-temps abandonnée d'émotions profondes. Elle en profita, elle en abusa même. Quoi qu'il en soit, la période romantique enrichit la littérature et surtout sut émouvoir dans le cœur humain des fibres qu'on croyait à jamais engourdies.

Quand vinrent les événemens de 1812 à 1813, il n'y eut guère de possible pour la poésie que les chants patriotiques du combat et de la délivrance. Nous trouvons déjà mêlé à ces manifestations le nom de deux hommes dont le talent se re-commande par des titres moins exclusifs. Ce sont *Uhland* (2) et *Ruckert* (3) : le premier a reproduit dans un langage éthéré la fleur même du moyen-âge. Il n'a pas cherché comme l'école romantique à obéir à des formules posées d'avance. Il est allé à sa moisson poétique entraîné d'instinct. De là, cette assimilation merveilleuse de couleurs vraies dans toutes leurs nuances, de sentimens exquis rendus avec un bonheur constant, et cette facile harmonie entre les sujets traités et l'ame du poète. Ruckert s'est tourné vers l'Orient. Sa poésie s'est inspirée de cette imagination à la fois ardente et sentencieuse, réfléchie et passionnée qui est le caractère arabe et persan. Lors même qu'il exprime des sentimens tout personnels ou qu'il se joue avec grace dans de charmantes inventions ger-

---

(1) Né à Camenz en 1729, mort à Wolfenbuttel en 1781.
(2) Né à Quedlinburg en 1724, mort à Hambourg en 1803.
(3) Né à Dusseldorf en 1740, mort à Fribourg en 1814.
(4) Né à Rheinfeld près de Lubeck en 1743, mort à Hambourg en 1815.
(5) Né à Obersontheim en 1739, mort à Stuttgart en 1791.
(6) Né à Francfort en 1749, mort à Weimar en 1832.
(7) Né à Sommersdorf en 1751, mort à Heidelberg en 1826.
(8) Né à Wolmerswende en 1748, mort à Gœttingue en 1794.
(9) Né à Bramstedt en 1750, mort à Sondermühlen en 1819.

(1) Né à Marbach en 1759, mort à Weimar en 1805.
(2) Né à Tubingen en 1787.
(3) Né à Schweinfurth en 1789.

maniques, il y a toujours en lui un reflet de ses études de prédilection, et même aussi parfois d'heureuses luttes avec des difficultés rhythmiques imposées à plaisir.

Il ne nous reste plus que quelques noms de poètes à citer ; en première ligne celui de Heine (1). La publication du recueil de ses poésies remonte déjà à un certain nombre d'années. Elles se sont conservées dans la mémoire des lecteurs entre les plus originales de la littérature allemande. La sensibilité la plus expressive s'y montre à côté de la malice la plus spirituelle, l'émotion la plus profonde s'y change souvent en épigramme, l'idéalisation de la vie y touche à ce que la vie offre de plus positif, et sur tout cela plane un vrai génie, et l'inspiration la plus franche n'abandonne jamais le poète dans ses capricieuses créations.

Dans cette esquisse rapide beaucoup de noms très dignes de mention ont dû être passés sous silence. Nous les retrouverons plus tard. Avant de terminer, nous nommerons encore Chamisso (2), qui, né en Champagne, a pris un rang distingué parmi les poètes allemands. Il plaît par un fond réel de mélancolie alliée souvent à des formes bizarres qui aident encore à la mettre en relief. Il mêle avec bonheur la plaisanterie aux douces émotions et autant qu'il nous semble a du rapport avec Béranger dont il a admirablement rendu quelques chansons en allemand.

Quant à ce qui touche l'état présent de la poésie, si elle est une décadence, ou simplement un autre aspect de la vie poétique, nous dirons que cette dernière opinion nous paraît la plus vraisemblable. La jeune génération qui s'élève a cherché à se soustraire à l'influence toujours redoutable des génies qui ont précédé ; elle a voulu continuer leurs chants en y ajoutant les siens propres et non point s'en faire l'écho affaibli. Elle a tenu compte de la maxime proclamée par Uhland, elle a dit avec ce maître harmonieux : « Nous respectons les génies, mais les noms ne sont rien. Nous honorons les maîtres, mais notre art est libre. »Elle a donc chanté, et comme autour d'elle l'atmosphère s'alourdissait, comme la nature n'était plus si verdoyante, comme la grande voix de la société humaine montait de plus en plus, elle a chanté, mais en retranchant à l'art un peu de sa magie, en appelant la réflexion, en s'imprégnant de passion, en respirant, en un mot, l'air respiré par tous au tour d'elle. Le dirons-nous ? On nous avait averti de cette révolution de la poésie allemande et nous avions tremblé. Mais il était réservé au talent très remarquable de plusieurs poètes de nous rassurer pleinement. Nous ne citons ici que le comte Auersperg (3) dont la belle ame a eu des vibrations si réellement dignes de la poésie allemande.

Il résulte de l'itinéraire historique que nous avons suivi que la poésie lyrique de l'Allemagne, à la prendre en général, est née de la libre inspiration après avoir épuisé l'imitation. Une fois qu'elle a eu conscience d'elle-même, elle a pris vol dans toutes les directions, a joué avec tous les caprices de la fantaisie, ployé la pensée à toutes les exigences du rhythme, et le rhythme à tous les désirs de la pensée. Elle n'a rien touché désormais, soit sentiment, soit nature, qu'aussitôt une mélodieuse vibration n'ait accompagné son rapide passage. Du fond même de l'homme, elle a vu le monde, tantôt comme une vallée douloureuse, tantôt comme le vêtement magnifique et expressif de la divinité. Dieu, la nature, l'homme, voilà

les thèmes à jamais féconds de ses chants immortels, et voilà encore pourquoi l'esprit contemplatif qui s'abreuve à ses sources mélodieuses oublie presque les prodiges de l'art, tant les prodiges de la réalité divine, naturelle et humaine se font sentir à lui. Il est arrivé à l'Allemagne d'être aussi complète que possible dans les choses de pensée et d'imagination et d'avoir à son service une langue également appropriée à la philosophie, à la poésie, c'est-à-dire aux deux facultés de l'homme dont l'extension dans l'infini souffre le moins de limites. La langue des peuples est la confession intime de leur génie. L'Allemagne a exprimé le sien tout entier dans sa langue, et cette langue, ce génie n'ont pas trouvé mieux pour prendre une forme idéale que ces mille voix de la poésie lyrique dont nous allons tâcher de reproduire quelque chose dans ces études.

Un critique d'une sagacité éloquente, esprit aussi fin que mesuré, nous semble avoir singulièrement restreint le lyrisme possible, quand il a proclamé l'inspiration qu'il demande en décadence depuis des milliers d'années. Le génie harmonieux et pur de M. Villemain ne s'est-il pas mépris ? Ou plutôt, car une autorité de ce poids dans les choses littéraires exige l'interprétation la plus accommodée à la vérité, n'a-t-il voulu que signaler une différence dans les sources primitives de l'inspiration lyrique ? C'est ce que démontre visiblement la profession de foi du noble écrivain sur le vrai génie de l'ode. Nous croyons que la poésie de l'ame humaine est chose naturelle et qu'elle n'a pas besoin pour se produire d'accidens extérieurs qui ne sont jamais que l'étoffe, mais non point le premier mobile de l'inspiration. Ainsi le lyrisme grec n'a rien d'analogue avec le lyrisme hébraïque, pas plus que la fontaine des muses n'est sœur de celle que Moïse fit jaillir du rocher. Chez les Hébreux, chez les Grecs, il y eut une inspiration que nous dirons parallèle, quoique très diverse dans la forme qu'elle revêtit et dans le génie qui l'anima. La Bible, mettant à part son caractère sacré, est le sol naturel du lyrisme gigantesque. Le peuple Hébreu était le peuple le plus individuel qui jamais ait existé, son génie en tout sens comprimé a dû jaillir avec d'autant plus de force un, indivisible, irrésistible, et atteindre ce sublime qui est le point le plus lointain dans l'infini, par conséquent dans le divin. Pour les Grecs, le seul Homère est leur bible, est leur livre. Homère est placé sur les confins de deux mondes, l'un qui finit, l'autre qui commence. Toute la poésie des Grecs vient de lui. Déjà dans Homère elle est un art parfait, et en se faisant dramatique ou lyrique elle procède encore d'Homère. Les Latins ont continué les Grecs, et quelques peuples modernes prolongé la continuation, comme les Latins, par l'imitation. Ce n'est pas là ce que nous entendons par poésie lyrique. Elle n'existe pour nous qu'à condition d'être ce qu'il y a de plus profondément vrai, de plus réellement senti, de plus entièrement exprimé. Venue essentiellement de l'ame, il lui faut une ame pour avoir vie. En France jusqu'ici, nous ne lui en avions pas soupçonné. Nous commençons de voir que le poète est quelque chose d'humain éminemment, et que ce n'est pas trop de toute son humanité dans l'œuvre de son génie. La poésie allemande s'offrira à nous autre que celle des Hébreux ou des Grecs, et néanmoins, ou plutôt par cela même, elle sera pour nous la poésie.

Nous finisssons. L'examen particulier des œuvres remarquables en dira plus là-dessus que les plus longs discours

M.... R.

(1) Né à Dusseldorf en 1797.
(2) Né au château de Boncourt en Champagne en 1781.
(3) Né à Thurn-am-Hart en 1806.

INTRODUCTION A L'HISTOIRE D'ALLEMAGNE.

QUATRIÈME ÉPOQUE.

Histoire moderne.—Deuxième période.—Elévation de la Prusse.
— Fin.

Après le traité de Westphalie, la politique fut l'héritière directe de la religion, et ce fut d'abord la politique des princes, en attendant celle des peuples. L'église renversa dans sa chute l'édifice féodal du moyen-âge. A la réforme allemande succéda la révolution française qui devait remuer les peuples allemands plus vivement que la réforme n'agita la France. Après le traité de Westphalie, la France se montra contre l'Allemagne plus franchement ambitieuse. Tandis que les petites cours prenaient modèle sur Louis XIV, leur perfide allié, et Vienne sur la cour sombre et fanatique de Philippe II, la Prusse, allemande par les mœurs et la politique, combattit la Suède dans l'intérêt du Brandebourg, et la France dans l'intérêt de l'Allemagne. La France armait toujours la Turquie contre l'Autriche, la Suède contre la Prusse et voulait organiser déjà une confédération du Rhin. La Prusse va seule au secours de la Hollande : la Prusse porte par terre la fameuse infanterie suédoise (1675) , comme le grand Condé avait déjà renversé la fameuse infanterie espagnole. La Prusse détourne au moins du nord de l'Allemagne la honte des traités insolens de Louis XIV : le patriotisme allemand se concentre à Berlin, le protestantisme y ouvre un asile aux réfugiés de la France et du Palatinat : la politique et la religion s'y montrent plus hardies et plus généreuses qu'à Vienne. Il y eut un moment vers cette époque, où l'Allemagne sembla le berceau des familles régnantes de l'Europe, en envoyant sur les trônes étrangers jusqu'à sept princes qui se détachaient d'elle : la Prusse, au contraire, pays conquis par l'Allemagne sur les peuples slaves, lui resta fidèle : la Prusse, affranchie de la Pologne par le grand-électeur, éleva jusqu'à la royauté, par son indépendance , l'électorat de Brandebourg, un des duchés de l'empire germanique. L'Autriche n'y vit qu'un trait de vanité ; nous y verrons, avec le prince Eugène, une des plus grandes révolutions de l'Allemagne, et le coup le plus terrible qui fut jamais porté à l'Autriche. Il en résulta que pendant la guerre de Trente-Ans, la Suède était venue élargir au nord la place de la Prusse. La Suède trouva de ce côté l'Allemagne trop bien défendue, et s'en alla frapper d'autres ennemis (guerre du nord). Il y eut dès lors, en effet, au nord de l'Allemagne une puissance réelle qui ne se vendait pas pour quelques millions comme la Bavière et les autres petites cours allemandes, dans les dernières guerres de Louis XIV, qui fit aussi la guerre à l'empire, mais pour elle-même.

Triste sujet, malheureuse époque dans les annales de l'Allemagne et de l'humanité que l'histoire des peuples allemands dans la première moitié du dix-huitième siècle, avant les victoires de Frédéric le Grand, la renaissance et la gloire de la littérature nationale, et l'héroïsme de ses philosophes. La diète devouue permanente n'en lutte pas avec plus d'avantage avec la monarchie française qui, pendant deux siècles, marcha presque seule, sous le contrôle incomplet du parlement, et sans l'assistance orageuse des états-généraux. Les petits peuples allemands furent partagés, échangés, vendus comme des troupeaux : l'Allemagne devint la place d'enrôlement de toutes les puissances européennes. Ses petits princes trafiquèrent du sang de leurs sujets pour égaler le faste et la corruption de nos rois. La Saxe, avec les rigoureuses débau-

ches de son électeur roi de Pologne, imite la Régence, la Bavière et le Wurtemberg imitent la Saxe. Le despotisme de ces petites cours envoie des émigrés à l'Amérique, et le fanatisme catholique de l'Autriche de nouveaux sujets à la Prusse. Ce pays, dès sa seconde génération de rois, reprend toutes les vertus du grand électeur, ce peuple de soldats et d'ouvriers s'offre en contraste plutôt qu'en modèle à l'Allemagne dégénérée. Le père du grand Frédéric refuse d'être Français , pendant que son fils lit Voltaire. Le jour où l'héritage de la maison d'Autriche n'est plus défendu que par une femme , la Prusse l'envahit, et le démembre plus vite et plus sûrement que la Bavière, sans prétendre à l'empire. Le dernier venu dans l'empire germanique va frapper de sa tête la voute du vieil édifice. En luttant contre l'Autriche, la Prusse devient puissance du premier ordre en Allemagne, et en luttant contre l'Europe entière, puissance du premier ordre en Europe. Cette jeune monarchie essaie ses forces contre les gentilshommes français et contre les cosaques. Son roi qui sait à peine la langue de son pays, et qui méprise sa littérature, exalte pourtant le génie allemand par ses victoires. A Rossbach, il bat l'armée de la France, et, sans le savoir, ses poètes et ses philosophes. On s'aperçoit à peine que le système de la diplomatie européenne est changé, et que l'Autriche est devenue l'alliée de la France : la Prusse remplace la France en Allemagne ; c'est elle qui défend les droits constitutionnels des peuples opprimés par leurs petits souverains, et l'indépendance des petits états que l'Autriche veut engloutir. C'est encore Frédéric-le-Grand qui donne l'exemple aux Allemands dans les arts de la paix, favorise l'indépendance de la pensée, et conçoit pour ses états le plan d'une législation uniforme. Comme la Prusse a devancé au midi la Bavière contre l'Autriche, elle devance au nord la Saxe contre la Pologne. Il lui appartenait mieux qu'à cette province déchue , avortée , de continuer l'envahissement de l'Allemagne sur les peuples slaves. Ici nous prouverons encore une fois que la Prusse, dont le nom domine toute cette période, ne fut point une puissance artificielle, créée brusquement et récemment par un acte de la volonté humaine , et soutenue dans son existence factice par un violent effort de cette même volonté. Son dernier progrès sur les peuples slaves nous rappellera son passé si laborieux, sa part glorieuse et sa mission historique dans la colonisation des côtes de la Baltique , les avantages et les conditions de sa position géographique sur une frontière de l'Allemagne ; le mélange et le caractère des peuples dont elle se compose. Nous lui trouverons peut-être une population plus homogène qu'à l'Autriche, une civilisation plus hardie, mais qui ne fut point un caprice du despotisme , une civilisation plus savante et plus régulière que les réformes imprudentes de Joseph II qui viendront nous offrir si naturellement le sujet d'une dernière comparaison entre la Prusse et l'Autriche, avant leur lutte inégale contre la révolution française.

Le dernier chapitre de l'histoire d'Allemagne serait intitulé : *la Révolution.* Mais ici nous touchons des défaites et des victoires encore palpitantes. C'est aux Allemands qu'il appartient de nous raconter dans ce Panorama, cette période à la fois si triste et si glorieuse de leur histoire, qui mêle si harmonieusement ses succès et ses revers à la plus brillante époque de leur poésie et de leur philosophie , en commençant par Kant pour finir par un chant de Kœrner. Un Allemand nous expliquera mieux que nous ne saurions faire, comment une dernière fois l'Allemagne porta la peine de ses divisions si anciennes, si naturelles et si légitimes , et comment ses princes et ses peuples , divisés entre eux par le despotisme immoral du dix-huitième siècle, furent une dernière fois rapprochés par les liens sacrés d'une adversité commune. Ce dernier chapitre confirmera nos opinions sur les destinées de l'Allemagne , en racontant sa dernière et sa plus violente protestation contre l'unité , la chute de son vieil empire et la transformation de ses principaux duchés en royaumes. Pour nous , libre des préjugés de notre histoire nationale, nous aurons essayé de montrer comment l'Allemagne s'achemina vers la civilisation par des voies qui n'étaient pas les nôtres, et libre des rivalités savantes qui divisent ses historiens d'une université ou d'un pays à l'autre, nous aurons reproduit dans un résumé rapide, ou ses plus intéressants ou ses plus graves enseignemens sur une grande partie de son histoire.

T. Toussenel.

GALERIE DES POÈTES ALLEMANDS.

CHAMISSO.

Nous sommes près d'un tombeau, et Français et Allemands, nous nous demandons : Appartient-il à la France, appartient-il à l'Allemagne? Vous lui avez donné le jour, et lui vous a abandonnés , et n'est pas retourné vers vous. Sa jeunesse se passa en Champagne, et ce qu'elle lui infusa dans le cœur et l'esprit, il ne l'a pas vivifié avec les accents de votre langage; il vous est devenu infidèle dans l'acception vulgaire du mot, non sans doute par aversion pour vous, mais par amour pour nous. Ne devions-nous pas en aimer doublement Chamisso? Car notre nationalité se distingue des autres, peut-être même de la vôtre, en ce que nous attachons un double prix à ce qui, de son propre choix, se donne à nous, à ce qui ne nous appartient pas seulement en vertu d'un hasard qui l'a fait naître chez nous. Un Français de naissance vous est peut-être plus précieux qu'un Français d'adoption, n'est-ce pas? Me trompé-je? Eh bien! pour nous rien n'est plus cher qu'un Allemand adoptif, et tel était Chamisso. Les Romains disaient :

> Chassez le naturel, il revient au galop.

Pourquoi n'appliqueriez-vous pas le mot à Chamisso; pourquoi ne diriez-vous pas : Et pourtant le cœur poétique de Chamisso fut le produit de sa jeunesse champenoise, et pourtant dans quelque coin de ce cœur il est resté Français jusqu'au tombeau. Pourquoi récriminerions-nous? N'est-ce pas le thème de nos jours d'abolir les frontières du Rhin, non pas par l'épée ni par la politique, mais par une civilisation qui rapproche les deux peuples et les unisse d'un lien sympatique? Ce Panorama ne doit-il pas être l'organe de cette pensée, et trouverait-on pour ce livre un frontispice plus heureux que le portrait de Chamisso, une tête française avec des traits allemands ; un homme dans lequel vivent en bonne harmonie les mondes opposés des deux rives du Rhin, enfin un Allemand de France?

L'hiver de 1781 le vit naître en Champagne, dans un château nommé Boncourt. Il y vécut neuf ans. Personne ne nous a dit ce qui se passait alors dans l'ame de l'enfant, mais nous le savons. Pour qui devient de bonne heure poète, les neuf premières années de la vie sont un trésor éternel; et Chamisso commença de bonne heure à composer. Il fit quelques contes dans le genre de La Fontaine, puis des stances, des chansons, quelques épigrammes, etc. Il était sur le chemin de

votre Académie. Il est présumable qu'il s'est opéré dans le destin extérieur et intérieur du jeune homme bien des modifications que nous ne pouvons préciser , faute de renseignemens. Ce qui est constant, c'est que la révolution éclata dans le cours de ses jeunes années, et que ses parens, comme les représentans de la vieille race noble des Chamisso, qui peut-être était originaire des confins de l'Italie, au-delà du Var, se joignirent à l'émigration; mais ce n'est là qu'un fait qui passe devant nous comme une statue muette et l'œil immobile. Il ne manque pas de vagues indices qui révèlent qu'au milieu de ces vicissitudes extérieures le jeune garçon avait acquis des idées à lui. Il eut contre la prêtraille (*die Pfaffen*), pour employer le mot énergique des Allemands, une antipathie précoce, et jamais peut-être d'inclination pour la noblesse. Sa nature était de l'espèce tout-à-fait bourgeoise; il ne se montra jamais bien flatté du poétique avantage d'appartenir à une ancienne maison , et pourtant un pareil sentiment devait être vivement excité par l'émigration , pour peu qu'il en eût été susceptible. Aussi voyons-nous plus tard sa famille et lui séparer leur sort avec une froideur si étrange, qu'on ne peut supposer entre elle et lui aucun étroit lien. On était arrivé en Prusse par les Pays-Bas; le jeune Adalbert fut admis à Berlin parmi les pages de la reine, et plus tard il devint soldat prussien. Sa famille profite des dispositions pacifiques du consul Bonaparte pour la noblesse , et rentre en France ; le jeune soldat reste seul à l'étranger. Chamisso parle bien d'être resté dans un isolement complet et sans éducation , mais il ne dit pas pourquoi il fut ainsi délaissé, ni qu'on l'ait regretté ou consolé. Le mot *éducation* nous fait songer aux *manières nobles*; et nous verrons dans la suite qu'il n'en avait pas la moindre trace. Cependant il en reste toujours quelque chose , alors même qu'on passe des années parmi des matelots russes et des populations à demi sauvages. Il faut donc que Chamisso ait pris bien peu de part aux formes d'une noble famille émigrée, et cela peut donner beaucoup à penser sur un jeune homme qui était doué d'une si noble délicatesse de cœur et d'un caractère de granit. Bref, il resta seul en Allemagne. De sa famille il ne parle plus nulle part. « Je n'ai jamais fréquenté sérieusement une école, dit-il là où pourtant il s'agit d'un plan sérieux d'avenir; j'ai fait des vers, d'abord en français, plus tard en allemand. J'ai écrit en 1803 un *Faust*, que par un souvenir reconnaissant j'ai recueilli dans mes poèmes. » L'entendez-vous, un Faust! Il est connu que ce fut là de tout temps un symptôme pur-allemand : le Français se moque du diable, l'Allemand le poétise. Chamisso devait déjà être bien loin de la France, et pourtant il n'avait que vingt-quatre ans , et pourtant, d'après son propre aveu, il ne se sentait pas d'aptitude, pas de goût pour la philosophie scolastique de l'Allemagne. Cette dernière observation montre que l'idée allemande du Faust n'était pas arrivée de l'extérieur , mais que déjà elle était naturelle et spontanée. C'est le produit d'un ciel de novembre en Allemagne, et de ce *je ne sais quoi* du sens allemand qui ne passe pas gaîment sur l'incompréhensible.

Elle était loin donc, elle était bien loin déjà, cette humeur légère qu'on devait attendre d'une muse champenoise. La France avait perdu un poète. Il est curieux de voir comment Chamisso s'apparaissait à lui-même, quand il tirait son horoscope comme Français; c'est Barbier qui lui en fournit l'occasion. Il croyait qu'il aurait été poète dans le genre de Barbier s'il n'eût changé de bonne heure de langue et de patrie. Et pourtant Barbier est déjà chez vous une apparition extraordinaire; par la forme rhétorique de son indignation, forme qui

CHAMISSO

caractérise son talent poétique, il s'éloigne déjà de votre type.

Ce fut à Charlottenbourg, près Berlin, que Chamisso se rencontra avec Varnhagen vers le temps où, devenu officier prussien, il était sur le point de rompre avec le vers de son pays. Cette rencontre fut d'une grande importance; car bientôt leur connaissance amena une association poétique, ce qui est une mode toute allemande. La poésie est pour les Allemands la plus importante affaire de la vie. Nos conspirations s'attaquent à ce qu'il y a d'insondable ou de tyrannique dans ce monde, et non aux tyrans et aux oppresseurs humains. Chamisso résolut de débuter comme poète allemand; tous deux arrêtèrent la publication d'un almanach des Muses. Un tel recueil a, en fait de lyrique, quelque chose d'aussi universel qu'un Faust en fait de dramatique, et c'est là encore un genre tout allemand. Un almanach des Muses est pour l'Allemagne la déclaration des droits de l'homme, et cette chaire du droit poétique fut l'emploi à vie de Chamisso, il y vécut, il y mourut. C'est là que toutes les muses de l'année et du pays doivent se produire au jour, aux regards du public, à la gloire. On aime à se nommer modestement un stimulant pour les talens poétiques, un rendez-vous pour les jeunes et timides poètes, pour toutes les nouveautés de l'année; mais au fond il y a toujours là-dedans une petite révolution. La jeunesse veut faire prévaloir son nouveau monde. Nos principales écoles en poésie ont débuté sous les bannières flottantes d'un almanach des Muses. Ce que vous êtes généralement dans la comédie et dans la politique, nous le sommes dans les poèmes. Cet almanach des Muses de Chamisso et de Varnhagen était cependant du genre le plus inoffensif. C'étaient des jeunes gens pleins de sève qui voulaient s'essayer dans le haut style. Varnhagen, dans ses mémoires qui sont parfaitement écrits et qui renferment beaucoup de choses intéressantes même pour des Français, trace du Chamisso de cette époque le portrait suivant: «Chamisso ne pouvait, sous aucun rapport, renier sa qualité de Français. Langage, sentiment, esprit, réminiscences et tournures de phrases, tout rappelait son origine; seulement tout son être était frappé d'une gaucherie singulière, d'ailleurs assez rare chez ses compatriotes, laquelle pourtant n'excluait pas du tout chez lui beaucoup de prestesse et d'agilité, mais y associait quelque chose de bizarre, d'où provenaient toutes sortes de malencontres que lui-même ou les autres avaient à supporter soit comme accidens soit comme inconvéniens inévitables. Ses longues jambes, l'étroit uniforme, le chapeau et l'épée, la queue, la canne et les gants, tout pouvait inopinément lui jouer de mauvais tours. Mais son principal et son plus visible embarras, c'était sa lutte avec la langue que dans ses violens efforts il écorchait avec une sorte de supériorité et de volubilité, habitude dont il lui resta toujours quelque chose. Il avait composé des chansons et des élégies allemandes, voire même un Faust en ïambes; et je l'écoutai avec étonnement et admiration, lorsque avec sa prononciation massacrante, debout devant une porte et barrant le passage, il m'en récita quelque chose de mémoire. Aussi je devins dès-lors un zélé propagateur de cette poésie, puis l'ami intime du poète qui se fit reconnaître comme le plus brave garçon du monde. La culture et la langue allemandes étaient l'objet de sa plus profonde vénération, de son ambition la plus ardente : ce fut sur ce terrain que depuis lors s'exercèrent nos efforts au sein de l'union la plus active. Mais si son esprit appartenait tout entier à l'allemand, il avait gardé la première place dans son cœur à une belle compatriote que le sort avait aussi jetée en Allemagne. Elle joignait à une extrême beauté une rare éducation, car elle parlait parfaitement l'anglais et l'italien, et lisait Shakespeare et le Tasse comme son Racine. Ses dehors distingués, sa position annonçaient à la fois une haute extraction, et dans son sort des complications malheureuses dont le secret, malgré toutes les recherches, est resté impénétrable. »

Chamisso se tait là-dessus; en général il est fort laconique pour tout ce qui le touche personnellement, et n'a pas pour les autres un intérêt direct comme celui du voyage dont nous parlerons plus tard. Sur cette époque où il vivait à Berlin, il se borne à dire que son commerce avec les jeunes poètes allemands le rend fort heureux ; que Fichte l'honore d'une paternelle amitié; qu'il étudie à force le grec, le latin; qu'il apprend plusieurs langues vivantes, et qu'il a quitté le service militaire. Cependant ses parens étaient morts : Napoléon avait ruiné par la guerre les ressources de la Prusse; l'université de Halle, où Chamisso voulut suivre ses amis, était dissoute; il était privé de conseil, souvent même découragé, lorsqu'en 1809 il fut appelé par un vieil ami de sa famille à une chaire de professeur au collège de Napoléonville. Il revient en France pour la première fois; il est sur le point de vous appartenir encore : le sort en dispose autrement. Il ne se fait point professeur, il appartient au cercle de madame de Staël, à la petite opposition contre Napoléon. Au commencement de 1811, il la suit à Genève et à Coppet ; et en 1812, il la sert efficacement dans sa fuite. « Auprès de cette grande et admirable femme, dit-il, j'ai vécu des jours que je n'oublierai jamais, j'ai appris à connaître beaucoup d'hommes importans de l'époque, et j'ai vu passer devant mes yeux un chapitre de l'histoire de Napoléon, son animosité contre une puissance non subordonnée à la sienne ; car, à côté de lui, comme sous lui, rien ne devait rester indépendant. »

Il se trouvait donc alors sur un point où l'Allemagne et la France ont plus d'une fois été rapprochées par d'illustres médiateurs, où tant de grands hommes ont vécu ; et de là il se décida de nouveau pour l'Allemagne, pressé cette fois sans doute par les circonstances ; car l'autocratie de Napoléon lui répugnait, bien que, comme on le verra, il admirât en lui le héros. Vers la fin de 1812, il se rendit de nouveau à Berlin, avec l'intention de se livrer à l'étude des sciences naturelles. Le temps vint où il ne pouvait manquer de sentir une vive douleur, celui de la dernière coalition contre Napoléon, dans laquelle la Prusse, patrie adoptive de Chamisso, joua un rôle si saillant. Que devait-il faire ? Tous ses amis s'armaient, devait-il aussi tirer l'épée contre son pays natal pour le pays de son choix ? Devait-il, figure équivoque, promener son indifférence au milieu de cet élan général, de ce dévoûment général ? Il était cruellement affecté de cette situation, et il se décida enfin pour un parti que vous louerez et que nous louons aussi, il s'arracha cette douloureuse conclusion : « Le monde n'a pas d'épée pour moi ! » Dans cet orageux été, où nous aspirions si ardemment à la vie les uns des autres, il imagina l'intéressant petit conte, *Peter Schlemil*, qui vous a, comme à nous, rasséréné la vie. Vous aurez senti avec plaisir, car on vous l'a traduit sans doute, aux frissons du pauvre Pierre, que vous avez une ombre, et que vos affaires sont bien en règle avec les mystérieuses puissances. C'est une idée extrêmement originale, qu'un homme perde son ombre, et que la perte d'une chose si peu réelle entraîne sa ruine : Hoffmann en fut tellement frappé, qu'il la reproduisit dans l'*Image du Miroir perdue* (das verlorne Spiegelbild).

D'après les lois de notre goût allemand c'est un défaut que

le conte, à part le libre produit de l'art, porte encore avec lui quelque chose de significatif ; substance , forme , sens moral doivent s'y trouver réunis et liés inséparablement; et, comme le véritable génie artistique conçoit l'œuvre dans son ensemble, et non par fractions isolées et successivement coordonnées, de même le lecteur ou le spectateur ne doit pas non plus risquer d'en détruire l'effet en les analysant de trop près. L'allégorie surtout est chez nous discréditée, et le fier Allemand du nord se plait à dire que ce n'est plus qu'en Autriche qu'elle est chez elle. Mais l'art, c'est l'art ; nous ne sommes pas tous les jours placés à ce point de vue dominant, et partant nous nous demandons aussi dans les heures de faiblesse : que peut signifier ceci ou cela ? Que signifie, par exemple, que Peter Schlemil ait perdu son ombre, et qu'il en soit si malheureux ? Une dame spirituelle, qui avait les poésies de Chamisso en adoration, disait à une autre : « Et vous ne savez pas ce que c'est que l'ombre de Schlemil ? C'est la réputation qui , une fois perdue , met toute une vie au néant. Représentez-vous bien dans quelles conditions s'ouvre l'histoire de Schlemil ! Parmi de riches négocians, dans un monde d'argent, où rien n'a de valeur que l'argent, chez ces hommes pour qui l'argent est le principe et la fin. » Ce conte fit fortune. Un fléau pour nous , c'est que nos soi-disant érudits en littérature nous prodiguent dans le conte la terminologie fatigante du vieux temps, et que non seulement ils nous demandent pour ce fait un saint respect, qu'on accorde volontiers, mais exigent même impérieusement l'impression d'un charme irrésistible, ce qui souvent est assez difficile. Il n'y a dans le conte de Chamisso qu'un modeste écho de cette terminologie, et il est en somme original et intéressant.

Cependant, à Berlin aussi, on ne vit pas seulement d'un conte, et la guerre tirant à sa fin, tout paraissant en voie de pacification , cette question devint chaque jour plus pressante : où trouveras-tu donc, Chamisso, à remplir cette vocation d'incessante activité ? Ce souci allait toujours croissant. Il écoutait tout, saisissait tout, pour savoir où s'accrocher. Un jour il lit dans les gazettes que les Russes préparent une expédition pour le pôle-nord. Je voudrais, dit-il avec humeur, être au pôle-nord avec ces Russes ! Son ami Hitzig le prend au mot ; on écrit, on envoie des certificats, et Chamisso est nommé naturaliste pour le voyage de découverte dans la mer du Sud et autour du monde. Avec quelle joie il part pour se rendre au vaisseau !

L'état présent de l'Europe ne lui offrait point un charme poétique assez puissant, il l'abandonnait sans regret. L'homme en qui il avait admiré le héros, tout en haïssant le despote, lui avait joué le tour, comme disait Chamisso, d'abdiquer paisiblement, prosaïquement, et d'accepter humblement l'exil. Il avait par là mis au néant la prophétie et l'idéal de Chamisso, qui, selon les idées de la jeunesse, attendait de l'empereur abattu quelque violent effort d'héroïsme, et à qui la grandeur de la résignation solitaire paraissait de la prose. Adieu, monde connu, puisque tu finis si petit ! Je vais m'élancer dans l'Océan inexploré ; ce colosse qui n'a jamais été vu, je vais le chercher et le trouver. Ah ! que cet ambitieux idéalisme fut cruellement puni. Qu'on lise le voyage de Chamisso, et l'on y sentira l'inspiration élégiaque d'une expédition étrangère à la science, où le service dans toute sa trivialité est de la hauteur d'un ciel au dessus de toute question scientifique. Et voilà le pauvre poète tout aussi résigné que le fut naguères le héros, dans lequel il avait si mal pris la chose, et on l'entend dire d'un ton dolent et soumis : « Oui , oui , vous avez raison , le service avant tout ; et dorénavant je cirerai mes

bottes moi-même. » Il ne lui échappe aucune parole dure ; et surtout il n'a garde de mettre sur le compte d'un gouvernement les mesures étroites que peuvent prendre des navigateurs isolés. Chamisso est aimable au possible dans cette résignation, et il s'en dédommage avec enthousiasme par son affection pour ses nouveaux amis , les habitans de la mer du Sud.

Son retour lui rendit son ancienne incertitude ; encore la question critique : que faire ? Il le savait si peu que, toujours livré à l'idéal, il aspirait à retourner parmi les Insulaires de la mer du sud , auprès de son ami Kabu, sous le costume simple et au sein des mœurs primitives de Huahine , tant il se sentait peu de lien nécessaire avec l'Europe. Il était arrivé à l'âge de trente-sept ans, et nulle part ne s'offrait pour lui une position sortable. Il est pénible même pour nous de voir que , lorsqu'il débarque à Swinemunde, il a complètement oublié cette France qui fut son berceau , et que sa modeste espérance repose tout entière sur l'Allemagne. Voici des vers datés de Swinemunde, 17 octobre 1818 :

> Il revient au pays, après si longue absence,
> Et le cœur bien ému, le pauvre voyageur.
> Il quitte son bâton, s'agenouille en silence,
> Et répand sur ton sein des larmes de bonheur,
> O patrie *allemande !* — Ecoute sa prière,
> Pour prix de tant d'amour, la seule et la dernière :
> Quand le soir ses yeux las viendront à défaillir,
> Puisse-t-il sur *ton* sol au moins trouver la pierre
> Dont il doit abriter sa tête pour dormir.

Nous avons fait plus qu'accomplir ce vœu, et ce vœu, nous l'accomplissons aussi. Nous l'avons aimé, et nous aimons sa mémoire. Chamisso, qui était venu à nous de l'étranger, appartient au petit nombre des poètes heureux qu'une critique hargneuse n'a jamais persécutés ; il n'a pas rencontré en Allemagne un seul adversaire littéraire qui lui ait fait la moindre peine, soit qu'il n'eût rien à démêler avec aucun parti, soit que, fidèle aux mœurs antiques du pays, on tint pour sacré cet hôte qui était venu avec tant de confiance s'asseoir à notre foyer. Si nous voulions gâter notre belle conduite envers lui , nous vous demanderions la pareille pour un infortuné poète allemand qui s'est réfugié chez vous. Vous nous dispenserez bien de la demande, et dorénavant il ne sera plus question de cette hospitalité dont la pratique est devenue journalière. Peut-être aurez-vous aussi quelque jour le bonheur, si vous ne l'avez déjà, de voir un étranger devenir un de vos poètes nationaux, et prendre un rang distingué dans votre littérature nationale. N'oubliez jamais quel pénible labeur c'est là pour le génie, chez vous surtout, dont la langue est si exigeante et si rigoureuse. Combien de peine il en a coûté à Chamisso, que de lenteur, que de corrections ne lui a-t-il pas fallu pour mettre debout un poème allemand, et pourtant nous avons une langue , difficile à la vérité, mais si merveilleusement libre, que le poète peut parler comme il n'a jamais été parlé avant lui. Votre mot « *on ne dit pas ça* » est ici tout-à-fait inconnu. Chez nous on peut tout dire pour peu qu'on se conforme à la grammaire ; l'étranger ne peut concevoir la plus petite pensée originale, sans que la langue lui prête l'expression toute neuve qui peut la produire. — Qu'il eût ou non perdu l'habitude de sa langue maternelle, le fait est que Chamisso écrivait lentement même en français. Il y avait en lui un élément d'aimable paresse, ce qu'on n'attend pas ordinairement de la Champagne. Il aimait à se donner ses aises et ne se laissait point troubler dans ce doux abandon. Il était laborieux et indolent , non pas seulement tour à tour, mais presque en même temps. Il réunissait tellement la dextérité et la maladresse, que son ami Hitzig le nomma de bonne heure l'adroit maladroit. En effet, il faisait avec beaucoup de succès des tours d'escamotage de toute espèce, et cassait en revanche des verres et des porcelaines, ou s'embarrassait et bronchait là où rien de pareil n'était facile. On raconte des choses merveilleuses de sa danse quand il était page et lieutenant.

Arrivé de Swinemunde à Berlin en 1818, il y trouva enfin cette position solide qu'il avait si long-temps cherchée en vain. Il fait don aux musées de Berlin des collections qu'il apportait, et reçoit en retour le titre de docteur honoraire et l'emploi réel de conservateur (*custos*), puis d'inspecteur des herbiers royaux. Berlin devient le berceau et la tombe de sa carrière allemande. C'est là que naguères encore on voyait le long homme aux longs cheveux, au visage de pierre, qui ne prenait une expression gracieuse que quand il rencontrait un ami ; on le voyait franchir à grands pas le champ qui sépare la porte de Halle du jardin botanique, à si grands pas, qu'il faisait penser aux bottes de sept lieues de *Peter Schlemil*, et on l'entendait aussi, malheureusement, si loin, si loin !... Une toux terrible, qui dans cette massive constitution trouvait un écho tonnant comme dans un creux de rocher, annonçait, à une grande distance, l'arrivée de Chamisso. Ce n'est pas un homme ordinaire qui tousse ainsi. On le voyait bien aussi, une fois en passant, s'arrêter un moment et sourire devant le corps-de-garde à la porte de Brandebourg ou de Postdam : pour l'ordinaire il ne souriait pas ; mais là il songeait à l'habileté qu'il avait déployée, à la régularité, au soin scrupuleux qu'en sa qualité d'officier prussien il apportait autrefois à ses petits devoirs et aux menus détails de la guêtre. Les camarades étaient bien avec lui ; les supérieurs ne le vexaient pas plus que les autres : mais voilà qu'ils apprennent qu'il fait des vers, et qu'il les fait même imprimer. Cette absurde *superfluité* n'est point compatible avec le service, et partant il ne jouit plus de la même faveur que les autres, il devient l'objet d'une attention spéciale et rarement bienveillante. N'a-t-il pas raison de sourire ? Cette *superfluité* a fait de lui un poète allemand célèbre. Il tenait ceci de vous. Gloire et l'honneur étaient chez lui les principaux ressorts, et tout-à-fait à votre manière. Sa renommée de poète fit le bonheur de sa vieillesse, et cette corde ne cessa de vibrer qu'à son dernier soupir. Ce fut dans les dernières années de sa douloureuse maladie que parut le recueil de ses œuvres. C'était par un vilain temps d'hiver ; j'étais assis devant le lit de Varnhagen, qui était malade et abattu. Il se plaignait de ce que le monde se développait si lentement, et par là reculait si loin les jouissances qu'il promet ; de ce que le corps était fragile et demandait soutien au lieu d'en donner. « Voilà de nouveaux livres de moi, aujouta-t-il, et auprès un éloge imprimé ; à quoi cela me sert-il, s'il me manque la faculté de sentir ce charme. » En ce moment entra un jeune fils de Chamisso (il a sept enfans) ; il apportait les nouveaux livres de son père. « Comment va votre père ? — Oh ! très bien. — N'est-il plus si malade ? — Oh ! si fait, la maladie empire tous les jours ; mais il est bien heureux à cause des livres nouveaux, si joliment imprimés. » Ne dois-je pas avoir honte, dit alors Varnhagen, que le vieux camarade qui souffre d'un mal si cruel, d'un mal mortel, conserve tant d'amour pour la gloire, qu'un nouveau livre le rend tout-à-fait heureux !

Et combien d'autres motifs il avait encore pour contempler

avec un sourire complaisant ces corps-de-garde de Berlin. Entre les années 1803 et 1805, ses amis littéraires avaient souvent passé la nuit entière auprès de lui, quand il était de garde ; là, Varnhagen, Neumann, Lafoye, aujourd'hui professeur à Caen, Koreff, Theremin, Klaproth, Bernhardi, Fichte même une fois, s'étaient entretenus de poésie, de grec, de littérature, avaient fait des plans de vie, le tout de la meilleure humeur et le plus sérieusement du monde. C'est là qu'avec des efforts et des tourmens inouis, avec des souffrances qu'il eut bien de la peine à surmonter, il avait appris l'art de fumer le tabac, qui fut pour lui, dans la suite, inestimable et nécessaire autant que rien au monde. Comme il prenait du tabac à bas prix et de mauvaise qualité, l'apprentissage était d'autant plus pénible et les plaintes redoublées des voisins d'autant plus justes.

A Hameln, en 1806, étant encore officier prussien, il voulut faire paraître un recueil de poèmes épigrammatiques, où la politique avait la plus grande part, et en conséquence il l'envoya à Halle. La censure le supprima, parce que les Français et Napoléon y étaient encore beaucoup trop bien traités. Ce n'était pas encore la guerre, mais il y avait irritation. On avait d'avance fait observer à Chamisso qu'il pourrait s'attirer des persécutions. « Oh ! répondit-il, quel honneur ce serait pour moi d'être poursuivi pour un poème ! »

Depuis son installation à Berlin, sa vie fut très simple, peu accidentée, régulière dans son activité ; toute son existence avait pour but un vers bien tourné et plein de sens, un nom irréprochable, et quelque peu de gloire. Les prétentions à cette gloire étaient d'année en année devenues plus allemandes, plus modérées, moins exorbitantes. Il ne plaisantait qu'à demi, lorsque, trouvant dans les anthologies et les chansonniers d'étudiants quelques-unes de ses poésies, il s'en réjouissait comme d'une garantie de cette immortalité qui, se disait-il, dure passablement en Allemagne. Son existence était devenue paisible et toute domestique : une jeune et aimable fille s'était donnée à lui avec foi et amour ; il fut pour elle le plus fidèle des époux, bien qu'avant son mariage il parût être d'une nature fort passionnée, et qu'il eût eu mainte aventure. Sous ce rapport, son pays natal reprenait ses droits : les Françaises surtout avaient été pour lui, dit-on, fort dangereuses dans sa jeunesse. Depuis le moment où il fut époux et fonctionnaire, on le vit peu ; il ne fréquentait qu'une société littéraire, presque pas d'autres ; il ne recevait de visites que celles de quelques admirateurs de sa muse, qui passaient par Berlin, et de quelques jeunes auteurs qui lui étaient utiles pour la rédaction de l'*Almanach des Muses* dont il s'était de nouveau chargé. Il ne voyait journellement que son ami Hitzig, près duquel il s'était même logé ; car il s'était fait un besoin de le consulter pour la moindre chose, pour une lettre, pour une nouvelle. On disait de lui : *homme capable, mais non pratique*. Tout poème, souvent même un vers, lentement produit, mais toujours fini avec une patience infatigable, devait être vu et critiqué par son ami, aussitôt que le poète l'avait couché par écrit. Aussi Hitzig nous a-t-il donné, dans la *Gazette d'Augsbourg*, un article remarquable sur son ami, et c'est cet article qui, avec des notices de Varnhagen, nous a fourni principalement la matière de celui qu'on a sous les yeux.

Le peu de souci que montrait Chamisso pour toute autre espèce de société, a droit d'étonner dans un Français de naissance ; mais ces types de pays formaient en lui un singulier mélange. Son allure sans gène était tout-à-fait celle d'un lettré allemand Les formes reçues dans le monde, comme étant des gènes imposées par la civilisation, ne lui étaient pas précisément agréables. Il aurait volontiers proposé de les remplacer par d'autres plus rapprochées des usages de la mer du Sud.

Il était en cela un peu plus rude qu'on ne l'aurait voulu dans un homme qui devait prendre intérêt à tout ce qui accuse le progrès historique de l'humanité, à ces formes mêmes qui semblent tout extérieures. Ceci n'exclut pas nécessairement la plus exquise délicatesse de sentiment, et il la possédait dans toute sa beauté. Il y avait peut-être quelque peu de Rousseau dans cette idée qu'il se faisait que nos formes sont trop raffinées, et celles des Insulaires de la mer du Sud plus gracieuses. Et puis, la pipe jouait sans doute un rôle là-dessous. Mais il n'y avait là rien de factice, et cette âpreté même se produisait avec tant d'ingénuité, tant de simplicité, qu'on pouvait voir et tolérer ce genre, sans éprouver cette répugnance qu'il aurait inspiré dans un puriste, ou un naturaliste affecté.

Chamisso était au fond une bonne et belle nature ; Hitzig a bien raison de la nommer *innocence*, et de dire qu'il a passé par le monde comme un enfant. Sa candeur, sa bonhommie et sa singularité ne s'ignoraient cependant pas tout-à-fait, comme il a paru quelquefois ; mais toujours il y avait là innocence, parce qu'il y avait absence d'artifice. Il suit de là que c'était aussi un poète dans toute la force du mot, et qui ne savait pas beaucoup de la politique. La politique, c'est tout ce qu'on voudra, hormis innocence ; elle était inconnue dans le paradis. Si elle lui apparaissait fière et puissante, elle le subjuguait, eût-elle d'ailleurs au fond quelque chose qu'il n'aurait pas approuvé. Ainsi, tout en admirant Napoléon, il aurait volontiers aidé à l'anéantir, si Napoléon n'eût commandé à des Français. Ainsi, il admirait la révolution de juillet, sans appartenir au libéralisme abstrait, parce qu'elle s'était montrée puissante et soudaine comme ces coups de théâtres qui subjuguent le spectateur. Et ici un autre mobile agissait encore sur lui : une inviolable fidélité à la parole donnée était pour son cœur le premier article de foi. Il était franc comme l'or ; sa droiture et sa loyauté étaient fermes comme un roc. Là où se montrait la moindre lueur du contraire, où s'adressait une seule plainte à ce sujet, il se rangeait sans balancer du côté de la partie plaignante. Depuis la révolution de juillet, il trouva une dernière fois l'occasion de manifester ses sympathies, et ce fut à propos des sept professeurs de Gœttingue. Il adressa aux respectables frères Grimm un hommage poétique qui a dû paraître dans le dernier *Almanach des Muses*.

On aurait tort d'attacher quelque importance à l'opinion politique de Chamisso. Il n'avait pas d'opinion politique à lui, et sous ce rapport, il ne peut être classé dans aucune catégorie. C'est là son cachet original ; c'était un humain à part dans son espèce, et nullement un produit des formules banales du jour. Il prenait au mouvement intellectuel de notre époque un intérêt de cœur, de ce cœur de poète qui juge en grand, et non cet intérêt de coterie, qui ne réside que dans la phrase. Et pourtant ce cœur était mobile, et tenait à ses affections solidement, mais sans raideur. Il reconnaissait et appréciait la valeur intrinsèque du royaliste et du républicain ; il reconnaissait et peignait leur malheur, quand le zèle de parti les entraînait au delà des bornes prescrites à l'humanité. Qu'on lise le poème intitulé : *le Républicain à Paris au 7 août 1830*. Le républicain exalté par la rage de parti, tue

son ami le plus tendre, parce que celui-ci tient à la noblesse et combat pour le roi ; il s'applaudit de cette victoire sur les plus intimes sentimens, et pourtant il se sent anéanti.

<blockquote>
« Et quand je me disais : j'ai la victoire enfin,
J'étais là seul au monde et le cœur orphelin. »
</blockquote>

Voilà Chamisso. Il ne voulait voir le cœur dupe d'aucune formule. Tout compté, tout rabattu, c'était un brave homme : on ne rencontre pas tous les jours son pareil.

Ce cœur fit son succès chez nous, ce cœur fut sa religion ; car il ne prenait pas même intérêt à une église en particulier. Il avait gardé de loin un souvenir défavorable du clergé catholique ; quant au protestantisme, qui par sa nature impose peu d'obligations, il le tolérait. Sa femme appartenait à ce dernier culte, il y laissa élever ses enfans ; mais il se bornait à le tolérer, sans songer à une conversion. Il faisait grand cas de l'Amérique à cause de la liberté religieuse qui règne dans ce pays ; il ne trouvait aucun inconvénient à ce fractionnement infini d'une même communauté. Il ne se sentait pas un goût bien vif pour les édifices grandioses, le cœur individuel lui suffisait ; mais il fallait que la religion laissât vivre dans le cœur la force et le courage : le piétisme lui répugnait. Si l'on veut entendre par esprits forts ceux-là mêmes qui passent par dessus les formes du christianisme, et qui pourtant ont de la piété, on approchera du sentiment religieux de Chamisso. L'essence de son monde métaphysique était évidemment une émanation des lumières françaises et allemandes ; mais il sut se faire bon et tendre, parce qu'un bon cœur dominait là ; il évita toute forme tranchante, parce qu'il n'y avait en lui aucun mobile spéculatif. Ce qui voilait ce paisible nuage, se décèle par l'exclamation qui lui échappa à la lecture d'un poème du comte d'Auersperg (Anastasius Grün). Ce poème, nommé *les cinq Pâques* (fünf Ostern), prophétise ou dépeint la disparition de la croix ; cette pensée est cachée sous des roses. Chamisso la saisit vivement, ce qui annonce que son monde idéal avait une base pareille. « Eh bien! s'écria-t-il en s'adressant à ceux de ses amis qui étaient fortement attachés au christianisme, cela n'est-il pas chrétien? » —Non. — « Ce n'en est pas moins religieux, ajouta-t-il à part soi. »

Ici le nuage laisse voir un si vaste espace, que Hitzig, son pieux ami, est le seul qui puisse s'écrier : Qui donc oserait nier la foi positive de Chamisso ? Fouqué a touché plus juste quand il dit : Si tant est qu'on admette en général qu'un chrétien peut être dispensé du dogme positif, c'est là Chamisso qui semble avoir droit à une pareille immunité.

Le cœur fit aussi le succès de Chamisso auprès de notre public ; car ce n'est point un talent poétique éminent, il ne joue aucun rôle dans notre histoire littéraire : vers sans prétention, pensée simple, style ferme, rien cependant qui dépasse les limites atteintes par beaucoup d'écrivains. Mais dans ses poèmes, l'homme naïf apparaît partout avec des yeux où respirent la générosité, la franchise et la loyauté. Aussi Chamisso est-il au nombre des poètes récens les plus aimés en Allemagne ; et une chose qui a produit sur le public une bien douce impression, c'est d'apprendre, en même temps que la mort de Chamisso, qu'il a trouvé dans MM. Reimer et Hirtzel, libraires à Leipzig, les amis les plus tendres et les plus prévoyans. On aimait l'enfant d'adoption plus que bien d'autres donnés par la nature, et l'on voulait s'assurer bien positivement qu'il n'avait manqué de rien dans son intérieur.

Chamisso est mort (1838) en rédigeant l'*Almanach des Muses*. Il avait bravé la *grippe*, et s'était attiré par là une affection de poumons qui mit sept ans à consumer sa constitution de bronze. Une fois encore, dans sa dernière fièvre nerveuse, il s'éveilla pour réviser le prochain *Almanach des Muses* après les suppressions de la censure. Depuis, il ne s'est plus réveillé. Le matin du 21 août il était mort. De jeunes poètes, de jeunes musiciens firent entendre sur sa fosse des chants composés exprès pour lui, et résolurent de lui élever un monument. Mais la touchante modestie de Chamisso ne l'a pas permis; son testament prescrit formellement une simple pierre avec le nom et la date. Ce testament, quoique bien court, est tout caractéristique ; on y lit entre autres choses : « Je laisse à mes enfans un nom pur, sans reproche, et j'espère leur léguer cette bienveillance, qui, je le reconnais avec émotion et gratitude, m'a été prodiguée sans mesure, et qui a répandu sur le soir de ma vie tant de charme et de sérénité. — Je ne décide rien sur l'avenir de mes enfans. Le monde dans lequel j'ai vécu a été un autre monde que celui pour lequel je fus élevé, et il leur en adviendra de même. Mes fils doivent se mettre en état de se suffire à eux-mêmes en différentes carrières et en divers pays. La capacité est le bien le plus solide, et c'est celui qu'ils doivent acquérir. Je désire qu'ils étudient, autant qu'ils en auront les moyens; mais je les laisse également libres de choisir une profession industrielle, s'il leur convient. Le règne de l'épée est passé, et au train dont va le monde, puissance et noblesse appartiennent à l'industrie. En tous cas il vaut mieux faire un habile artisan qu'un écrivassier ou un employé de bas étage. »

Il existe une lettre intéressante et curieuse adressée par le prince royal de Prusse à Chamisso, lorsque celui-ci lui eut envoyé ses ouvrages. A part toute autre appréciation, nous y trouvons ces lignes qui caractérisent parfaitement le poète : « Il est pour moi d'un prix infini de tenir vos œuvres de votre propre main. Au reste, je n'avais pas attendu jusque-là pour me les approprier. J'étais allé assez loin déjà dans votre relation de voyage ; et, avant votre envoi, j'avais lu une bonne partie de vos poèmes , qui sont bien réellement des poèmes , et non des bouts-rimés. — Où avez-vous donc pris cet allemand à la Gœtho (*das gœthische Deutsch*)? Bien des Français ont sans doute un cœur pour l'Allemagne ; mais il n'en fut jamais qui, comme vous, ait atteint et même dépassé, dans le langage, nos littérateurs du premier ordre. Les traits plaisans, les malices même que vous avez semés dans vos poèmes ne sentent nullement l'étranger (*sind keine wœlschen*), mais sont marqués au coin national. Pour vos strophes à votre château de *Boncourt*, je voudrais les entendre chanter ; rien qu'à les lire, les yeux se mouillent, et on vous rend involontairement la bénédiction que vous donnez au laboureur sur le lieu chéri. »

Dans ses derniers travaux , Chamisso s'est occupé de vous, Français, et du poète russe Puschkin. Parmi vous , c'était Béranger, le grand poète, dont la traduction et la critique, c'est-à-dire l'éloge, étaient l'objet de son activité. Dix jours avant sa mort il composait, d'après Puschkin, une chanson qu'il s'était fait interpréter. Elle se trouve sans nom d'auteur dans le dernier *Almanach des Muses*. Entre les auteurs allemands , Gœthe, Schiller et Fichte étaient son idéal, le dernier toutefois pour son caractère plus encore que pour sa valeur en philosophie. Dans cette faculté, Chamisso manquait entièrement de talent , et peut-être est-ce la raison pour laquelle il ne put jamais former aucune liaison bien intime avec Schleiermacher. Au commencement de ce siècle , tous deux se trouvèrent souvent en contact ; mais Chamisso était là mal à son aise. La morale énergique et fière de Fichte était plus voisine de sa nature et plus accessible pour lui que l'art dialectique du spirituel théologien.

Henri Laube.

LES VILLES ALLEMANDES.

BERLIN.

Détails historiques. — Tableau de mœurs.

I.

On trouverait difficilement une ville qui sache aussi peu que Berlin sur son origine et sur la première période de son développement et de ses progrès. Quand on descend des vertes collines de notre belle patrie , quand on laisse derrière soi les pays des sources ruisselantes, des torrens qui tonnent dans les forêts , des rocs aigus et escarpés sur les cimes desquels se dressent fièrement les donjons moussus des manoirs féodaux mutilés, comme des géans à tête grise dont les membres puissans attestent encore la force et la majesté de leur jeunesse, alors se déploie sous les yeux du voyageur la vaste plaine qui forme aujourd'hui la Basse-Allemagne. Elle s'allonge, presque sans bornes , avec ses déserts , ses sombres forêts de sapins, ses landes et ses marais, ses grands lacs et ses fertiles basses-terres , jusqu'à ce qu'enfin elle soit bornée par des chaînes de blanches dunes, derrière lesquelles écument les vagues verdâtres de la mer du Nord et de la Baltique. Toute cette vaste plaine est pays conquis ; elle fut arrachée, en six cents ans de combats, à un peuple héroïque et invincible, qui se fit exterminer avant d'abandonner à ses oppresseurs le sol chéri de la patrie. Ces oppresseurs étaient nos pères ; ces braves tribus, les Vendes. Quand la grande migration des peuples poussa les Allemands vers l'Italie, la France, l'Espagne et l'Afrique, la vaste plaine restant abandonnée, les Slaves , qui venaient à leur suite, en prirent possession sans obstacle. Ils s'étendirent jusqu'à l'Elbe, jusqu'aux premières hauteurs du Harz et des autres montagnes boisées de l'Ouest ; ils bâtirent des villes, s'adonnèrent au commerce et à la navigation , et vécurent sous des rois et des lois sages , peuple grand , libre et heureux, qui, goûtant peu la vie errante des chasseurs et des pâtres allemands , aima mieux chercher dans le lien social une plus prompte civilisation.

Tant que les Allemands honorèrent leurs dieux dans les bois sacrés, il y eut entre eux paix et amitié ; mais avec Charlemagne commença la terrible lutte. Les princes des Vendes s'unirent avec les Saxons pour résister au puissant empereur dont les troupes pénétrèrent d'abord jusqu'aux rives marécageuses du Havel et de la Sprée, alors sans fruit, il est vrai, mais bientôt avec un résultat plus décisif ; car, lorsque les Saxons furent convertis au christianisme, leur ferveur religieuse les poussa contre leurs anciens amis de la plaine ; des prêtres chrétiens y portèrent la croix sainte du haut des montagnes , et des torrens de soldats fanatiques s'y précipitèrent sur leurs pas. Dès lors , la guerre gronda pendant des siècles ; des évêchés furent fondés, des margraviats institués, des châteaux et des forteresses construits , jusqu'à ce qu'enfin, après avoir été souvent pris, repris et perdu, le siège royal des Vendes, la ville sacrée de Brennabor fut emportée d'assant pour la dernière fois, le temple de Triglaf, aux trois têtes, le dieu de la vengeance, livré aux flammes, et que le dernier roi des Vendes, Pribislaw, fait prisonnier et baptisé, mourut dans son château de Kœpnick. Cet événement eut lieu en 1157. — Cette dernière victoire fut remportée par le margrave Albert de Ballerstædt, de la maison d'Ascanie, brave chevalier, dont ses contemporains récompensèrent la vigueur et l'intrépidité, en lui donnant le surnom de l'*Ours*.

Dans la vallée de la Sprée, entre des forêts vierges et des marais, se trouvait un pauvre village de pêcheurs ; en amont de ce village, Kœpnick, le siège royal des Vendes, et en aval, les villes vendes de Spandau (Spandow) et de Postdam. Soit que le prince chrétien cherchât une position d'où il pût tenir en bride ces restes de Vendes, soit que l'abondance du gibier l'attirât dans ce désert, toujours est-il qu'il fit construire dans ce village une église chrétienne, qu'il l'entoura de murs et de fossés, qu'il appela dans le pays des Allemands sans asyle, qui, par suite d'une invasion de la mer en Hollande et en Flandre avaient perdu leurs possessions, et qu'il se bâtit un château au centre de leur colonie. Voilà comment Berlin doit avoir pris naissance ; quant à son nom, il le tira sans doute de son fondateur, l'*ours* (Bær), ou du grand nombre des bêtes féroces de cette espèce qui vivaient alors dans les épaisses forêts d'alentour. Ces données ont d'ailleurs si peu de certitude qu'on place aussi la fondation de Berlin en des temps plus rapprochés ; car ce n'est que long-temps après la mort du margrave Albert, arrivée en l'an 1171, que l'existence de la ville est signalée par des documens authentiques. Un voile épais et mystérieux couvre ces temps reculés, et c'est seulement à une époque toute récente que le livre municipal de Berlin, découvert par hasard dans les archives de la ville de Brême, a procuré quelques lumières. On y voit que nos pères étaient simples et grossiers comme les temps où ils vivaient. Leur langue est à peine intelligible aujourd'hui ; leurs mœurs étaient farouches et barbares, aussi bien que les peines qu'ils infligeaient au crime. Le voleur était livré aux glaive du bourreau, le meurtre pouvait s'expier par l'argent, l'infanticide était cousue dans un sac de cuir avec un coq et un chat, et noyée ; la femme infidèle, enterrée vivante ; le blasphémateur, rompu à coups de massue ou brûlé vif ; le parjure, rôti dans l'huile bouillante. Le changement des maisons souveraines, les longs débats des empereurs et de la religion, les brigandages des chevaliers et tous les maux du régime féodal, entretinrent et augmentèrent pendant des siècles cette sanglante confusion. Une race fière et hardie habitait la ville qui s'agrandit bientôt et se partagea en deux villes distinctes. La partie située sur la rive gauche de la rivière fut *Berlin*, les constructions de la rive droite furent nommées *Kœln*. Toutes deux étaient unies par les mêmes lois, mais divisées sous des magistrats différens ; une haine cruelle les mit souvent aux prises, et maintenant encore les deux hôtels de ville subsistent, comme les monumens d'une séparation qui a cessé depuis long-temps.

La justice était rendue par des bourgeois, à ciel ouvert, selon la coutume des ancêtres. Les tribunaux d'échevins étaient des tribunaux jurés ; la loi n'était pas écrite ; on jugeait d'après les statuts des ancêtres, qui se transmettaient de génération en génération ; il en était ainsi dans toute l'Allemagne, et ce ne fut que plus tard qu'on les recueillit dans des codes intitulés *Miroirs de Saxe et de Souabe* (Sachsen und Schwaben-Spiegel). Bientôt les bourgeois s'enrichirent par le négoce, et la ville appartint même un temps à la grande ligue hanséatique. L'amour du faste et le penchant à la prodigalité se firent sentir de bonne heure, et l'un des plus anciens réglemens que l'on connaisse est dirigé contre le luxe extravagant qui se produisait, surtout à l'occasion des noces et des baptêmes. Les impôts étaient peu de chose ; on ne payait aux princes du pays aucune contribution ; le seul gage que reçût le souverain était le serment de fidélité, et en temps de guerre une troupe d'hommes d'armes qui versaient leur sang dans ses querelles ; on faisait moins de cas du sang que de l'argent.

Ainsi se passèrent des siècles pour la ville, et rien ne faisait pressentir que cette petite et insignifiante localité, située au fond du Nord, entre des forêts et des marécages, deviendrait un jour la brillante capitale d'un puissant royaume. C'était à la race héroïque des Hohenzollern qu'il était réservé de donner une importance historique à la ville de Berlin, et ce ne fut qu'avec le quinzième siècle que s'introduisit ce changement.

En l'année 1415, le burgrave de Nuremberg, comte de Hohenzollern, Frédéric IV, acquit la Marche pour une somme de 400,000 ducats qu'il avait prêtée à l'empereur Sigismond, toujours besoigneux ; en 1417, il fut solennellement investi à la diète de Constance. Mais Frédéric eut d'abord à soutenir un rude démêlé avec les chevaliers et les villes qui n'étaient pas frappés jusqu'à l'évidence du droit que l'empereur avait de les vendre. L'armée du burgrave fut battue à Cremmen, et ce fut seulement quatre ans plus tard qu'il réussit, à l'aide d'un canon, le premier qu'on vît dans ces contrées, à dompter l'orgueil obstiné de la noblesse rapace et de la bourgeoisie. Parmi de nombreuses vicissitudes, des siècles s'écoulèrent sous des princes tantôt bons et forts, tantôt faibles et inhabiles. Mais déjà le fils et successeur de Frédéric, appelé Frédéric *de Fer*, qui gouverna de 1440 à 1470, le même qui battit les Hussites, avait enlevé aux bourgeois de Berlin leurs anciens droits tant par la violence que par la ruse, et de citoyens libres et fiers il en fit des sujets. Sous les deux Joachim, premier et second, de 1499 à 1571, Berlin grandit en puissance et en richesse. Tous deux vécurent en des temps où les guerres de religion désolaient l'Allemagne. Joachim Ier, surnommé Nestor, zélé catholique et ami du pape, persécuta la doctrine de Luther avec le fer et le feu ; mais son fils, Joachim Hector, introduisit partout la nouvelle religion et la professa ouvertement. — Ce fut là un pas important, car dès lors il y eut dans le nord un second prince puissant, qui, de concert avec la Saxe, couvrit le protestantisme de sa haute protection ; et comme la grande autorité des princes saxons s'affaiblit peu à peu, comme ils retournèrent enfin au catholicisme, les souverains du Brandebourg prirent le premier rang parmi les protecteurs de la foi protestante. Les sciences commencèrent à se répandre, le droit fut mieux appliqué, la chambre de justice fut fondée ; les bandes de brigands furent anéanties, l'insolence des nobles sévèrement châtiée, et l'autorité des princes mieux affermie.

Th. Mugge de Berlin.

HISTOIRE D'ALLEMAGNE.

PREMIÈRE PARTIE.

DEPUIS LES PREMIERS TEMPS CONNUS JUSQU'A L'EXTINCTION
DES CARLOVINGIENS.

I.

Première apparition historique de l'Allemagne et des Allemands.

La grande contrée qui s'étend à l'ouest depuis les Alpes
en descendant les rives de la Meuse et de l'Escaut jusqu'à la
mer du Nord, et à l'est depuis la Marche vers l'Oder
jusqu'à l'embouchure de la Vistule, et que nous nommons
Allemagne (Deutschland , terre des Teutes), n'apparaît sur
la scène historique que trois cents ans avant Jésus–Christ.
Jusqu'à cette époque, et même, on peut le dire, pendant des siècles après, une obscurité profonde couvre ce pays et ses habitans, et dans ces ténèbres l'historien n'a pour se guider que
des traditions et des documens isolés, semblables à de légers
fils d'argent. Et pourtant, dès le temps d'Homère et d'Hé-
siode, les côtes du pays baigné par la Baltique, la véritable
patrie de l'ambre jaune, étaient connues des marchands des
colonies grecques établies au bord de la mer Noire; car les
Grecs possédaient déjà des bijoux d'ambre jaune, et vraisemblablement ils se rendaient du Pont-Euxin à la Baltique,
en longeant le Dnieper et la Duna au milieu de ces paisibles
tribus nomades qui se nourrissent de lait, qui traient des
cavales, et qui sont les plus justes des hommes, comme le
dit Homère. Dans la suite ils s'ouvrirent une autre route aux
mêmes parages en partant de l'ancienne Massilie (Marseille).
Les navigateurs phéniciens et plus tard ceux de Carthage,
tournant l'Europe occidentale , fréquentèrent les côtes de
la Baltique, et en rapportèrent l'étain et l'ambre jaune.
Pythéas, au temps d'Alexandre le Grand, fit deux fois par
mer le voyage de Marseille aux côtes du Nord; il y trouva des
hommes qui se nourrissaient d'herbes, de fruits, de racines,
de millet, de miel , de blé , et d'une boisson préparée avec
du grain : ils se nommaient *Teutons*. Plus anciennement
encore que cette tribu teutonique du Nord, on connut celles
du Sud-Ouest, les peuples des Alpes, les Sénons (*Sennen*,
pâtres des montagnes), qui d'ailleurs n'ont avec les Senons
des rives de la Seine rien de commun que la ressemblance
fortuite de nom. Lorsque les figues et les raisins, l'huile
et le vin d'Italie furent apportés dans leurs montagnes,
ces peuples convoitèrent le pays que la nature avait si richement doté. Aux Sénons se joignirent d'autres tribus avec
lesquelles ils franchirent ici les Alpes taurines, là les Alpes
pennines. Ils réclamèrent pour eux la partie du pays qui
ne serait point cultivée par ses habitans ; et, comme on leur
demanda quel droit ils y avaient, ils répondirent : Notre
droit est dans nos épées, tout appartient aux vaillans
hommes. Un de leurs chefs se nommait Brennus ; Tite-Live
les appelle Gaulois; mais, d'après les recherches les plus
récentes, il est hors de doute que c'étaient des hordes de
Teutes des Alpes. Rome et l'Italie tremblèrent devant eux ;
ils s'emparèrent de Rome et campèrent sur le Capitole.
Les Romains achetèrent par une grosse rançon la retraite
de ces ennemis formidables. Partout ailleurs ils se bor-
nèrent à demander de la terre. Dans le même temps passaient en Illyrie et en Thrace d'autres hordes de vingt tribus

diverses : *Celtes* est le nom générique que leur donnent les
anciens écrivains; mais le mot *Celtes*, dans l'idiôme alle-
manique , ne signifiait rien autre chose que *hommes de
guerre*, *héros* ; c'était un nom tiré de leur occupation habituelle, de même que les peuples des Alpes se nommaient
Gales ou *Wales* (habitans des vallées), et que les habitans
de différens pays prennent encore aujourd'hui le nom de
leurs localités. Voilà comment les hordes qui sortirent des
vallées alpines pour envahir l'Italie s'appelèrent *Walen*,
Waller, d'où le nom de *Galles* que leur donnèrent les Romains, qui les englobèrent ainsi avec les Gaulois. Ce n'est pas
toutefois qu'ils confondissent avec les Gaulois, qu'ils connaissaient de plus longue date, ces barbares qui leur apparais-
saient comme un peuple tel qu'ils n'en avaient jamais vu :
hommes rudes et farouches, que leur taille plus élevée ,
leurs membres plus vigoureux et chargés d'armes plus pe-
santes, leur chevelure d'un blond ardent, leurs yeux bleus,
tout enfin distinguait du peuple gaulois. Ils étaient effroya-
bles à voir et semblaient créés pour la ruine des nations et
des cités ; ils n'habitaient point dans des villes comme les
Gaulois, et si parfois ils se fixaient quelque part , c'était
toujours dans des lieux ouverts. Un des chefs de ces hordes,
qui prirent leur direction vers l'Orient, portait le même
nom que celui qui commandait l'expédition d'Italie : cet
autre Brennus (1) avait, dans le mélange de races dont se
composait son armée, des Cimbres , des Teutobodiakes et
des Sennons , et à cette expédition se trouvaient déjà ces
Glèfes ou lanciers, si connus au moyen–âge, qui avaient
deux ou plusieurs compagnons également à cheval. Les
hordes de Brennus traversèrent la Pannonie et inondèrent la
Grèce, où les attirait la renommée des richesses que ren-
fermait le temple de Delphes. « Les dieux riches, disait
« Brennus , doivent partager avec les hommes, » et il résolut de piller le temple. Mais , quand il vit la bataille
perdue , il se jeta sur son épée ; les restes de sa monstrueuse
armée se dispersèrent et s'établirent en deçà et au–delà de
l'Hellespont. La masse qui s'introduisit en Italie fut mise
en déroute par le consul Dolabella. Pendant trente ans encore les vaincus se maintinrent dans ce beau pays ; et, lorsque
les Romains résolurent de les exterminer, ils appelèrent à
leur secours leurs frères du Rhône et des Alpes. Ceux-ci se
précipitèrent comme un torrent sur l'Italie. Un de leurs
chefs jura qu'il ne détacherait sa ceinture que sur le Capitole. Mais leur force vint se briser contre la discipline et la
tactique des Romains : leur perte fut évaluée à quarante
mille prisonniers et dix mille morts. Beaucoup se tuèrent
eux–mêmes après avoir tué leurs femmes et leurs enfans ,
lorsqu'ils désespérèrent de la victoire. De nouvelles hordes
qui leur succédèrent furent également vaincues. Lorsque
Annibal transporta le théâtre de la guerre sur les rives du
Pô , les Sénons lui offrirent leur secours , et un prince des
Boïes , Magal, vint trouver le héros carthaginois au bord
du Rhône, pour le conduire au sein de l'Italie. Les Boïes
tiraient aussi leur nom de leur résidence. Ils s'appelaient
habitans des forêts, parce qu'ils avaient leur demeure dans
les forêts qui couvraient les deux rives du Danube au nord
des Alpes, le mot *Boy* ou *Bow* signifiant *forêt* dans la vieille
langue tudesque. Les Sénons et les Boïes eurent une grande
part à la victoire qu'Annibal remporta sur les Romains au

---

(1) Suivant une opinion qui paraît s'accréditer, le mot *Brenn*, pris
comme nom propre et latinisé par les historiens romains, signifierait
chef ou *général*.

13

bord du Tésin. Lorsque, dans le cours de cette guerre, la fortune se fut déclarée contre Carthage, ces peuples persistèrent à combattre les Romains avec une constance opiniâtre, et ce ne fut qu'après des défaites multipliées qu'ils se retirèrent dans les Alpes et s'y fixèrent.

Tels sont en somme les premiers renseignemens que l'histoire nous fournit sur les Teutes. Mais d'où venaient ces hordes teutoniques? Quel fut le berceau de ces tribus? Sur cette question, l'érudition et la sagacité allemandes ont produit des volumes. Nous allons résumer les principaux résultats de ces recherches, ceux qui jusqu'ici se sont élevés à l'état de vraisemblance.

II.

Origine et filiation des Allemands.

Tacite, le grand historien de Rome, dans son écrit sur la Germanie, représente les Germains comme un peuple aborigène, qui ne s'est mêlé à aucune autre nation et s'est maintenu dans son état primitif. Les yeux bleus pleins d'audace, et la blonde chevelure qui distinguaient ces hommes de haute taille et se retrouvaient dans toute la nation, furent les témoignages dont il s'autorisa ; mais ce sont précisément ces caractères physiques qui reportent leur origine aux mêmes lieux où les nouvelles investigations ont replacé le berceau du genre humain, vers l'Orient, vers la haute Asie. Dans les montagnes de Hindou-Kousch, (au nord de Caboul, Afganistan) et de Kashmir, on avait trouvé, dès le temps de Pline, des hommes *aux cheveux d'or*, aux yeux bleus, qui parlaient une langue rude et retentissante, et qui étaient bien plus grands que les hommes ordinaires. En l'an 1684, un missionnaire jésuite retrouva chez les habitans de cette même contrée la chevelure et la barbe blondes comme chez les Hollandais; il n'y vit point de villes, mais seulement des bourgades ouvertes. Une vieille chanson allemande, le cantique à la louange de saint Hanno au onzième siècle, dit des Boïes, que leur race est primitivement descendue de la noble Arménie, et que là, dans les montagnes voisines de l'Inde, il y a encore des populations qui parlent allemand. Il y a quelques années, des voyageurs anglais recueillirent dans les Indes orientales des renseignemens d'après lesquels il doit exister encore aujourd'hui dans les montagnes de Hindou-Kousch des tribus qui parlent allemand. La parenté de la langue allemande avec la persique est telle que la vieille langue sanscrite et zende en forme la souche commune, non seulement sous le rapport des racines, mais, comme Fréd. Schlegel et Joseph de Hammer l'ont démontré, à l'égard même de leur intime organisation. Ainsi, la langue persique n'a pas plus de douze mille mots primitifs, et de ces mots plus de quatre mille, c'est-à-dire un tiers du vocabulaire entier, appartiennent au pur allemand; De même, les deux langues marchent de pair et pour la grammaire et pour le génie. De cette ressemblance on a conclu à la consanguinité des Allemands et des Perses, et de là à l'identité d'extraction qui en outre s'est établie sur des affinités de mœurs et de religion. Quant aux différences qu'ils présentent, elles s'expliquent facilement, si l'on considère que les tribus sorties d'un même berceau, s'étant développées et formées en corps de nations sous des conditions extérieures bien différentes, ont dû nécessairement prendre des physionomies diverses. Ajoutons que les plus anciennes traditions du nord de l'Allemagne nous reportent vers l'Asie. C'est de là que des multitudes de *Teutes*, poussés hors de leur patrie par l'excès de la popula-

tion toujours croissante, par le despotisme de leurs prêtres et par d'autres causes encore, roulèrent vers l'Europe par le nord de la mer Caspienne et de la mer Noire, comme la vague chassée par la vague, croisant dans leurs migrations celles d'une autre race, de la nation des Scythes (Sarmates). Encore aujourd'hui des élévations colossales entourées de fossés, les prétendus tombeaux des Huns, se montrent sur les rivages du Pont-Euxin ainsi qu'au nord de l'Allemagne, comme les traces des antiques émigrations des Teutes. En outre, les fleuves qui du côté du nord tombent dans le Pont-Euxin portent presque tous des noms allemands de même racine : Donau (Danube), Don-ister (Dniester), Don-aper (Dnieper), Don, etc. et l'on trouve des traces de la féodalité, cette constitution toute particulière aux tribus teutoniques, dans la Géorgie et dans les vallées des Alpes indiennes, où, actuellement encore, les différens dialectes du sanscrit sont des langues *vivantes*, suivant les recherches de Ritter, le grand investigateur de la terre et des peuples.

Du nord de la mer Caspienne et de la mer Noire, les tribus des Teutes marchèrent toujours plus avant en Europe, dans la direction du nord et du nord-ouest, passant de pays en pays à mesure que d'autres masses d'émigrans les pressaient par derrière. Chaque peuplade prit un nom particulier, et beaucoup de ces rameaux sortis de la grande tige teutonique s'étendirent vers le nord et vers l'ouest. Les Gètes, qui s'établirent sur le moyen et le bas Danube, étaient déjà au temps d'Hérodote un peuple puissant et considéré; ils combattirent contre le roi de Perse, Darius, et contre le grand Alexandre. Au nord-ouest des Gètes, les populations *suèves* s'échelonnèrent sur une ligne oblique qui partant de la Baltique se prolongeait vers le sud-ouest. Au nord même s'établirent les *Teutons*. C'était seulement par la conformité de langage, de mœurs et d'organisation, que toutes les tribus isolées se faisaient reconnaître comme un peuple identique ; point de nom générique, point d'appellation qui les comprît dans leur ensemble. Quand la terre du nord ne leur suffit plus, ils descendirent à travers l'Europe, en se dirigeant au sud-ouest, d'abord dans la Belgique qu'ils peuplèrent en grande partie, chassant les anciens habitans du pays ou les soumettant et s'incorporant avec eux; puis dans la Gaule, tandis que d'autres tribus, perçant les forêts germaniques, pénétraient vers le sud jusqu'aux Alpes ; et, comme un peuple poussait sans cesse l'autre peuple, il arriva que le flot principal roula d'abord plus loin vers le sud, dans les plaines d'Italie, puis, tournant au sud-est, envahit successivement l'Illyrie, la Thrace, la Pannonie, la Macédoine et la basse Asie ; la plage méridionale de la mer Noire vit enfin s'asseoir ces peuples errans, tandis que le côté septentrional, pendant des siècles encore, ne cessa de vomir sur l'est de l'Europe des hordes barbares, mais peu cependant de la race pure des Teutes. Ainsi s'établit le grand nombre des nations teutoniques de la mer Noire à la Baltique et à la mer du Nord, et depuis l'embouchure du Rhin jusqu'aux Alpes, plus d'un siècle avant la grande migration des Cimbres et des Teutons.

GUILLAUME ZIMMERMANN DE STUTTGART.

LES VILLES ALLEMANDES.

BERLIN.

Détails historiques. — Tableau de mœurs.

II.

Rien ne contribua plus à l'agrandissement de la maison de Hohenzollern que l'acquisition du duché de Clèves **avec les** comtés de la Mark et de Ravensberg sur le Rhin, et l'accession du duché de Prusse dans le nord, qui, l'une et l'autre, eurent lieu à la même époque, et par héritage, et par traité. Alors l'électeur de Brandebourg confina par ses limites de l'ouest à la Hollande et à la France, par celles de l'est à la Pologne et à la Suède. La chaîne de ses états partagea l'Allemagne d'un bout à l'autre; mais ils étaient disséminés, sans liaison et sans unité, et tous les efforts de ces princes ont dû tendre jusqu'à cette heure à s'approprier les pays intermédiaires. Cette lutte pour la possession a duré jusqu'à présent. Dans les derniers siècles, l'épée a fait, il est vrai, bien des conquêtes ; mais un coup d'œil sur la carte de l'Allemagne suffit pour montrer que la Prusse, toujours éparse et morcelée, n'a pas encore acquis son unité, et qu'elle ne saurait y parvenir sans qu'au moins tout le nord et l'ouest de l'Allemagne viennent se fondre avec elle. La marche de son histoire lui marque comme but de redevenir elle-même Allemagne, et chaque guerre nouvelle doit ou la rapprocher de ce but, ou amener sa ruine.

Ces importantes acquisitions des duchés de Clèves et de Prusse eurent lieu peu de temps avant la guerre de Trente-Ans, sous le gouvernement de l'électeur Jean Sigismond, qui mourut en 1619, laissant la souveraineté à son fils Georges-Guillaume, le plus faible des princes de la tige des Hohenzollern. Jean Sigismond, ayant passé au calvinisme, avait tellement exaspéré ses sujets, luthériens orthodoxes, qu'ils se portèrent à une révolte que sa douceur conciliante put seule apaiser. A la discorde intérieure se joignirent la guerre et le mauvais gouvernement du ministre Schwarzenberg, tout dévoué à l'empire. Les Marches furent également dévastées par les impériaux et par les Suédois. Wallenstein, Mannsfeld, Tilly, Gustave-Adolphe, Banner et Torstensohn foulèrent le pays en tous sens. Berlin fut plusieurs fois occupé ; enfin la maladie et la peste y anéantirent jusqu'aux dernières traces de prospérité. Sur quarante mille habitans à peine en resta-t-il huit mille, qui, misérables et désespérés, erraient dans les rues où croissait l'herbe, et émigraient par troupes. Berlin fut alors au penchant de sa ruine, et, peut-être, comme beaucoup d'autres villes florissantes de cette époque, eût-il entièrement péri, ou du moins serait-il retombé pour toujours dans une complète obscurité, si l'électeur ne fût mort, l'an 1640, en Prusse, où il s'était enfui avant la guerre, et si son illustre fils, Frédéric-Guillaume, le créateur réel de la grandeur de la Prusse actuelle, n'eût été doué de cette énergie, de cette politique profonde et de cette héroïque vertu, qui font de ce prince une figure si saillante dans l'histoire. Le règne de Frédéric-Guillaume, de 1640 à 1688, offre un exemple bien remarquable de ce que peut un homme qui, d'un coup d'œil pénétrant, juge son époque, et sait faire servir les circonstances à ses intérêts. Il dut songer d'abord à se remettre en possession de ses propres terres, que le comte de Schwarzenberg avait vendues à l'empereur, et à punir ce perfide ministre, qui, plusieurs fois même, avait tenté de faire empoisonner ou assassiner le jeune prince. Mais Schwarzenberg mourut au moment où il allait être arrêté, et, comme de nouvelles recherches l'ont démontré, le bruit qu'il fut secrètement exécuté est dénué de fondement. Ses partisans disparurent, les régimens qui ne voulaient obéir qu'à l'empereur furent désarmés, les places fortes se rendirent, et ce fut seulement alors que le jeune prince put porter ses regards à l'extérieur. Par ses sages alliances avec la Suède il obtint l'investiture de la Prusse, et, à la paix de Westphalie, la majeure partie de la Poméranie, Magdebourg et une part considérable de la

Westphalie ; puis, de concert avec l'empereur et la diète, il tourna ses armes contre la France, et lutta victorieusement contre les grands généraux Turenne et Condé. La politique égoïste de la cour de Vienne, les calculs mercantiles de la Hollande, et les artifices du cabinet de Versailles obligèrent seuls l'électeur, malgré tant de victoires et d'avantages, à conclure la paix sans en retirer de fruit ; mais Louis XIV le considéra comme son plus redoutable ennemi, il rechercha son amitié, et la renommée guerrière des Brandebourgeois fut établie à jamais par la bataille de Fehrbellin, où les Suédois, réputés invincibles, furent complètement battus. Sous le gouvernement de Frédéric-Guillaume, Berlin s'éleva promptement à un haut degré de prospérité, et se montra pour la première fois avec l'éclat et la magnificence qui signalent la résidence d'un puissant prince. En vingt-cinq ans de travail, la ville fut changée en place forte, et les terrains vides, au dedans des remparts et des bastions, ornés de constructions et de rues nouvelles; hors des lignes s'élevèrent des faubourgs avec de larges rues plantées d'arbres, qui formèrent une ville neuve, qu'on nomma *Dorotheenstadt*, en l'honneur de l'épouse du prince. Ce fut l'électrice elle-même qui planta cette célèbre allée de tilleuls, aujourd'hui le principal ornement de Berlin, et la plus magnifique rue de cette capitale.

Mais les mœurs des bourgeois changèrent comme celles de la cour ; les modes françaises prévalurent, et l'ancien costume national disparut ; la perruque déposséda la coiffure bouclée des Allemands ; et de la Hollande s'introduisit l'usage de boire le thé et de fumer, usage qui bientôt se répandit partout. L'électeur fut le premier à donner l'exemple ; la franche gaîté du vieux temps s'effaça de plus en plus; un ton de cour raide et empesé passa dans les mœurs; la langue française domina, et le despotisme de la cour de Versailles, la croyance en la divinité des princes, et l'étiquette qui tient les sujets à distance, se produisirent également en Allemagne. Aussi, malgré tout ce que l'électeur fit pour son peuple et pour son pays, et en particulier pour Berlin, il fut craint plus qu'aimé. La guerre l'avait fait grand ; il entretenait une armée sur pied ; le soldat, non le bourgeois, était pour lui l'homme utile. Il eut besoin d'argent, il établit de nouveaux impôts et de nouvelles charges, notamment les accises et les droits d'entrée, qui exaspérèrent les Berlinois au dernier point, et excitèrent des soulèvemens. Alors il étendit son pouvoir de plus en plus, empiéta sur les droits et la juridiction de la bourgeoisie, s'empara d'une partie des terres de la ville pour en gratifier ses courtisans, et ne convoqua plus les anciens états du pays qui jadis avaient une part importante dans la souveraineté. En échange, il organisa le conseil d'état sur un nouveau pied. La durée de la guerre avait amené un profond relâchement dans les ames, et l'on souffrit tranquillement ce qu'on ne pouvait empêcher, le prince étant devenu assez puissant pour étouffer toute résistance. Mais, sous d'autres rapports, Frédéric-Guillaume porta tous ses soins sur Berlin. Il établit le Lustgarten (jardin de plaisance) et le Thiergarten (jardin de la ménagerie), entreprit de grands bâtimens, creusa le canal de Mulhrose qui unit l'Oder avec la Sprée et l'Elbe, ranima le commerce et la navigation, fit paver les rues de la ville, où une boue profonde forçait souvent d'aller sur des échasses ; il appela des artistes en tous genres à sa cour, et multiplia les habitans de la capitale en accueillant des milliers d'hommes industrieux que la révocation de l'édit de Nantes bannit de la France en 1685. Les exilés étaient pour la plupart des tisseurs en soie, des artisans et des artistes habiles. Mais il y vint aussi des hommes de distinction, tels que le comte Beaureau d'Espanses, le maréchal de Schomberg, le chevalier de Chiese, et beaucoup de nobles et de savans, tels que les Ancillon, les Ermann et les Reclam, qui encore aujourd'hui ont dans leur postérité pour représentans, des hommes d'état, des érudits et des théologiens célèbres. L'électeur était un homme pieux, ennemi de la gaîté, et qui ne pouvait souffrir ni les spectacles, ni la vieille gaillardise allemande. Il ne sut point s'affranchir de la sombre superstition de son temps : la Dame blanche du château, la mère de toute la race, ce spectre, qui, dit-on, y revient encore, et dont l'apparition, lorsqu'elle est accompagnée de gémissemens et de lamentations, présage mort et malheur à ses petits-fils, trouva auprès de lui aussi ferme croyance que le diable même, et ce prince, qui voulait ouvrir aux muses un asile où il appelait, sans distinction de religion ni de doctrine, tous les hommes de mérite, fussent-ils Juifs, Arabes ou Turcs, ce même prince fit intenter des procès de sorcellerie, torturer et brûler des hommes innocens. Frédéric-Guillaume mourut à Potzdam, après une vie longue et pleine de faits. Son fils, qui fut d'abord l'électeur Frédéric III jusqu'en 1701, puis roi sous le nom de Frédéric Ier jusqu'au 25 janvier 1713, n'eut point la grandeur héroïque de son père, mais un cœur ambitieux et vain, qui, par un effort bien au dessus de son importance et de ses moyens, aspirait à s'égaler aux plus puissans princes du monde. Prodigue et fastueux, il fit de sa cour un séjour de fêtes et de plaisirs, s'entoura d'artistes, et s'efforça continuellement d'ajouter à l'ornement et à la magnificence de sa capitale. Parmi les plus beaux monumens d'architecture que Berlin peut offrir à l'admiration des étrangers, il en est beaucoup dont l'existence est due à la vaine ambition qu'avait ce prince de faire de Berlin un objet d'envie pour d'autres souverains plus grands; car ni lui, ni ceux qui se moquaient sans doute de voir un si petit gouvernant élever un édifice comme l'Arsenal, par exemple, qui paraît suffisant pour la plus grande monarchie, ne s'imaginaient probablement pas que, par une sorte d'inspiration prophétique, Frédéric bâtissait pour ses descendans. Cette passion fut puissamment secondée par son épouse Sophie-Charlotte, amie zélée des arts, qui, tandis que lui-même fondait un nouveau quartier, *Friedrichsstadt*, en bâtissait un autre, le faubourg de Spandau, avec le château de plaisance de Monbijou, et créait, dans le voisinage de Berlin, le célèbre Charlottenbourg. L'un de nos littérateurs les plus distingués, M. Varnhagen d'Ense, a tout récemment tracé, de main de maître, la vie de cette femme remarquable, et montré de quelle finesse de goût elle était douée, de quel amour éclairé pour la science et l'art elle était animée, et combien elle a de droits à la reconnaissance de Berlin. Ce fut à la sollicitation pressante de Sophie-Charlotte que le roi institua l'académie des arts et des sciences, et appela pour la présider l'illustre Leibnitz; dans son château de Litzenbourg (Charlottenbourg), elle s'environna d'artistes, de savans et de belles femmes. C'est encore sous ce règne que Berlin devint une ville de pierre; les maisons de bois disparurent, car l'électeur livra gratuitement la pierre et la chaux à qui voulut bâtir. Les toitures en bardeaux et en paille furent entièrement interdites, et dès lors un célèbre médecin français, Charles Patin, écrivait au duc Ulric de Brunswick : « Tout me semble si beau à Berlin que je crois qu'il doit y avoir au ciel une ouverture par laquelle le soleil donne à ce pays des preuves de sa faveur particulière, etc. » Le commerce répandit le mouvement et la vie; le fleuve se couvrit de belles gondoles; le prince attira des musiciens, des danseurs, des comédiens et des artistes de tout genre; on vit renaître l'ancien goût des

Berlinois pour les plaisirs et les fêtes. En l'année 1701, le 18 janvier, Frédéric se fit couronner roi, après avoir acheté cet honneur par de nombreux sacrifices, et l'éclat de ce nouveau titre ajouta encore à ses prodigalités. Dans son désir de rivaliser avec la cour brillante de Louis XIV, il obéra son pays et foula ses sujets qui, au milieu de toute cette pompe et de toutes ces fêtes, maudissaient l'ambition de leur souverain. Dans toute l'Europe, on riait du faste prétentieux du petit électeur; mais son petit-fils, Frédéric le Grand, s'en exprimait autrement. « Ce qu'a fait Frédéric 1er, dit-il dans ses mémoires, a été calculé pour l'avenir, et il semblait crier à ses descendans : Je vous ai donné une couronne, c'est à vous à la rendre grande et éclatante. » Et cette tendance remplit l'histoire du dernier siècle. Frédéric, étant mort en 1713, eut pour successeur son fils Frédéric-Guillaume Ier, qui fut tout l'opposé de son père, soldat de la tête aux pieds, ennemi juré de toute espèce de luxe. Souliers à la poulaine, grandes perruques, robes de soie et d'or, musiciens, joueurs de guitare, danseurs et comédiens, architectes, peintres et artistes, disparurent avec l'essaim des officiers du palais, des maréchaux, des coureurs, des heiduques, des housards de chambre, et à leur place résonnèrent les harnais et les casques, les bottes à éperons et les épées. C'était un caractère sombre, austère, dévot jusqu'à la bigoterie, et impatient de toute contradiction. Si son père imita le luxe et la prodigalité de Louis XIV, Guillaume, en revanche, mit en pratique les maximes absolues du monarque français. L'axiome, *l'état c'est moi*, fut aussi le sien; despote dans toute la force du mot, tout chez lui tournait sur cette sentence favorite : L'état doit être un *rocher de bronze*. Sa devise était : *Fiat justitia, pereat mundus!* et il la pratiquait d'après sa conviction, sans acception de personnes, sans autre guide que sa conscience et sa sombre austérité. On connaît sa querelle domestique avec son fils, le grand Frédéric, qu'il voulut déshériter et faire décapiter, pour avoir songé à se soustraire aux rigueurs paternelles. Ses enfans tremblaient devant lui; il n'était pas moins redouté du pays, et surtout des bourgeois de Berlin; car souvent il parcourait les rues, entrait dans les maisons et visitait les familles, qui se seraient bien passé de cet honneur. Là où il trouvait du désordre, il devenait un juge sévère, et la grosse canne qu'il avait à la main administrait au délinquant une prompte et sensible correction.

Il était vigoureux de corps et d'esprit, chaste, dur à lui-même, emporté, d'une volonté de fer, mais doué d'une activité infatigable, d'une intelligence vive, d'un jugement très pénétrant; méprisant les arts et les sciences, poussant souvent l'économie jusqu'à l'avarice, il n'avait de passion que pour les grands soldats qu'il attirait à lui de tous les pays du monde; son plus grand défaut était de tout désirer d'après sa propre mesure à laquelle il voulait tout ramener avec violence. Il nous est d'ailleurs resté sur le caractère de cet homme des milliers d'anecdotes qui donnent une idée de ces temps où la soumission et la patience pouvaient seules préserver de la brutalité du despotisme. Néanmoins, il songeait à stimuler énergiquement l'activité des bourgeois, et à grandir son pays par le commerce et l'industrie. Il fit peu de chose pour l'embellissement de Berlin, et sous son sceptre d'airain disparurent les derniers vestiges de la liberté civile et des États du pays. Les grandes manœuvres militaires, les chasses et la célèbre *réunion du tabac* (*Tabakscollegium*) étaient ses seuls divertissemens. On voit encore à Potzdam la petite maison où se tenaient ces fameuses veillées. La société se composait exclusivement d'officiers et d'hommes d'état; on y fumait le tabac dans des pipes de terre à la hollandaise, on y buvait de la bière, mangeait le pain au beurre, lisait le journal et se moquait de la science. La plaisanterie de Frédéric-Guillaume alla une fois jusqu'à nommer pour président de l'académie le baron de Gundling, son bouffon de cour ; d'autres fois il faisait prendre de force, aux juifs de Berlin, les sangliers qu'on tuait dans ses grandes chasses. Mais, quoi qu'on en puisse raconter de sombre et de mauvais, il fut grand comme monarque, sévère sur l'ordre et la justice, sans indulgence pour les fonctionnaires incapables ou rapaces ; il réforma les mœurs, protégea souvent l'innocence, géra habilement ses finances, organisa l'administration de l'état, et ses efforts constans, pour amasser un trésor et former une armée, procurèrent à son fils, d'après le propre témoignage de celui-ci, les moyens de remporter ses victoires.

Lorsque Frédéric le Grand monta sur le trône, le 31 mai 1740, il fut accueilli avec allégresse par le peuple, car l'un et l'autre avaient eu également à gémir de la tyrannie du règne précédent. Cependant ce n'est que dans la dernière moitié de son règne que ce grand homme, si prodigieusement organisé, ami et protecteur ardent des sciences et des arts, put procurer à ses sujets tous les avantages de la paix et du repos. La première moitié se consuma en une guerre incessante, glorieuse, mais dévastatrice, et les muses, ces doux génies de la vie, s'enfuirent au bruit des armes. L'éducation de Frédéric était tout-à-fait française, et la délicatesse de son goût lui faisait voir avec chagrin et un mépris mêlé de compassion la masse de son peuple, dont le langage même lui paraissait si rude et si peu susceptible d'être poli, qu'il ne se donna jamais la peine de le bien apprendre. Voltaire, d'Alembert, et une foule d'autres Français distingués qu'il avait rassemblés autour de lui formaient exclusivement sa société intime, tandis qu'il gagnait la Silésie avec le sang allemand. L'amour du roi pour les arts dut bientôt se faire sentir aussi dans sa nouvelle résidence, et plusieurs des grands monumens qui sont dus à son génie royal existent encore maintenant comme des témoignages parlans de sa passion pour le beau. Il fit raser les anciens remparts de la ville, bâtit l'opéra, la bibliothèque et plusieurs des plus beaux palais et des plus belles maisons. Mais ce fut particulièrement sur Potzdam qu'il fixa son attention ; il fit construire dans le voisinage le château de plaisance de Sans-Souci et le Palais-Neuf, créa les grands et magnifiques jardins, et rebâtit en grande partie la ville même. Potzdam resta le séjour favori du roi, qui se nommait le philosophe de Sans-Souci ; il orna cette retraite d'une magnifique galerie de peinture à laquelle il ajouta une riche collection d'objets d'art grecs et romains, et il y passa les plus beaux jours de sa vie dans la société des esprits les plus brillans de l'Europe, entouré de livres, de savans et d'hommes d'état. Il fit beaucoup pour l'instruction de ses sujets. Sa maxime fondamentale était la tolérance complète ; et, dans un temps où les questions vitales portaient beaucoup moins sur la politique que sur les matières de foi et de philosophie, son indifférence pour les disputes religieuses fut taxée d'incrédulité et d'athéisme. « Dans mes états, écrivait-il lors de son avènement au gouvernement, je veux qu'on laisse à chacun sa croyance et qu'on ne l'en tourmente aucunement, car chacun peut être heureux de la façon qu'il lui plaît, » et cette déclaration royale mit promptement fin à toute persécution. Il favorisait l'instruction du peuple, « car, dit-il encore dans ses écrits, il est beaucoup plus facile de régner sur un peuple intelligent et instruit que sur un peuple grossier qu'on ne peut convaincre de la vérité ni de la sagesse d'un bon gouvernement.» Si Frédéric eût vécu de nos jours, l'histoire aurait probablement à

raconter le rare exemple d'un roi démocratique. Il se plaignait souvent que le temps ne fût pas mûr pour les choses grandes et élevées ; qu'on ne pût être poussé au progrès que par des lois sévères, et qu'il se trouvât si peu d'hommes capables de s'élever au dessus de la masse grossière et inerte qui demande à être maîtrisée. Cette pensée l'encourageait, et son vaste esprit, plein de bonté et de justice, mais sentant la nécessité de l'ordre et de l'autorité, fut quelquefois entraîné par là à des actions dures et sévères.

Frédéric était d'un tempérament colère et sanguin ; enclin dans sa jeunesse à tous les sentimens doux, nobles et élevés, enthousiaste des plus sublimes actions, il devint avec l'âge plus grave et plus réfléchi : concentré en lui-même, il persistait avec une opiniâtreté invincible dans les conséquences de ses principes. De même que son père, il aimait le soldat ; il regardait la noblesse comme le premier appui de son empire ; le bourgeois ne pouvait passer officier ni atteindre aux grands emplois et dignités, et les rares exemples que nous en avons ne furent qu'exceptionnels. Le monopole et la régie française, système d'administration erroné, impôts et institutions souvent ridicules, tourmentèrent parfois le pays, car, en beaucoup de choses, Frédéric prenait la France pour modèle. La liberté civile avait été entièrement étouffée par la rigueur des temps, et avec elle l'esprit public, les anciennes lois, les anciens droits. Le roi était dominateur absolu, et le peuple s'habituait à regarder avec une crainte respectueuse la noblesse et les fonctionnaires. La distance entre les officiers et les soldats était prodigieuse ; les premiers étaient des maîtres sans bornes, les autres des esclaves foulés aux pieds, qu'on enrôlait sur tous les marchés de l'Allemagne et qu'on instruisait à la discipline sous des peines terribles ; le bâton régnait sur le soldat ; on n'éveillait point en lui le sentiment de l'honneur : c'était une machine conduite uniquement par la crainte et la bastonnade. Mais Frédéric ne se montra en rien plus grand que dans la sage organisation de son état, dont il réglait et dirigeait lui-même tous les fils. L'admirable activité du monarque s'étendait jusqu'aux objets les plus hétérogènes, et rien ne lui paraissait indigne d'examen quand il s'agissait du bien public. Toutefois il se trompa, mais seulement en ce qu'il jugea avec mépris le peuple dont il faisait lui-même partie, et qu'il ne comprit pas l'esprit profond de la nation allemande, qui avait soif de développemens intellectuels, et qui, déjà de son vivant, se lançait dans une période orageuse et hardie de littérature et de science. La monarchie artificielle de Frédéric le Grand était le mécanisme d'un si grand maître, qu'il fallait que celui-ci l'animât sans cesse de sa puissance vivifiante, et, lorsqu'il mourut, la machine, dirigée par d'autres mains, marcha d'abord péniblement, puis se rouilla, se détraqua, et la première tempête renversa tout l'ouvrage, et écrasa sous ses décombres les ouvriers incapables.

Le neveu de Frédéric le Grand, et son successeur, Frédéric-Guillaume II, qui régna onze ans, de 1786 à 1797, était beaucoup plus propre à mener joyeuse vie qu'à porter le fardeau pénible d'un trône qui avait acquis en Europe la considération de médiateur. Il se laissa aller à ses penchans : la joie, l'amour et la table le dominèrent, et ses ministres conservèrent autant que possible dans le gouvernement les principes de son grand prédécesseur. Frédéric-Guillaume était bon et humain ; il voulait le bonheur de ses sujets, mais la colère fougueuse, ce funeste héritage de sa famille, un caractère inconstant, une résolution faible, l'entraînèrent à des fautes dans sa vie politique aussi bien que dans sa vie privée. Berlin a peu gagné en science et en art sous son règne. Des extravagans de toute sorte, tels que les Illuminés et les Rose-Croix, se mirent à jouer leur comédie, mêlée de superstition, de fausse dévotion et de fourberie ; à leur tête était le ministre Wœhler , qui prit le roi lui-même à ce piège. Casanova et ses disciples répandirent alors dans le monde entier leurs fantasmagories et leurs rêveries alchimiques : il y eut même dans Berlin plusieurs sociétés de ce genre qui étalèrent presque publiquement leurs folies , et dont les membres cherchèrent à obtenir, par leur piété hypocrite, des dignités et des emplois lucratifs.

D'un autre côté, la révolution française qui, à Berlin comme dans le reste du monde, fut saluée avec un véritable enthousiasme, fit renaître en Prusse le sentiment de la liberté. La littérature échauffa les têtes et les cœurs ; on commença à sentir douloureusement l'oppression , des milliers d'écrits répandirent les idées nouvelles , et dans leur entraînement généreux les nobles ames espérèrent le retour d'un âge d'or.

A Frédéric-Guillaume succéda le roi actuel, Frédéric-Guillaume III ; on s'attendit tout d'abord que ce gouvernement serait prospère. Cependant la jeunesse du i, le respect religieux pour l'état de choses, les prétentions et les contradictions dont il fallait tenir compte, étaient des obstacles puissans, et, au milieu des grandes secousses dont l'Europe était agitée par Napoléon, on crut se mettre bien à couvert, pourvu qu'on conservât intactes la monarchie et la politique de Frédéric le Grand. La Prusse chercha donc à maintenir la neutralité, et ne s'en perdit que plus sûrement.

La catastrophe de 1806 montra jusqu'à quel point les colonnes de l'état étaient rongées, et combien la population espérait son salut et sa délivrance des Français et de leur grand empereur. Il est vrai que l'illusion se dissipa promptement quand, au lieu de recouvrer la liberté et le *nouvel âge d'or*, on vit le vainqueur accabler l'état sous des charges effrayantes, livrer les provinces à l'oppression et à la dévastation de la guerre, piller les villes, et contraindre le pays à nourrir durant des années une armée ennemie. Mais dans ces mauvais temps l'esprit public et l'amour de la patrie se fortifièrent. Le roi, entouré d'hommes tels que Scharnhorst, Blücher, Altenstein, Hardenberg, Stægemann et Beyme, s'occupa à créer un nouveau système de gouvernement qui, fondé sur les principes du temps, fût capable d'imprimer au cœur des bourgeois les sentimens d'honneur, de liberté, d'égalité devant la loi, et d'égale admission de tous aux emplois et dignités. Ce fut cette pensée qui dicta les lois de 1807 et 1808 ; en conséquence un ordre libre de paysans fut institué, et les villes recouvrèrent une partie de leur antique liberté ; l'instruction fut encouragée, l'université de Berlin fondée, les priviléges des ordres supérieurs abolis, tandis que les idées libérales du chancelier d'Hardenberg et du général Scharnhorst élevaient l'honneur et la vertu civile au comble de l'enthousiasme. Lorsque la guerre éclata en 1813, la jeunesse prussienne était affamée de grands exploits, et brûlait de combattre contre Napoléon ; toutes les classes s'imposèrent spontanément les plus pénibles sacrifices . Après la paix on se mit à organiser tous les ministères. Une sévère économie fut introduite dans l'administration ; l'emploi des finances surtout fut si bien ordonné que la Prusse est encore, sous ce rapport, un pays-modèle. Au peuple lui-même fut confiée la défense de l'état : tout le monde, sans exception, fut obligé au service militaire, et, au moyen de la vaste institution de la landwehr, tous les citoyens jusqu'à l'âge de quarante ans furent appelés sous les armes.

La Prusse donne ainsi l'exemple d'une nation armée qui, au premier signal du danger, peut mettre en campagne un demi-million de combattans ; elle est devenue un immense atelier de guerre ; point de village , point de hameau dont les habitans ne soient familiers avec l'art militaire ; mais elle ne se confie pas uniquement, comme Sparte, à la force brutale de ses armes : les lumières et la civilisation y vont de pair avec la puissance matérielle , et la force morale que donnent les sciences et les arts préside aux destinées de ce jeune état. Les bourgeois de la Prusse, animés par l'industrie, sont devenus une masse pensante, et l'influence de la classe moyenne s'y fait de plus en plus sentir. L'intelligence a fait partout des progrès considérables ; la civilisation y a pénétré dans tous les sens ; et dans la conscience de ce qu'elle vaut et du rang qu'on lui reconnaît, elle triomphe des préjugés et des prétentions de la naissance qui surnagent encore, disséminés çà et là. Si à une époque récente, le pays n'a fait aucun progrès dans la carrière qu'il s'était lui-même ouverte auparavant, on ne peut pas dire pourtant qu'il ait réellement rétrogradé, et avec la civilisation croissante, avec des lois sages et protectrices, avec les efforts constans du gouvernement pour élever le peuple à la hauteur scientifique, en fondant des chaires et des écoles, il n'est pas supposable que ces préjugés puissent jamais revivre.

En même temps que Frédéric-Guillaume III accomplit d'une main sage la réforme complète de l'état , il ne néglige pas non plus l'amélioration de Berlin ; et cette ville a tellement changé par les édifices, les embellissemens et les agrandissemens qui y ont été exécutés durant ces vingt dernières années, que, pour l'architecture, la régularité et la splendeur, on doit la proclamer la plus belle résidence de l'Europe. De nouvelles rues et des quartiers entiers se sont formés , et, parmi les monumens les plus pompeux qui font l'ornement de Berlin, on remarque la nouvelle salle de spectacle, le musée, les nouveaux ponts et l'académie. Les trottoirs et le pavé des rues sont en granit, les rues spacieuses et tirées au cordeau ; l'œil se repose avec plaisir sur des maisons peintes, et d'une élévation convenable.

Le caractère des habitans de Berlin a, comme le temps , éprouvé de grandes variations. L'Allemand du nord, aujourd'hui, est en général bien moins disposé à la joie légère et enjouée et à la grosse gaîté de nos ancêtres , qu'à une réflexion grave et sérieuse, ce qui nous a valu le renom de peuple philosophique chez nos voisins. Le protestantisme est particulièrement propre à déterminer cette tendance méditatrice qui, peut-être, décèle une certaine sobriété d'esprit, et à conduire à une haute perfection l'esprit profond et scrutateur des Allemands. Ce fut ainsi que se formèrent les grands penseurs qui brillèrent à des titres si divers comme les chefs de la philosophie spéculative et idéale, dont la Prusse est devenue le foyer principal. Kant, Solger, Jacobi, Fichte et Hégel ont successivement vécu et enseigné ici ; c'est surtout le système d'Hégel, le dernier d'entre eux, qui a fait de Berlin le centre de tout le mouvement philosophique. Une tendance active vers la science et la perfection remplit la société ; toutes les classes y sont animées d'un vif amour des arts, et la considération à laquelle la supériorité des lumières est parvenue, commence à l'emporter sur les avantages accidentels de la naissance et de la fortune. Cette haute civilisation se joint à beaucoup de qualités aimables : les vertus des ancêtres survivent, et l'hospitalité, la cordialité, la prévenance envers les étrangers, la compassion pour le malheur et les souffrances d'autrui, une rare bienfaisance, la bonne foi, et un sentiment ardent de justice se sont transmis à leurs descendans. Mais le Berlinois d'aujourd'hui renferme en lui-même ces qualités,

MAISON D'ALBERT DURER, A NUREMBERG.

Panorama de l'Allemagne.   Paris, 4, rue de Trévise.

car les temps et les circonstances ont anéanti la sincérité et la candeur du sentiment ; à l'extérieur, surtout dans les hautes classes, il paraît fréquemment personnel, empesé et froid ; il est fier de soi, de sa patrie, de son renom militaire, et son intelligence pénétrante le rend défiant, railleur et souvent prétentieux. Une certaine raideur, et une grave assurance soldatesque, s'allient au sentiment de sa supériorité, et plus que tous les autres Allemands il a à sa disposition un langage significatif, et des saillies incisives mais ordinairement amères et blessantes. Ce goût pour les traits d'esprit est naturel à toutes les classes, et si général qu'il ne peut rien arriver à Berlin qu'on n'en fasse sur le champ le sujet de mille bons mots. L'esprit est dès lors devenu le *criterium* universel et il se glisse aussi bien dans les causeries et les petits accidens de la vie privée que dans les affaires d'état et la politique. Avec notre presse baillonnée par la censure, l'esprit dédommage presque des restrictions apportées à la publicité, et rien ne tombe mieux sous son aiguillon que les objets qu'on dérobe si soigneusement à la presse ou qu'on interdit à la littérature.

Dans sa vie privée, le Berlinois est simple, ménager, et beaucoup plus curieux qu'avide de divertissemens ; chez lui, le jugement et l'intelligence dominent, et c'est pour cela qu'il manque de cette franchise allemande, qui, à Vienne, par exemple, rend jusqu'aux dernières classes du peuple si aimables. Cette qualité est néanmoins plus commune à Berlin qu'on ne le pense, et il est très rare d'y trouver des exemples d'une méchanceté et d'une bassesse calculées. Le peuple est irritable, bouillant, mais aussi facile à calmer. Un Berlinois pur sang a l'humeur joviale et badine, la langue toujours prête ; il est railleur, fanfaron, vantard, aussi prompt à raidir le poing pour appuyer énergiquement son opinion qu'à tendre en riant la main à son adversaire, en l'invitant à entendre la plaisanterie et à sceller, le verre en main, une éternelle amitié. Par ce caractère, sa fierté et son arrogance envers l'étranger, son penchant à mettre sa capitale au dessus de toute chose au monde, le Berlinois s'est fait un peu décrier dans le reste de l'Allemagne, mais il ne s'en affecte pas, il sourit, raille de plus belle, et se sent heureux avec son esprit, ses prétentions, sa bière blanche chérie, sa pipe et ses cigares toujours fumans. En revanche, dans toutes les classes, rien ne répugne tant à la sensibilité du Berlinois que les cruautés ; tout être persécuté trouve sur-le-champ de chauds amis, tout être faible est sur-le-champ secouru par un plus fort, et ce noble sentiment prévient la barbarie envers les animaux, et les querelles des rues qui seraient très fréquentes chez un peuple d'ailleurs si enclin à disputer et à batailler. Il suffit qu'on voie le faible terrassé, on ne s'inquiète pas s'il a tort ou raison, on s'élance, on le protège et le secourt, et il arrive quelquefois qu'on n'est pas à l'abri des coups du battu. Mais un grand mal réside dans la séparation tranchée des classes, qui devient de plus en plus prononcée, et rend impossible une vie populaire. Les nobles, généralement pauvres, conservent toujours une bonne part de leur fierté originelle ; auprès d'eux se tient la bureaucratie avec ses prétentions ; la fierté bourgeoise n'est pas moindre ; la caste savante a aussi ses prétentions hautaines, et, malgré cela, toutes ces classes diverses, reliées par une communauté d'éducation, se rapprochent pour fouler aux pieds les classes inférieures. La complète conciliation de ces élémens discordans ne se doit attendre que du temps, lorsque les lumières auront élevé toutes les classes en les moralisant, lorsque la véritable science aura dissipé les préjugés et l'effroyable fatalité qui partage le monde en deux redoutables moi-

tiés, les riches et les pauvres, et qui, tandis qu'elle plonge les uns dans le luxe et l'abondance et leur inspire le mépris pour les misères de l'indigence, met les autres aux prises avec les souffrances, le besoin et le crime, et suscite en eux la haine contre leurs frères superbes, auxquels sont départis, par un injuste sort, le monde et toutes ses joies.

Tout Berlin est dans un rapide accroissement. La paix, l'agrandissement du royaume, de sages lois de finances, la vaste association des douanes allemandes et une foule de nouvelles découvertes ont développé le commerce et l'industrie, et fait surgir de nombreuses fabriques. En 1815, la population était de 150,000 habitans, maintenant elle se monte à 320,000, et, selon toute apparence, ce nombre sera doublé quand le réseau de chemin de fer, dont Berlin doit être le centre, reliera cette capitale avec Bruxelles, Paris, Vienne, le Nord, Hambourg, Stettin, la mer Baltique et enfin la mer du Nord.

Un savant célèbre, M. Bœckh, disait récemment, dans un discours à l'Académie de Berlin, que la destinée de la Prusse était de croître et de se consolider par la hardiesse de la pensée, non moins que par les exploits militaires, toujours prête à combattre sous la double armure de Pallas. La destinée de Berlin, c'est d'être le foyer de l'Allemagne du nord, le grand atelier du perfectionnement physique et moral, et de travailler à la gloire de la commune patrie.

Th. Mugge, de Berlin.

LA MAISON D'ALBERT DURER A NUREMBERG.

Il se pourrait que, il y a cinquante ans, on ne sût que répondre au voyageur qui, arrivant à Nuremberg, y demandait la maison d'Albert Durer. Mais, aujourd'hui que l'on se pique de rendre hommage à tous ceux qui ont accompli de grandes choses, soit dans les arts, soit dans les sciences, soit dans la sphère de la vie publique, le nom du prince des peintres allemands, d'Albert Durer, est aussi dans sa ville natale l'objet d'une sorte de culte, et ce culte pieux s'étend même à la modeste habitation qu'il occupa et qui n'a, depuis trois siècles, échappé qu'à grand'peine à la ruine dont elle semblait menacée.

En quittant la place du marché, qu'ornent si pittoresquement l'antique église de Notre-Dame, avec ses riches ornemens, et la Belle-Fontaine, dont les sveltes proportions et les riches sculptures témoignent en faveur de l'art gothique, si l'on se tourne vers le nord, du côté de la colline abrupte où trône le château habité jadis par des empereurs allemands, avec ses hauts donjons et ses pignons merveilleux, on aperçoit à gauche, au coin d'une rue presque impraticable, en face de la Porte-Neuve, une maison dont la couleur rougeâtre, assombrie et passée, dont les murs affaiblis par le temps, dont le toit qui s'élève en pointe, rappellent, dès le premier regard, qu'entre le jour de sa fondation et notre époque des siècles ont dû se succéder. C'est la maison d'Albert Durer, dont on reproduit ici l'aspect extérieur.

Au dessus de la porte, on remarque un buste de Durer taillé dans la pierre ; c'est une œuvre en relief qui n'a été incrustée dans la muraille que long-temps après la construction. Un banc est adossé à la maison. Sans doute, le maître vint souvent s'y asseoir dans les intervalles de ses travaux, pour préparer, par l'aspect du firmament, son cœur et son esprit à de nouvelles créations.

Là haut, dans cette petite chambre saillante, ouverte sur

le nord, d'où l'œil, dépassant les murs de la ville, peut s'égarer sur le riant paysage qui fut jadis le théâtre de sanglans démêlés entre Wallenstein et Gustave-Adolphe, ou, se reportant à droite, contempler la glorieuse résidence des monarques germains : là haut, sous cet humble toit, s'est assise une vénérable figure, aux yeux pleins d'amour et de loyauté, qui passa jours et nuits, au milieu des soucis et des travaux, à explorer le saint domaine de l'art et de la science. C'est là qu'Albert Durer parvint à concentrer, dans sa puissante individualité, les rayons épars du génie artistique de l'Allemagne, dont avant lui des apparitions isolées avaient seules annoncé çà et là la profondeur et la portée. C'est là que vinrent au jour ces créations en l'honneur desquelles Raphaël tendit à leur auteur une main fraternelle ; c'est là que le grand artiste s'occupait non seulement à confier au bois ou à la toile les formes ravissantes émanées de son crayon, mais encore à les multiplier, en communiquant à l'Europe entière, comme par une contagion électrique, l'influence de son œuvre ; car ce que Marco-Antonio, le graveur, fit pour les tableaux de Raphaël, Durer le fit lui-même pour les siens. Pensez donc qu'il était de plus architecte et érudit. Il traça le plan d'après lequel furent construits la plus grande partie des murs de Nuremberg, et en orna les quatre portes principales de tours à l'imposant aspect. Puis il rédigea un grand ouvrage sur l'art de bâtir ; il écrivit des *in-folio* sur la géométrie, sur la perspective, sur l'anatomie humaine, et, les nombreuses estampes dont ces livres sont accompagnés, c'est lui qui les dessina, qui les grava. Oh ! quelle activité de géant cette mansarde enserra dans les limites comparativement si restreintes d'une vie terminée à cinquante-sept ans ! Et cette vie ne fut-elle pas encore traversée par les tracas d'une existence peu aisée, par les duretés d'une femme qu'aucun gain ne pouvait contenter !

C'est en 1494, à son retour d'un voyage en Italie, qu'Albert Durer, alors agé de vingt-trois ans seulement, prit possession de cette maison, avec sa jeune femme Agnès, dont la dot était en raison inverse de ses défauts ; car celle-là ne montait qu'à 200 florins (environ 400 francs), et ceux-ci étaient sans nombre.

Après onze années de servitude, Durer reprit de nouveau son bâton de voyage, et alla chercher au delà des Alpes une consolation et un dédommagement à ses peines domestiques. Il paraît qu'à Bologne et à Venise, où il passa l'année 1506, il retrouva quelque tranquillité d'esprit, car il y prit des leçons de danse qui, comme il l'écrit à son ami Pirkheimer, lui coûtèrent un ducat, sans, du reste, lui profiter beaucoup. Couvert de gloire, il revint à la fin de la même année dans sa ville natale où l'attendaient, dans la sphère qu'il avait quittée, les mêmes chagrins qu'avant son départ, mais heureusement aussi, dans ses tableaux inspirés, un monde poétique à part pour s'y reposer et s'y retremper.

Une larme devant cette maison, où les instincts les plus vulgaires vinrent se heurter aux plus nobles sensations, une larme devant la lucarne d'où l'ame du grand homme fuyait la terre pour demander aux étoiles du ciel le secret de l'éternelle beauté et de la vérité immuable !

Après la mort de Durer, qui arriva en 1528, sa demeure passa en des mains étrangères. Il y a quelques dizaines d'années que la municipalité de Nuremberg en fit l'acquisition, elle qui s'honore à cette heure d'en consacrer par son respect les souvenirs illustres. Du reste, l'usage exclusif en fut abandonné à la *société pour les arts,* formée dans cette ville même d'artistes et d'amateurs. Elle y tient de deux semaines l'une ses séances dans des salles qui ne sont rien moins que spacieu-

ses. Une d'entre elles, ornée du buste d'Albert Durer que surmonte une couronne de lauriers, est consacrée à l'exposition permanente des œuvres les plus récentes que Nuremberg voit éclore. En la parcourant, le visiteur peut se convaincre que l'impulsion partie autrefois de ce lieu, où brilla dans tout son éclat le génie des arts, ne s'est pas encore arrêtée dans la ville natale du grand maître et qu'elle y a même pris de nos jours un élan nouveau.

Chaque année, au jour de la Saint-Jean, les membres de la société dont nous avons parlé se réunissent dans la maison de Durer et partent de là pour se rendre au cimetière de l'église Saint-Jean, où reposent ses restes mortels sous une modeste pierre qui porte pour toute inscription les mots suivans : « *Hic jacet quidquid in eo motale fuit.* » J'assistai une fois à cette touchante cérémonie. Un des artistes les plus âgés de la ville y prononça des paroles que j'aime à répéter comme une preuve de la vénération dont le nom et le talent du vieux peintre sont entourés dans sa patrie.

« Bien que ce soit un usage déjà renouvelé parmi nous, dit Hartmann, l'artiste que j'ai cité, de penser à notre maître à nous lorsque le temps vient de se souvenir de ceux qui reposent ici, il n'en ressort pas moins cette vérité, que ce qui est bon ne vieillit pas, car c'est toujours avec le même empressement, avec la même ardente sympathie que nous nous sommes approchés aujourd'hui pour acquitter envers le grand homme le tribut de nos respects. En même temps que nous obéissons à notre sentiment intime, nous remplissons aussi le devoir sacré que la mémoire de ses grands hommes impose à chaque peuple. C'est pour cela que nous voyons s'élever autour de nous ces statues, afin que la reconnaissance se manifeste par l'œuvre et que l'âge actuel apprenne à se retremper dans le spectacle des grandeurs passées.

« A qui l'art allemand a-t-il plus d'obligations dans toutes ses branches qu'à Durer ? Entre son temps et le nôtre, des siècles se sont écoulés, des générations ont paru et disparu ; il fut même une époque où l'art déclina, où son nom fut presque oublié et méconnu : eh bien ! en dépit de tout, semblable au soleil qui, bien que voilé de nuages, brille au ciel, le génie de Durer est resté intact, et le monde a décidé qu'il fut et qu'il sera toujours le premier des artistes allemands. Voilà pourquoi, ô maître ! tu n'as besoin ni de nos éloges, ni de l'aveu de notre reconnaissance. Ton nom, tu l'as écrit toi-même là où le temps ne pourra l'atteindre ni pour l'effacer ni pour le glorifier davantage ; mais le présent se plaît aux signes visibles, et nous, qui aimons et cultivons l'art, qui nous sentons également attirés vers Durer, l'homme au cœur simple et loyal, nous voudrions donner à la voix intérieure qui nous anime forme et parole, afin qu'elle proclamât bien haut ce que nous te devons. Voilà pourquoi nous avons entrelacé pour toi les rameaux du laurier. Bien qu'il n'orne point ta tête, bien qu'il ne repose que sur une pierre insensible et froide, nous le sentons, l'esprit se communique du visible à l'invisible. Tu as conscience de ce que nous voulons et tu te réjouis de l'hommage que t'apporte ta patrie, ta ville natale ! »

Un autre artiste, l'habile graveur Frédéric Wagner, avait, de son côté, composé des stances profondément senties et harmonieusement écrites, qui furent chantées à la même fête. C'est à ses soins surtout que l'on doit la conservation de la maison d'Albert Durer et son moderne aménagement.

CHARLES RIEDEL, DE NUREMBERG.

ALEXANDRE DE HUMBOLDT

LE PANORAMA
DE
L'ALLEMAGNE,

publié par une Société d'hommes de lettres Français et Allemands, sous la direction de J. SAVOYE, donnera un tableau complet de l'Allemagne ancienne et moderne : Histoire civile, religieuse et militaire, Géographie, Ethnographie, Histoire naturelle &c &c ; Législation, Mœurs, Traditions populaires et mytologiques, Littérature, Sciences, Arts et Monumens, Biographie et Portraits des hommes célèbres, Commerce, Industrie, Découvertes, Inventions et Modes.

Le Panorama, formera 4 gros volumes in 4°.

Chaque Livraison accompagnée d'une jolie Couverture, contiendra une feuille in 4° Impression de luxe sur deux colonnes et deux Gravures ou Lithographies, exécutées par les premiers Artistes de Paris et de l'Allemagne.

Le Prix de la Livraison est de 60 Cent.

A PARIS
AU BUREAU DU PANORAMA,
24, Rue Richer.

et Chez.

Mrs. Mmes. Postel, Rue de la Monnaie, 22.
Paul, Galerie de l'Odéon, 12.
Deschamps, Galerie Vivienne, 7.
Foulon, Passage du Commerce,
Ferrier, Passage Bourg l'Abbé, 18.
Martinon, Rue du Coq St. Honoré, 4.
Gimprelle, Rue Poissonnière, 25.
Donnaire, Boulevart Poissonnière, 20.
Poirée, Rue Croix des Petits-Champs, 3.

Derache, Rue du Bouloy, 7.
Heideloff, Rue Vivienne, 16.
Baer et Ettinghausen, Rue de Louvois, 8.
Pétot Frères, Passage des Panoramas,
Bourdin, Rue Quincampoix, 59.
Prévost, Rue Bourbon Villeneuve, 51.
Rossignol, Rue des Filles St. Thomas, 1.
Laisné, Passage Vérododat.
Bouquin de la Souche ; Passage Vendôme.

DANS LES DÉPARTEMÉNTS,
Chez tous les principaux libraires.
A PARIS et à LEIPZIG,
Chez Brockhaus et Avenarius.

www.ingramcontent.com/pod-product-compliance
Ingram Content Group UK Ltd.
Pitfield, Milton Keynes, MK11 3LW, UK
UKHW021624170726
13836UKWH00005B/2023